Der Kaukasus ist eine der geheimnisvollsten und abenteuerlichsten Regionen der Welt. Eine Landschaft voller Mythen. Hier wurde der Sage nach Prometheus an die Felsen gekettet, hierhin zogen die Argonauten, um das Goldene Vlies zu holen. In keiner Gegend der Erde gibt es so viele Sprachen und Kulturen wie im Kaukasus. Seit Jahrtausenden existieren die unterschiedlichsten Völkerschaften miteinander und nebeneinander, oft verbissen in wilder Feindschaft.

Der ehemalige Russland-Korrespondent (und heutige WDR-Intendant) Fritz Pleitgen hat sich einen Kindheitstraum erfüllt. Auf den Spuren berühmter »Vorreiter«, Reisender und Literaten, hat er sich selbst auf den Weg gemacht und den Kaukasus von Nord nach Süd und von West nach Ost durchquert. Seine abenteuerliche Reiseroute führte ihn durch Armenien, Aserbaidschan, Georgien und die Kriegsgebiete Tschetschenien, Berg Karabach und Abchasien sowie durch die Städte Wladikawkas, Tbilissi, Eriwan und Suchumi am Schwarzen Meer.

Fritz F. Pleitgen, geb. 1938 in Duisburg, seit 1963 beim Westdeutschen Rundfunk, nach 1970 ARD-Korrespondent in Moskau, Ostberlin, Washington und New York, danach Chefredakteur Fernsehen, Direktor Hörfunk und seit 1995 Intendant des WDR.

Unsere Adresse im Internet: www.fischer-tb.de

Fritz F. Pleitgen

Durch den wilden Kaukasus

Mit Fotos von Stefan Tolz

Fischer Taschenbuch Verlag

Ungekürzte Ausgabe
Veröffentlicht im Fischer Taschenbuch Verlag,
ein Unternehmen der S. Fischer Verlag GmbH,
Frankfurt am Main, April 2002

Lizenzausgabe mit freundlicher Genehmigung
des Verlags Kiepenheuer & Witsch, Köln

Druck und Bindung: Clausen & Bosse, Leck
Printed in Germany
ISBN 3-596-15274-7

Für Gerda, Christoph, Vanessa,
Frederik und Benjamin

Inhalt

Der Kaukasus: mein Traum!

Kaukasien, du fernes Land,
der Freiheit armes Domizil,
von soviel Unglück übermannt,
von blutigen Kriegen allzu viel!

Diese Verse hat der russische Dichter und Schriftsteller Michail Lermontow 1830 geschrieben. Warum stelle ich sie meinem Buch voran? Dafür kann ich Gründe nennen, die hoffentlich einleuchten. Erstens habe ich als schlichter Mensch eine Schwäche für Romantik. Zweitens bin ich von jung an ein Fan von Lermontow. In meiner Sturm- und Drangzeit war er für mich ein früher James Dean. Drittens haben seine Zeilen, als ich sie zum ersten Mal las, genau meine Vorstellung vom Kaukasus getroffen. So etwas vergisst man nicht. Aber man will es auch einmal überprüfen. Und das werde ich jetzt endlich unternehmen!

Warum der Kaukasus? Seit meiner Kindheit spukt er durch meine Träume. Schuld daran ist Prometheus. Als 12-Jähriger stieß ich auf seine Geschichte. Ob sie von Hesiod oder Aischylos geschrieben war, weiß ich nicht mehr. Aber was ich damals las, erfüllte mich mit Schaudern. An einen Felsen im Kaukasus ward Prometheus gekettet, weil er es gewagt hatte, dem großen Zeus, dem obersten aller Götter, das Feuer zu entwenden, um es den Menschen zu bringen. Die Geschichte bewegte mich tief. Sie wirkte auf mich abstoßend und faszinierend zugleich. Die Dosis reichte, seitdem bin ich vom Kaukasus infiziert. Ich stellte mir ein gewaltiges Felsenschloss vor, voller Geheimnisse und wilder Gewalt.

Was Prometheus für seine menschenfreundliche Tat zu erleiden hatte, ging mir sehr nahe. Jeden Tag erschien ein Adler und hackte dem Gefesselten die Leber aus. Sie wuchs über Nacht nach, aber dann kam wieder dieser furchtbare Vogel angeflogen. Adler sind seitdem bei mir unten durch, auch als Wappentiere. Tut mir Leid! Das Martyrium sollte gottlob nicht ewig währen. Prometheus wurde von Herakles befreit, doch das Happy End konnte mich nicht besänftigen. Ich war über Zeus entsetzt. Der König der griechischen Götter hatte bei mir verspielt. Mir erschien er als ein engstirniger alter

Knacker, rachsüchtig auch gegenüber den Menschen. Man denke nur an die Geschichte mit der Pandora. Dieses Frauenzimmer hatte Zeus aus Wut darüber geschaffen, dass er sich bei einem Speiseopfer von Prometheus übervorteilt fühlte. Seine Schöpfung schickte er auf die Erde und gab ihr eine Büchse mit, die gefüllt war mit Übel und Elend. Natürlich konnte Pandora dem Drang nicht widerstehen, die Büchse zu öffnen. Seitdem ist die Menschheit um ein geflügeltes Wort reicher und die Erde für immer verseucht. Der Kaukasus scheint von Pandoras Büchse besonders viel abbekommen zu haben, denn im Laufe der Jahrtausende ist dieses erhaben schöne Land immer wieder von Kriegen und Katastrophen heimgesucht worden.

Doch davon wusste ich damals als junger Knabe nichts. Meine Kaukasus-Erkundungen standen erst am Anfang. Ich hielt mich vorerst weiter an die griechische Mythologie, denn sie lieferte mir noch eine andere »kaukasische« Geschichte, die mich in den Bann schlug. Es ging um den Zug der Argonauten, eine GSG-9-Operation der Antike. Die Story stammt aus der Zeit Homers. Ich blätterte nach: Der griechische Erzähler hatte 800 Jahre vor Christus gelebt, verriet mir der Brockhaus. Der Kaukasus musste also den Menschen schon früh bekannt gewesen sein.

Mit heißem Herzen las ich, wie 50 griechische Helden, angeführt vom kühnen und listenreichen Jason, mit ihrem Schiff »Argos« quer über das Schwarze Meer Richtung Kaukasus fuhren, um aus der reichen Kolchis das legendäre Goldene Vlies zu holen. Ich fieberte mit, wenn die Argonauten wieder und wieder in größte Gefahr gerieten und schier unlösbare Herausforderungen zu meistern hatten. Im Laufe der Lektüre abgebrüht, wunderte es mich nicht, dass es kurz vor dem Ziel wieder einmal besonders heikel wurde. Als die Argonauten endlich in der Kolchis angekommen waren, wollte der dortige König das Goldene Vlies nicht herausrücken. Doch Jason wusste sich zu helfen. Er machte sich an die zauberkundige Königstochter Medea heran. Sie verliebte sich in den schmucken Argonautenführer und war für ihn zu allem bereit. Sie betäubte den Drachen, der das Goldene Vlies bewachte, mit einem Schlaftrunk. Der Trick gefiel mir. Jason hatte nun leichtes Spiel. Unangefochten kehrte er mit dem Goldenen Vlies und der schönen Medea als künftige Gemahlin in seine Heimat zurück. Dass die Ehe später nicht funktionierte und zu allerhand – auch tödlichen – Komplikationen führte, stand für mich auf einem anderen Blatt. Mir war wichtig, dass im Kaukasus alles gut gegangen war. Fortan war Winnetou bei mir abgemeldet, mein neuer Held war Jason.

Ich war jetzt endgültig auf den Geschmack gekommen. Meine Phantasie hatte zusätzlich Nahrung erhalten. Der Kaukasus war für mich nun mehr als ein düsteres, wolkenverhangenes Felsenschloss. Zu seinen Füßen dehnten sich vor meinem inneren Auge reiche, üppig blühende Landschaften wie die Kolchis aus. Doch ich wollte mehr wissen. Mit Hilfe des Hausmeisters verschaffte ich mir Zugang zum Kartenzimmer unserer Schule. Meine Suche galt dem Kaukasus. Ich fand ihn und war beeindruckt. Die Mercator-Projektion brachte seine majestätische Größe eindrucksvoll zur Wirkung.

Welche Rolle er für seine Umgebung spielte, war mir allerdings nicht auf Anhieb klar. Einerseits erkannte ich auf den ersten Blick, dass der Kaukasus wie eine Landbrücke das Schwarze mit dem Kaspischen Meer verband. Andererseits wirkte das mächtige Gebirge auf mich wie ein Sperrriegel zwischen Europa und Kleinasien. Großer und Kleiner Kaukasus bauten sich jedenfalls wie zwei mächtige Mauern hintereinander auf, als gelte es, Angreifer aus dem Norden und dem Süden abzuwehren. Genützt hat es wenig, wie ich später gelernt habe. Perser, Griechen, Römer, Tataren, Mongolen, Araber, Türken und Russen überwanden immer wieder die scheinbar unüberwindlichen Gebirgszüge.

Selbst die Deutschen zeigten im Kaukasus Flagge. Buchstäblich! Am 21. August 1942 kletterten Gebirgsjäger des 99. Regiments der Ersten Gebirgsdivision auf den 5.633 m hohen Elbrus und hissten auf dem Gipfel den Edelweiß-Stander. Sportlich war es eine respektable Leistung, eine Ruhmestat war es dennoch nicht, denn die Kletterpartie war Teil des von Deutschland begonnenen Zweiten Weltkrieges.

Kriege hat der Elbrus viele erlebt. Wie ein Schiedsrichter hat er darüber gestanden. Was waren die Gründe für so viel Mord und Totschlag? Es lag an der Anziehungskraft des Kaukasus, an seiner geographischen Lage. Er stand wie eine Drehtür zwischen Orient und Okzident und zwischen Nord und Süd. Von weit her kamen die Völker, trafen auf andere und gerieten nicht selten in Streit, weil das eine Volk dem anderen nicht weichen wollte. Über Jahrtausende ging das so. Wer nicht durchkam, blieb in den Bergen hängen. Dicht an dicht haben sie sich im Laufe der Zeit eingenistet. In keiner Weltgegend sind mehr Völker anzutreffen als im Kaukasus. Nirgends gibt es mehr Sprachen als hier. Sie gehören drei Familien an: Indoeuropäisch, Kaukasisch und Turk, mit Dutzenden eigenen Sprachen. Ein solches Babylon ist in der Welt einzigartig. Seit der Herrschaft der Zaren wurde Russisch zur allgemeinen Verkehrssprache im Kaukasus. Im Umgang untereinander blieb die Muttersprache, aber Russisch erleichterte die Kommunikation über die alten Grenzen hinweg. Nun kommen Englisch und Türkisch auf.

Es sind Menschen unterschiedlichster Herkunft, die hier ihre Heimat haben. Sie sind sich häufig nicht zugetan, aber was sie verbindet, ist ihr unbändiger Freiheitswille. Dafür geben sie ihr Leben hin und nehmen auch bedenkenlos das Leben anderer Menschen, bis auf den heutigen Tag. Doch alle Opfer halfen nicht, jahrhundertelange Unterwerfungen blieben ihnen nicht erspart.

Die Bergvölker im Großen Kaukasus wehrten sich am härtesten und längsten gegen Besetzung und Unterdrückung, während die Blütezeiten der armenischen und georgischen Königreiche schon weit zurücklagen – bei den Armeniern vor Christi Geburt, bei den Georgiern im 12. und 13. Jahrhundert. Danach machten sich die Mongolen über sie her. Anschließend gerieten Armenier und Georgier unter die Oberherrschaft der Perser und der Türken, ehe diese im 19. Jahrhundert von den Russen aus Transkaukasien gedrängt wurden. Obwohl als Befreier begrüßt, brachte auch das Zarenreich nicht die ersehnte Unabhängigkeit. Noch schlimmer wurde es in der Sowjetdiktatur unter Stalin. Erst seit dem Zusammenbruch des Sowjetimperiums Ende des letzten Jahrhunderts stehen Armenien, Aserbaidschan und Georgien auf eigenen Füßen, wenn auch politisch und wirtschaftlich wackelig.

Auf meiner Schulkarte war der wechselvolle Verlauf der Geschichte nicht abzulesen. Sie gab den politischen Status von 1950 und die unabänderliche Geographie des ewigen Kaukasus wieder. Was ich sah, prägte ich mir genau ein. Im Norden erstreckte sich der Große Kaukasus über eine Strecke von 1.100 km vom Schwarzen bis zum Kaspischen Meer. Auf seiner Südseite dehnte sich zwischen den beiden Meeren Transkaukasien mit dem Kleinen Kaukasus als Rückwand aus. Als ich die Karte absuchte, fiel mein Blick auf Städte mit reizvollen Namen: das russische Wladikawkas, das georgische Tbilissi, das armenische Eriwan. Völlig untypisch für die eigenwillige Region reihten sie sich von Nord nach Süd auf einer Linie auf, als seien sie militärisch ausgerichtet. Im Osten fand ich Baku am Kaspischen Meer und auf der Gegenseite im Westen die Stadt Suchumi am Schwarzen Meer.

Alexandre Dumas und andere Vorreiter

Nach dem Kartenstudium fühlte ich mich fit für eine intensivere Beschäftigung mit dem Kaukasus. Entschlossen begab ich mich in die Gemeindebibliothek. Mit kostbarer Beute kehrte ich heim. »Die Eindrücke einer Reise durch den wilden Kaukasus« hieß das Buch, das ich mir ausgeliehen hatte. Sein Autor: Alexandre Dumas. Besseres als diese alte, abgegriffene Ausgabe hätte mir nicht in die Hände fallen können. Der Nachteil wurde mir bereits am nächsten Tag klar. Das Buch war so spannend geschrieben, dass ich es im Handumdrehen ausgelesen hatte. Als ich es mir Jahrzehnte später wieder vornahm, erging es mir genauso. Ich kann seine Lektüre nur empfehlen. Was Dumas beobachtete und beschrieben hat, macht auch das Geschehen im heutigen Kaukasus verständlich.

Mir war der Meister der Feder damals schon vertraut. Seine Bücher »Der Graf von Monte Christo« und »Die drei Musketiere« hatte ich bereits intus, die Filme dazu auch. Dumas war für mich eine Autorität. Ob er gelegentlich flunkerte wie Karl May, war mir egal. Seine Beschreibungen waren hinreißend. Wie er in den Kaukasus gelangte, verdient ein paar Worte, denn die Begleitumstände seiner Reise decken sich mit heutigen Erfahrungen.

Der Dramatiker, Feuilletonist und Romancier Alexandre Dumas war bereits zu Lebzeiten weltberühmt geworden. Jedes Land hätte es sich zur Ehre angerechnet, einen solchen Schriftsteller einreisen zu lassen. Nicht so Russland! Dumas hatte in den 1830er Jahren einen Roman über die revolutionären Dekabristen in St. Petersburg geschrieben. Der russischen Zensur hatte das missfallen. Zar Nikolaus I. persönlich untersagte Dumas die Einreise. Wie wir sehen, hat das Misstrauen russischer Behörden und Herrscher gegenüber Fremden eine lange Tradition.

Zum Glück für den französischen Schriftsteller und sein weltweites Publikum starb der gestrenge Zar. Ihm folgte sein aufgeschlossener Sohn, der als Alexander II. den Thron bestieg und als Reformer in die Geschichte eingegangen ist. Anders als sein Vater hatte er nichts dagegen, dass Alexandre Dumas quer durch den europäischen Teil des Zarenreiches reiste. Der Franzose wurde nun von den Behörden und den Verantwortlichen vor Ort auf das Großzügigste unterstützt. Damit hatte man ihn gleichzeitig unter Kontrolle. Auch dieses Verfahren hat sich bis heute in Russland gehalten.

Der erste Teil seiner Route führte über Petersburg und Moskau nach Astrachan an der Wolga-Mündung. Bis dahin war die Reise zwar anstrengend, aber unproblematisch verlaufen. Dafür hatte es der zweite Teil – die Durchquerung des Kaukasus – in sich. Es war das Jahr 1858. Die Bergvölker im Kaukasus waren in Aufruhr. Seit Jahrzehnten kämpften sie unter ihrem Anführer Schamil gegen die russische Armee. Alexandre Dumas, sonst durch nichts zu erschüttern, war von der Grausamkeit der Kämpfe betroffen. »Und wie wird dieser erbarmungslose Krieg geführt!« notierte er. »Es ist ein Krieg ohne Gnade, ein Krieg ohne Gefangene, wo fast jeder Verwundete umgebracht wird.«

Die Menschheit hat sich seitdem nicht gebessert. Die Kriegsführung im Kaukasus ist heute so brutal wie damals. Die Waffen sind allerdings noch weit verheerender geworden. Gleich geblieben sind die Methoden. Die Russen ließen, wie es Dumas schilderte, mit überlegener Militärtechnik keinen Stein auf dem anderen. Bei der Verfolgung der Rebellen wurde Ort für Ort, Aul für Aul zerstört. Die Aufständischen – Lesghier und Tschetschenen – schlugen in Partisanenmanier grausam zurück. Beide Seiten schenkten sich nichts. Den Besiegten wurde der Kopf, im milden Fall die Hand abgeschlagen. Wenn es zu viele wurden, begnügte man sich mit den Ohren, um sie als Beleg für die allfällige Prämie vorzulegen.

»Tempora mutantur!« heißt es. Die Zeiten ändern sich und wir mit ihnen, haben wir von Ovid gelernt. Nicht so im Kaukasus! Heute wird nicht anders gekämpft und miteinander umgegangen als in früheren Jahrhunderten. Fernsehbilder und Berichte führen es uns immer wieder vor Augen.

Es gehörte Mitte des 19. Jahrhunderts schon großer Mut dazu, durch dieses Land zu reisen, »wo der Totschlag nur eine Gebärde ist«, wie Alexandre Dumas den großen russischen Dichter Alexander Puschkin zitierte. Doch der Franzose – obschon Mitte 50 – ließ sich nicht abschrecken. Im Gegenteil, mit wahrer Wonne stürzte er sich in die kaukasischen Abenteuer. Auf besonders gefährlichen Abschnitten reiste er mit militärischer Eskorte, aber oft riskierte er es auch auf eigene Faust. Nicht selten geriet er in Scharmützel, die mit Toten und Verwundeten endeten. Alexandre Dumas genoss die Gefahr. Er ließ sich auch nicht davon abhalten, nach einer Party mit drei russischen Kopfjägern räuberischen Tschetschenen aufzulauern. Der nächtliche Ausritt hatte den gewünschten Erfolg. Mit dem abgeschlagenen Kopf eines Tschetschenen und einer weiblichen Geisel, die dem Räuber abgenommen worden war, kehrte die Patrouille zurück.

Doch nicht nur die Gefahr von Überfällen lauerte hinter jedem Felsen des Gebirges, auch die Wegstrecke war teilweise ein selbstmörderisches Abenteuer. Zu Ross, in der Kutsche und im Schlitten mussten schwierigste Passagen gemeistert werden. Reißende Gebirgsflüsse, tiefer Schlamm und hoher Schnee waren zu überwinden. Die Unterkünfte boten längst nicht immer Erholung. Obwohl die ganze Tour eine riesige Tortur war, verlor Dumas nie seinen Witz, nie seine professionelle Neugier. Mochte er noch so erschöpft sein, nahm er sich doch Zeit und Gelegenheit, seine jeweilige Umgebung eingehend zu studieren. Seine Reise ging durch das heutige Tschetschenien und Dagestan zunächst Richtung Osten nach Baku am Kaspischen Meer und von dort nach Westen über Tbilissi bis zum Schwarzen Meer. Über 1.500 km hatte Dumas am Ende allein im Kaukasus über Stock und Stein zurückgelegt, und das mitten im Winter.

Als ich das Buch ausgelesen hatte, stand für mich fest, irgendwann selbst eine Reise durch den Kaukasus zu wagen. Inzwischen bin ich in die Jahre gekommen, der Traum war immer noch nicht verwirklicht worden. Näher gekommen bin ich ihm lediglich während meiner Korrespondentenzeit in Moskau. Aber die Verhältnisse ließen damals ein Gelingen nicht zu. Die kommunistischen Herrscher handelten weder so total abweisend wie Zar Nikolaus I. noch so aufgeschlossen wie Zar Alexander II. Sie duldeten zwar Berichterstatter im Land, versagten ihnen aber die Bewegungsfreiheit. Wir Journalisten, zumal aus dem Westen, standen im Kalten Krieg quasi unter Zensur.

Doch ganz hermetisch abgeriegelt waren wir nicht. Ich kam zwar nicht zum Kaukasus hin, aber der Kaukasus kam mir in Moskau vielfach entgegen. Aufgeweckte, dunkelhaarige, braunäugige Menschen aus Georgien, Armenien, Aserbaidschan und dem Großen Kaukasus bevölkerten die Märkte der Hauptstadt. Mit dem Kommunismus hatten sie wenig im Sinn. Sie konnten nicht einmal, so ein Witz in jener Zeit, den großen Sowjetführer Lenin vom Fußballspieler Pele unterscheiden. Dafür verstanden sie viel von Geschäften. Sie boten an, was der Staat nicht lieferte: Blumen, südländisches Obst und Gemüse in reicher Auswahl. Nicht alles produzierten sie selbst, sondern sie zweigten es aus staatlichen und genossenschaftlichen Betrieben ab. Sie brachten es im Polizeistaat Sowjetunion sogar fertig, ein Passagierflugzeug der offiziellen Fluggesellschaft Aeroflot dauerhaft in eine private Frachtmaschine für Blumen umzufunktionieren. Weil sie nicht billig verkauften, waren sie nicht sonderlich beliebt. »Schwarzärsche« nannte man sie abfällig, aber man sah sie doch gerne nach Moskau kommen, denn ohne die Kaukasier wäre es um die russischen Küchen noch ärmlicher bestellt gewesen. Wenn ich mit diesen Menschen ins Gespräch kam, priesen sie mir ihre Heimat als einen wahren Garten Eden auf Erden, was meine Kaukasus-Träume immer wieder beflügelte.

1971 gab es dann doch eine Möglichkeit zum Reisen. 50 Jahre Sowjet-Republik Georgien wurden gefeiert. Mir wurde offiziell angeboten, über das Jubiläum zu berichten. Begleitet von einem sowjetischen Kamerateam – drei netten, hilfsbereiten Russen, die allerdings nur Schönes drehen durften – gelangte ich nach Tbilissi. Die Zugehörigkeit zur ruhmreichen Union der Sozialistischen Sowjetrepubliken wurde mit viel Prunk und großer Parade als freiwillige Entscheidung gefeiert. In Wirklichkeit wären die Georgier 1917 nach dem Sturz des Zaren gerne ihren eigenen Weg gegangen, aber sie wurden in die Sowjetunion gepresst. Ein Landsmann, der später zu fürchterlicher Berühmtheit gelangte, stand dahinter: Jossif Wissarionowitsch Dschugaschwili, genannt Stalin.

Kritische Auskünfte zu diesem Vorgang waren bei meinem Besuch damals nicht zu erhalten. Vermutlich war die Mehrheit der Bevölkerung auch mit ihrem Schicksal mehr oder weniger zufrieden, denn im Vergleich zu den anderen Völkern der UdSSR ging es den Menschen in Georgien nicht schlecht. Auch untereinander schienen sie gut auszukommen. Vom späteren Hass zwischen Abchasen, Osseten und Georgiern, die mit vielen anderen Völkerschaften alle in einer Republik lebten, war damals nichts zu spüren; jedenfalls nicht für mich als flüchtigen Besucher. Jeder bekannte sich zu seiner Abstammung, aber man lebte und feierte wie gute Nachbarn und Freunde zusammen. Niemals hätte ich es für möglich gehalten, dass sich diese fröhlichen, gastfreundlichen Menschen gegenseitig auf brutalste Weise massakrieren könnten, wie es 20 Jahre später passieren sollte.

Was indes nicht vor mir verborgen wurde, war der Stolz auf Stalin, den viele der Georgier, mit denen ich sprach, nach wie vor als größten politischen Führer, als Retter der Sowjetunion und Menschenfreund betrachteten. Seine Verbrechen, die eigentlich seit Chruschtschows Enthüllungen allen Sowjetbürgern bekannt sein sollten, hielten sie zu meiner Verblüffung schlicht für Verleumdung.

Es waren damals heitere Tage im südländischen Tbilissi. Ich kam mir vor wie in einem mediterranen Land. Das Leben war viel entspannter als im ruppigen Moskau. Funktionäre und Normalbürger überschlugen sich in Freundlichkeiten. Meine Leber musste Schwerstarbeit leisten. Morgens, mittags, abends gab es Cognac. Zu den Mahlzeiten wurde selbstverständlich auch reichlich Wein serviert. Jeder Versuch, sich der vitalen Gastfreundschaft zu entziehen, war zum Scheitern verurteilt. Es wurde – so bekam ich zu hören – schließlich nicht nur zum Vergnügen getrunken, sondern auch auf Frieden und Völkerfreundschaft. Mir fiel auf, je weiter der Abend vorrückte, desto mehr löste sich die Sowjetmacht in der feucht-fröhlichen Atmosphäre auf. Am Ende ging es nur noch um die deutsch-georgische Freundschaft, direkt und ohne Umweg über das Friedensbollwerk UdSSR.

Auch im Kommunismus verstanden es die Georgier, Geld zu machen. Gesetze stellten für die meisten von ihnen kein Hindernis dar. Das galt nicht nur für die da unten, sondern erst recht für die da oben. Die Partei- und Republikführung herrschte selbstherrlich und korrupt. Nur einer stellte angeblich eine Ausnahme dar. Er war – so wurde mir erzählt – weder bestechlich noch ängstlich. Als Innenminister für Recht und Ordnung in Sowjetmanier zuständig, übte er sein Amt nicht nur pro forma aus. Er brachte in einem atemberaubenden Krimi sogar den allgewaltigen Parteichef zur Strecke, weil dieser sich auf besonders obszöne Weise bereichert hatte. Danach rückte der Innenminister selbst zur Nummer 1 der Republik auf, wurde später Außenminister der Sowjetunion, hatte dabei maßgeblichen Anteil an der Deutschen Einheit und ist nun Präsident von Georgien. Er heißt Eduard Schewardnadse. Mehrmals habe ich ihn in den Monaten der deutschen Vereinigung noch 1989 interviewt. Ich wollte ihn gerne wieder sehen.

Als ich Georgien verließ, wurde ich mit Einladungen überhäuft, aber von der großen Kaukasus-Reise konnte ich weiter nur träumen. Sie ließ sich damals nicht verwirklichen. Es gab keine Genehmigungen, bis auf kurze Stippvisiten in Baku und Eriwan. So musste ich mich mit Erzählungen begnügen. Zum Glück kannte ich den Germanisten Lew Kopelew und seine Frau Raissa Orlowa, eine Amerikanistin. In Moskau waren sie als Andersdenkende unter den Druck des Sowjetregimes geraten. Um den Repressalien wenigstens zeitweise zu entgehen, reisten sie im Land dorthin, wo sie noch nicht auf den »schwarzen Listen« standen. »Wir fuhren von uns weg und zu uns hin«, sagten sie. Besonders gerne waren sie in Armenien und Georgien, wo sie sogar noch Vorlesungen halten konnten. Mit Begeisterung erzählten sie von Theatervorstellungen und Konzerten, von Besuchen historischer Stätten und Begegnungen mit den Menschen. In Eriwan trafen sie den großen Maler Martiros Sarjan. »Er sagte uns«, schrieb Kopelew später, »dass er vieles in Petersburg, Paris und Istanbul gelernt habe, aber wirklich gefunden habe er sich erst in der Heimat, in diesem wunderschönen Tal, von dem aus man auf den Ararat schaut. Hier stand sein Haus, umgeben von den armenischen Bergen, den Farben und der Sprache Armeniens. Sarjan pflegte seinen verstorbenen Freund, den großen Dichter Awetik Issaakjan, mit den Worten zu zitieren: Wie kann ein Engländer glücklich sein, wenn er am Morgen erwachend plötzlich begreift, dass er kein Armenier ist!«

Sehr viele Freunde hatten Lew Kopelew und Raissa Orlowa in Tbilissi. Sie kamen aus der Geisteswissenschaft, aus dem Theater, aus dem Film und der Literatur. So lernten sie den Amerikanisten und Englischlehrer Swiad Gamsachurdia kennen. Als Kopf einer Menschenrechtsgruppe in Tbilissi forderte er die Armee auf, die

Schießübungen in der Nähe des alten Klosters David Garedschi einzustellen, sonst würden durch die Explosionswellen und Granatsplitter wertvolle Ornamente und Fresken zerstört. Mit Respekt hörten wir davon. So etwas war damals in der Sowjetunion höchst ungewöhnlich und damit auch sehr riskant. Lew Kopelew half Gamsachurdia, Protestbriefe ins Ausland zu schmuggeln. Schließlich willigte die Armee ein. Das Übungsgelände wurde um einige Kilometer verlegt. Swiad Gamsachurdia wurde dadurch ein populärer Anführer der Opposition, aber Lew Kopelew ging später zu ihm auf Distanz. »Sein unverfrorener Chauvinismus, seine dumm-boshaften Äußerungen über Armenier, Abchasen und auch Russen stießen uns ab.«

Als sich die Sowjetrepublik Georgien 1991 von der UdSSR unabhängig erklärte, wurde Swiad Gamsachurdia zum ersten Präsidenten seines Staates gewählt. Sein Chauvinismus heizte die Emotionen unter den verschiedenen Nationalitäten Georgiens auf und führte schließlich zum Bürgerkrieg. Gamsachurdia wurde vertrieben, er ist inzwischen tot, aber seine Saat geht immer wieder auf. Georgien hat heute noch darunter zu leiden.

Die Zeit ging dahin. Ich wechselte als Korrespondent von Moskau nach Ostberlin, von dort erst nach Washington und anschließend nach New York. Schließlich kehrte ich nach Köln am Rhein zurück. Inzwischen Chefredakteur des Westdeutschen Rundfunks, erlebte ich als Berichterstatter unmittelbar mit, wie sich die Verhältnisse in der Sowjetunion drastisch änderten. Das Imperium brach zusammen. Alle Sowjetrepubliken machten sich selbstständig, auch im Kaukasus. Armenien, Aserbaidschan und Georgien wurden unabhängige Staaten. Journalisten konnten nun reisen. Unsere Korrespondenten waren ständig im Kaukasus. Zu unterhaltsamen Reiseberichten kamen sie allerdings nicht. Sie mussten sich mit blutigen Auseinandersetzungen beschäftigen, deren Ursachen auf jahrhundertelange territoriale Willkürakte zurückgehen. Nun wurden berechtigte und unberechtigte Ansprüche mit Gewalt geltend gemacht.

In Berg Karabach brachten sich Armenier und Aserbaidschaner um. In Georgien brach ein mörderischer Bürgerkrieg aus. Am lieblichen Schwarzen Meer gingen sich Abchasen und Georgier gegenseitig an die Gurgel. Derweil erklärten sich die Tschetschenen für unabhängig, was Moskau nicht hinnahm und zu zwei Kriegen führte, die grausige Opfer unter der Bevölkerung forderten und die Welt entsetzten. Es war, als sei Pandora zurückgekehrt. Wieder einmal suchten Tod und Verwüstung den stolzen, unglücklichen Kaukasus heim.

Es ist ein ewiger Teufelskreis. Jahrhundertealte Rechnungen werden untereinander beglichen. Interessenten von außen kommen dazu. Bodenschätze und die geopolitische Lage rufen auch westliche Großmächte auf den Plan. Das chronisch misstrauische Russland sieht sich dadurch ständig herausgefordert. Statt gemeinsam eine Friedensordnung zu suchen, werden gefährliche Überkreuz-Allianzen gebildet. Sie machen den Kaukasus zu einem dauernden Pulverfass.

Die Religion spielt mit hinein. Armenien und Georgien waren früh christianisiert worden, bereits im 4. Jahrhundert. Im 8. Jahrhundert kamen dann die Araber. Die vielen kleinen Völker um die Armenier und Georgier herum gingen in mehreren Wellen bis in die neuere Zeit zum Islam über. Die Glaubenskonstellationen haben sich bis zum heutigen Tag gehalten, aber sie bestimmen nicht allein die Beziehungen im Kaukasus.

So kommen das christliche Georgien und das muslimische Aserbaidschan gut miteinander aus. Sie versuchen Anschluss an den Westen zu gewinnen. Für Moskau ist das Grund genug, die Gegner der beiden zu unterstützen. Das sind zum einen die Abchasen, die von Georgien unabhängig sein möchten, und zum anderen die Armenier, die mit Aserbaidschan wegen der Enklave Berg Karabach im hasserfüllten Streit leben. Aserbaidschan wiederum unterhält traditionell enge Beziehungen zur Türkei. Armenien – von den Türken über Jahrhunderte bis hin zum Völkermord drangsaliert – pflegt daraufhin ein gutes Verhältnis zum Iran, der seinerseits in gespannter Nachbarschaft mit der Türkei und Aserbaidschan lebt. Es sind Beziehungskisten, die es in sich haben.

Öl und Gas am und im Kaspischen Meer sorgen für weiteren Zündstoff. Die Amerikaner und Engländer spielen im Hinterhof der Russen lebhaft mit. Unverhohlen erklären sie Aserbaidschan zu einem wertvollen Partner, was Moskaus ewiges Misstrauen nur bestätigt. Der Verlauf existierender und geplanter Pipelines wird zur strategischen Frage. So bekommt Tschetschenien als Transitland für die Ölleitung vom Kaspischen zum Schwarzen Meer für Moskau eine zusätzliche Bedeutung.

Wer mit wem? Im Kaukasus ist das ein jahrhundertealtes Spiel. »The Great Game« nennen es die Diplomaten heute. Für die Menschen in dieser Region bedeutet das »Große Spiel« allerdings wenig Gutes, sondern die fortwährende Gefahr von Krieg und Verheerung. Doch über dem schändlichen Tun der Menschen thront unangefochten und ewig verlockend der Kaukasus.

Hier atmet alles Einsamkeit. Hier ist alles rätselhaft – sowohl die dichten Lindenalleen, die sich über den Bach neigen, der sich mit Tosen und Schäumen von Klippe zu Klippe stürzend einen Weg durch die grünen Berge bahnt, als auch die Schluchten voller Dunkel und Schweigen. Eine herrliche Landschaft! Von allen Seiten unbesteigbare Berge, rotschimmernde Felsen, die mit Efeu behangen und von Platanengehölzen gekrönt sind, gelbe Abbrüche mit stark eingezeichneten Wasserrinnen, und hoch, hoch oben der goldene Saum der Schneefelder ...

so schwärmte Michail Lermontow vor 160 Jahren vom Kaukasus. Er war hierhin verbannt worden, aber dieser Landschaft verfallen. Ihr widmete er Geschichten und Gedichte. Sein Hauptwerk »Ein Held unserer Zeit« ist zu einem Klassiker der Weltliteratur geworden. Michail Lermontow, der als russischer Byron gefeiert wurde, starb jung und seiner wilden Umgebung gemäß. Er wurde im Duell erschossen.

Der Kaukasus! Seine Schönheit, seine Dramen und seine Tragödien haben die größten Geister der russischen Poesie und Prosa angezogen. Wer hier nicht gewesen war, möglichst unter Gefahren, hatte nichts gesehen. So kamen sie wie Michail Lermontow und hinterließen von ihren Besuchen die schönsten und eindrucksvollsten Beschreibungen. Alexander Puschkin, Alexander Gribojedow, Lew Tolstoi, Andrej Belyj, Maxim Gorki, Ossip Mandelstam. Jede Zeile, die ich von ihnen las, fasste ich als Aufforderung auf, selbst dorthin zu fahren. So wurde mit der Zeit aus dem Kindheitstraum der konkrete Plan, eine literarisch-politische Reise durch den Kaukasus zu unternehmen, Vergangenheit und Gegenwart anhand von Zeugnissen der Poesie und Prosa zu vergleichen.

Stoff steht reichlich zur Verfügung. Schon die großen Geschichtsschreiber der Antike, die Griechen Herodot und Strabo sowie der Römer Plinius, wussten erstaunlich viel über den Kaukasus. Reich ist auch der literarische Nachlass einheimischer Autoren, angefangen von Schota Rustawelis Ballade »Der Recke im Tigerfell« aus dem 12. Jahrhundert oder dem Epos »Pandj Gandj« (»Fünf Schätze«) von Abu Mohamed Nizami aus Aserbaidschan bis hin zu Fasil Iskanders »Geschichten aus dem Kaukasus« aus der Neuzeit. Schließlich gibt es noch die Berichte westlicher Reisender. Neben dem brillanten Alexandre Dumas hinterließen Friedrich von Bodenstedt (aus dem Jahre 1849), Knut Hamsun (1895), Clara Zetkin (1926) und Fridtjof Nansen (1927) aufschlussreiche Beschreibungen.

Von Fridtjof Nansen war ich als jugendlicher Leser besonders angetan. Ich glaubte, Seelenverwandschaften festzustellen. Dass dem Norweger beim Betrachten des Kaukasus Prometheus und Jason in den Sinn kamen, wäre mir sicher genauso ergangen, dachte ich beim Lesen. Seine Schwärmerei für die Landschaft entsprach voll und ganz dem Bild, das ich mir in meiner Phantasie gemalt hatte. Auf der Route der Argonauten war Fridtjof Nansen über das Schwarze Meer gekommen. Als er sich auf die Reise durch das Land machte, ging er beim Anblick des Kaukasus mit seiner Begeisterung gleich in die Vollen:

Draußen über dem Meer war die Sonne untergegangen – im Norden lagen blaue Berge von weißen Gipfeln überschwebt. Der Kaukasus, wo der Titan des Menschengeistes, der den Göttern das Feuer stahl, an den Berg gekettet liegt, indes der Adler an seinen Eingeweiden zerrt: der ewige Kampf des Geistes gegen die irdischen Fesseln. Wir näherten uns der weiten Ebene des Rion-Flusses, dem Phasis der Alten, der durch das reiche Kolchis floß, das Land der Morgenröte, wohin der Widder der Sage entfloh und am Strand im Feuer des Sonnenaufgangs geopfert wurde. Sein goldenes Vlies ward am Baum des nächtlichen Himmels aufgehängt und von Drachen der Eifersucht bewacht. Hierher kamen die Argonauten auf ihrer wagemutigen Fahrt und segelten den Phasis aufwärts zum Sonnenkönig Aëtes von Kolchis. Hier begegnete im Wald der Sonnenheld Jason des Königs schöner Tochter, der Gift-

mischerin Medea; mit ihrer Hilfe zähmte er die feuerspeienden ehernen Stiere, säte die Drachensaat, fällte den Drachen, zerstreute das Dunkel und holte das Vlies.

Wenn ein alter Fahrensmann wie Fridtjof Nansen so auf Touren kommt, dann konnte ich mich in meiner Zuneigung zum Kaukasus nur bestätigt fühlen.

Nansen schrieb nicht so elegant und lebendig wie Alexandre Dumas, aber durch ihn erfuhr ich viel über die Geschichte und die damalige Gegenwart Transkaukasiens, insbesondere Georgiens und Armeniens. Der Norweger war aus ähnlich hartem Holz geschnitzt wie Dumas, ein vielseitiger, starker Typ! Als Erster überquerte er Grönland auf Skiern und Schlitten von Ost nach West. Beim Versuch, den Nordpol zu erreichen, kam er auf einer anderen Tour zwar nicht ganz an, aber sein Wagemut beeindruckte mich ebenso wie sein Forschungsdrang bei der Erkundung der Meere.

Nansen wurde später Diplomat. Nach dem Ersten Weltkrieg kümmerte er sich um Kriegsgefangene und organisierte Hilfe für die Hungergebiete in Russland. Zu Recht erhielt er für seine guten Taten den Friedensnobelpreis. Im Auftrag des Völkerbundes, dem Vorläufer der UNO, reiste Fridtjof Nansen nach Transkaukasien, um zu sehen, wie den verzweifelten armenischen Flüchtlingen geholfen werden konnte. Darüber verfasste er einen Reisebericht mit dem Titel »Betrogenes Volk«.

Aus diesem Buch erfuhr ich, was das armenische Volk erlitten hat. Es hatte schon lange keinen eigenen souveränen Staat besessen. In den letzten Jahrhunderten aufgeteilt unter russischer und türkischer Herrschaft, war es zwischen die Mühlsteine des Ersten Weltkrieges geraten. Als die Feindseligkeiten ausbrachen, behauptete die türkische Regierung, die Armenier in ihrem Staat wollten gemeinsame Sache mit den Russen machen. Dies sollte radikal verhindert werden. Eine grausame Verfolgung wurde ausgelöst, die zum Völkermord an 1,5 Millionen Armeniern in der Türkei führte.

Franz Werfel hat das Leiden und den Überlebenskampf der Armenier in seinem Roman »Die 40 Tage des Musa Dagh« verewigt. Die Welt war bewegt, geholfen hat sie nicht und daraus gelernt auch nicht. Im Gegenteil! Als Werfels Buch erschien, machten sich

Hitler und Stalin daran, als noch größere Völkermörder in die Geschichte einzugehen.

Fridtjof Nansen war erbittert über die Untätigkeit und Unfähigkeit der internationalen Staatengemeinschaft, insbesondere der westlichen Großmächte. Dem Völkerbund, der ihn entsandt hatte, schrieb er ins Stammbuch, seine Verantwortung nicht wahrzunehmen. Es ginge ja nur um ein kleines, blutendes, aber begabtes Volk ohne Ölfelder und ohne Goldminen. »Wehe dem armenischen Volk, dass es in die europäische Politik verwickelt wurde!« Mit diesen Worten endete Nansens Bericht. Seine Klage hat für den Kaukasus nichts an Aktualität verloren.

Die Ironie des Schicksals wollte es, dass ausgerechnet Nansens enger Vertrauter auf dieser humanitären Reise später zum Helfer des größten Menschenschinders aller Zeiten wurde. Er hieß Vidkum Quisling. Seine Liebenswürdigkeit und Hilfsbereitschaft wurde Nansen nicht müde zu loben. Gut, dass er nicht miterlebte, was aus seinem gepriesenen Reisebegleiter geworden ist. Als die deutsche Wehrmacht im Zweiten Weltkrieg Norwegen besetzte, arbeitete Quisling mit den Nazis zusammen. Nach dem Krieg wurde er als Kollaborateur gehenkt. Sein Name ist zum Synonym für politische Kollaborateure schlechthin geworden.

Das Buch von Fridtjof Nansen bleibt aber eine ergiebige Fundgrube für jeden Kaukasus-Interessierten. Auf die Nerven geht nur sein völkischer Fimmel, jeden Georgier und jeden Armenier nach seiner Schädelform einzuordnen, Langschädel oder Rundschädel, mit vorspringender Nase oder flachem Hinterkopf. Ansonsten lässt sich mit ihm gut durch den Kaukasus seiner Zeit reisen.

Anders als Dumas durchquerte Nansen nicht mehr mit der Kutsche oder hoch zu Pferde den Kaukasus, sondern mit der Eisenbahn. Aus dem Zug konnte er in Muße die Landschaft genießen.

Nach erneuter Lektüre seines Buches hatte ich keine andere Wahl: Ich musste endlich dahin, wo »die Bergriesen an der Pforte von Asien nach dem zersplitterten Europa wachen«.

Es war schon ein verwegener Gedanke, als Intendant eines eben nicht kleinen Rundfunkunternehmens einen Film über den Kaukasus zu machen und dazu ein Buch zu schreiben. Aber eine Erfahrung machte mich kühn. Ich hatte mich ein Jahr zuvor darauf eingelassen, neben meinen Management-Arbeiten ein Feature über Rügen zu drehen, und es war gut gegangen. Mit Disziplin, Organisation und Nachtarbeit ist das zu machen, sagte ich mir. Während eines Moskau-Besuches sprach ich mit unserem Korrespondenten Thomas Roth darüber. Er machte mir Mut und sicherte mir gleichzeitig seine Unterstützung zu. Praktischerweise war ARD-Chefredakteur Hartmann von der Tann dabei. Obwohl er sonst nicht leicht zu überzeugen ist, »kaufte« er das Vorhaben »Durch den wilden Kaukasus« gleich ein. Das Angebot stimmte offensichtlich.

Albrecht Reinhardt, Auslandschef beim Westdeutschen Rundfunk, nahm das Projekt unter seine Fittiche. Eine zweiteilige Fernsehreportage sollte ich liefern. Damit die Sache nicht schief ging, übernahm Heribert Blondiau, selbst ein erfahrener Autor, die Redaktion. Um die Recherchen – insbesondere für Literatur und Geschichte – kümmerte sich Maria Klassen. Wir beide kennen uns von einem gemeinsamen Filmprojekt über die russische Bürgerrechtlerin Larissa Bogoras. Für den Filmschnitt brauchte ich eine Könnerin mit Stehvermögen. Ein Gebirge von Kassetten würde zu bewältigen sein (70 Stunden wurden es schließlich). Mit Cordula Krämer fand ich die richtige Partnerin. Die »Heimatfront« stand also.

Wer aber sollte mich in den Kaukasus begleiten? Das Team musste sich auskennen. Kriegs- und Krisengebiete waren zu durchqueren. Nicht immer konnte die Einreise direkt von Nachbar zu Nachbar unternommen werden. Umwege waren erforderlich. Mit vielen Stellen musste verhandelt werden, um die Aufnahmen vor Ort zu sichern. Diesen Job leisten Producer. Sie sind Experten, die mit den Drehgebieten bestens vertraut sind und zugleich das Thema beherrschen. Für das schwierige Unternehmen Kaukasus gewann ich den besten Mann, Igor Butz. Er arbeitet für das ARD-Studio Moskau und kennt den Kaukasus von Dutzenden Reisen. Oft waren es lebensgefährliche Einsätze, wenn über die Bürgerkriege im Nord- und Transkaukasus berichtet werden musste. Zu meiner Freude und Erleichterung ist auch der Filmemacher Stefan Tolz mit von der Partie. Er kennt als Georgien-Spezialist die Sprache des Landes, das er viele Male bereist hat. Dabei entstand ein einfühlsamer Film »Das kaukasische Gastmahl«, der beispielhaft für das wechselhafte Schicksal Georgiens die Biographien freundschaftlich verbundener Menschen schildert. Wenn ich zu Recherchen unterwegs bin, wird Stefan Tolz die Dreharbeiten leiten und später beim Schnitt dabei sein.

Lange diskutierten wir, welches Kamerateam an den politisch sehr unterschiedlichen Drehorten am besten zurechtkommt. Wir entschieden uns für eine russische Besetzung. Da konnte nur die Wahl auf Maxim Tarassjugin als Kameramann fallen. Er hatte für die ARD »Die Ballade vom Baikalsee« von Klaus Bednarz gedreht. Tonmann Mischa Falin vom ARD-Studio Moskau komplettierte das Team.

Der Kaukasus ist eine vielfältige, sehr verschachtelte Region wie kaum eine andere auf der Erde. Welche Route sollten wir nehmen? Wir entschieden uns für klare Linien, die auch von Außenstehenden unschwer zu verfolgen sind. Zunächst wollen wir die klassische Durchquerung des Kaukasus von Nord nach Süd in Angriff nehmen, danach werden wir von West nach Ost reisen, also vom Schwarzen Meer zum Kaspischen Meer.

Starten wollten wir wie Alexandre Dumas im russischen Kisljar, dann sollte es weitergehen durch Tschetschenien, über Wladikawkas und die »Große Georgische Heerstraße« nach Tbilissi und Eriwan bis schließlich an die Grenzen zur Türkei und zum Iran. Als Ausgangspunkt der zweiten Tour hatten wir uns Suchumi am Schwarzen Meer ausgesucht. Von dort wollten wir durch die Kolchis nach Tbilissi und weiter am Kura-Fluss entlang durch Transkaukasien zum Endpunkt unserer Reise nach Baku reisen.

In unsere Vorbereitung kamen die Nachrichten von Entführungen in Abchasien und Tschetschenien. Von ortskundiger Seite wurde uns geraten, die Reise nicht mit großem Getöse anzukündigen. Professionelle Kidnapper würden sich sicher viel Lösegeld versprechen, den Chef einer deutschen Rundfunkanstalt einzukassieren. Wir unterließen deshalb jede Vorab-Ankündigung.

Zu fünft brachen wir am 10. Juni 2000 auf, im Kopf die Zeilen des russischen Dichters und Symbolisten Andrej Belyj:

Kaukasus und Transkaukasien sind urälteste Orte der Menschheit. Mir ist klar, warum die Arche Noah hier strandete, warum die Argonauten hier hinreisten, warum Prometheus das himmlische Feuer des Wissens hierhin brachte.

Ich hatte mir schon eine üppige Vorstellung angelesen, aber nun wollte ich es genau wissen.

Von Machatschkala nach Kisljar

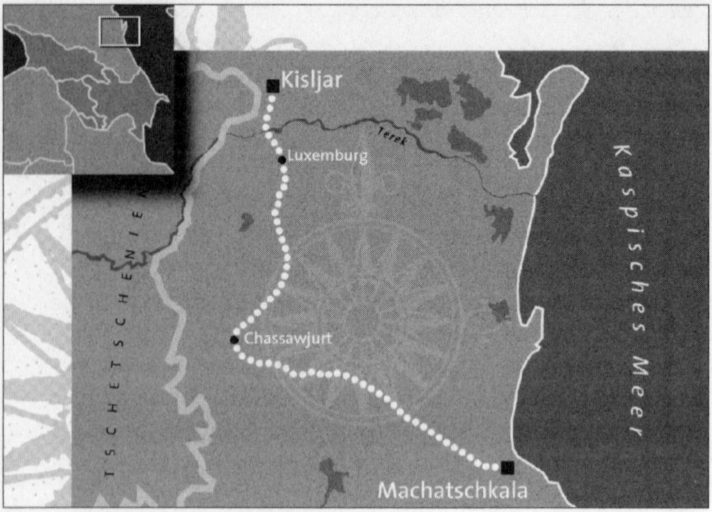

Abdul Mussajew holt uns früh ab. Er ist Oberst der Miliz von Dagestan. Wir beide geben ein schönes Bild ab. Uns trennen nur winzige 45 cm in der Körpergröße. Doch der kleine Oberst weiß sich zur Geltung zu bringen. Was ihm an Wuchs fehlt, macht er durch energisches Auftreten und seine Makarow wett. Die 9-Millimeter-Pistole trägt er sichtbar und griffbereit an der Hüfte.

Wir fahren von Machatschkala nach Kisljar, 120 km parallel zur tschetschenischen Grenze. Sie ist von russischen Streitkräften abgeriegelt, aber für die tschetschenischen Rebellen kein Hindernis. Sie dringen immer wieder über die Grenze nach Dagestan vor. Auch diese Straße ist vor ihnen nicht sicher. Die Russen haben Dagestan bei ihrem Vorstoß nach Süden unter Peter dem Großen erobert. Die Errungenschaft bereitete ihnen nicht immer Freude. Hier gab es viele Aufstände gegen die Herrscher in Moskau und Petersburg. Der Aware und legendäre Rebellenführer Schamil kam aus Dagestan. 25 Jahre machte er den zaristischen Truppen die Hölle heiß. Nun herrscht wieder Krieg, nebenan in Tschetschenien. »Sympathisieren Ihre Landsleute mit den Tschetschenen?«

will ich von Abdul Mussajew wissen. »Einige schon!« »Wer sind diese Leute?« »Es sind die Wahabiten. Sie wollen das strenge Regime des Islams, die Scharia, einführen. Ein ganzes Gebiet hatten sie schon unter ihre Kontrolle gebracht. Sie haben einfach unsere Behörden rausgeschmissen. Die Polizei gleich mit.« »Wie ist das ausgegangen?« »Die Tschetschenen unter Bassajew drangen auf unser Territorium vor, um einen Wahabiten-Staat zu schaffen. Unsere Armee hat die Sache radikal beendet. Bei der Gelegenheit haben wir auch mit den Wahabiten reinen Tisch gemacht.« Ich erinnere mich. Es soll, so die Berichte, kein Stein auf dem anderen geblieben sein. Mit äußerster Brutalität sei vorgegangen worden. Das ist im Kaukasus nichts Neues. Beide Seiten schenken sich nichts. Trotz schwerster Verluste geben sie nicht nach. Allein der Kaukasische Krieg im 19. Jahrhundert dauerte von 1817 bis 1864, weit länger also als der Dreißigjährige Krieg in Deutschland.

Wir fahren nun schon eine geraume Weile. Alles flach! Aufregend ist die Landschaft wahrlich nicht. Rechts Steppe, links Steppe. Ab und zu ein Dorf. »Wer wohnt hier?« »Kumyken und Nogaier, alte Steppenvölker.« »Sind die Sprachen unterschiedlich?« »Völlig! Keiner versteht den anderen. Dagestan ist einzigartig. 33 Nationalitäten stammen von hier. Jede hat ihre eigene Sprache. Dazu kommen noch Dutzende andere Nationalitäten, die hier eingewandert sind. Russen, Georgier, Armenier, Ukrainer, Deutsche. Gleich fahren wir durch das Dorf Luxemburg. Benannt nach Rosa Luxemburg. Haben Deutsche gebaut. Sie sind jetzt alle weggezogen.« »Wie verständigen sich die Leute in Dagestan?« »Auf Russisch!«

Wir rollen über den Terek-Fluss. Wie viele Lieder sind auf ihn gesungen worden, wie viele Gedichte und Geschichten sind über ihn geschrieben worden? Hier sieht er abgekämpft aus, der Schicksalsfluss der Kaukasier und der Russen. Seine Wildheit, seinen Elan hat er auf seiner langen, gewundenen Wegstrecke aus den Schluchten des Kaukasus bis hierhin verloren, wo er nun in der Ebene bedächtig auf das Kaspische Meer zugleitet. Dieser Fluss hat viele Kämpfe und Kriege erlebt, viele Menschenleben haben an seinen Ufern ein gewaltsames Ende gefunden, viel Blut ist mit ihm zu Tal geströmt. Michail Lermontow hat es in seinem Gedicht »Die Gaben des Terek« elegisch besungen.

Durch Gefels in wildem Jagen
Brüllt der Terek grimmgemut;
Sturmesheulen – seine Klagen,
Schaumgeperl – die Tränenflut.

Doch an des Gebirges Fuße
Strömt er murmelnd sanft einher,
Und mit schmeichlerischem Gruße
Spricht er zu dem Kaspimeer:

»Teile gastlich deine Wogen,
Meeresgreis, und gib mir Raum:
Aus der Ferne hergezogen,
Bin ich müde, welle kaum …

Das Drama seiner Geschichte ist dem Terek hier nicht anzusehen. Wie ein gewöhnlicher Fluss zieht er seines Weges, überspannt an dieser Stelle von zwei Brücken: eine für den Straßenverkehr, die andere für die Eisenbahn. Auffällig sind nur die schwer bewaffneten Posten, die die beiden Brücken gegen Überfälle durch Tschetschenen sichern sollen.

Es wird allmählich bewohnter. Bis Kisljar sind es nur noch wenige Kilometer. Wie bin ich eigentlich in diese Gegend geraten? Der schon erwähnte Alexandre Dumas ist schuld mit seinem Reisebericht »Die Eindrücke einer Reise durch den Kaukasus«. Hier hat sein Abenteuer-Trip begonnen, genau am 7. November 1858 um 2 Uhr nachmittags. Ich bin um zwei Stunden früher da. Punkt 12 Uhr treffe ich samt Team in Kisljar ein. Mein berühmter Vorreiter hatte es allerdings auch schwerer, hier anzukommen. Er reiste im Spätherbst. Die Wege waren praktisch unbefahrbar. Seine Kutsche versank bis zur Radnabe im Schlamm.

Mit solchen Misshelligkeiten habe ich nicht zu kämpfen. Es ist Hochsommer. Die Straßen sind trocken und staubig. In der sengenden Hitze beginnt hier und da der Asphalt zu schmelzen. Dieses Problem gab es bei Dumas mit Sicherheit nicht, ansonsten aber entdecke ich gewisse Ähnlichkeiten. Als er sich der Stadt näherte, stellte Dumas eine Wandlung im Verhalten der Menschen fest. »Alle Reiter und Fußgänger waren bewaffnet. Statt der früheren lächelnden Gesichter sah man unruhige Blicke. Man merkte, dass man einen Boden betreten hatte, wo jedermann einem Feind zu begegnen fürchtete, und, zu weit von einer schützenden Behörde entfernt, sich in wehrhaften Zustand setzte.« Ich habe den gleichen Eindruck von Kisljar.

Wir sind um die Stadt herumgefahren und kommen nun von der Südseite herein. Auf der einen Seite liegt wie eine Militärfestung ein Blockposten. Dahinter geht es nach Tschetschenien. »Halt!« fordert ein Schild auf. »Es wird ohne Warnung geschossen.« Wir lassen die barsche Aufforderung links liegen und zuckeln langsam Richtung Stadt. Bedächtig überqueren wir einen Fluss. Idyllisch sieht er aus mit seinen Böschungen und Biegungen. Es ist wieder der Terek, ein Seitenarm. Nun mustern uns in der Tat unruhige Blicke. Betonblöcke liegen quer über der Straße. Im Schritttempo fahren wir Slalom um die Sperren. Polizisten, mit Maschinenpistolen in den Händen, halten uns an. Ich schaue zur Seite. Hinter einem drei Meter hohen Erdwall sichern Armeesoldaten zusätzlich den Polizeiposten ab. Das Ganze macht alles andere als einen friedlichen Eindruck. In diesen Tagen ist die Lage wieder einmal sehr angespannt. Die Tschetschenen haben Überraschungsangriffe mit furchtbaren Folgen für die Russen unternommen. In Kamikaze-Manier haben sie an fünf Orten im Land Sprengstoffanschläge verübt. Viele Zivilisten und russische Soldaten sind ums Leben gekommen. Der Krieg liegt wie ein drückender Schatten über der Stadt Kisljar. Deshalb wird überall scharf kontrolliert und überall sofort scharf geschossen.

Abdul Mussajew tritt in Aktion. Er redet mit den Posten. Wir werden durchgewunken. Kioske reihen sich am Straßenrand auf. Männer in Tarnanzügen sitzen, stehen und gehen herum, mit und ohne Kalaschnikows. Kühe mischen sich dazwischen. Allmählich wird es friedlicher. Hinter Zäunen und Bäumen ducken sich kleine Häuser, als wollten sie sich vor der neuen Zeit verstecken. Es sind Häuschen aus Holz und gestampftem Lehm. Aus der Zeit von Dumas stammen sie wohl nicht, aber einige haben auch schon über 100 Jahre auf ihren Buckeln.

Alexandre Dumas wurde vom Kommandanten der Stadt und vom Polizeimeister empfangen. Uns erwartet der Erste stellvertretende Bürgermeister Igor Anatoljewitsch Garnik. Bei ihm ist der

Chef der Miliz mit dem schönen deutschen Namen Ganschke. Wir erklären unser Vorhaben, auf den Spuren von Alexandre Dumas durch den Kaukasus zu reisen. Die Idee kommt gut an. In Kisljar wird der französische Autor hoch in Ehren gehalten, obwohl er nicht unbedingt freundlich über die Stadt geschrieben hat. Im Museum hat Alexandre Dumas seinen Ehrenplatz bekommen. An einem Film über seinen Aufenthalt in Kisljar wird intensiv gearbeitet. »Es gibt leider einige Analogien zu damals«, stellt Igor Anatoljewitsch Garnik fest. »Damals war es hier herum gefährlich, und jetzt ist es auch wieder sehr schlimm.« Der Chef der Miliz schaltet sich ein: »Die Menschen in dieser Stadt leben in ständiger Angst. Vor einem Jahr verging keine Nacht, in der hier nicht heftig geschossen wurde. Die Tschetschenen wollten zeigen, dass sie sich alles leisten können und die russische Obrigkeit machtlos ist. Menschen wurden bedroht, verwundet und entführt.« »Konnten die Tschetschenen tatsächlich machen, was sie wollten?« »Sie sind dreist und verachten den Tod. Am schlimmsten war der Überfall, den ihr Anführer Radujew im Januar 1996 verübte. Mit 350 Mann überfiel er die Stadt. Mit ca. 2000 Geiseln verschanzte er sich im Krankenhaus. 51 Menschen kamen bei den Schießereien ums Leben. Nach langen Verhandlungen konnte er mit einigen Geiseln abziehen, aber nicht weit von hier wurde er in einem kleinen Dorf gestoppt. Es kam zu einem furchtbaren Gemetzel. Unsere Truppen setzten schwerste Waffen ein. Am Ende konnten einige der tschetschenischen Bojewiki entkommen. Für die Stadt ist das Geschehen von damals bis heute ein schweres Trauma.«

Die Bezeichnung »Bojewiki« ist nicht leicht ins Deutsche zu übersetzen. Streng genommen heißt es »Kämpfer«, aber im offiziellen russischen Sprachgebrauch steht es eher für Bandit oder Terrorist. Auf alle Fälle ist es abwertend gemeint. Die Tschetschenen schert es wenig.

Ich möchte mehr über die Geschichte der Stadt erfahren. Kisljar – als Kosakensiedlung vom russischen General Wassilij Jakowlewitsch Lewaschow gegründet – erhielt bereits 1735 den Status einer Stadt. Handel war hier das Hauptgeschäft. Kaufleute aus Russland, Georgien, Armenien, Persien und sogar aus Indien kamen hierhin. Vor Dumas waren die hohen Herren der russischen Literatur Michail Lermontow und Lew Tolstoi in der Stadt am Terek gewesen. Der Name kommt aus dem Türkischen und könnte »Viele Mädchen« bedeuten, vielleicht aber auch »Rote Schlucht« oder »Viele Gänse«.

Alexandre Dumas hat sich von den schönen Namen nicht betören lassen, sondern kräftig über den Zustand der Stadt hergezogen, über die kotigen Straßen und die intensive Gewaltkriminalität. Nicht erwähnt hat er, dass in Kisljar der hoch verehrte Fürst Bagration geboren wurde. Es mag daran gelegen haben, dass Fürst Bagration an der Seite des russischen Marschalls Kutusow einen Landsmann von Dumas, nämlich Napoleon, 1812 schmählich in die Flucht geschlagen hatte.

Ich bekenne mich zu Fürst Bagration. Das verschafft mir die Bekanntschaft mit dem vorzüglichen Kisljarer Cognac gleichen Namens. Der Erste stellvertretende Bürgermeister drängt schon die ganze Zeit. Er will uns die berühmte Cognacfabrik seiner Stadt zeigen. Ich habe den Eindruck, er möchte die Gelegenheit nutzen, um sich selbst ein paar Gläschen genehmigen zu können. Der Besuch beginnt eindrucksvoll. Vier kräftige Herrschaften, martialisch in Tarnanzügen gekleidet und mit Pistolen bewaffnet, nehmen uns in Empfang. »Verteidigen Sie den Cognac?« versuche ich zu scherzen. »Nein, den Direktor!« kommt überhaupt nicht amüsiert die Antwort. Der Chef der Miliz klärt mich auf. »Der Direktor ist von Tschetschenen entführt und 8 Monate in Gefangenschaft gehalten worden. Auf offener Straße wurde er in Kisljar von Männern in Miliz-Uniformen gestoppt. Sie hielten ihm gleich eine Pistole unter die Nase. Als er sich wehrte, schossen sie in sein Bein und warfen ihn ins Auto. Erst nach langen Verhandlungen kam er frei. Seitdem wird ihm auf Schritt und Tritt eine Bewachung mitgegeben.«

Der Direktor lässt bitten. Unter dem Porträt des Fürsten Bagration werde ich höflich begrüßt. Der Napoleon-Bezwinger fungiert als Markenzeichen der Firma. Für Liebhaber der Geschichte bietet er einen guten Anlass, bei Cognac über Krieg und Frieden zu philosophieren. Die Franzosen werden es verkraften müssen, dass sie dabei nicht in der Siegerrolle sind. Ich gratuliere dem Direktor zu seinem Patron und frage nach seinem eigenen Namen. Wladimir Sarkissowitsch Grigorjanz. Er ist auf dem Sprung in die USA, wo er seine Produkte in New York präsentieren will. Im Ausland ist dem Kisljar-Cognac bislang noch nicht der Durchbruch gelungen. Ich werde mit gespieltem Ernst aufgefordert, ab jetzt auch in Deutschland Reklame zu machen. »Gerne, wenn mir Ihr Cognac gefällt«, verspreche ich. »Dazu kommen wir gleich.« Das hatte ich befürchtet. »Am helllichten Tag wird mir der Cognac bei dieser Hitze gut bekommen«, murmele ich schwach.

Direktor Grigorjanz setzt mich nun gehörig ins Bild. Seine Firma ist die älteste Cognac-Fabrik Russlands. Selbst die Armenier – dabei ist Grogorjanz einer – kamen mit ihrem Cognac später. »Was zeichnet Ihren Cognac aus?« »Eine reiche duftige Blume.« Ich kann mir nichts darunter vorstellen. Entweder ist mein Russisch so schlecht oder ich verstehe nichts vom Cognac. Vermutlich trifft beides zu. Ich will es aber wissen. »Wonach schmeckt Ihr Cognac?« »Nach Vanille und Schokolade. Das Aroma wird aus den Eichen gesogen, mit denen die Fässer gemacht sind.« Ich habe verstanden.

Wir werden zum Rundgang gebeten. Da Wladimir Grigorjanz wegen seiner Beinverletzung schlecht zu Fuß ist, begleitet uns Ljubow Grigorjewna Anissimowa, seine rechte Hand. Ljubow heißt »Liebe«, und mit Liebe schildert sie den Weg von der Weintraube bis zum Spitzen-Cognac. Der Betrieb ist bestens in Schuss, wie ich sehe. Alles picobello sauber! Am meisten imponieren mir die riesigen Eichenfässer, die 20 und 50 Tonnen des hochprozentigen Stoffes fassen. »Solche Fässer treffen Sie sonst nirgends in der Welt, höchstens noch in Frankreich«, sagt der Direktor, der sich am Ende unseres Rundgangs zu uns gesellt hat. Wir durchwandern noch die Zwischen- und Endlagerstätten des Cognacs. Fässer über Fässer. Ich bin allmählich reif für die Probe. Tageszeit und Hitze sind mir egal.

Der Tisch ist reich gedeckt. Die Flaschen stehen bereit. Jeder hat einen Toast auszubringen. Der Kreis ist groß. Ich kann mir ausrechnen, wie viele Runden ich zu kippen habe. Es geht los mit den Spitzenmarken. Als Nummer eins wird »Russland« ins Rennen geschickt. 15 Jahre alt. Eindruck: Klasse. Es folgt »Kisljarer Feiertag«. 17 Jahre alt. Eindruck: Klasse. Nun kommt der König der Cognacs, »Fürst Bagration« höchstpersönlich. 20 Jahre alt. Eindruck: ein Gedicht. Den ersten Durchgang beschließt »Moskauer Jubiläum«. 25 Jahre. Eindruck: gewaltig wie der Kreml. Der Direktor schaut mich fragend an. Ich verstehe und erkläre mich feierlich bereit, in Deutschland und sonst wo für den Cognac aus Kisljar mit aller Überzeugungskraft einzutreten.

Ich brauche mich da nicht zu verbiegen. Mir ist jetzt klar, warum die Kisljarer Cognac-Marken während der Sowjetzeit alle einschlägigen Preise des sozialistischen Lagers gewonnen haben, warum »Bagration« in England 1997 zum Cognac der Saison ernannt wurde und warum zuletzt in St. Petersburg an den Cognac von Kisljar vier von fünf Goldmedaillen vergeben wurden. Dass Boris Jelzin eine Schwäche für das edle Produkt aus Kisljar hatte, leuchtet mir bei seiner notorischen Trunksucht sofort ein. Dass »Fürst Bagration« auch danach Protokoll-Getränk des Kremls geblieben ist, spricht für seinen Nachfolger – jedenfalls in dieser Hinsicht. »Alexandre Dumas hat unseren Wein sehr gelobt«, sagt mir Wladimir Grigorjanz zum Abschied. »Wenn er damals unseren Cognac kennen gelernt hätte, wäre er erst gar nicht weitergefahren.«

Der Cognac lässt sich gut vertragen. Unsere Arbeit beeinträchtigt er nicht. Wir klappern die Stadt nach passenden Motiven ab. Die Sowjetzeit ist hier noch nicht untergegangen. Die Hauptstraße heißt weiter »Sowjetskaja«. Über den Kulturpark wachen wie in alten Zeiten Marx und Lenin. »Kisljar – Stadt des Ruhmes und der Arbeit« steht am Eingangstor. Leider gibt es kaum noch Arbeit. »Darf ich Ihnen die unbescheidene Frage stellen, woher Sie kommen?« wendet sich ein älterer Mann an mich. »Aus Deutschland!« Die Antwort gibt ihm die Gelegenheit zur Feststellung: »Bis hierhin sind die im Krieg nicht gekommen.« Richtig! Knapp davor war Schluss mit der Wahnsinns-Wehrmachtsoffensive.

Es entwickelt sich ein kleines Gespräch. Mein Gesprächspartner ist längst pensioniert. Jahrzehntelang hat er in der Landwirtschaft gearbeitet, als Bewässerungsspezialist. »Wir hatten erstklassige Ernten. Weizen und vor allem Reis. 17.000 Hektar war die Gorki-Sowchose groß. Wir haben sehr gut gearbeitet. Die Kolchose Schaumjan hatte 17 Helden der Arbeit. Stellen Sie sich vor, eine einzige Kolchose und 17 Helden der Arbeit.« »Und heute?« »Heute ist es schlecht. Was hilft die Demokratie, wenn die Leute kein Geld und keine Arbeit haben.« »Wie hoch ist Ihre Pension?« »700 Rubel!« 50 Mark, rechne ich aus.

Die Not und die Angst vor dem Krieg vertreiben die Menschen. Viele Russen haben Kisljar in den letzten Jahren verlassen. Für

Zuwachs sorgen nur die Flüchtlinge. Kisljar braucht dringend bessere Zeiten. Durch die Straßen patrouillieren Polizisten in Dreiergruppen, mit Kalaschnikows und Funkgeräten ausgerüstet. Im Giebel eines Hauses liegen noch die Sandsäcke von dem tschetschenischen Überfall aus dem Jahre 1996.

Am Abend werden die Straßen schnell leer. Oberstleutnant Dschamal Ramasowitsch Amirajew hat uns eingeladen. Er ist in der Miliz Chef der Abteilung »Öffentliche Sicherheit«, ihm unterstehen 360 Polizisten. Als unsere Ankunft bekannt wurde, hatte man sich eine nette Überraschung ausgedacht. Alexandre Dumas war über Nacht zu Gast beim Polizeimeister von Kisljar gewesen, wir sollten es nun auch sein. Die Wahl fiel auf Dschamal Amirajew, weil er gerade dabei ist, sein kleines Haus auszubauen. Bei aller Enge hätten wir gerne bei ihm übernachtet, aber er selbst fand, der starke Geruch frischer Farbe würde uns nicht gut bekommen.

Doch zum Abendessen sollen wir in jedem Fall bleiben. Wir lassen uns nicht lange bitten. Im Hof werden Tische zusammengestellt, Essen wird aufgefahren. Tomaten, Gurken, allerhand Grünzeug, Brot, Kartoffeln, Käse, Hähnchen, Schweine- und Hammelfleisch. Ruckzuck haben Ehefrau und Tochter unseres Gastgebers eine reiche Tafel aufgebaut. In die Männergesellschaft wollen sie sich allerdings nicht begeben.

Dschamal Amirajew, ein runder und unglaublich vitaler Typ mit verwegenem Schnauzbart, läuft inzwischen zu großer Form auf. Wir sind schon beim fünften Toast, als ich meine erste Frage loswerden kann. »Wie steht es hier um die Sicherheit?« »Wir leisten viel für die Sicherheit. Meine Leute arbeiten 12 bis 14 Stunden. Wir sind in einem ständigen Ausnahmezustand.« »Was machen Sie konkret?« »Wir versuchen, die Stadt abzuriegeln. Das geht natürlich nicht hundertprozentig. Die Bewohner wissen das. Deshalb haben sie Angst. Wir fordern sie immer wieder auf, alles Verdächtige zu melden. Das hilft, so haben wir Anschläge bisher verhindert.« »Gibt es Tschetschenen in Kisljar?« »236!« »Und wie ist das Zusammenleben?« »Die meisten sind in Ordnung. Einige sind sogar bei den Sicherheitskräften. Wir trauen ihnen. Aber es gibt auch andere. Da weiß man nicht, ob sie über Nacht als Kämpfer in Tschetschenien unterwegs sind. Tagsüber können sie dann schlafen. Arbeit gibt es ja hier kaum, also fehlen sie nirgends. In Tschetschenien kriegen sie hingegen als Kämpfer Geld.« »Was halten Sie von den Tschetschenen?« »Tschetschenen sind Menschen wie wir alle. Ich selbst bin Aware, meine Frau ist Awarin. Bis vor zwei Jahren habe ich in Chassawjurt gearbeitet, ebenfalls direkt an der tschetschenischen Grenze. War zeitweise ein heißes Pflaster! Ich habe dennoch Freunde, die Tschetschenen sind. Und sie werden es bleiben!«

Wie auf Kommando kommen die tschetschenischen Freunde auf einen Sprung vorbei. Reiner Zufall! Auf dem Weg vom 300 Kilometer entfernten Astrachan nach Chassawjurt legen sie einen Zwischenstopp ein. Kräftig langen sie zu, als die nächste Flasche Kisljarka, ein ebenfalls empfehlenswerter Wein-Wodka, geöffnet wird. Einer von ihnen war in Deutschland zu Besuch gewesen. Es hat ihm sehr gefallen, besonders eine gemischte Sauna in Bonn. Mit der Geschichte über den Besuch dieser Sauna ist er in der Heimat groß angekommen. Dass die Bundesregierung inzwischen nach Berlin gezogen ist, interessiert ihn nicht. Hauptsache, die Sauna bleibt in Bonn.

Dumas fällt mir ein. »Nirgends wird so viel getrunken wie in Russland«, stellte er auf seiner Reise fest. »Ich war an derlei Trinkkämpfe gewöhnt und tat den Russen tüchtig Bescheid beim Vertilgen von achtzig Flaschen Champagner.« Wir trinken im Hause des Polizei-Oberstleutnants Amirajew keinen Champagner, sondern erstklassigen, soliden Wodka und heimischen Wein. Ich nehme mir vor, Dumas Ehre einzulegen und auch meinen jeweiligen Gastgebern »tüchtig Bescheid zu geben«.

Es werden an diesem Abend viele Witze gerissen, aber jeder Toast endet mit dem Wunsch auf Frieden. Beim letzten Trinkspruch kommt noch eine Verpflichtung hinzu. Wir werden freundlich, aber kategorisch aufgefordert, mit unserem Film über den Kaukasus einen Oskar zu holen. »Hier findet ihr alles, was ihr braucht. Interessante Menschen, schöne Landschaften und viel Drama.«

Dschamal Amirajew lässt es nicht mit diesen Worten bewenden. Er gibt mir als Wegzehrung auch noch drei Flaschen Cognac der Spitzenklasse mit. Für unsere Übernachtung sorgt er auch. Wir schlafen, Dumas weiter dicht auf den Fersen, in der Obhut der Polizei.

Am Terek entlang durch Tschetschenien

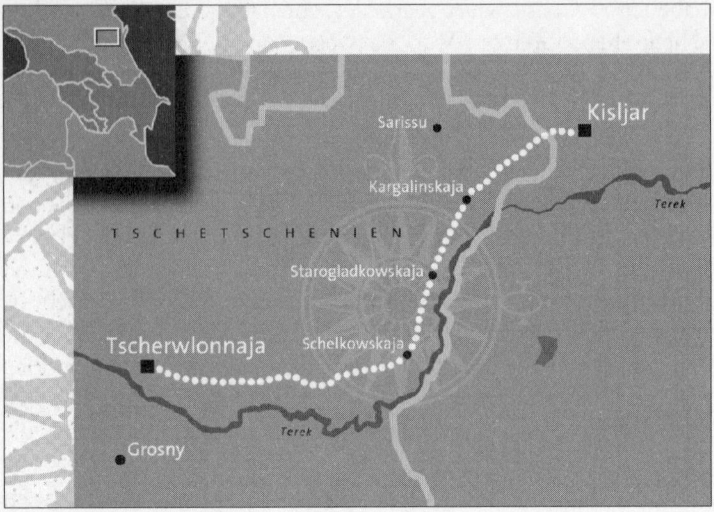

Voller Schwung fahren wir zum Blockposten an der tschetschenischen Grenze und werden abgeschmettert. Wir wollen einreisen. Die Soldaten haben nichts von einer Erlaubnis für uns gehört. Die Offiziere auch nicht. Entgegenkommend werden wir nicht behandelt. Trotz der Mittagshitze ist das Klima frostig. In der Nacht wurde der Blockposten beschossen. Die Grenze ist vorübergehend geschlossen. Unser Producer Igor Butz sieht, hier ist kein Durchkommen. Die Entscheidung muss von oben kommen. Er fährt in die Stadt zurück und hängt sich ans Telefon.

Wir haben nun genügend Gelegenheit, uns den Blockposten von außen in aller Ruhe anzuschauen. Betonblöcke liegen quer vor der Anfahrt. Auf der anderen Seite haben vier Scharfschützen mit Gesichtsmasken auf einem zerstörten Haus Stellung bezogen. Es war der ehemalige tschetschenische Blockposten, den die russische Armee bei ihrer Offensive nach massivem Beschuss als Erstes einnahm. Dazwischen nehmen Soldaten auf dem Dach ihrer Befestigung ein Sonnenbad. Die Sorglosigkeit passt nicht so recht zum waffenstarrenden Umfeld.

Die Sonne treibt mich in den winzigen Schatten, den die Eingangsbefestigung bietet. So komme ich ins Gespräch. »Wie viel Grad haben wir?« »38 Grad im Schatten.« »Das ist viel.« »Gestern hatten wir 44.« In Uniform, Kalaschnikow im Arm und ständig angespannt, ist das kein angenehmes Sonnenbad, wie ich feststelle. »Warum haben Sie Ihre Magazine mit Lassoband umwickelt?« Ich stelle die Frage mit Hinterlist, weil ich Schlamperei vermute, werde aber enttäuscht. »Wenn ich die beiden Magazine mit Lassoband zusammenhalte, dann kann ich sie beim Wechsel schneller drehen. So habe ich 60 Schuss fast ohne Pause. Das kann mir das Leben retten.« Wieder etwas dazugelernt! Gottlob nicht für den eigenen Gebrauch.

Ich weiß nicht, wen ich vor mir habe. Ist er Soldat oder ist er Offizier? Rangabzeichen, so erfahre ich, werden hier nicht getragen. So weiß der feindliche Scharfschütze nicht, ob er einen Offizier oder einen Soldaten im Visier hat. Dafür weiß ich jetzt, dass mein Gesprächspartner Hauptmann ist. Die Posten merken an meinen Fragen, der Mann ist harmlos. Die Einsilbigkeit ist längst aufgegeben. Ein bisschen Abwechslung tut mal gut. Wir sprechen über den deutschen Fußball. Trostlos bei der Europameisterschaft! Aber Hoffnung gibt es immer. Eine Zigarette wird mir angeboten. Ich nehme an. »Wie viel Leute kommen hier täglich durch?« »Hin und zurück 600 bis 700 Leute.« »Wer?« »Tschetschenen, Russen, Dagestaner und andere, die Verwandte drüben haben.«

Inzwischen hat sich eine große Schar angesammelt, meist Frauen, viele mit Kindern, geduldig warten sie in der prallen Sonne, die vielen Tüten griffbereit. »Wie schaffen das die schmächtigen Frauen, so schwere Tüten zu schleppen?« »Die schaffen das«, meint mein Hauptmann. »Neulich ist hier eine Hundertjährige durchgekommen. Hätten Sie mal sehen sollen. Schwer bepackt und trotzdem flink. Hier erleben Sie die tollsten Sachen.« Ich glaube ihm das aufs Wort. Auf die höheren Stellen ist er schlecht zu sprechen. »Ständig Durcheinander. Das erleben Sie jetzt doch selbst. Sie sagen, Ihre Ankunft ist seit Monaten angemeldet. Und wir hier, die es wissen sollten, wissen es nicht.« Hat Dumas nicht Ähnliches beschrieben? »Alles Schlamperei und Korruption«, nimmt der Hauptmann den Gesprächsfaden wieder auf. »Wieso?« »Wir kriegen die Tschetschenen nicht in den Griff. Sie bewegen sich frei, kommen sogar durch unsere Blockposten, weil unsere Leute bestechlich sind. Selbst Waffen verkaufen sie denen.« Ich kann über so viel Offenherzigkeit nur staunen. Russische Militärs hatte ich anders in Erinnerung. Die Moral der Truppe scheint nicht die beste zu sein.

Igor Butz kommt mit unseren Pässen zurück. Wir werden durchgelassen. Zwei Stunden hat es gedauert. Tüchtig vom entflammten Planeten bestrahlt, begeben wir uns im Slalom vorbei an Betonbefestigungen und Sandsackstellungen auf die andere Seite.

Hier geht mir – ich muss es gestehen – zunächst die Übersicht verloren. Ich habe viele Hände zu schütteln. Ein Empfangskomitee wartet seit Stunden auf uns. Erst allmählich komme ich dahinter, wer mir diese engagierte Aufwartung macht. Es ist die politische Spitze des Gebietes Schelkowskaja in Tschetschenien. Als Nummer eins fungiert ein Russe. Er heißt Anatolij Storoschenko. Die Nummer zwei ist Tschetschene und heißt Hussein Nutajew. Die beiden sollen nun im Sinne Moskaus das neue Zusammenleben derjenigen organisieren, die sich nicht vom Krieg vertreiben lassen. Tschetschenen, Russen, Dagestaner und ein paar andere versprengte Volksgruppen. Bei dem Hass, bei dem Misstrauen und bei der wirtschaftlichen Notlage ist der Aufbau einer neuen Gemeinschaft eine gigantische Arbeit, wie sie nicht einmal Herkules zu leisten hatte.

Zur Begrüßung sind ferner zwei tschetschenische Kameramänner erschienen, die nun jeden meiner Schritte aufnehmen. Auch ein Historiker, ebenfalls ein Tschetschene, ist mit von der Partie. Er soll mir bei Bedarf die Geschichte des Landes erklären. Damit ist das Aufgebot immer noch unvollkommen beschrieben. Ich hatte geglaubt, die drei Presseoffiziere Igor, Michail und Walerij, die uns in ihrem Minibus in Kisljar abgeholt hatten, seien meine militärische Begleitung. Weit gefehlt! Es ist wie bei Dumas. Auf Geheiß von Fürst Barjatinskij war dem französischen Schriftsteller auf jeder Station eine Eskorte zur Sicherheit mitgegeben worden. Mal fünfzehn Kosaken, mal nur fünf. Je nach Lage und Organisationsvermögen. Mein Fürst Barjatinskij heißt Sergej Jastrschembskij. Er ist Chef der Presse für die Tschetschenien-Operation der russischen Armee, direkt beim Kreml angesiedelt. Bei ihm hat sich jeder Journalist, der nach Tschetschenien reisen will, akkreditieren zu lassen. Dann wird für die entsprechende Sicherheit gesorgt, meist in

Gruppen. Auch meine Anmeldung ist über Jastrschembskijs Schreibtisch gegangen. Mein Vorhaben unterscheidet sich allerdings von den übrigen Anträgen. Ich will nicht über den aktuellen Krieg berichten, sondern auf Dumas' Spuren durch Tschetschenien touren. Deshalb werde ich als Einzelreisender behandelt. Das Resultat bringt mich in Verlegenheit. In Kampfanzug und mit ortsüblicher Maschinenpistole vor der Brust stellt sich mir Major Alexej Rusin vor. Kurz und ernst erklärt er mir, er sei für meine Sicherheit und die des Teams verantwortlich. Ich schaue mich um. Hinter mir hat sich ein Schützenpanzer mit kleiner Kanone und Maschinengewehr aufgebaut. Auf der grünen Eisenkiste sitzen zehn verwegene Gestalten. Mit Helm, mit Safarihut, mit Kopftuch, mit und ohne Sonnenbrille, alle bis an die Zähne bewaffnet. »Wer sind diese Leute?« frage ich Major Rusin. »Sie gehören zum Alpha-Team. Alle sind Offiziere, und alle haben Erfahrung.« Den Eindruck habe ich auch. Unsere Streitmacht wird noch ergänzt durch die in gleicher Weise bewaffneten Leibwächter der politischen Führung von Schelkowskaja. Die Vorhut bilden vier Milizionäre, die ebenfalls Maschinenpistolen bei sich tragen.

Vorsichtig versuche ich ein Abrüstungsgespräch einzuleiten. »Ich dachte, dies sei ein befriedetes Gebiet«, wende ich ein. »Hier ist es auch verhältnismäßig ruhig. Dennoch passiert ständig etwas. Gestern haben wir drei Milizionäre verloren. Wir dürfen nichts riskieren«, wird mir erklärt. Die Demonstration der Stärke ist in diesen Breiten keine neue Strategie, wie schon Alexandre Dumas beobachtete. »Im Orient bewaffnet man sich nicht nur, um sich zu verteidigen, sondern auch um abzuschrecken. Der Bewaffnete macht auf diese Weise klar: Achtet mein Leben, oder nehmt das Eure in Acht.«

Maxim Tarassjugin, unser Kameramann, und unser Ton-Ingenieur Mischa Falin entern den Schützenpanzer, während Igor Butz und unser Regisseur Stefan Tolz in den Bus der drei Presseoffiziere klettern. Ich steige in den Wagen des Gebietschefs. Die Straße ist eng und mit Schlaglöchern übersät. Uns kommen Militär-Lkw, gefolgt von Schützenpanzern, entgegen. Wir fahren durch einen Wald. Die Bäume stehen bis dicht an die Straße. Ihre Wipfel fügen sich zu einem Dach zusammen. »Diesen Weg hat auch Alexandre Dumas genommen«, erklärt mir Anatolij Storoschenko. »Die

Bäume standen damals schon. Fürst Bagration hat nach seinem Sieg über Napoleon den Wald von französischen Kriegsgefangenen anpflanzen lassen. Das war 35 Jahre vor Dumas' Reise.«

Ich lasse anhalten. Wir steigen aus und gehen ein Stück durch diesen schönen Waldtunnel. Sofort springt auch ein Teil der BTR-Besatzung ab und sichert meinen Weg, während der Schützenpanzer langsam hinter uns herfährt. Es sieht ziemlich theatralisch aus, aber ich erkenne, dieser dichte Wald bietet prima Verstecke für Partisanen. Wer sich hier auf die Lauer legt, hat beste Chancen zu entkommen. »Über diese Brücke verläuft die tatsächliche Grenze zwischen Tschetschenien und Dagestan«, erklärt mir Hussein Nutajew und weist auf den kleinen Fluss, den wir soeben überqueren. »Jetzt sind Sie tatsächlich in Tschetschenien. Herzlich willkommen!«

Eine friedliche Landschaft empfängt mich. Der Wald tritt zurück. Felder tun sich auf. Sonnenblumen leuchten mir entgegen. Wir fahren durch Kosaken-Siedlungen. Staniza heißen sie. Lermontow, Puschkin, Tolstoi haben sie beschrieben. Ordentlich sehen sie aus. Es ist eine Stimmung, als sei Samstagnachmittag. Kinder baden im Dorfteich. Kühe und Pferde grasen am Straßenrand. Ich schaue auf die Felder. »Was wird hier angebaut?« frage ich Anatolij Storoschenko. »Roggen, Weizen, Gerste, Kartoffeln, Reis, Melonen. In diesem Sommer haben wir zum ersten Mal wieder eine Ernte.«

Ein gewaltiger Blockposten stellt sich uns in den Weg. Wir sind offensichtlich angemeldet. Ein kurzer Stopp, und schon geht es weiter. Die Bewachung des Blockpostens schaut neugierig auf unsere Kolonne. Auch Dumas traf alle fünf Werst auf einen Kosakenposten, der das Gelände vor und hinter einem Dorf bewachte. Bei Gefahr wurden Strohballen angezündet. Heutzutage gibt es Leuchtraketen. Mir wird auch eine in die Hand gedrückt. Zur Enttäuschung aller verkneife ich es mir, das Ding abzuschießen.

Es wird immer bizarrer. An einem Blockposten bei Kargalinskaja biegt die Kolonne in einen Seitenweg ein und stoppt. Ich traue meinen Augen nicht. Zwei Mädchentanzgruppen in blauen und roten Trachten haben in einer Senke Aufstellung genommen. Sie haben sich eben erst formiert, werde ich unterrichtet. Dafür machen sie ihre Sache sehr gut. Anmutig bieten sie mir und meiner martialischen Begleitung zur Begrüßung zwei Tänze dar. Sie kommen aus dem Nogaier-Dorf Sarissu. »Nogaier sind mit Dschingis-Khan eingewandert«, erklärt mir der Historiker. Er ist sichtlich froh, dass ich endlich sein Wissen in Anspruch nehme.

Wir sitzen auf und haben bald unser nächstes Ziel erreicht: die Staniza Starogladkowskaja. Man hat herausbekommen, dass mich die Dichter und Schriftsteller unter den Kaukasus-Reisenden besonders interessieren. Hier kann man mir eine besondere Rarität bieten: ein Tolstoi-Museum im Vorfeld des Kaukasus. Als wir ankommen, erwartet uns – so scheint es – die ganze Einwohnerschaft des Dorfes. Eine ältere Frau tritt mir entgegen, um mir Brot und Salz zu reichen. Ich koste davon, bedanke mich artig und gebe damit das Zeichen für ein knackiges Kosakenlied. Mit Inbrunst singen sie auf ihre Heimat und fangen an zu tanzen. Der Direktor des Museums stellt sich mir vor. Er ist Tschetschene und heißt Hussein Chassuljewitsch Sagibow. Ich schaue auf das Denkmal von Lew Tolstoi. Alt sieht er aus, der große Meister. Dabei war er noch sehr jung, als er hier lebte. Das war 1851. Auch damals herrschte hier Krieg. »Warum ist Lew Tolstoi gerade in diese Kosaken-Siedlung gekommen?« frage ich. »Sein älterer Bruder diente als Artillerie-Offizier in dieser Gegend. Lew Tolstoi ist mitgekommen, weil er mit seinem Leben noch nichts Rechtes anzufangen wusste.«

Der Direktor ist ein großer Tolstoi-Kenner. Mit der Flinte in der Hand habe er das Museum verteidigt, als seine tschetschenischen Landsleute anrückten, um sich nach Kostbarkeiten umzusehen, erzählt er mir. Jetzt fehlt es an Geld, um das Haus zu erhalten. Das Licht fällt aus. Der Boden ist in einem beklagenswerten Zustand. Hilfe tut Not, um diese wertvolle Kulturstätte zu erhalten. Moskau hat Unterstützung versprochen. Die Tat steht noch aus. »War Lew Tolstoi damals schon als Schriftsteller bekannt?« frage ich. »Nein, er hatte bis dahin noch nichts geschrieben. Hier hat er seine erste Novelle, ›Kindheit‹ angefangen. Außerdem hat er viel Material gesammelt, das er später verwertet hat: ›Der kaukasische Gefangene‹, ›Die Kosaken‹ und an seinem Lebensende die große Erzählung ›Hadschi Murat‹.«

»Lew Tolstoi würde heute auch viel Stoff in Tschetschenien finden«, werfe ich ein. »Sicher! Wir haben wieder Krieg wie damals. Hadschi Murat war im 19. Jahrhundert der tragisch verstrickte Held im Jahrzehnte langen Krieg des Kaukasus gegen die russische

Armee. Er war Feind, Verbündeter und wieder Feind von Schamil, dem legendären Widersacher des Zaren.« »Und die Russen haben das genutzt!« – »Selbstverständlich, und sie haben dabei gewonnen. Deshalb versuchen sie ja wieder, Tschetschenen gegen Tschetschenen zu stellen. Hadschi Murat hat zwischen den Fronten den Tod gefunden. Lew Tolstoi hat ihm ein literarisches Denkmal gesetzt. Mit Psychologie und Sympathie hat er ihn als tollkühnen, gerissenen Kämpfer und militärischen Führer beschrieben. Seinen unbeugsamen Willen hat er herausgearbeitet, der ihn von der einen Seite auf die andere trieb und wieder zurück, weil er sich nicht unterwerfen wollte. Es ist eine dramatische Erzählung von Freiheitsdrang, Führungswillen, Verwegenheit, Hass und Verrat. Vieles finden Sie auch heute, und gemeine Verbrechen dazu.«

Während wir uns unterhalten, sehe ich auf der anderen Straßenseite eine Reihe von Tschetschenen auf ihren Hacken sitzend. Sie schauen eher finster drein. Ob sie dem russischen Frieden hier im Norden Tschetscheniens trauen, ist ihren Gesichtern wahrlich nicht anzusehen. Sie hören von den Kämpfen nicht weit von hier, jenseits des Tereks, von den Zerstörungen der Ortschaften. Das bleibt nicht ohne Wirkung. Lew Tolstoi hat in »Hadschi Murat« drastisch beschrieben, was Tschetschenen empfinden, wenn sie in ihre zerstörten Dörfer zurückkehren. »Das Gefühl, das alle diese Tschetschenen – vom Jüngsten bis zum Ältesten – gegen die Russen empfinden, war stärker als Hass. Sie hielten sie einfach nicht für Menschen. Sie empfanden einen solchen Abscheu und Ekel und ein so verständnisloses Staunen vor der sinnlosen Grausamkeit dieser Kreaturen, dass der Wunsch, sie zu vernichten, ein ebenso natürliches Gefühl für sie war wie der Selbsterhaltungstrieb.«

Hier sind keine Auls zerstört, aber besonders freundlich scheint mir die Stimmung der Tschetschenen gegenüber den Russen nicht zu sein. Ich kann sie nicht fragen, weil mir Direktor Sagibow erst einmal zeigen will, wo und wie Lew Tolstoi seine Freizeit verbracht hat: beim Jagen am Terek. Wir schwingen uns wieder in die Fahrzeuge.

Über staubige Feldwege arbeiten wir uns an den Fluss heran, den Schützenpanzer immer auf den Fersen. Wir nehmen eine steile Böschung, bei der sich jedes normale Auto überschlagen hätte. Aber der Geländewagen aus dem Ural schafft den Abstieg ohne

Folgen. Der Schützenpanzer sowieso. Wir stehen am Terek. Schnell fließt er vorbei, obwohl die üppige Landschaft zum Verweilen einlädt. Dass hier Krieg geführt wird, ist unvorstellbar. Fluss und Ufer sehen wie ein romantisches Gemälde aus: unschuldig einladend.

Ich kann mich vom Anblick der Flusslandschaft kaum losreißen. Der Museumsdirektor steht neben mir. »Können Sie sich vorstellen, dass Lew Tolstoi nie mehr vom Kaukasus weggekommen ist? Als er im hohen Alter verwirrt aufgefunden wurde, hatte er Fahrkarten nach Wladikawkas in der Tasche. Er wollte wohl hierhin zurück. Eine bessere Zeit hat er nie gehabt.«

»Gibt es hier keine Brücken?« frage ich. »Weiter oben bei Grebenskaja steht eine Brücke. Sie ist leider zerstört.« Ich möchte sie mir trotzdem gerne anschauen. Wir fahren hin. Der Empfang ist freundlich, aber filmen dürfen wir nicht. Wie in einem riesigen Ameisenhaufen hat sich hier die Brückenbewachung eingegraben. Die russischen Soldaten sind entgegenkommend. Ich darf mir den Terek wenigstens anschauen. Man führt mich auf die zur Hälfte zerstörte Brücke. Der Anblick bewegt mich. Völlig unbeeindruckt von dem ruinierten Bauwerk zieht der Terek souverän seine Bahn. Der Offizier, der mitgegangen ist, sieht mein Interesse. »Die Drehgenehmigung ist kein Problem. Bis morgen früh haben wir das geregelt. Aber kommen Sie bitte nicht vor 10.« »Wieso nicht vor 10?« »Wir müssen erst die Straße entminen. Das braucht seine Zeit.« »Ich denke, die Umgebung sei ruhig?« »Im Prinzip ja. Es kommt kaum zu Kampfhandlungen, bis auf kleine Schusswechsel. Die Tschetschenen führen jetzt gegen uns einen Minenkrieg. Über Nacht bringen sie die Sprengsätze so getarnt an, dass sie nur schwer zu entdecken sind. Dadurch haben wir immer wieder Verluste.«

Es tut mir Leid, aber am nächsten Morgen müssen wir um 10 Uhr längst weiter sein. Ich zeige auf einen Friedhof. Zwischen den Grabsteinen stehen 5 m hohe Windspiele, die gewöhnlich Richtung und Stärke des Windes anzeigen. Hier haben sie offensichtlich eine andere Bedeutung. Ich spreche den stellvertretenden Gebietschef, Hussein Nutajew, als Tschetschenen darauf an. »Die Windanzeiger sind zu Ehren der getöteten tschetschenischen Kämpfer aufgestellt worden. Es ist eine neue Mode. Von weit her sollen sie darauf aufmerksam machen, dass tapfere Menschen im Heiligen

Kampf gegen Andersgläubige gefallen sind. Auf Ihrer Reise werden sie noch viele solcher Windanzeiger sehen.«

In Schelkowskaja wartet der Kommandeur dieses Militärabschnitts bereits auf uns. Ein junger energischer Oberst mit dem Namen Beskrownyj, zu Deutsch »unblutig«. Er hat bislang im Fernen Osten gedient. Heute vollendet er erst seinen 5. Tag in Tschetschenien. Die Lage bezeichnet er als ruhig, aber angespannt. Ständig müsse mit Anschlägen gerechnet werden. Wie ist sein Urteil über die Tschetschenen? Seine Antwort entspricht der Moskauer Sprachregelung: »Das tschetschenische Volk ist gut, es will Frieden. Es gibt aber eine Menge Banditen, die das nicht zulassen wollen. Wir werden sie ausschalten.«

Es ist fürchterlich heiß beim Abendessen. Der Schweiß rinnt aus allen Poren. Es wird der Vorschlag gemacht, ein Bad zu nehmen. Ich gehe gerne darauf ein. Wir fahren los und finden in einer Schlucht einen Tümpel. Zu meiner Überraschung ist das Wasser erfrischend kalt. Eine unterirdische Quelle sorge dafür, sagt jemand aus meiner Begleitung. Ich schaue mich um. Am Hang steht der Schützenpanzer. Falls feindlich gesinnte Tschetschenen in der Gegend sein sollten, werden sie eher vor dem Anblick fülliger Herrschaften in Unterhosen Reißaus genommen haben als vor dem Schützenpanzer mit Kanone und Maschinengewehr, ist meine Vermutung.

Wir verbringen die Nacht im Kreiskommissariat, was wir in Deutschland Kreiswehrersatzamt nennen würden. Stolz wird mir mitgeteilt, man habe in diesem Jahr bereits 60 junge Tschetschenen für die russische Armee einziehen können. Ob sich die tschetschenischen Rekruten darüber freuen, wage ich zu bezweifeln. Groß scheint das Vertrauen auf beiden Seiten nicht zu sein. In der russischen Armee werden tschetschenische Soldaten nur zu unwichtigen Tätigkeiten eingesetzt.

Beim Frühstück klärt mich der Historiker auf, dass die Deutschen schon zeitig Interesse an Tschetschenien entwickelt hätten. Zur Zeit Peter des Großen habe etwa um 1715 der Gelehrte Gottlieb Schober in Tschetschenien Mineralien entdeckt. 60 Jahre später habe der Akademiker Johann Güldenstedt, Professor in russischen Diensten, den Nordkaukasus den Menschen in Europa bekannt gemacht. Kurz darauf habe Jakob Wenigs ein erstes tschetschenisches Wörterbuch herausgebracht. Mehr als 120 Begriffe konnte allerdings auch er nicht auf die Reihe bringen. Baron von Uslar sei schließlich das erste tschetschenische Alphabet zu verdanken, in kyrillischer Schreibweise. »Jolki palki«, ruft der Kommandeur aus. »Die Deutschen sind überall.«

Jetzt aber müssen wir Deutschen uns auf die Beine machen, um unser Tagesprogramm abzuspulen. Ich sitze wieder im Wagen des Gebietschefs. Hinter uns der Leibwächter. Dann folgt der Bus mit dem Team und den Presseoffizieren. Den Schluss bildet der Schützenpanzer. »Warum haben Sie diese Aufgabe übernommen? Ist das nicht ein Himmelfahrtskommando?« frage ich den Gebietschef während der Fahrt. »Ich bin hier geboren. Meine Vorfahren wurden ebenfalls hier geboren. Dies ist auch unsere Heimat. Was die Gefährlichkeit angeht, kann ich Ihnen gleich etwas zeigen.« Wir kommen an einem Blockposten vorbei. Die Soldaten sind noch dabei, sich einzugraben. Kurz dahinter ist ein Bahnübergang. »Hier bin ich vor vier Jahren mit meinem Auto in die Luft geflogen. Ein Jahr habe ich im Krankenhaus gelegen. Ich habe noch Glück gehabt. Mein Fahrer hat gewöhnlich den Übergang ganz am Rande genommen. Das haben die genau beobachtet. Am Attentatstag hatte ich allerdings einen Ersatzfahrer. Der ist in der Mitte der Straße geblieben. Deshalb ging die Bombe seitlich hoch.« Am Übergang liegen Blumen. »Vor wenigen Tagen sind hier vier Milizionäre erschossen worden. Deshalb ist der Blockposten jetzt eingerichtet worden.«

Im nächsten Dorf, Staniza Nowoschedrinskaja, werden wir auf höchstem Niveau empfangen. Der stellvertretende Gebietschef, der Tschetschene Hussein Nutajew, ist hier zu Hause. Er will uns eine Besonderheit bieten und führt uns von der Straße weg in die Steppe. Der Schützenpanzer zuckelt immer hinter uns her, bis wir an einem Gehöft ankommen. Hier empfangen uns die Gebrüder Elderchanow, zwei Brocken von Kerlen. Von diesem Kaliber hat Mutter Elderchanow noch weitere 8 Jungen und als Zugabe 6 Mädchen in die Welt gesetzt. Als reich wird die Familie ob ihres Kindersegens gelobt.

Waffen und Pferde, das sind die Leidenschaften der Tschetschenen. Das Pferd gilt ihnen als Inbegriff der Treue, als Helfer im Kampf und in der Not. In Lermontows Nachdichtung eines tschetschenischen Liedes heißt es:

Hast du viel Gold, sind vier Frauen dir gewährt.
Aber ein Ross hat unschätzbaren Wert.
Fliegt durch die Steppe mit Sturmesflügen,
Wird nicht verraten, nicht betrügen.

Die Gebrüder Elderchanow sind Pferdenarren. Sie haben jetzt mit der Zucht begonnen und wollen später ein Geschäft daraus machen. Eine kleine Demonstration möchten sie uns jetzt bieten. Wir werden in die bunt blühende Steppe gefahren. Aus einer Senke heraus preschen vier Tschetschenen auf rassigen Pferden an uns vorbei, als seien sie von einem Kosakenkommando aufgescheucht worden. Lermontow und Tolstoi hätten ihre helle Freude daran gehabt. Dumas sicher auch! Fast 70 Pferde haben die Gebrüder Elderchanow schon in ihrem Besitz. Die ältesten der Vollblüter sind vier Jahre alt. Edle Araber und etwas größere Budjonnyj-Pferde, bildschöne Vierbeiner. Ich nehme mir vor, den einschlägigen Markt zu beobachten, um herauszufinden, was aus den tschetschenischen Pferden wird.

Wir werden in eine Oase geführt. Eine kleine Baumgruppe mitten in der Steppe. Unter zwei Purpurweiden nehmen wir Platz. Es wird kräftig aufgefahren. Hammel, Käse, Brot, Kartoffeln, Tomaten, Gurken, Zwiebeln, viel Knoblauch. Als Getränke werden Cognac und Schichir, ein trockener Kosakenwein, gereicht. Den Mundschenk spielt der Kulturminister des Gebietes. Er lässt uns nicht verdursten.

Wir sind nun unter Tschetschenen. Getrunken wird wie bei den Russen. Die Scharia hat hier offensichtlich noch keinen Einzug gehalten. Es wird auf den Kaukasus, den Frieden, die Gäste, die Familie und das Haus angestoßen. Möge es immer mit Gästen gesegnet sein, heißt es. Die Gastfreundschaft sei ihr höchstes Gut, sagt mir Vizegebietschef Hussein. Tschetschenen seien froh über Gäste. Ein bisschen Berechnung steckt allerdings auch dahinter, wie ich im Laufe unseres Picknicks herausbekomme. »Allah schickt nur dem Menschen Gäste, dem er Gutes tun will. Wer Gäste hat, dem wird immer Glück zuteil.« Nach dieser Erklärung verstehe ich endlich, warum auf die Schwelle getrunken wird, die von möglichst vielen Gästen zertreten werden soll.

Als die Tafel aufgehoben wird, fragt mich einer der Offiziere von der BTR-Besatzung: »Warum unternimmt ein älterer, gemachter

Mann wie Sie eine so riskante Reise?« »Ich glaube nicht, dass die Tschetschenen auf einen älteren Journalisten mit einer roten WDR-Kappe schießen. Hier ist es ja auch verhältnismäßig ruhig.« Der Offizier lächelt über meine Antwort. »Das haben schon einige gedacht, und sie haben es mit ihrem Leben bezahlt. Wie hoch ist eigentlich Ihre Versicherung?« »Hunderttausend Mark im Todesfall«, sage ich verschämt. Der Offizier ist enttäuscht. »Das lohnt nicht. Ich hätte Ihnen mehr zugetraut.« Ich pflichte ihm in beiden Punkten bei. Der Kommandant Alexej Rusin kommt hinzu. Er spricht ein bisschen Deutsch und will es aufbessern, wenn er in seine Einheit zurückkehrt. Gegenwärtig beherrscht er nur Militärsprüche wie »Vorwärts, Kameraden. Wir müssen zurück« und »Unrasiert und fern der Heimat«

Jeder der Schützenpanzerbesatzung ist fern der Heimat und sehnt sich, wie er sagt, nach der Familie. »Aber Arbeit ist Arbeit.« Als Spezialeinheiten werden sie für kritische Aktionen eingesetzt. Sie haben tschetschenische Kämpfer aufzuspüren, selbst Hinterhalte zu legen und Gebiete von Terroristen – wie sie sagen – zu säubern. Was sie dabei erleben, was sie selbst anrichten, darüber sprechen sie nicht. Mir gegenüber wirken sie freundlich, aber reserviert. Sie sitzen auf. Ich habe ihre 145-mm-Kanone und ihr Maschinengewehr im Rücken, als wir auf Tscherwljonnaja zurollen. Behaglich ist mir nicht zumute.

Dumas hat von der alten Staniza Tscherwljonnaja geschwärmt, weil die Kosakenfrauen während der Abwesenheit ihrer Männer hier einen Tschetschenenangriff erfolgreich abgeschlagen hätten. Dass Kosakenfrauen hart im Nehmen sind, beweisen sie auch mir gegenüber. Weil sich unsere Ankunft wegen der Dreharbeiten verzögerte, hatten sie fünf Stunden auf der Landstraße ausharren müssen. Bei 38 Grad im Schatten! Nun begrüßen sie mich mit Brot und Salz. Der Einladung zum Essen können wir allerdings nicht gleich folgen. Wir brauchen unbedingt noch Bilder vom hohen Ufer des Tereks. Dafür müssen wir auf die andere Seite des Flusses fahren. Als einzige Möglichkeit bietet sich die Brücke nach Grosny an. Hier erwartet uns ein wildes Heerlager. Spielberg könnte es für einen Hollywoodfilm nicht dramatischer aufgebaut haben. Hitze, Staub, Betonfestungen, Sandsack-Unterstände. Dazu ein irres Durcheinander von Kolonnen: Lkw, Jeeps, Schützenpanzer,

Panzer, Panzerartillerie und zivile Autos vermengen sich miteinander. Soldaten belagern die Straße, decken sich mit Zigaretten und Getränken ein. Vorsichtig rumpeln wir über die schwer angeschlagene Brücke.

Als wir kurz stoppen, erfahren wir, dass heute wieder zwei Milizionäre im scheinbar eroberten Grosny erschossen wurden. »Wann wird das enden?« »Ich weiß es nicht«, meint Leonid, der Leibwächter des Gebietschefs. »Die älteren Tschetschenen wollen Frieden. Sie haben so etwas schon erlebt. Die Jungen aber wollen nicht aufgeben. Im ersten Krieg haben uns die Kinder den Mittelfinger gezeigt, und jetzt machen sie es wieder.« »Wir müssen hier bleiben, bis endlich Frieden ist«, schaltet sich sein Hauptmannskollege Nikolaj Botscharow ein. Die aufständischen Tschetschenen kann ich auf dieser Reise dazu nicht befragen. Sie sind sicher völlig gegenteiliger Meinung. Auch die Mehrheit der Tschetschenen in den so genannten ruhigen Gebieten möchten nicht von den Russen regiert werden, aber fast alle wollen Frieden.

Nikolaj Botscharow spricht gut Deutsch. Er hat Freunde in Köln und begleitet bei unserer Reise durch Tschetschenien die Alpha-Spezialeinheit. Der junge Offizier ist dabei, Tschetschenisch zu lernen, um sich direkt mit der Bevölkerung zu verständigen. Der Hauptmann ist 27 Jahre alt und so etwas wie ein Politoffizier. Für Tschetschenien hat er sich länger verpflichtet. Er untersteht direkt dem Kommandeur und ist für die Verbindung zur Bevölkerung zuständig. Macht er seine Sache im Sinne der russischen Armee gut, dann wird der Tschetschenien-Einsatz seiner eigenen Karriere nicht im Wege stehen. Er glaubt an Frieden durch dauerhafte Besetzung. Dieser Glaube wird kaum in Erfüllung gehen.

Am Terek entlang bewegen wir uns Richtung Gudermes auf der Südseite des Flusses. Irgendwie haben wir den Schützenpanzer abgehängt. Es gibt aber immer noch genug Bewaffnete um uns herum. Der Leibwächter des Gebietschefs bleibt nun dicht an mir dran. Er legt keinen Augenblick seine Waffe, eine WSK 94 mit aufgesetztem Zielfernrohr, aus der Hand. Sein Gewehr eignet sich, wie er sagt, besonders für den Straßenkampf. Leonid sagt mir noch, was ein solches Gewehr auf dem schwarzen Markt kostet. Ich vergesse es gleich. Um mir zu zeigen, um welches Prachtstück es sich handelt, legt der Offizier das Gewehr blitzschnell in kleine

Teile auseinander, um es ebenso flott wieder zusammenzusetzen. »Eine typische Killerwaffe!« meint er sarkastisch. »Kommst an, setzt das Ding zusammen, schießt, kriegst Geld und Mädchen, packst wieder ein und verschwindest.« Leonid ist 30 Jahre alt und Hauptmann. Er gehört nicht dem Alpha-Team an, sondern einer Spezialeinheit der Armee namens Speznas. Wie er mir sagt, wimmelt es in Russland von Spezialeinheiten, was zu gefährlichem Durcheinander und ebenso gefährlichem Konkurrenzdenken führt.

Leonid könnte in einem Kriegsfilm einen tollkühnen Einzelkämpfer abgeben. So tritt er jedenfalls auf. Vor der Brust trägt er einen langen Dolch für besondere Fälle, wie er mir erklärt. Seinen Armen sieht man das ständige Krafttraining an. Er ist offensichtlich ein erfahrener Kämpfer, der – wie mir scheint – den Nervenkitzel liebt. Demnächst beendet er seinen dritten Tschetschenien-Einsatz. Alle drei Monate werden die Einheiten ausgetauscht. Leonid freut sich auf die Heimkehr. Vielleicht war es ihm diesmal als Leibwächter des Gebietschefs zu langweilig.

Wir stehen am hohen Ufer des Tereks. Der Krieg scheint weit weg zu sein. Doch plötzlich sind Detonationen zu hören. In Gudermes wird geschossen. Den Fluss kümmert es nicht. Er breitet sich behaglich unter uns aus. Inseln behaupten sich gegen die schnelle Strömung. Sie sind wie die Ufer dicht mit Weißlärchen und Eichen bestanden. Wir wollen unser Versprechen einhalten und absolvieren schnell unsere Dreharbeiten, um gleich nach Tscherwljonnaja zurückzukehren. Das Dorf ist die älteste Kosakensiedlung am Terek. Schon 1590 wurde die Staniza gegründet. Ihr Name bedeutet »Purpurrot«. In der Schkolnaja Uliza, Haus Nr. 3, erwartet uns eine zu allem entschlossene Kosakengemeinde. Das Regiment führen die Frauen. Die Männer kommen kaum zum Zug. Weitgehend zum Zuhören verurteilt, widmen sie sich umso mehr den Speisen und Getränken, wobei ihnen die Frauen auch darin nicht nachstehen. Der Tisch ist so reich gedeckt wie heute Mittag die tschetschenische Tafel in der Steppe. Liebenswürdig sind beide Gastgeber, aber zusammenzubringen sind sie gegenwärtig nicht.

Der erste Toast ist fällig. Jekaterina bringt ihn aus. Sie hatte mich heute Nachmittag mit Brot und Salz auf der Landstraße begrüßt. 70 Jahre alt ist sie; kurz, stämmig und voller Elan. Ihre Stimme ist laut. Als ehemalige Chefin einer Brotfabrik weiß sie zu kommandieren. »Wir leben nur einmal«, hebt sie an, »deshalb wollen wir uns des Lebens würdig erweisen und es auch voll genießen.« Spricht's und putzt das ganze Glas Kosakenwein in einem Zuge weg. Von jetzt an weiß ich Bescheid. »Do dna« ist die Parole. Hier am Tisch wird ex getrunken.

Das Akkordeon beginnt zu spielen, ein lustiges Lied erklingt. Mit voller Brust singen sie die Romanze vom wilden Kosakenjüngling, der um ein gar nicht scheues Kosakenmädchen wirbt, das kräftig zu küssen versteht. Dumas fällt mir wieder ein. Beeindruckt hat er die Leidenschaftlichkeit der Kosakenmädchen von Tscherwljonnaja beschrieben.

Die Mädchen machen durch ihre Schönheit die Staniza zu einem kaukasischen Capua; ihre Gesichtsbildung ist moskowitisch, aber sie haben die schlanken und zugleich kräftigen Körperformen der Hochländerinnen. Wenn ihre Väter, Männer, Brüder oder Geliebten in den Kampf reiten, so treten sie in einen Steigbügel, den der Reiter frei lässt, und fassen dessen Leib mit einem Arm und schenken ihm in vollem Trab mit der anderen Hand aus einer Flasche Branntwein zu trinken ein. So entfernen sie sich oft drei bis vier Werst von dem Dorf. Wenn der Kriegszug beendet ist, eilen sie den Männern entgegen und kehren auf dieselbe Weise in die Staniza zurück.

Die Kosakenfrauen, mit denen ich jetzt am Tisch sitze, haben die Blüte ihrer Jahre hinter sich, aber sie geben zu erkennen, dass sie in ihrer Jugend keine Kinder von Traurigkeit waren. Toast und Lieder wechseln sich ab. Vor allem die Frauen schmettern los, als wollten sie die Tschetschenen in die Flucht singen. Sie fühlen sich bedroht. »Dies war immer unser Land. Früher lebten auf dieser Seite des Tereks keine Tschetschenen. Jetzt wollen sie uns raus haben. Aber wir bleiben.« »Bleiben die anderen Russen auch?« »Leider nicht! Es sind schon viele gegangen, aber wenn unsere Armee bleibt, kriegt uns keiner hier weg. Dann kommt auch die Arbeit wieder.« Sie singen uns ein elegisches Lied über den Terek. »Es ist auch unser Fluss, an dem wir geboren wurden, an dem wir aufwuchsen und an dem wir begraben werden wollen.« Es wird tüchtig gebechert. Irgendwie will die viele

Flüssigkeit hinaus. So lerne ich eine anständige Kosaken-Toilette kennen. Die kann bei Dumas kaum anders gewesen sein.

Unsere Begleitung drängt zum Aufbruch. »Um 7 Uhr abends werden hier alle nervös«, bekomme ich zu hören. Die Kosakenfrauen werden hingegen ganz und gar nicht nervös. Sie schließen einfach das Tor ab und fangen an zu tanzen. Ich muss auch ran. Die Offiziere werden nun energischer. Zum Abschied gibt es Kartoffeln und Salz und ein Glas Kosakenwein. Ich leere es, natürlich ex. Damit habe ich mich freigetrunken.

Wir verlassen nun die Route von Alexandre Dumas. Er wandte sich nach Osten zum Kaspischen Meer. Wir fahren nach Westen Richtung Elbrus. Aber im Laufe unserer Reise werden wir ihm wieder begegnen. Am nächsten Kontrollpunkt wechselt die militärische Eskorte. Der Schützenpanzer kehrt um. Einer der Offiziere spielt »O, du lieber Augustin«.

Unsere nächste Bewachung kommt ziviler angerückt, in einem kleinen Bus. Ich bleibe bei unseren Presseoffizieren. Sie nehmen es lockerer. Wenn geschossen würde, solle ich mich gleich hinwerfen, wurde ich angewiesen. Ich nicke, weiß aber nicht, wohin ich mich werfen soll, denn der ganze Bus ist voll gepfropft mit unseren Filmkisten. Der Fahrer braust los, als sei der Leibhaftige hinter uns her. Schnelligkeit sei die halbe Sicherheit, werde ich belehrt. Tschetschenen und Kosaken haben mir von ihrem Wein mitgegeben. Den kann ich jetzt gut gebrauchen. Nach dem Genuss habe ich das Gefühl von völliger Sicherheit. So kommen wir unbehelligt beim letzten russischen Blockposten in Tschetschenien an. Abenteuer wie Alexandre Dumas hatten wir nicht zu bestehen. Wir waren auch nicht scharf darauf.

Naltschik – Elbrus – Wladikawkas

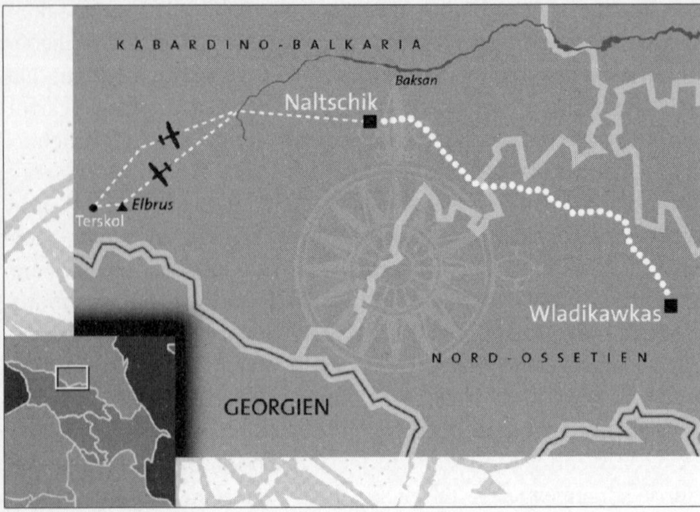

Mit dem Hubschrauber zum Elbrus! Auf diesen Flug freue ich mich seit Tagen. Es ist mir ein Vergnügen und eine Ehre, dem höchsten Berg Europas einen Besuch abzustatten. »Halt!« höre ich an dieser Stelle den Einwand. »Der Elbrus liegt doch gar nicht in Europa. Auf unserem Kontinent ist der Mont Blanc der Größte.« Ich kenne diese Behauptung schon seit der Schule. Mir hat sie bereits damals nicht gefallen. Die Verbannung des Kaukasus aus Europa wollte mir nie einleuchten. Wir würden viel verlieren. Stolze Gipfel gingen uns flöten. Der Elbrus und seine Kumpanen bringen es auf über 5.000 Meter. Der Mont Blanc ist zwar ein schöner Berg, kommt aber mit seinen 4.807 Metern nicht an die Kaukasus-Recken heran. Ich stehe mit meiner Ansicht nicht allein. Sogar die ehrwürdige Encyclopaedia Britannica ist auf meiner Seite. Für sie ist der Elbrus der höchste Berg Europas. Ich werde das heute klären. Nehme ich mir jedenfalls vor!

In meine Gedanken rasselt das Telefon. »Es ist 5.30 Uhr«, haucht sanft und rücksichtsvoll eine Frauenstimme. Ich brauche keine Rücksicht. Das Aufstehen fällt mir heute selbst um diese Uhrzeit nicht schwer. Eine halbe Stunde später stehen wir abfahrbereit vor dem Hotel. Alexej Dawydow holt uns ab. Er wird uns zum Elbrus begleiten. Wir fahren zum Flughafen. Auf dem Trip dorthin setzt das Team den unterbrochenen Schlaf im Minibus fort. Um wach zu bleiben, fange ich mit Alexej ein Gespräch an. Er ist Korrespondent und Kameramann des Katastrophenschutzministeriums. Sein Job bereitet selten Vergnügen. Er fliegt mit, wenn die Teams seines Ministeriums zu Katastrophen aller Art ausrücken. Erdbeben, Dammbrüche, Brände, schwere Unglücke, Attentate und Kriege – im Kaukasus gibt es davon reichlich.

Letzte Woche begleitete Alexej einen Hilfstrupp nach Argun in Tschetschenien. Dort waren nach einem Bombenanschlag auf eine russische Einrichtung vierzig Tote und über hundert Verletzte aus den Trümmern zu bergen. Da Alexej meist sehr schnell am Unglücksort ist, sind seine Aufnahmen von den Fernsehsendern sehr begehrt. So macht er auf makabre Art und Weise Reklame für sein Ministerium, denn er setzt sein Unternehmen natürlich stets vorteilhaft ins Bild. Das Ministerium hat Standorte in allen Regionen der Russischen Föderation und genießt wegen seiner Hilfeleistungen einen guten Ruf in der Bevölkerung. Auf den Bildschirmen ist es fast jeden Tag in Aktion zu sehen.

Um die Kasse aufzubessern, fliegt das Unternehmen auch im Privatauftrag. Heute für uns! Besser können wir uns nicht aufgehoben fühlen. Die Piloten des Katastrophenschutzministeriums kennen sich in dem schwierigen Terrain des Kaukasus sehr gut aus. Sie können auch mit gefährlichen Wetterlagen fertig werden. Für heute ist allerdings gute Sicht angesagt. Ich sollte mich aber nicht darauf verlassen, sagt mir Alexej. Der Kaukasus sei meteorologisch ein unsicherer Kantonist. Dennoch fahren wir besten Mutes zum Flughafen von Naltschik, der kregen Hauptstadt von Kabardino-Balkarien.

Jetzt um kurz nach sechs Uhr früh scheinen uns die Straßen allein zu gehören. Keine Menschenseele ist zu sehen. Die geräumigen Boulevards wirken im Morgengrauen verschwenderisch breit. Kleinlich ist hier die Stadtplanung wahrlich nicht vorgegangen. Platz gibt es schließlich genügend. Ein mächtiges Gebäude mit stattlichen Säulen zieht meine Aufmerksamkeit auf sich. »Das ist das Parlament von Kabardino-Balkarien«, erklärt mir Alexej. Die Volksvertretung einer Großmacht könnte hier leicht unterzubringen sein.

»Woher kommt eigentlich der interessante Name eurer Republik?« »Hier leben Kabardiner und Balkaren. Beide sind Moslems. Ansonsten sind sie ganz unterschiedliche Völker. Was Sprache und Herkunft angeht, haben sie nichts miteinander zu tun. Eine solche Kombination ist typisch für den Kaukasus.« »Wer ist nun wer?« »Die Kabardiner sind ein kaukasisches Volk, verwandt mit den Tscherkessen. Sie gehören der abchaso-adygeischen Sprachgruppe an. Die Balkaren hingegen sind ein Turk-Volk, das vor Urzeiten einwanderte und bis heute seine Sprache beibehalten hat.«

»Wie klappt die Verständigung zwischen Kabardinern und Balkaren?« »Auf Russisch!« »Seit wann sind die Russen hier?« »Schon lange! Die ersten Kosaken kamen 1557. Die Kabardiner arrangierten sich schnell mit ihnen.« »Und die Balkaren?« »Die waren ziemlich aufsässig und in den Bergen schwer zu packen. Stalin galten sie als unzuverlässig. Während des Krieges ließ er sie brutal deportieren, weil sie angeblich mit den Deutschen kollaborierten. Stalin machte mit den Völkern, was er wollte. So hat er auch Kabardiner und Balkaren in eine gemeinsame autonome Republik gesteckt. Das war 1936. Wir sind heute noch eine autonome Republik in Russland. Aber wir untereinander haben immer wieder Probleme.« »Wie alt ist Naltschik?« »Nicht alt! Naltschik wurde als Kosaken-Festung 1818 gegründet. Geschichtlich betrachtet hat die Stadt nie eine größere Rolle gespielt. Das hat uns im Gegensatz zu anderen Städten und Völkern Kriege erspart.«

Es ist inzwischen hell geworden. Der Hubschrauber steht startklar auf dem Flugfeld. Es ist eine kräftige MI 8. Vier gelbe Tanks à 500 Liter füllen nahezu den Passagierraum. Wir finden auf den Längsbänken Platz. Gurte brauchen wir nicht anzulegen. Es gibt keine. Anatolij Smirnow und Michail Belamin klettern ins Cockpit. Sie sind erfahrene Piloten. Anatolij ist lange in den ukrainischen Karpaten geflogen, während Michail im unwirtlichen Komi – also im äußersten Nordosten Europas vor dem Uralgebirge – als Pilot bei arktischen Temperaturen unterwegs war.

Die Arbeit beim Katastrophenministerium in der autonomen Republik Kabardino-Balkarien gefällt beiden Piloten. Das Gebiet mit den gigantischen Bergen ist für sie als Flieger interessant. Was sie zu erledigen haben, bringt viel Abwechslung. Sie besorgen Transporte in entlegene Gebiete, helfen, Strommasten im Berg aufzustellen; sie löschen Waldbrände und befördern Alpinisten ins Hochgebirge oder bergen abgestürzte Bergsteiger. Jetzt drängen sie zur Eile. Das gute Wetter soll nur noch wenige Stunden dauern. Oben am Elbrus braut sich etwas zusammen. Mächtig zitternd steigt der Knattervogel auf. Mit uns ist noch ein Mann mit seinem zehnjährigen Sohn an Bord, offensichtlich ein Freund der Piloten.

Maxim stößt die Tür auf, um für seine Aufnahmen eine bessere Sicht zu haben. Er trägt eine knallgelbe Jacke. »Mit der Farbe finden wir dich leichter, wenn du rausfliegst«, spottet Igor Butz. In der Tat kommen mir ähnliche Gedanken, wenn ich Maxim in der offenen Tür agieren sehe. Als er den Platz vorübergehend räumt, um im Cockpit zu filmen, will ich auch das Gefühl auskosten, die Welt des Kaukasus von hoch oben zu betrachten. Der Anblick ist berauschend. Man gewöhnt sich an die Höhe, auch ohne Gurt. Aber es ist doch sehr frisch in der offenen Tür. Nach einigen Minuten verziehe ich mich wieder auf die wärmere Bank gegenüber der Tür.

Die Bergwälder haben wir längst hinter uns gelassen. Wir fliegen an schroffen Felswänden vorbei. Auf der Nordseite sehe ich eine mächtige Terrassenlandschaft, im Süden präsentiert sich tief zerklüftet der wilde Kaukasus. Die ersten Schneekuppen sind zu sehen. Unter uns bahnt sich der Baksan-Fluss seinen Weg aus dem Gebirge. Hundertzwanzig Kilometer haben wir bis zum Elbrus zurückzulegen. Unterwegs müssen wir einen Zwischenstopp machen. Um Ballast loszuwerden, werden die Zusatztanks auf einer Lafette aus dem Passagierraum ins Freie gerollt.

Jetzt kann der Aufstieg zum Elbrus beginnen. Der Hubschrauber muss mächtig ackern, um hochzukommen. Neben Schneefeldern tauchen Gletscher auf. Zweiundzwanzig soll der Elbrus davon haben. Wolken machen sich breit. Erst weiße, dann bedrohlich dunkle. Die Windstöße werden heftiger. Maxim muss aufpassen, dass er nicht durch die Tür fliegt. Die Luft wird allmählich dünn. Ich merke es, wenn ich mich hin und her bewege. Wir sind jetzt über 5.000 Meter hoch. Der Rotor röhrt gewaltig. Plötzlich tut sich der Himmel auf. Da liegt der Elbrus, mit seinen zwei Köpfen: 5.642 und 5.595 Meter über dem Meeresspiegel. Diese Zahlen habe ich mir gemerkt und auch die Worte, die Friedrich Bodenstedt auf seiner Kaukasus-Reise 1842 notierte.

Der Elbrus ist das kühnste und herrlichste Gebilde der vulkanischen Kräfte, welche diesen gigantischen Gebirgsmassen ihr Dasein gegeben haben. Seine Spitzen sind auf ewig mit Schnee bedeckt. Die Bergvölker nennen ihn ›Dschin-Padischah‹, den König der Geister. Seine Schluchten bilden der Sage nach den Eingang zum Geisterland, wo die luftigen Feen des Orients wohnen.

Mit der Herrlichkeit ist es für uns schnell vorbei. Wolken ziehen vor den Elbrus. Nach oben ist es mit einem Schlag dicht, und unter uns entdecke ich statt luftiger Feen ziemlich ausladende Wolken in den Schluchten. »Wir verziehen uns besser«, schießt es mir durch den Kopf. Zu meiner Beruhigung stelle ich fest, dass sich die Piloten von der gleichen Erkenntnis leiten lassen. Der Abstieg vollzieht sich in vielen Schleifen und Windungen. Immer wieder versperren uns Wolken und Berge den Weg. Ich werfe einen Blick ins Cockpit. Nach vorne sieht es noch düsterer aus als nach den Seiten. Aber die Piloten machen einen absolut coolen Eindruck. Kein Grund zur Sorge also, rede ich mir ein.

Wir legen einen weiteren Zwischenstopp ein. Djelassu heißt der Platz, bekannt für seine warmen Quellen. Hier kommen auf halsbrecherischen Pfaden Rheuma- und Gichtkranke an. Auf Bahren müssen sie getragen werden, so schlecht geht es ihnen. Sie legen sich in Wannen mit warmem Mineralwasser, das hier aus dem Gestein sprudelt. Nach zwei, drei Wochen kehren sie leichten Fußes zurück. Wird gesagt! Ich habe nicht die Zeit, dies zu überprüfen.

Der Himmel ist zwar verhangen und das Licht grau, dennoch wirkt die Landschaft mit ihren Plateaus und gewaltigen Schluchten großartig. Ein Wasserfall schießt aus dem Berg und rauscht über hunderte Meter nach unten. »Sultan« heißt die Kaskade. Vier Männer nehmen gerade einen Hammel auseinander. Sie kommen aus Naltschik und wollen das Wochenende hier verbringen. Der Hammel soll heute Abend gebraten werden. Ich werde zum Essen eingeladen. Leider kann ich nicht so lange warten.

Ein Reitersmann kommt den Hügel heraufgesprengt. Ein knorriger Typ! Den Hubschrauber will er sich aus der Nähe ansehen. Er spricht ein bisschen Russisch. Wir radebrechen drauflos. Dass ich aus Deutschland komme, beeindruckt ihn nicht sonderlich. Ob er von den deutschen Soldaten gehört habe, die während des Zweiten Weltkrieges den Elbrus bezwungen haben, frage ich. Hat er nicht! Sechsundsechzig Jahre alt ist mein Gesprächspartner. Von Geburt ist er Balkare. Er heißt Salach Usdjanow. Ich nenne meinen Namen, darauf stellt er mir sein Pferd vor. Auf »Bujan« hört es. Grau und müde lässt es uns palavern.

Salach Usdjanow ist Jäger und Hirte. Ich bin nicht der erste Deutsche, den er hier getroffen hat. Touristen und Bergsteiger kommen hierhin. Aufmerksam verfolgt er, wie ich mir Notizen mache. Zum Schluss zählt er mir noch auf, welche Tiere es hier gibt. Ich gebe es gerne weiter: Bären, Wölfe, Füchse und kaukasische Böcke. Bujan, das Pferd, scheint sich während der kleinen Pause gut erholt zu haben. Ohne angetrieben zu werden, trabt es munter mit Old Salach den Berg hinunter, wo aus dem Wasserfall »Sultan« ein kleiner, silbern blinkender Bach wird.

Der Vater des kleinen Jungen gesellt sich zu mir. Er kennt sich hier offensichtlich gut aus. Ich sehe den Augenblick gekommen, um ihn mit der Schicksalsfrage zu konfrontieren »Wohin gehört der Elbrus: zu Asien oder Europa?« »Geologisch zu Asien!« kommt postwendend die Antwort. »Die Grenze zwischen den beiden Kontinenten verläuft etwa 150 Kilometer nördlich vom Elbrus durch die Kuma-Manitsch-Senke vom Asowschen zum Kaspischen Meer. Hier stoßen die Erdplatten von Asien und Europa aufeinander.« Ich bin enttäuscht. Gegen diese Auskunft ist wenig einzuwenden. Andererseits erscheint mir eine unterirdische, nicht sichtbare Grenze für zwei renommierte Kontinente etwas schwach zu sein. Ich bringe das auch zum Ausdruck.

Mein Gesprächspartner bietet mir daraufhin eine schon nicht mehr erwartete Chance. »Man kann die Grenze auch naturgeographisch ziehen und den Kamm des Großen Kaukasus als Grenzlinie betrachten. Wenn man das macht, liegt zumindest der Elbrus in Europa.« Diese Auskunft leuchtet mir sofort ein. Die Encyclopaedia Britannica wird hier voll und ganz bestätigt. Aber es soll noch besser kommen.

»Man könnte auch religionsgeschichtlich vorgehen. Früher wurde zwischen dem christlichen Abendland und dem muslimischen Morgenland unterschieden. Armenien und Georgien sind christlich. Nach diesem Kriterium endet Europa an den Grenzen zu

Aserbaidschan und der Türkei.« Ich bin überzeugt, dass Armenier und Georgier sich sofort dieser Auslegung anschließen. Nicht von ungefähr betrachten sich beide Länder als Mitglieder von Fußball-Europa, die Türkei und Aserbaidschan allerdings auch. Und was ist mit dem Europarat? Auch er bleibt nicht an der Kuma-Manitsch-Senke stehen. Ich erkenne immer mehr Argumente zu Gunsten meiner Überzeugung vom europäischen Kaukasus und sehe mich schon mit fünf Fünftausendern von dieser Reise heimkehren. Doch ich rufe mich zur Ordnung. Landnahme bringt selten Gutes. Soll jeder es sehen, wie er es will.

»Woher stammt eigentlich der Name Kaukasus?« »Möglicherweise aus dem zweiten Jahrtausend vor Christus von den Hethitern. Bei denen hieß er Kas Kas, bei den alten Griechen Kaukasos, die Römer machten daraus Kaukasus. Klar ist die Herkunft des Namens deshalb nicht. Er kann aus dem Persischen kommen und Kaspisches Gebirge heißen oder aus dem Sanskrit mit funkelnder Fels erklärt werden. Alles passt.«

»Und wann ist dieser Brocken entstanden?« »Im Tertiär und Quartär, also zwischen 65 und 2 Millionen Jahren vor Christus. Damals wurden auch die anderen großen Gebirge wie die Pyrenäen und die Alpen geformt. Von der Gestalt her ist der Kaukasus allerdings dem Himalaja verwandter als den Alpen. Schroffer und mächtiger.«

Es wird Zeit, dass wir uns auf den Rückweg machen. Regen prasselt gegen Cockpitfenster. Wir tasten uns behutsam durch Täler und Schluchten bis hin zu dem Platz, wo wir die Zusatztanks zurückgelassen haben. Wir landen gerade rechtzeitig, denn nun prasselt ein starker Regen herunter. Wir sehen drei Grenzbeamte auf unseren Helikopter zusprinten. Höflich öffnen wir die Tür. Wir hätten sie besser geschlossen gehalten.

Die Uniformierten lassen sich unsere Pässe zeigen und beginnen ein Riesentheater. Hier sei Grenzgebiet. Ausländer ohne spezielle Erlaubnis hätten in dieser Gegend nichts zu suchen. Wir lachen. Das macht die Offiziere wütend. Sie wollen uns zeigen, wie man mit Grenzverletzern umgeht. Na schön, warten wir's ab!

Unsere Pässe werden einkassiert. Die Grenzoffiziere machen sich zu ihrer Dienststelle irgendwo in den Bergen auf. Von den Piloten lasse ich mir auf der Karte zeigen, wo wir uns befinden. Terskol heißt der Ort, er liegt tatsächlich direkt an der Grenze zu Georgien. Inzwischen hat es aufgehört zu regnen. Ein Jeep bringt uns ins Dorf. Es liegt sehr schön. Offensichtlich ist es ein Kurort. Viele Touristen scheint es hier aber nicht zu geben. Die schlechte Wirtschaftslage und die Unsicherheiten in der Umgebung laden trotz attraktivster Natur nicht zum Erholen ein.

Wir finden ein schlichtes, aber ordentliches Café. Es gibt Hähnchen, Wein und Bier. Wir vergessen die Grenzbeamten und ihren unnachsichtigen Kampf gegen Grenzverletzer. Drei Stunden sind vergangen. Wir werden im Café aufgetrieben und zum Hubschrauber zurückbeordert. Mit heiligem Ernst wird mir ein Artikel 247 vorgelesen, gegen den ich verstoßen haben soll. Der Artikel geht über mehrere Absätze. Unglücklicherweise höre ich nicht hin, sodass mir meine genaue Verfehlung entgeht. Diese Art von Russisch verstehe ich ohnehin schlecht. Immerhin wird mir unerwartete Milde in Aussicht gestellt, wenn ich bereit wäre, ein Protokoll zu unterschreiben. Standesgemäß verweigere ich die Unterschrift. Daraufhin unterzeichnet Alexej, der Kameramann des Katastrophenschutzministeriums. Der Fall ist damit erledigt. Ich bin frei, aber von nun an bei den Behörden der autonomen Republik Kabardino-Balkarien der Russischen Föderation als Grenzverletzer aktenkundig. Das Protokoll mit dem dürren Verweis auf besagten Artikel 247 wird mir ausgehändigt. Ich nehme es wie eine Auszeichnung entgegen. Wir dürfen abfliegen.

Das Wetter wird nicht besser. Der Baksan-Fluss weist uns den Weg. So gelangen wir in die Ebene. Goldgelbe Felder empfangen uns. Nun kommt auch die Sonne wieder heraus. Wir beschließen, gleich nach Wladikawkas weiterzufahren, um die am Berg verlorene Zeit wettzumachen.

Ein zusätzliches Auto ist vonnöten. Igor Butz sorgt dafür. Er kennt hier in der Gegend einen Fahrer, mit dem er schon bei anderen Einsätzen zusammengearbeitet hat. Einundzwanzig Koffer sind zu transportieren. Die Queen von England reist wahrscheinlich nicht mit mehr Gepäck, geht mir durch den Kopf. Für die Bagage ist Mischa Falin, unser Tonmann, zuständig. Wie er es schafft, nach langen und anstrengenden Arbeitstagen die zum Teil völlig verstaubten Gerätschaften in Ordnung zu halten und dann erneut kunstgerecht zu verstauen, ist mir ein Rätsel. Schon seine Tätigkeit als Ton-Ingenieur und Assistent des Kameramanns erfordert den ganzen Mann, auch über die Dreharbeiten hinaus. Erst nachts kommt er dazu, den Ton abzuhören und zu katalogisieren. Das erfordert seine Zeit. Er bietet einen starken Anblick. Wegen der Hitze nur mit Boxer-Shorts bekleidet hockt Mischa mit Kopfhörern auf den Ohren in seinem voll gestopften Zimmer und macht unermüdlich Eintragungen. Weil bei ihm alles stimmt, haben wir ihm auch noch die Reisekasse angehängt.

Jachjat, der Fahrer, erscheint und hat ein Problem. Bei Sonnenuntergang müsse er umkehren, um vor Anbruch der Dunkelheit auf heimatlichem Territorium zu sein. Ich verstehe sein Anliegen nicht auf Anhieb und bitte um Aufklärung. Was ich höre, ist typisch für den Kaukasus. Jachjat ist Ingusche. Er soll uns mit einem Wagen nach Wladikawkas chauffieren. Wladikawkas liegt in Nord-Ossetien. Nord-Ossetien lebt in Feindschaft mit dem benachbarten Inguschetien. Wenn Jachjat, der Ingusche, in Nord-Ossetien geschnappt wird, geht es ihm schlecht. Deshalb fährt er nach dort nur mit einer ossetischen Autonummer. Das hilft am Tag. Aber abends gibt es verschärfte Kontrollen. Wird er erwischt, kann sein Leben in Gefahr sein.

»Woher rührt die Feindschaft?« »Von falscher Politik!« antwortet Igor Butz knapp und lakonisch. »Wieso?« »Im Zweiten Weltkrieg wurden die Inguschen wie auch die Tschetschenen deportiert, weil sie angeblich mit den Deutschen kollaborierten. In die leer stehenden Dörfer zogen die Osseten ein. Als die Inguschen Mitte der fünfziger Jahre zurückkehren durften, wollten sie natürlich wieder ihre Häuser beziehen. Die Osseten wollten aber nicht weggehen. Seitdem schwelt der Konflikt.«

»Wann kam es zur Gewalt?« »Es ist kompliziert. Ich will es einfach erklären. Als die Sowjetunion zerfiel, sahen die Inguschen Anfang der neunziger Jahre ihre Chance gekommen. Sie rückten mit Waffen vor und eroberten einige Dörfer. Es gab Tote auf beiden Seiten.«

»Wie sind die Kämpfe gestoppt worden?« »Durch die Armee! Heute patrouilliert die russische Polizei und Armee. Aber der Hass auf beiden Seiten ist groß. Es kommt immer wieder zu Übergriffen.«

»Was sind die Unterschiede zwischen Inguschen und Osseten?«

»Die Inguschen gehören wie die Tschetschenen der zentralen Gruppe der ostkaukasischen Sprachen an. Sie sind reine Moslems. Die Nord-Osseten sind dagegen christlich-heidnisch. Sie betrachten sich als Arier und als Nachfahren der Alanen, die vor 2.000 Jahren Süd-Russland beherrschten, sich dann aber vor den Hunnen in den Kaukasus zurückziehen mussten. Im jetzigen Konflikt ging es zuerst nur um Land, nun kommt mehr und mehr religiöser Fanatismus ins Spiel.«

Ich muss zugeben, die Verhältnisse wirken für einen an Ordnung gewöhnten Mitteleuropäer mehr als verworren. Das ossetische Volk ist obendrein noch geteilt. Nord-Ossetien bildet eine autonome Republik in der Russischen Föderation. Süd-Ossetien hat einen ähnlichen Status in Georgien, was dort allerdings schon zu Mord und Totschlag geführt hat, zuletzt nach dem Untergang der Sowjetunion.

Von Naltschik bis Wladikawkas sind es knapp 140 Kilometer. Wir beeilen uns. Die Landschaft macht einen friedlichen Eindruck. Die Felder liegen im freundlichen Abendsonnenlicht. Weizen und Sonnenblumen bieten einen farbenprächtigen Anblick. Kuhherden streben den Ställen entgegen. Beharrlich ziehen sie die Straße entlang. Sie lassen sich weder durch Hupen noch durch dichtes Auffahren beeindrucken.

Ein Blockposten taucht auf. Wir überqueren die Grenze zwischen der autonomen Republik Kabardino-Balkarien und der autonomen Republik Nord-Ossetien. Linden, Nussbäume, Pappeln und Akazien stehen Spalier. Eine Kolonne kommt uns entgegen. Vorneweg ein Milizauto mit Blaulicht, dahinter fünfzig oder sechzig Lkw aus Georgien. »Die Fahrer haben kräftig zahlen müssen. Als Gegenleistung werden sie bis an die Grenze geleitet. Dort beginnt ein neues Spiel«, murrt Igor. »Hier nimmt jeder jeden aus. Das nennt man dann Gastfreundschaft.« Wir haben keine Probleme. An der Grenze hat Alexej Dawydow, unser Mann vom Katastrophenschutzministerium, alles geregelt.

Nun sind wir auf der Spur von Alexander Puschkin. Auch er ist hier des Weges gezogen. Zu jener Zeit, im Jahr 1829, war es in dieser Gegend noch deutlich unruhiger, wie in seiner »Reise nach Erzerum« nachzulesen ist.

Man mietet sich Pferde bis Wladikawkas und erhält zum Geleit Kosaken, Fußtruppen und eine Kanone. Das nennt man eine Okkasion. Die Trommel wird geschlagen. Wir setzen uns in Bewegung. An der Spitze fährt die Kanone, eskortiert von Fußtruppen. Hinterher ziehen sich die Kutschen, Kaleschen und Wagen der Soldatenfrauen hin, die von einer Festung in die andere umsiedeln. Dann folgt eine lange Reihe knarrender Ochsenkarren. Zu beiden Seiten laufen Herden von Pferden und Ochsen. Nogaische Reiter in Filzmänteln und mit Lassos umkreisen sie.

Puschkin fand es zwar langweilig, nur langsam mit diesem Tross von 500 Menschen voranzukommen, aber er wurde nicht von feindseligen Tscherkessen behelligt. »So erreichen wir Wladikawkas, das frühere Kapkai, die Schwelle zu den Bergen.«

Wir sind noch nicht so weit. Die Sonne steht knapp über dem Horizont. Jachjat hält an. Für ihn bleibt nur noch wenig Zeit, um vor der Dämmerung in das für ihn sichere Inguschetien nebenan zu gelangen. Wir packen schnell unsere Ausrüstung in den Minibus. Auf Kisten und Koffern sitzend fahren wir behutsam weiter. Ein Bekannter kommt uns entgegen. Es ist der Terek. Wenig später sind wir in Wladikawkas. Das nächste Tagesziel haben wir bereits vor Augen. Von Schnee bedeckt und letztem Sonnenlicht angestrahlt, steckt der Kasbek seinen dicken Schädel aus dem Kaukasus heraus. Prometheus lässt grüßen.

Von Wladikawkas nach Kasbegi

In Wladikawkas bricht ein schöner Tag an. Der Regen hat über Nacht die Luft gereinigt. Ich schaue aus dem Fenster. Glasklar ist der Kaukasus zu sehen. Mittendrin der sagenumwobene Kasbek, die Nachbargipfel um seinen mächtigen Schneekopf weit überragend. Irgendwo in der Stadt knallt es. Danach herrscht wieder wohltuende Ruhe. Ich gehe meine Notizen durch.

Wladikawkas, lese ich noch einmal nach, hat einen interessanten Gründer, Fürst Grigorij Alexandrowitsch Potjomkin. Er ist nicht nur der Erfinder der virtuellen Dörfer seines Namens, er hat auch andere Verdienste. Er war der Lover von Katharina der Großen, nachdem er sich im russisch-türkischen Krieg brillant geschlagen hatte. Zügellos, energisch, voller Ideen, aber auch großmütig hatte er das Herz der Zarin gewonnen. Die Affäre dauerte nur zwei Jahre. Katharina hatte noch viele Liebhaber, aber Potjomkin blieb ihr Vertrauter. Sie machte ihn zum Generalgouverneur der südlichen Provinzen ihres Reiches. In dieser Zeit gründete er mehrere Forts, die später zu großen Städten wurden: Cherson, Sewastopol und 1784 am Terek auch Wladikawkas, zu Deutsch »Herrscher des Kaukasus«. Ihrem Namen getreu sollte die neue Festung die wichtigen Verbindungen durch den Kaukasus sichern, die Große Georgische Heerstraße und die Ossetische Heerstraße.

Potjomkin wollte Russland nach Süden ausdehnen. Er schaffte es auch, indem er 1783 die Krim von den Türken annektierte. Damit war die Nordküste des Schwarzen Meeres in den Händen der Russen. Danach organisierte er für Katharina eine Triumphreise in die eroberten Gebiete, die in der Geschichte ihresgleichen sucht. In der Atmosphäre Arabischer Nächte nahm die Zarin Besitz von ihren neuen Provinzen. Sie reiste teilweise per Schiff. Potjomkin inszenierte Glanz und Gloria. Hollywood würde es heute nicht besser machen. Die Welt sprach damals von Kleopatras Flotte. Doch mit Wladikawkas hatte Potjomkin nicht so viel Glück. Das Fort musste vor aufständischen Kaukasiern geräumt werden. Anfang des 19. Jahrhunderts begann der Wiederaufbau. Kosaken wurden angesiedelt. Die Machtfrage war inzwischen entschieden, Russland hatte die Herrschaft über ganz Transkaukasien übernommen. Aus der Festung Wladikawkas wurde eine Handelsstadt mit intensiven Beziehungen zu Persien. Die Stadt wurde 1931 in Ordschonikidse umbenannt, zu Ehren des georgischen Revolutionärs gleichen Namens. Unterstützt von Stalin hatte er mit brutalen Methoden die Sowjetmacht im Kaukasus etabliert. Später verscherzte er sich allerdings die Sympathien Stalins, weil er sich für Opfer der Großen Säuberung einsetzte. So starb er denn plötzlich 1937, und aus der Stadt Ordschonikidse wurde einige Jahre später Dsaudschikau. Damit war das Wechselspiel noch nicht zu Ende. Nach dem Tod Stalins setzte sich erneut Ordschonikidse als Stadtname durch. Doch dann zerfiel die Sowjetunion. Seitdem heißt die Stadt wieder Wladikawkas.

Wer in den Kaukasus reiste, kam durch Wladikawkas. Auch Alexander Puschkin war hier. Eine Stadt war es noch nicht, was er vorfand, sondern eine biedere Grenzfeste. In seiner Erzählung »Die Reise nach Erzerum« notierte er denn auch kurz: »Wladikawkas ist von ossetischen Auls umgeben. Die Osseten sind von den Völkerschaften, die im Kaukasus leben, die ärmsten. Ihre Frauen sind ausgesprochen schön, und wie man hört, den Reisenden sehr geneigt.«

Dass es in Wladikawkas schöne Frauen gibt, kann ich bestätigen. Ob sie den Reisenden geneigt sind, entzieht sich meiner Kenntnis. Vom Balkon unseres Hotels habe ich einen guten Überblick über den Friedensprospekt. Er ist die Flanierstraße von Wladikawkas. Die jungen Frauen bringen mit ihren luftigen, dem warmen Wetter gemäßen Kleidern ihre körperlichen Reize ansehnlich zur Geltung. Auch sonst verbreitet dieses Altstadtviertel, das zum Teil wieder in Schuss gebracht wurde, eine angenehme Atmosphäre. Ansonsten macht der »Herrscher über den Kaukasus« keinen überragenden Eindruck.

Wir treffen uns zur Abfahrt. So komfortabel haben wir bislang nirgends gewohnt. Das Hotel »Imperial« ist in einem alten verwinkelten Haus neu eingerichtet worden. Die Herberge ist zu loben. Saubere große Zimmer, fließendes Wasser, wenn auch nur kalt. Auch das Unterhaltungsprogramm verdient Anerkennung; von vorne Popmusik bis nach Mitternacht, von hinten Hochzeitsgesänge aus dem Hof. »Hier könnte man es länger aushalten«, sage ich Igor Butz. »Ja, wenn man Abwechslung liebt.« »Welche Abwechslung?« »Haben Sie nicht heute früh den Knall gehört? Das war eine Bombe.« »Wer lässt hier Bomben hochgehen?« »Alle möglichen Leute! Hier sagt man, es waren die Tschetschenen.« »Wieso die Tschetschenen? Was hat Ossetien mit dem Krieg dort zu tun?« »Ossetien gilt als Bollwerk der Russen im Nordkaukasus.« »Wer kommt sonst noch in Frage?« »Die Bombe ist am Markt explodiert. Vielleicht ist es eine Drohung, um dort die Verhältnisse nicht zu verändern. Die Regierung hat so etwas angekündigt. Die Banden, die sich die Macht über den Markt teilen, wollen sich nicht in ihr Mafia-Handwerk pfuschen lassen.« Inzwischen kommt die Nachricht über die Explosion. 6 Tote und 16 Verletzte hat der Anschlag gefordert. Die Menschen hier scheint das nicht weiter aufzuregen. Dafür ist in den letzten Jahren zu viel passiert. Erst wenn ganze Wohnblocks hochgehen wie in Moskau, erschrickt das Land.

Wir überqueren den Terek. Ein wuchtiges Denkmal lässt uns anhalten. Mit gebieterischer Geste sitzt vor dem Hintergrund der sonnenüberfluteten Berge General Issa Plijew, als sei er Wladikawkas höchstpersönlich, der Herrscher über den Kaukasus. Dabei war er nur ein Haudrauf im Bürgerkrieg, der es zum General brachte. Aber er war Ossete. Größere Söhne hat die Republik wohl nicht zu bieten.

Die Anfahrt auf den Kaukasus beginnt verheißungsvoll. Die Berge rücken an die Straße heran. Der Terek bleibt nun an unserer Seite. Eilig rennt er zu Tal, als wolle er bald aus seinem unbequemen Steinbett herauskommen. Wir sind auf der Großen Georgischen Heerstraße. Sie ist die kürzeste Passage durch den Großen Kaukasus, aber sie hat es in sich. Schon vor Christi Geburt hatten sich die Menschen über das zerklüftete Gebirgsmassiv getraut. Ihr Mut und ihre Willenskraft müssen grenzenlos gewesen sein. Schwindelnde Höhen waren zu erklimmen, wilde Bergflüsse zu durchqueren. Im Winter donnerten Lawinen, im Sommer Steinschläge zu Tal. Doch die Menschen ließen sich nicht beirren. Immer wieder machten sie sich auf den strapazenreichen Weg. Was sie dabei erlebten, erzählten sie weiter. So wurde die abenteuerliche Route weithin zu einem Begriff. Schon der griechische Geograph und Historiker Strabo beschrieb sie vor 2000 Jahren.

Im Lauf der Jahrhunderte bekam der Handelsweg zunehmend militärische Bedeutung. Um unliebsame Besuche kriegerischer Heerscharen zu verhindern, errichteten die jeweiligen Herrscher starke Befestigungen. Die oft engen Schluchten ließen sich mit wenigen Kämpfern leicht abriegeln. Für die Handelskarawanen wurde es dadurch nicht ungefährlicher. Räuberbanden nisteten sich ein. Sie nahmen nicht nur Geld und Güter, sondern nicht selten zusätzlich das Leben der Reisenden. Auch die Bergvölker wollten nicht leer ausgehen. Sie erhoben Wegezölle, die bezahlt wurden, denn es gab keine Alternative. Die Sitte hat sich gehalten. Sie wird jetzt von den Polizisten im Kaukasus intensiv gepflegt.

Mit dem Vordringen der Russen nach Süden wurde der Handelsweg mehr und mehr zu einer Heerstraße. Mit der Einverleibung Nordossetiens in das Zarenreich begann gegen Ende des 18. Jahrhunderts der Ausbau der Passage. Doch sie blieb ein kräftezehrendes Abenteuer, eng und in schlechtem Zustand. Hinter jeder Windung lauerten Gefahren durch die Natur oder feindlich gesonnene Menschen. Einen Monat brauchten die Truppen des Zaren, um im russisch-persischen Krieg die 220 Kilometer lange Strecke von Wladikawkas nach Tbilissi zurückzulegen. Das war 1828. 50 Jahre später besiegte Russland auch die Türkei und sicherte sich die Herrschaft über den Kaukasus. Die Große Georgische Heerstraße verlor damit ihre militärische Bedeutung. Auch als Haupthandelsweg hatte sie ausgedient. Die Güter wurden nun mit Hilfe der neuen Eisenbahn über Baku und Tbilissi an das Schwarze Meer transportiert. Der Mythos ist aber geblieben. Viele berühmte Reisende haben die Heerstraße und ihre einzigartige Landschaft besungen. Selbst der kühle Norweger Knut Hamsun, der es später zum Nobelpreis bringen sollte, geriet ins Schwärmen, als er 1899 hier durchzog.

Die Landschaft verändert sich. Wir sehen durch eine gewaltige Kluft, deren Seiten in den Himmel ragen. Schneeberge in der Ferne. Doch zur Rechten wie zur Linken sind die Berge noch grün. Über den Bergen kreisen Adler.

Wir sehen keine Adler, aber der Weg ist heute noch beschwerlich, weil sich eine sehr hinderliche Grenze zwischen Russland und

Georgien in den Weg stellt und die wirtschaftliche Not in der Region einen zeitgemäßen Ausbau nicht zulässt. Doch wer in den Kaukasus reist, muss die Große Georgische Heerstraße kennen lernen, sonst entgeht ihm viel.

Unser Tempo verlangsamt sich. Immer wieder kommen uns Blockposten in die Quere. Der Ton der Milizionäre wird ruppiger. Sie machen ein Riesentheater, als wir Kühe vor ihrer Festung filmen wollen. Eine kilometerlange Lkw-Schlange kündigt uns an: Wir nähern uns der Grenze. Es herrscht ein Gewimmel wie auf dem Basar. Verwegene Gestalten stehen um ihre Lastwagen, reden und streiten miteinander. Gegenüber haben kräftige kopftuchbewehrte Frauen Posten hinter primitiven Ständen bezogen, um Säfte, Zigaretten, Obst und Käse anzubieten. Milizionäre mit schief sitzenden Mützen und Maschinenpistolen über die Schulter patrouillieren auf und ab. Ein Maschendrahttor bleibt unnachsichtig geschlossen. Dahinter stehen Grenzsoldaten und ein Schützenpanzer, unbemannt.

Inzwischen wächst die Schlange hinter uns. Von Abfertigung ist nichts zu sehen. Für mein Durchkommen ist aber gesorgt. Zu Fuß will ich die Passkontrolle erreichen. Die instruierten Soldaten lassen mich in den Grenzkäfig eintreten. Vermutlich verfolgen mich jetzt neid- oder auch hasserfüllte Blicke, als ich langsam zur Grenze und Zollstation hinaufgehe. Wer weiß, welche Überraschung mir noch blühen wird. Betonblöcke und Sandsäcke zeigen mir, auch hier wird der Ernstfall nicht ausgeschlossen. Steil ragen die Felswände auf. In die enge Schlucht Werchnij Lars (Der Obere Lars) hat sich die Grenzstation gezwängt. Unangefochten gelange ich zur Grenzkontrolle. Der Grenzer ist im Bilde. Zack, zack hat er mir den Stempel in den Pass gedrückt! Nun kommt der Zoll und damit das dicke Ende.

Igor Butz und Mischa Falin verschwinden im Zollhaus. Es dauert und dauert. Sie kommen wieder heraus. »Schwierig!« ist ihr Kommentar. Noch nie sei ein Ausländer mit so großem Filmgepäck über diese Grenze gezogen. Wieder werden Verhandlungen aufgenommen. Wieder erfolglos! Bei der Einfuhr der Geräte habe der Moskauer Zoll schludrig gearbeitet. So könne die Liste nicht abgestempelt werden. Es wird weiter verhandelt. Derweil wandere ich unbehelligt herum. Der ganze Laden hier macht einen verwahrlosten Eindruck. Umgekippte Müllcontainer, lecke Wasserleitungen, rohe Betonklötze. Die Grenzstation »Werchnij Lars« verhunzt die schöne Landschaft.

Die Abfertigung wird schleppend aufgenommen. Mit viel Lust werden Taschen, Koffer, Kartons und Körbe durchsucht. Je älter die Autos sind, desto mehr Aufmerksamkeit finden sie und ihre Insassen. Mit polizeilicher Duldung kann ein russischer Mittelklassewagen wie der Wolga erstaunliche Mengen bewegen. Dick bepackt auf Kühlerhaube, Dach und Kofferraum rollen sie an, wie antike Kampfwagen. »Was transportieren sie?« frage ich unseren ossetischen Fahrer. »Ihre Habseligkeiten oder ihre Waren, Obst und Gemüse. An jeder Grenze, an jedem Blockposten werden sie abkassiert. Wie dann noch ein Gewinn übrig bleibt, ist mir ein Rätsel.«

Zwei energische Frauen in bestem Alter erscheinen. Voller Wut fallen sie über einen Zollinspektor her. »Wir warten hier schon stundenlang. Und was verlangt man von uns? Geld!« fauchen sie ihn an. Der Inspektor wehrt sich lautstark. Jetzt legen die Frauen erst richtig los. Dem Inspektor eilen Kollegen zu Hilfe. Grenzoffiziere schalten sich zusätzlich ein. Eine Schimpfkanonade erster Klasse lässt den Kontrollpunkt erzittern. Die beiden Frauen halten sich gegen die männliche Übermacht prächtig. Stubenrein ist ihr Vokabular allerdings nicht. Zöllner und Grenzer verziehen sich. Mein Interesse scheint sie zu stören. Laut meckernd ziehen die Frauen als moralische Sieger zum Maschendrahttor hinaus. Unsere Lage hingegen wendet sich immer noch nicht zum Guten. Nach vier Stunden fahren Igor und Mischa nach Wladikawkas zurück, um den Fall höheren Orts zu klären.

Kopfschüttelnd beobachtet unser ossetischer Fahrer, wie ein Bus mit Passagiergepäck auseinander genommen wird. »In der Sowjetzeit gab es hier nicht eine solche Grenze. Da konnten wir ohne Probleme zwischen Ossetien und Georgien hin- und herfahren. Heute stehen wir uns fast feindlich gegenüber. Nicht das Volk, sondern die Politiker!« »Warum ist das so?« »Weiß der Teufel! Schewardnadse will nicht nach der Pfeife Moskaus tanzen. Er hält sich gut mit der Türkei und mit dem Westen. Das stinkt den Unseren.«

»Finden viele ihrer Landsleute die Sowjetzeit besser?« »Viele! Die Demokratie funktioniert bei uns nicht. Jeder macht, was er will. Es gibt kein Recht, dafür Mord- und Totschlag. Überall Krieg! Tschetschenen und Russen, Inguschen und Osseten, Abchasen und Georgier, Armenier und Aserbaidschaner.«

»Waren Sie schon immer Fahrer?« »Nein, früher war ich Bauingenieur. Habe gutes Geld verdient. Ich konnte mit meiner Frau Urlaub an der See machen. Und heute? Kein Urlaub, keine See.«

»Haben Ihre Nachbarn Arbeit?« »Wenig! Ich wohne in einer kleinen Straße. Da gibt es 14 Männer in meinem Alter. Nur vier davon haben Arbeit. Die anderen finden nichts und saufen.« »Und die Jungen?« »Die haben auch nichts und hängen nur herum, immer besoffen. Wenn früher jemand zweimal nicht zur Arbeit kam, hatte er die Miliz auf dem Hals. Heute können wir krepieren, die da oben kümmern sich nicht darum.«

Nun kommt auch der eine oder andere Mercedes. Es lässt sich nicht leugnen, dieser Wagen-Typ läuft hier nicht schlecht. Man kennt sich. Zöllner und Fahrer begrüßen sich sportlich herzlich. Die Abfertigung läuft wie geschmiert. »Nur noch fünf Wagen!« ruft ein Grenzoffizier einem Soldaten zu. Was soll das heißen? Ich erkundige mich. Die Grenze wird um 20 Uhr geschlossen. Für uns also höchste Zeit! Von Igor und Mischa weiter keine Spur. Seit 7 Stunden sitzen wir nun hier fest. Ich befinde mich in einer höchst interessanten Situation. Per Pass bin ich schon raus aus der Russischen Föderation, per Zoll muss ich noch bleiben.

Ein alter Wolga fährt vor. Eine völlig aufgelöste Familie quillt aus den Türen. Großeltern, Eltern und fünf kleine Kinder. Fünf Stunden Wartezeit und die Hitze haben sie fertig gemacht. Immerhin, sie schaffen es gerade noch. Igor und Mischa schaffen es auch. Kurz vor Toresschluss! Der ossetische Fahrer darf uns noch in die neutrale Zone zwischen Russland und Georgien bringen. 10 Minuten bleiben dafür, sonst hängt er auch fest. Wir räumen schnell den Bus. Es wird dunkel. Den Terek hören wir rauschen. Die Berge sind kaum noch zu sehen. Vor dem Schlagbaum stehen die Geschlagenen des Tages. Sie übernachten hier auf der Straße oder im Auto, um morgen als Erste eine Chance zu haben. Bei dem Abfertigungstempo ist das allerdings keine Garantie, über die Grenze zu kommen.

Unser in Georgien bestellter Wagen hat es offensichtlich nicht bis zur neutralen Zone geschafft. Wir setzen uns erst mal auf unsere Koffer und genehmigen uns eine Stärkung. Der Kisljarer Cognac ist für solche Situationen wie geschaffen. Schließlich kommt auch unser Minibus. Ein georgischer Grenzoffizier, den wir als Postillion eingesetzt hatten, hat den Wagen in Gang gesetzt. Wir fahren bis Kasbegi. Es sind nur 12 km. Wir ahnen die Schönheit der Landschaft und beschließen, unsere Dreharbeiten morgen hier zu beginnen.

Durch die Darial-Schlucht zum Kreuz-Pass

Ich wache auf und blicke auf den Kasbek. Besser kann der Tag nicht beginnen. Es ist kurz nach 6.00 Uhr. Wir sind in Kasbegi. Die Nacht haben wir im Haus einer Lehrerin verbracht. Sie heißt Luisa, spricht ein wenig Deutsch und vermietet gelegentlich ihre Unterkunft an Durchreisende. Ich habe mich auf der Veranda einquartiert. Das sichert mir eine prächtige Aussicht, wie ich dankbar feststelle. Der Kasbek ist mit 5.033 m zwar nicht der höchste Berg im Kaukasus, aber an Majestät und literarischem Renommee kann es keiner mit ihm aufnehmen. Der russische Symbolist Andrej Belyj fand ihn unbeschreiblich und versuchte es doch:

Der Kasbek ist so edel. Den Körper des Riesen sieht man nicht, aber sein Gesicht ist wundervoll. Seine Augen werde ich nie vergessen. Besonders das linke nicht! Es schaut mit seiner vieltausendjährigen Pupille über die Große Georgische Heerstraße; markanter Mund, die Oberlippe etwas hochgezogen. Ich phantasiere nicht: ein riesengroßes, weißes Weltantlitz.

Ich schaue mir das Weltantlitz an und stelle fest, Belyj hat Recht. Die Augen, vor allem das linke, der Mund, die Oberlippe – alles ist zu sehen. Ich bin am Anfang meines Kaukasus-Traumes angekommen. Hier also war Prometheus angekettet. Unwillkürlich schaue ich nach dem Adler, der ihm nach der griechischen Mythologie täglich die Leber aushackte. Der Vogel ist nicht zu sehen. Dafür verfolge ich, wie sich die Sonne, die längst den Kasbek in glänzendes Licht getaucht hat, an eine Kirche auf einem Berg unterhalb des Giganten heran arbeitet. Von Bildern her kenne ich sie schon lange. Kaum ein Motiv Georgiens ist öfter fotografiert worden als dieses: die Zminda-Sameba-Kirche (Heilige Dreifaltigkeitskirche) mit dem Kasbek darüber. Noch ein Stück höher als die Dreifaltigkeitskirche befindet sich, von mir aus nicht zu sehen, die Einsiedlerhöhle Betlemi. Hierhin sollen junge Krieger den Staatsschatz vor den Mongolen in Sicherheit gebracht haben. Damit keiner von ihnen das Geheimnis verraten konnte, sollen sie sich gegenseitig umgebracht haben. Um die Höhle ranken sich weitere Legenden. Hier soll es auch einen georgischen Prometheus namens Amirani gegeben haben, ebenfalls gefesselt. Sein treuer Hund versucht zwar die Ketten zu zernagen, ein Rabe hält ihn mit Brot und Wein am Leben, aber jeden Gründonnerstag erscheinen Schmiede und festigen die Kette. Noch einen Prometheus kann ich nicht ertragen. Ich suche erneut literarische Zuflucht bei Alexander Puschkin, der beim Anblick dieser von Gott und den Menschen geschaffenen Kulisse so hingerissen war, dass er sofort ein Gedicht auf »Das Kloster auf dem Kasbek« schrieb.

Hoch über deiner Brüderchor,
Kasbek, strebt stolz dein Zelt empor
und strahlt, im ewigen Eise flimmernd.
Weiß hinter Wolkenschleiern schimmernd,
schwebt Noahs Arche gleich im Raum
dein altes Kloster sichtbar kaum.

Du ferner, heiß ersehnter Ort,
könnt ich aus enger Schlucht aufsteigen
zu dir, und fänd' der Freiheit Hort,
den Frieden in der Zelle schweigen,
Gott nah hoch über Wolken dort!

Wolken sind nicht zu sehen. Wir haben Glück. Eine so ungetrübte Sicht auf den Kasbek gibt es längst nicht jeden Tag. Luisa ist bereits in der Küche tätig. Die Truppe rappelt sich allmählich auf. Der Geruch von Kaffee und Chatschapuri – ein warmes, mit Käse gefülltes Blätterteig-Brot – zieht durch das kleine Häuschen und sorgt für gute Stimmung. Luisa tischt unermüdlich auf. Nebenher erzählt sie aus der Geschichte von Kasbegi. Den Namen habe der Ort dem Fürsten Gabriele Kasbegi zu verdanken. Anfang des 19. Jahrhundert gehörte das Land hier ihm.

Wir fahren an die Grenze zurück. Es sind nur zwölf Kilometer. Ich möchte den Einstieg in die berühmte Darial-Schlucht nun auch bei Tageslicht genießen. Vom Oberen Lars aus bietet sich ein grandioser Anblick. Alle Reisenden geraten hier aus dem Häuschen. Ich brauche nur Russlands größten, Alexander Puschkin, zu zitieren:

Der Kaukasus nahm uns in sein Heiligtum auf. Wir hörten ein dumpfes Rauschen und sahen den Terek. Je tiefer wir in die Berge eindrangen, desto enger wurde die Schlucht. Der bedrängte Terek wirft brüllend seine trüben Wellen gegen die steilen Felsen, die ihm den Weg verwehren. Ich ging zu Fuß und blieb, tief beeindruckt vom finsteren Reiz der Natur, alle Augenblicke stehen. Ich konnte das Bild, das sich mir bot, mit nichts anderem vergleichen.

Mit Puschkin folgen wir dem Lauf des Tereks. Es ist ein mitreißendes Schauspiel, wie sich der Fluss durch das Gebirge kämpft. Nach kurzer holperiger Wegstrecke – die Fahrbahn ist lausig schlecht – gelangen wir an die georgische Grenzstation; sie sieht noch abgerissener aus als die russische. Vom provisorischen Dach ist bereits die Hälfte davongeflogen. Lkw und Pkw stauen sich. Die Grenzverhältnisse sind ordinär, aber die Umgebung ist großartig. Hier ist das berühmte Nadelöhr der Großen Georgischen Heerstraße. Es trägt viele Namen: Sarmatische Pforte, Alanen-Pforte, Kaukasisches und Kaspisches Tor. Schon dem Römer Plinius war dieser Engpass bekannt. Vor fast 2000 Jahren bezeichnete er ihn hymnisch als einzigartige Schöpfung der Natur.

An diese Worte erinnerte sich auch Knut Hamsun, als er hier ankam.

Nun kommen wir nach Fort Darial. Ich habe gelesen, schon Plinius habe den Darial-Pass und die starke Festung beschrieben, die hier zahllose Völkerschaften am Durchzug hinderte. Einige wenige Soldaten konnten an diesem engen Loch ein ganzes Heer aufhalten.

Ein georgischer Grenzsoldat macht mich auf einen Felsen aufmerksam, der steil über dem wildschäumenden Terek aufragt. Erst kann ich nichts Besonderes erkennen, aber bei längerem Hinsehen entdecke ich Festungsmauern. Auch Puschkin waren sie aufgefallen.

Gegenüber von Darial sind auf einem Felsen die Ruinen einer Festung zu sehen. Der Überlieferung nach hatte sich in ihr die georgische Zarin Daria verborgen, die der Schlucht den Namen gab. Das ist ein Märchen. Darial heißt auf Altpersisch Tor.

Puschkin hat Recht, danach ist die Schlucht auch benannt. Das Bollwerk auf dem Felsen hat ebenfalls einen Namen. Es heißt Tamara-Festung, benannt nach der Königin Tamara. Unter ihrer Herrschaft erlebte Georgien seine größte Zeit. Diese Epoche liegt nun schon 800 Jahre zurück. Dennoch lohnt es sich, darüber ein paar Worte zu verlieren. Zu Tamaras Reich gehörten der gesamte Kaukasus, Transkaukasus, sogar die Küstenregion im Süden des Schwarzen Meeres und das damals vereinte Aserbaidschan bis hin nach Täbris im heutigen Iran.

Tamara, Königin von 1184-1213, war eine starke Persönlichkeit, klug und mutig. Aus Gründen der Staatsräson ließ sie sich in erster Ehe einen russischen Prinzen andrehen. Doch die Verbindung beendete sie schon nach zwei Jahren, weil ihr Gemahl zügellos lebte und sich angeblich auch Knaben zuwandte. Ihren zweiten Mann suchte sich Tamara klugerweise selbst aus. Es war ein Fürst aus Ossetien, mit dem sie mehr anfangen konnte. Sie schickte ihn gleich in die Schlacht, und zwar gegen ihren ersten Mann, der mit georgischen Adeligen einen Aufstand gegen sie wagte. Tamaras zweite Wahl siegte über die erste. Dadurch waren innenpolitisch die Verhältnisse geklärt. Aber es blieb die Gefahr von außen durch die Seldschuken. Deren Anführer, ein gewisser Sultan-ad-din-Süleiman, schickte ihr ein gewaltiges Heer auf den Hals. Um Tamara zu demütigen, ließ er ihr zuvor einen Brief überbringen, in dem er sie aufforderte, sich ihm zu unterwerfen und seine Frau zu werden, sonst würde er sie zur Konkubine machen. Tamara ließ sich von der erdrückenden Übermacht nicht einschüchtern, sondern schickte dem Macho-Sultan cool eine knappe Botschaft. »Ich habe das Zeugnis deiner Frechheit gelesen. Meine Truppen nähern sich schon deinem Tor.« Tamaras zweiter Ehemann – sein Name David Soslan soll nicht unerwähnt bleiben – bewährte sich erneut als Feldherr. Die Seldschuken wurden in die Flucht geschlagen.

Nach dem Tod ihres Mannes, um den sie zu Recht sehr trauerte, verlor auch Tamara die Lust am Leben. Sie tat zwar noch viel Gutes, aber starb bereits sechs Jahre später. Danach ging es mit Georgien schnell bergab. Das Land wurde ständig von feindlichen Heerscharen und Mächten überfallen, verwüstet und unterworfen. Nur in Teilen bewahrte es sich vorübergehend Selbstständigkeit. Erst vor zehn Jahren gewann Georgien seine Unabhängigkeit zurück.

Tamara wurde schon zu ihren Lebzeiten wie eine Heilige verehrt. Der große Dichter Schota Rustaweli widmete sein weltberühmtes Epos »Der Recke im Tigerfell« seiner Sonnenkönigin. »Ein Bild der Sonne selbst des Morgenlandes hat sie uns Seele, Herz und Sinn betört.« Während hier zu Lande unsere Klassiker der Weltliteratur nur dem Namen nach bekannt sind, wird »Der Recke im Tigerfell« heute noch mit Hingabe in Georgien zitiert, vor allem die Schlusszeilen:

Zu Ende ist nun diese Helden Mär,
die Harfe bebt noch, doch sie klingt nicht mehr.
So tückisch ist das Schicksal dieser Welt,
und kurz die Zeit, die uns hier zugezählt,
obgleich sie denen lang erscheinen mag,
die nie gesehen einen Freudentag.

Eine ganz andere Ballade – bei weitem nicht so lang und auch nicht so berühmt – hat der Russe Michail Lermontow geschrieben, in der die große georgische Königin ebenfalls eine Rolle spielt. Der Poet des Kaukasus übertrieb es dabei nicht mit der Tamara-Verehrung. Mit jugendlicher Respektlosigkeit kombinierte er Georgiens Heilige mit der erwähnten Zarin Daria, die der Sage nach von der Festung in der Darial-Schlucht aus friedliche Reisende überfallen ließ. Vielleicht wollte sich Michail Lermontow auf diese Art und Weise dafür revanchieren, wie die georgische Königin mit seinem Landsmann, dem russischen Prinzgemahl, umgesprungen war. Jedenfalls schuf Lermontow eine ziemlich frivole Figur namens Tamara, wie die beiden folgenden Strophen zeigen:

Wo der Terek im neblichten Schleier
durchbraust den Pass von Darial,
da ragte in schwarzem Gemäuer
ein Turm auf felsigem Wall.

Im Turm bei der Winde Gestöhne
Tamara, die Königin, saß;
ein Engel an himmlischer Schöne
ein Dämon an Tücke und Hass.

Maxim hat die Tamara-Festung inzwischen aus allen möglichen Blickwinkeln abgefilmt. Jetzt hält er Ausschau nach einer Plattform für seine Kamera, um das Fernsehpublikum die Fahrt über die Große Georgische Heerstraße subjektiv miterleben zu lassen. Er benötigt einen Pkw mit breiter Kühlerhaube, um darauf ein Saugstativ für die Kamera zu montieren. Die Kamera kontrolliert er über einen Monitor. Dafür braucht er Platz im Wagen. Ein solches Fahrzeug hier in der abgelegenen Darial-Schlucht zu finden, halte ich für unmöglich. Ich sehe nur schwere Lkw, überladene Autobusse und voll gestopfte Pkw. Doch siehe da, Maxim hat plötzlich einen grauen Wolga herausgefischt, ein neues Fabrikat, besetzt nur mit dem Fahrer. Der Mann ist zunächst verblüfft. Er ist auf dem Wege nach Stawropol in Südrussland. Gut 600 km sind das noch, dazwischen liegt die Grenze mit ihren unberechenbaren Wartezeiten. Der Mann hat es also eilig. »Du schaffst es sowieso nicht«, meint Maxim hingegen. »Aber hier kannst du ein paar Rubel verdienen.« Der Handel klappt. Statt nach Stawropol fährt der Mann die Heerstraße zurück, auf der Kühlerhaube die Kamera, im Fond seines Autos das Team mit dem Monitor. »Das wird eine Stunde dauern«, sage ich mir. »So lange werden sie brauchen, um eine geeignete Aufnahme im Kasten zu haben.« Das verschafft mir Zeit, mich in aller Ruhe mit der Landschaft zu beschäftigen.

Wilde Täler tun sich auf. Berge steigen steil in den Himmel auf, 1000 m und mehr über dem Pass. Die Straße windet sich an Felswänden entlang. Unten tobt der Terek wild schäumend durch gewaltige Geröllfelder. Auf einer Schotterbahn befinden wir uns auch. Die Große Georgische Heerstraße ist nicht ratsam für Menschen mit Rückenproblemen. Wenn ich an die Reisenden von früher denke, kann ich nur den Hut ziehen. Zu Fuß, zu Ross, auf unbequemen Karren sind sie durch das wilde Gebirge gezogen; auf halsbrecherischen Pfaden und in ständiger Gefahr, gewalttätigen Räubern in die Hände zu fallen.

Wieder fällt mein Blick auf den Kasbek. Auf diesem Abschnitt der Großen Georgischen Heerstraße ist er nicht zu übersehen. Im vollen Sonnenglanz steht er da. Ein Anblick, der zur Poesie verführt! Der Betrachter braucht nur das nötige Talent zu besitzen, dann fallen ihm, wie Michail Lermontow, die schönsten Zeilen zu diesem Berg ein.

Es gibt einen Berg,
der in die Wolken stößt
und den kein Gefährte erreicht.
Der Kasbek,
der König des Kaukasus,
hüllt einsam sich in sein Purpurkleid.

Der Kasbek kann allerdings auch anders sein als von Lermontow besungen; nicht immer in freundlicher Stimmung. Fridtjof Nansen hat es erlebt und war trotzdem hingerissen.

Während wir nach oben starrten, öffnete sich der Schleier wie jäh zerrissen, und aus den brodelnden Wolkenmassen drohte ein mächtiger weißer Gletscher zu uns herab. Der Anblick raubte uns den Atem. Nur eine Sekunde lang war der schwindelnd hohe Gipfel deutlich sichtbar, dann versank das Traumbild wieder hinter Wolken. Das war der Kasbek.

Ich brauche nicht nach eigenen Worten zu suchen, um diese Landschaft zu beschreiben. Wie man sieht, haben es andere bereits elegant in Dichtung und in Prosa formuliert. Puschkin, Lermontow, Belyj und auch Nansen. Die Meister der Feder haben genau hingeschaut. Viel hat sich zwar seit ihren Reisen verändert, aber die unwiderstehliche Faszination des Kaukasus ist geblieben. Man muss allerdings Zeit mitbringen, um sich mit dieser großen Landschaft angemessen zu befassen. Die Leute am Wegesrand z.B. wissen viel zu erzählen. Links und rechts zu den Hütten und Dörfern in die Berge zu steigen, bringt vielfältige Erkenntnisse. Ich müsste mehr solcher Abstecher unternehmen, stelle ich selbstkritisch fest. Von ähnlichen Zweifeln war schon Fridtjof Nansen befallen. Früher habe der Reisende einen Monat für die Kaukasus-Passage benötigt.

Uns aber peitscht die Unrast der Zivilisation vorwärts. Wir können nicht langsam reisen, nicht Ruhepausen einlegen und in Muße die mannigfaltigen Wunder genießen, an denen uns der Weg vorbeiführt. Wir sehen und erleben viel, aber wir bleiben an der Oberfläche. Niemals haben wir Zeit zur Vertiefung und Gründlichkeit.

Wir haben Maxim wieder eingefangen. Die Aufnahmen sind wohl gelungen. Alle Beteiligten scheinen zufrieden zu sein, auch der Mann aus Stawropol. Er ist um eine Erfahrung und um einige Rubel reicher. Für ihn war es offensichtlich keine vertane Zeit, sein Auto als rollendes Stativ für das Deutsche Fernsehen herzugeben. Zufrieden mit seiner Entscheidung entschwindet er mit seinem Wolga 3110 nordwärts Richtung Grenze.

Auch wir setzen unsere Reise fort, nach Süden. Unser Minibus macht seinem Namen keine Ehre: »Gazelle« heißt der Typ. Flink wie eine Gazelle ist unser Automobil nicht. Mühsam keucht es die Steigungen hoch. Schließlich schafft es gar nichts mehr, fängt an zu kochen und bleibt stehen. Mich wundert die schwache Kondition. Russischen Autos hatte ich mehr zugetraut. Früher waren sie auch dort durchgekommen, wo unsere hochgezüchteten Maschinen längst den Geist aufgegeben hatten. Sollte westliche Dekadenz die urwüchsige russische Fahrzeugindustrie befallen haben? Es täte mir Leid. Ich wäre um ein paar Geschichten ärmer.

Vermutlich gibt es einen anderen Grund für die Bergschwäche unserer Gazelle. Der Minibus hat seinen Namen vom Automobilwerk »GAS«. Es liegt in Nischnij Nowgorod an der Wolga. Dort werden die Autos für die Mühen in der Ebene, für Schlamm und Schnee, gebaut und nicht für Berge wie den Kaukasus.

Mich zieht es zum Kreuz-Pass. Viel habe ich über ihn gelesen, jetzt will ich ihn auch sehen. Die Gazelle hat sich wieder beruhigt. Die Ortschaft Sioni kommt näher. Ihre Wahrzeichen sind schon zu erkennen: ein Wehrturm und eine Basilika. Der eine steht für den Krieg, die andere für den Frieden. Beides ist hier in schneller Folge vorbeigezogen.

Maxim betrachtet durch den Sucher den Kasbek. Er verzichtet schließlich auf die Aufnahme. »Warum?« fragen wir ihn. »Ein Nebelchen liegt dazwischen.« »Tumantschik«, die russische Sprache mit ihren niedlichen Diminutiven ist von einer unwiderstehlichen Herzenswärme.

Wir müssen nun Abschied vom Terek nehmen. Über hunderte Kilometer ist er uns inzwischen begegnet; in Dagestan, in Tschetschenien, in Kabardino-Balkarien, in Nord-Ossetien und in Georgien. Seit Wladikawkas ist er ständig an unserer Seite. Jetzt teilt er sich auf in viele kleine Bäche, die mal zusammenkommen und wieder auseinander gehen. Bei Kobi ist Schluss mit unserer gemeinsamen Reise. Von scharf rechts kommt er aus nordwestlicher Richtung von den Bergen im Rücken des Kasbek herunter. Selten hat mich ein Fluss so eingenommen wie der Terek. Einen großen Film sollte man ihm widmen. Die dramatische Geschichte des Kaukasus ließe sich am Laufe dieses wilden und am Ende sanften Flusses erzählen. Ich nehme mir das vor. Wir sehen uns also wieder. Do swidanja! Nachwamdis! Auf Wiedersehen!

Die Gazelle kommt wieder ins Schwitzen. Das Kühlwasser kocht erneut. Wir kämpfen uns die Baidara-Schlucht hoch Richtung Kreuz-Pass. An Überdachungen fahren wir vorbei, die im Winter benutzt werden, wenn hier Lawinen heruntergehen. Im Sommer können Steinschläge den Verkehr lahm legen. Hier und da gönnen wir unserer Gazelle eine Pause. So können wir in Muße die Landschaft betrachten. Die Fülle der attraktiven Angebote führt leicht zur Abstumpfung. Dies hat schon Alexander Puschkin bei seiner Kaukasus-Reise festgestellt. Auch ich verspüre Zeichen emotionaler Ermüdung.

Gelbbraune Bergwände drängen sich bis an den Straßenrand. Wasser läuft an ihnen herunter. Das kann nur Narsan sein, denke ich mir. Ich koste davon. Es ist tatsächlich das weithin geschätzte Mineralwasser aus dem Kaukasus.

Mit letzter Kraft schafft unsere Gazelle die nächste Anhöhe. Es ist der Kreuz-Pass, 2395 m hoch, die höchste Stelle der Großen Georgischen Heerstraße. Der Sattel des Kaukasus! Ein Obelisk markiert die Höhe. Die Inschrift ist russisch. »Krestowyj Perewal«, lautet sie; zu Deutsch: Kreuz-Pass. Dazu die Meterangabe! Ein Mann und eine Frau sitzen vor dem Obelisken. Sie ist scheu, er hingegen gesprächsbereit. Anzor Geladse heißt er. Er arbeitet als Hirte und Bauer. Die Sonne hat sein Gesicht tiefbraun gegerbt. Sein Kopf ist markant. Mit 63 Jahren ist er jünger, als er aussieht. Das harte Leben hat seinen Tribut auch bei ihm verlangt, aber er macht einen äußerst lebendigen Eindruck.

Vor fast 200 Jahren habe man hier erst ein Holzkreuz aufgestellt, erzählt er. Daher käme auch der Name des Passes. Zwei Jahrzehnte später habe dann der russische General Jermolow in seiner Eigenschaft als Gouverneur des Zaren für den Kaukasus den Obelisken »zum Ruhme Gottes« an dieser Stelle errichten lassen.

Ein Stückchen weiter steht ein großes Steinkreuz. Anzor Geladse führt mich dorthin. Die Inschrift ist zu meiner Überraschung in Deutsch verfasst. »Hier ruhen Kriegsgefangene, Opfer des Zweiten Weltkrieges« steht dort geschrieben.

»Wer ist hier begraben?« frage ich. »Deutsche Kriegsgefangene! Hier waren viele von ihnen. Sie haben Häuser, Straßen und Tunnels gebaut. Sie sind vor allem hier an der Großen Georgischen Heerstraße eingesetzt worden.«

»Haben Sie die Kriegsgefangenen erlebt?« »Ja, als Kind! Das waren gute Menschen. Man hat sie gar nicht bewacht, auch nicht auf dem Bauplatz. Meine Mutter hat sie bewirtet. Der Bruder meiner Mutter war auch im Krieg gewesen. Wenn er sich dort auch so quälen musste wie die deutschen Gefangenen hier, dann wollte sie ihnen das Leben etwas erleichtern.«

»Hat Ihre Mutter Angehörige im Krieg verloren?« »Ja, mehrere. Einige sind verschollen.«

»Wann ist der Friedhof eingerichtet worden?« »Vor zwei Jahren! Aus Deutschland sind welche gekommen und Einheimische aus Tbilissi. Die Grabsteine wurden aus unserem Darial-Granit gemacht.«

Die Gedenkstätte ist schlicht und der Platz würdig. Der Ausblick von hier auf den Kaukasus ist grandios. Die Abenddämmerung bricht herein. Der Gazelle hat die Verschnaufpause gut getan, sie hat sich abgekühlt. Sachte setzen wir uns in Bewegung.

Der Abstieg ist steil und lang. Wie Efeu am Baum klammern sich 18 Haarnadelkurven am Berg fest. Die Straße hier in den Fels zu hauen muss für die Arbeiter eine gigantische Strapaze gewesen sein. Sechs Jahre haben sie gebraucht, um die Trasse zu legen. Das war in der zweiten Hälfte des 19. Jahrhunderts. Danach wurden immer wieder Ausbauten vorgenommen. Leicht lassen sich die Serpentinen auch heute nicht fahren. Ich möchte einen Blick in die Teufelsschlucht werfen. Meine berühmten Vorreiter haben sich den Anblick auch nicht entgehen lassen. Alexander Puschkin schwang sich hier wieder zu einem feurigen Gedicht auf. »Zu Füßen der Kaukasus. Herrliche Schau. Am Absturz allein über ewigem Firne.« Der poetische Ausbruch Puschkins ließ seinen Kollegen Michail Lermontow nicht ruhen. Er ließ sich von der Teufelsschlucht zu seinem Gedicht »Der Dämon« inspirieren.

Auch Fridtjof Nansen kannte keine Hemmungen, seine Gefühle angesichts der wilden Natur zum Ausdruck zu bringen.

Wir blickten in die Teufelsschlucht hinab, durch die der Aragwi vom Gebirge herabbraust; ein enger, schwindelnd tiefer Abgrund zwischen fast lotrechten Wänden. Hier schien ein Volk wild kämpfender Titanen in ewiger Versteinerung erstarrt zu sein. Der Aragwi glitzerte; ein schäumendes, weißes Band, tief unten im Abgrund. Die Dörfer klebten wie Schwalbennester an den Felswänden jenseits des Tales. Dazwischen lagen kümmerliche kleine Äcker und grüne Almweiden.

Viel bekomme ich davon nicht mehr mit. Die Dunkelheit breitet sich schnell aus. Wir kehren um und fahren zu unserem Hotel zurück. Es liegt bergauf in Gudauri, früher die letzte Poststation vor dem Kreuz-Pass, jetzt ein beliebter Urlaubsort, insbesondere im Winter. Bis Gudauri muss Alexandre Dumas ungefähr gekommen sein, bevor er durch Lawinen und starken Schneefall zur Umkehr gezwungen wurde. Der Franzose war von Tbilissi aus zu einer aberwitzigen Tour aufgebrochen. Er hatte sich in den Kopf gesetzt, den Kaukasus nicht nur am Kaspischen Meer zu umfahren, sondern auch in der Mitte zu durchqueren. Obwohl die Verkehrsverhältnisse im Dezember außerordentlich bedenklich waren, brach er trotz aller Warnungen von Tbilissi auf. Sein Ziel war Wladikawkas am anderen Ende der Großen Georgischen Heerstraße, um auf dem Wege die berühmte Darial-Schlucht zu erleben.

Es schneite unaufhörlich, die Reise auf der Pass-Straße war lebensgefährlich. Jederzeit konnte die kleine Gruppe in den Abgrund stürzen. Zunächst wurden Pferde vor die Schlitten gespannt, dann Ochsen, als fast gar nichts mehr ging. Die Poststationen waren unter dem Schnee begraben. Die Tour wurde immer ungemütlicher. Trotzdem fand Dumas Gelegenheit, sich über die Bergbewohner auszulassen. Inguschen seien ihm wie mittelalterliche Kreuzfahrer mit Helm, Kettenhemd und Schwert begegnet, notierte er. Die Osseten hat er beim Freischaufeln der Straße angetroffen. Sie seien Verschwender, Spieler und Trunkenbolde, die mehr vom Raub als von der Arbeit lebten. Bis zu vier Frauen

würde sich der Ossete kaufen, wenn er bei Kasse ist, und sie davonjagen, wenn er mit ihnen unzufrieden sei.
Die Osseten hatten es Dumas angetan. Ihre Mädchen verkauften sie, so hielt er fest, wie Haustiere, und von der Blutrache kämen sie auch nicht los. Ob Dumas sorgfältig recherchiert hat, steht dahin, sagen mir die Georgier heute. Möglicherweise habe er die Inguschen und Osseten mit den Pschawern und den Chewsuren verwechselt. Sie seien in den Bergen zu Hause, die der Reisende aus Frankreich durchquert habe.

Dumas wühlte sich indessen unverdrossen die Pass-Straße nach oben. Im Schnee und Nebel konnte er nur noch die Hinterteile der hintersten Zugtiere erkennen. Schließlich war kein Durchkommen mehr. Eine Lawine versperrte undurchdringlich den Weg. Dumas musste umkehren. Seine Rückkehr löste in Tbilissi eine Überraschung aus. Dort hatte man geglaubt, er sei im Schnee begraben worden und würde erst im Frühjahr wieder zum Vorschein kommen.

Jetzt im Sommer ist in Gudauri von der Unwirtlichkeit des Winters hier oben in den Bergen nichts zu ahnen. Das Klima mag sich auch verändert haben. Der Schnee fällt wohl nicht mehr in solchen Massen wie zu Dumas' Zeiten vor über 140 Jahren. Wir kommen in einem kleinen, properen Hotel unter. Der Wirt spricht Deutsch. Er preist die Schönheit der Landschaft hinter den Bergen. Ich glaube ihm gerne. Was ich bislang vom Kaukasus gesehen habe, lässt mich Lermontows Hymne verstehen:

Dir, wilder Herr der Erde, Kaukasus,
Dir widme ich wieder schwärmende Gesänge.

Morgen wollen wir den wilden Herrn der Erde wieder in vollen Zügen genießen.

Von Gudauri über Schatili nach Tbilissi

Fahren wir nach Schatili oder fahren wir nicht? Das ist bis zum Schluss die Frage. Einerseits sind schöne Bilder zu erwarten, andererseits wird die Extratour viel Kraft kosten. Die Route ist im Prinzip ganz einfach: den Weißen Aragwi runter, den Pschawen-Aragwi rauf. Das Problem ist der Fahrweg. Wir müssen die Große Georgische Heerstraße verlassen und uns über Stock und Stein quer durch die Berge schlagen. Warum der Spaß? Am Ende erwartet uns mit Schatili – so wird mir gesagt –ein pittoreskes Bergdorf und gleich dahinter die spannende Grenze zu Tschetschenien. Unterwegs können wir mit hinreißend schöner Landschaft rechnen.

Doch der Mensch ist schwach. Um 5.00 Uhr morgens befallen mich Zweifel. Wir waren bis jetzt jeden Tag von früh bis spät, nicht selten bis in die Nacht, mit hohem Tempo unterwegs gewesen. Eine Atempause könnte uns ganz gut tun. Der Marathon durch den Kaukasus hat ja erst begonnen. Doch dann siegt die Disziplin. Um 5.30 Uhr treffen wir uns ohne Murren zum Frühstück. Der Wirt hat alles hingestellt, was wir zur Stärkung brauchen. Joghurt, Brot, Käse, Wurst und viel Obst. Kurz darauf rollen wir im Morgengrauen die Große Georgische Heerstraße hinunter.

Mir ist jetzt noch schleierhaft, wie hier Alexandre Dumas unter damaligen Verhältnissen mitten im Winter hochkommen wollte. Fridtjof Nansen hatte es da schon leichter. Er fuhr mit dem Auto. Baujahr 1920. Offenbar ein ausdauernder Typ. Durch die steilen Haarnadelkurven sei das Auto zwar nur noch gekrochen, aber von kochendem Kühlwasser schrieb der Norweger nichts.

Es ist schön frisch. Mit uns sind nur ein paar Kühe, Schweine und Gänse unterwegs. Unbedrängt von anderen Autos können wir uns die Serpentinen bis Mleti hinunterschaukeln.

Wir fahren an Georgijewsk vorbei. Ist hier nicht 1783 ein für Georgien folgenschwerer Vertrag geschlossen worden? Das Team korrigiert mich. Es war ein anderes Georgijewsk bei Pjatigorsk in Südrussland. Aber der Vertrag sei in der Tat folgenschwer gewesen. König Heraklius oder Erekle II. wollte damals sein Land unter den Schutz des russischen Zarenreiches stellen. In vielen Schlachten hatte er Türken und Perser bravourös aus Ostgeorgien vertrieben, aber nun brauchte er Hilfe. Er suchte sie beim christlichen Nachbarn Russland, nachdem Preußen und Österreich abgewunken hatten.

Katharina die Große versprach, die Ganzheit und Unversehrtheit Georgiens zu schützen, wenn im Gegenzug die Außenpolitik und auch die Einsetzung georgischer Könige künftig von Russland bestimmt würden. Erekle II. willigte ein und sagte auch zu, militärisch mit Russland gemeinsame Sache zu machen. Geholfen hat dieser Vertrag Georgien nicht. Die Perser machten sich kurz darauf über Tbilissi her. Russland kam nicht zur Hilfe. Dafür nahm es 1801 den Schutzvertrag zum Vorwand, sich erst Ostgeorgien und dann einige Jahrzehnte später auch Westgeorgien einzuverleiben. Kirchlich und staatlich hatte Georgien damit seine Unabhängigkeit bis 1990 an Russland verloren. Entsprechend gemischt sind heute noch die Gefühle gegenüber dem christlichen Nachbarn im Norden.

Russland spielt auch weiter die Schlüsselrolle im Kaukasus. Überall gibt es Grenzen, die mit Russland zu tun haben. Deshalb wollen wir ja nach Schatili. Die unmittelbar hinter dem Dorf liegende Grenze zu Tschetschenien ist offiziell auch die Grenze zur Russischen Föderation. Deshalb ist es zum Konflikt gekommen. Moskau behauptete, Georgien unterstütze die Tschetschenen. Es ließe bei Schatili nicht nur Flüchtlinge ins Land, über Schatili würden auch die Rebellen ungehindert mit Nachschub versorgt. Um dem Verdacht Nachdruck zu verleihen, bombardierten russische Flugzeuge kurz und heftig die georgische Grenzstation Schatili. Seitdem herrscht auch hier schlechte Stimmung. Wir wollen uns das jetzt ansehen.

Über diese Gedanken sind wir an einem See angekommen. Die Flüsse Aragwi und Wedsatchewi werden hier aufgestaut. Beherrscht wird die Landschaft aber weithin von der mächtigen Festung Ananuri. Dreihundert Jahre lang hatten von diesem strategisch günstig gelegenen Ort aus die Eristawi, die Herzöge von Ananuri, die Gegend kujoniert. Hier kam niemand ungeschoren vorbei. Keinem Händel gingen sie aus dem Wege, auch nicht mit Königen. Zwar bezahlten alle Eristawi ihr Treiben mit frühzeitigem Tod, doch ihre Nachfolger ließen sich davon nicht abschrecken. Sie trieben das kriegerische Spiel weiter, bis schließlich im 18. Jahrhundert die aufgebrachten Bauern den letzten Eristawi erschlugen. Seinen Besitz kassierte freilich der König von Ostgeorgien.

Im Schatten der Festung warten auf uns zwei Jeeps, die wir dorthin bestellt hatten. Mit unserem Minibus ist die Strecke nach Schatili nicht zu schaffen. Wir nehmen nur Kamera, Kassetten und Tonausrüstung mit. Die »Gazelle« entschwindet mit dem Hauptgepäck Richtung Tbilissi; wahrscheinlich frohgemut, weil ihr die Tortur durch die Berge erspart bleibt.

Wir kurven mit unseren Jeeps um den See. Ein Schlagbaum signalisiert uns, ab hier beginnt das Grenzgebiet. Völlig zerknittert kommt ein Milizionär aus dem Wachhäuschen heraus, in dem vermutlich mehr gepennt als gewacht wird. Unsere Georgier regeln alles. Wir können weiterfahren. Zwei Kilometer haben wir zurückgelegt. Ab jetzt hält die Strecke, was uns versprochen wurde. Sie ist ein Härtetest für Mensch und Maschine, so habe ich das früher über die berüchtigten Six Days für Motorräder gelesen.

Ziemlich schnell beginne ich meine Entscheidung zu bedauern, den Trip nach Schatili zu unternehmen. Unsere Fahrer wollen uns zeigen, wie sie auch unter schwierigen Bedingungen flott vorankommen. Meine Knochen sind hoffentlich alle noch vorhanden, aber bestimmt an einem anderen Platz. Doch auch an Strapazen kann man sich gewöhnen, stelle ich im Laufe dieser Achterbahnfahrt fest. Nicht nur geistig wie bei Puschkin, sondern auch körperlich setzt ein Abstumpfungsprozess ein. Je weniger ich die Stöße und Schläge wahrnehme, desto mehr kann ich mich der Schönheit der Landschaft widmen.

Wir fahren durch Schluchten, winden uns an Berghängen hinauf und hinunter, kommen an wilden Wasserfällen vorbei, überqueren abenteuerliche Brücken, um uns links oder rechts an der Seite des Pschawen-Aragwi zu halten. Hin und wieder treffen wir auch Menschen. Vielleicht sind es Chewsuren, denen schauerliche Geschichten nachgesagt werden, wie sie sich in früheren Zeiten über Generationen hinweg gegenseitig abgemurkst haben, um Blutrache für ermordete Verwandte zu üben. Eine Spirale, die angeblich nun ihr Ende gefunden hat. Ganz ausgerottet ist aber diese finstere Sitte im Kaukasus wohl nicht. Uns winken die Chewsuren freundlich zu. Wir haben ihnen ja auch nichts getan. Vielleicht tun wir ihnen sogar Leid, weil wir uns so verzweifelt im Auto festklammern.

Drei Stunden sind wir nun gefahren. Vierzig Kilometer haben wir immerhin geschafft. Eine kleine Pause würde uns ganz gut tun. Wir genehmigen uns ein fürstliches Picknick. Das georgische Fladenbrot ist ein Genuss. Dazu herzhafte Wurst, würziger Käse, frisches Gemüse und Obst. Wir können uns wirklich nicht beklagen. Für Getränke sorgt die Natur direkt. Das Wasser schöpfen wir aus den hier sprudelnden Quellen. Gestärkt durch die gesunde Mahlzeit und gestählt durch die zurückgelegte Marterpiste schwingen wir uns wieder in die Sättel. Es geht nun zügiger voran. In weiteren drei Stunden wollen wir in Schatili sein. Bis dahin sind noch 60 km zurückzulegen.

Wieder taucht ein Schlagbaum auf. Jetzt sieht die Sache schon militärischer aus. Ein gemeiner Soldat und ein Sergeant inspizieren misstrauisch unsere Jeeps, ihre Kalaschnikows griffbereit. Unsere Fahrer reden auf sie ein und verschwinden mit ihnen im Unterstand. Wir Zurückgebliebenen mutmaßen, dass jetzt eine kleine finanzielle Transaktion stattfindet. So wie die Grenzer aussehen, können sie jede Lari gebrauchen. Uns soll es gleich sein. Hauptsache, wir kommen schnell voran. Der Wunsch geht in Erfüllung. Wie das bewerkstelligt wurde, fragen wir unsere Fahrer nicht. Buchhalterisch ein typischer Fall von technischer Hilfeleistung, nehme ich an.

Wir haben nun andere Probleme zu bewältigen. Wir müssen einen sehr langen, sehr gewundenen Aufstieg meistern. Die Landschaft wird jetzt karg. Die Bäume haben wir bereits hinter uns gelassen. Sträucher halten sich noch hier und da. Geregnet hat es hier wohl längere Zeit nicht. Dafür pfeift ein strammer Wind um den Berg, kräftig den Staub auf unserer Trasse aufwirbelnd. Mühsam arbeiten wir uns nach oben. Wir erreichen schließlich den Scheitel des Passweges. Der Abstieg ist noch steiler als der Aufstieg. Hirten lagern am Wegesrand. Ein malerisches Bild! Wir fragen, ob wir sie filmen dürfen. Ob sie uns verstehen, weiß ich nicht, aber sie schütteln die Köpfe und sind auch sonst nicht besonders freundlich. Jeder Jeck ist anders, sagt man in Köln. Wir respektieren ihren Wunsch, nicht behelligt zu werden.

Die Landschaft gewinnt zunehmend an Farbe. Das Angebot der Natur ist attraktiv. Blau, weiß, gelb sind die Bergwiesen bestickt.

Ich ärgere mich, dass ich keine Ahnung von Flora habe und nicht eine einzige dieser schönen Blumen beim Namen nennen kann. In den letzten drei Stunden haben wir tatsächlich noch 60 km geschafft. Wir sind in Schatili eingetroffen.

Ich bin verblüfft. Ein verträumtes Bergdorf habe ich erwartet. Was ich jetzt erblicke, ist eine Ansammlung von dunkelbraunen Steinhäusern, die sich den Berg hochstapeln. Wie eine mittelalterliche Festung sieht das Ensemble aus. Von den Bewohnern ist keine Spur zu sehen. Unbelebt ist das Dorf allerdings nicht. Arbeiter sind dabei, die Gehöfte auf mühsame Weise wieder in Schuss zu bringen. Das über tausend Jahre alte Schatili soll zu einer Touristenattraktion ausgebaut werden, sagen sie mir. Das Geld käme von der Weltbank. Ein Hotel sei auch in Arbeit. Aber wie sollen die Reisenden an diesen entlegenen Fleck Erde kommen? Nur übermütige Filmemacher wie wir nehmen diese Tour auf sich. Dazu können mir die Bauleute nichts sagen. Sie seien froh, hier Arbeit gefunden zu haben, die sich hoffentlich noch ein bisschen hinzöge. Wenn der Weltbank nicht die Lust und das Geld ausgehen, werden die Männer sicher hier noch längere Zeit zu tun haben.

Während das Kamerateam Aufnahmen macht, suche ich die Dorfbevölkerung. Sie ist umquartiert worden und residiert nun am Berg gewissermaßen zwei Stockwerke höher. Aber auch dieses Nest ist ausgeflogen. Eine alte Frau sagt mir, ihre Nachbarinnen und Nachbarn nähmen an einer Beisetzung im Dorf nebenan teil. Es sei allerdings nicht leicht, dort hinzukommen. Ich nehme ihr das sofort ab. Diesen Teil unseres Vorhabens können wir uns also abschminken, wie es in der Sprache unserer Branche heißt. Bleibt noch die Grenze! Unsere beiden Jeeps sehe ich auf der anderen Seite des Flusses, der durch Schatili braust. Ich begebe mich über eine geländerlose, ramponierte Holzbrücke auf das andere Ufer. Ein Trupp Esel folgt meinem Beispiel. Das Bild lassen wir uns nicht entgehen.

Die Weiterfahrt zur Grenze ist ein landschaftlicher Genuss. Meine Gefühle sind zwiespältig, während ich die Steilwände und den schäumenden Fluss betrachte. Einerseits ist es schön, dass die Natur nicht überall überlaufen wird, andererseits ist es schade, dass die schönsten Flecken der Erde für hässliche Grenzen herhalten müssen. Die Pfade werden immer enger, die Jeeps kommen nicht mehr durch. Ich laufe zu Fuß vor und gelange nach wenigen hundert Metern an einen anderen Fluss. Es ist der Argun. Mit unbändiger Kraft rauscht er an mir vorbei nach Tschetschenien hinein. Der Fluss hat etwas von der Willensstärke der Rebellen, aber auch von ihrer gefährlichen Unberechenbarkeit.

Ein georgischer Grenzsoldat klettert den Felsen hinunter. Ich erkläre ihm unsere Anwesenheit und bitte ihn um ein kurzes Interview. Dafür braucht er eine Genehmigung. Er klettert wieder nach oben zu seiner Grenzstation. Zu unserer Überraschung kommt er mit der Einwilligung zurück. Er spricht ganz passabel Russisch. Hat er es in der Schule gelernt? »Nein! Ich habe es mir selbst während der Armeezeit beigebracht. In unserer Schule wird Russisch nicht mehr gelehrt.« »Warum lernen Sie Russisch?« »Hier habe ich viel Zeit. Ich wollte eine zusätzliche Sprache lernen. Die älteren Offiziere sprechen noch Russisch. Sie bringen es mir bei.« »Aber russische Flugzeuge haben Sie doch bombardiert?« »Ja, das war eine Aggression. Aber das hat nichts mit der Sprache zu tun.«

Der junge Soldat ist gerade zwanzig Jahre alt. In Kürze läuft sein Wehrdienst ab. Fast die ganze Zeit war er hier stationiert. Nur zu wenigen Besuchen reist er nach Hause. »Freuen Sie sich auf die Zeit nach dem Wehrdienst?« »Ich weiß es nicht. Es wird schwer sein, eine Arbeit zu finden.« »Kommen hier noch Flüchtlinge aus Tschetschenien durch?« »Nein! Die Russen haben die Grenze völlig geschlossen. Früher kamen sehr viele Flüchtlinge aus Tschetschenien. Frauen, Kinder und alte Männer.« »Wie sind sie über den Fluss gekommen?« »Über den Fluss kommt keiner. Es gibt aber einen anderen Weg, über den Berg.« Ich möchte wissen, ob die russischen Soldaten zu sehen sind. Er führt mich den Berg hinauf. Auf halber Höhe können wir tief nach Tschetschenien hineinblicken. Weit hinten, vielleicht vier Kilometer entfernt, ist eine Stellung zu ahnen. In den Berg ist eine Treppe gehauen. Menschen sind darauf zu sehen. Ob es Soldaten sind, ist mit bloßem Auge nicht zu erkennen. »Haben Sie Kontakt zu den Russen?« »Ich habe keinen Kontakt.« »Würden Sie gerne Russen kennen lernen?« »Sicher! Warum nicht!« »Gibt es Probleme?« »Seit die Grenze abgeriegelt ist, hat es keine Zwischenfälle mehr gegeben. Was mit den Menschen dort passiert, wissen wir nicht.«

Wenn wir noch bei Tageslicht über den Passweg kommen wollen, dann müssen wir uns schleunigst in Gang setzen. Entschlossen nehmen wir den Anstieg in Angriff. In einer Spitzkehre stoppt uns ein Mann mit einem Gummistiefel in der Hand. Seinem Wagen sei der Sprit ausgegangen, erklärt er uns. Ob wir einen Gummistiefel voll Benzin für ihn übrig hätten. Ich finde die Bitte originell, unsere Georgier finden sie normal. Sie haben aber eine bessere Idee, als Benzin in einem Gummistiefel zu transportieren. Sie fahren an das liegen gebliebene Auto heran, schneiden eine leere Plastikflasche zur Hälfte ab und haben so einen prima Trichter, um aus unserem Reservekanister Sprit in den leeren Tank zu gießen. Derweil erklärt mir der Havarist, er habe sich nur um dreihundert Meter verspekuliert. Mit seinem Wagen habe er bis zum Scheitel des Passweges kommen wollen, um dann die lange Abfahrt bis zu seinem Dorf hinunterzurollen. Der Mann hat gute Nerven, muss ich zugeben. In dieser verlassenen Gegend hätte ich kurz vor der Dunkelheit nicht mit Hilfe gerechnet.

Auf der Abfahrt sehen wir ein Pferd auf einem Plateau stehen. Voller Übermut fängt es an zu tanzen, bestaunt von uns und den Kühen, die in seiner Nachbarschaft grasen. Das Pferd beginnt mit uns ein Spiel. Während wir die Serpentinen ausfahren müssen, galoppiert es den Steilhang hinunter, wartet auf uns, um bei unserem Auftauchen in eleganten Sprüngen die nächste Abkürzung zu nehmen. So geht es weiter, Serpentine für Serpentine, bis es uns am Ende vollends abhängt und in eine Senke davonsprengt.

Gleich danach wird es zappenduster. Zum Glück kennen sich unsere Fahrer hier aus. Ich würde nie und nimmer aus diesen Bergen vor Tagesanbruch herauskommen. Doch unsere Georgier bleiben auf Kurs. So passieren wir den Schlagbaum mit den Grenzsoldaten. Es wiederholt sich das gleiche Spiel wie auf der Hinfahrt. Nach drei weiteren Stunden kommen wir beim Milizposten an. Inzwischen geht es auf Mitternacht zu. In Ananuri treffen wir wieder auf die Große Georgische Heerstraße. Bis Tbilissi ist es nur noch eine knappe Stunde. Wir ziehen Bilanz. Das malerische Bergdorf, das wir suchten, war eine schöne Illusion. Die Grenze hat auch nicht gehalten, was wir uns vorgestellt hatten. Attraktive Landschaftsbilder hatten wir schon am Vortag reichlich aufgenommen.

Das Fazit: Am Ende werden wir neunzehn Stunden unterwegs gewesen sein und als Ausbeute vier oder fünf Bilder für unseren Film mitgebracht haben. Reisen bieten eben ihre Überraschungen.

Diese Erfahrung machte auch Alexander Puschkin. Kurz vor Ananuri war er zu Fuß losgezogen, weil es ihm an einer Poststation mit dem Pferdewechsel zu lange dauerte. Er traf kurz darauf eine Kutsche, die soeben von Bergbewohnern überfallen worden war. Unerschrocken setzte er seinen Fußmarsch fort. Aber er hatte sich verrechnet. Der Weg führte bergauf und war verschlammt. Der Lehm ging ihm an manchen Stellen bis ans Knie. Es wurde Nacht, die Schakale heulten. Schließlich fand er eine Herberge. Er warf sich auf ein Sofa, um in einen tiefen Schlaf zu fallen. Das war ein Irrtum. Flöhe, weit gefährlicher als Schakale, fielen über ihn her und gaben ihm die Nacht über keine Ruhe.

Am nächsten Tag bekam er wieder ein Pferd, und er ritt auf Tiflis zu. So hieß Tbilissi von 1845 bis 1936. Anzeichen einer Siedlung sah er selten. Das erlebe ich ganz anders. Tbilissi kommt mir mit seinen Außenbezirken sehr weit entgegen. Die Straßen sind um diese Uhrzeit frei. Wir fahren mit hohem Tempo in die Stadt hinein. Puschkin hatte es vorgemacht. Er ritt auf Tiflis im scharfen Trab und manchmal im Galopp zu. Gegen elf Uhr abends traf er ein. Wir erreichten trotz Auto erheblich später unser Ziel.

Ein Sonntag in Tbilissi

Es ist Sonntag. Keine Dreharbeiten am Vormittag! Die Ruhe macht uns unruhig. Stefan Tolz und ich starten zu einem Spaziergang durch Tbilissi. Nach wenigen Schritten sind wir auf der Lesselidse-Straße. Überdacht von Platanen und Akazien schlängelt sie sich vom Kura-Fluss zum Freiheitsplatz hoch. Die Wechselstuben sind schon geöffnet. Es gibt nur drei Währungen: Dollar, D-Mark und die einheimische Lari. Der Raum ist eng. In der Wand gegenüber der Tür befindet sich ein kleines Fenster mit einer Schublade darunter. Auf der anderen Wand ein Christusbild. Sehr beruhigend, finde ich. Wenn Jesus, der gegen die Wechsler so entschieden vorgegangen ist, hier zuschaut, werde ich wohl nicht übers Ohr gehauen. Vertrauensvoll lege ich 100 Dollar in die Schublade. Im Handumdrehen kommt sie zurück; bestückt mit 196 Lari. Die ganze glorreiche Geschichte Georgiens liegt da versammelt. König David der Erbauer schmückt den 100-Lari-Schein. Die Königin Tamara repräsentiert die Hälfte. Der große Schriftsteller Ilia Tschawtschawadse steht für 20 Lari gerade. Weitere Schriftsteller und Wissenschaftler zieren die restlichen Scheine. Ich stecke die georgische Elite behutsam in die Tasche. Es kann losgehen.

Wir beschließen einen Zug durch die religiöse Gemeinde Tbilissis zu machen. Weit haben wir es nicht. In der nächsten Seitenstraße begrüßt uns eine frisch gestrichene Kirche. An den Engelsgestalten rechts und links neben dem Eingang wird noch gearbeitet. Es ist die alte deutsche katholische Kirche. Zur Sowjetzeit war sie geschlossen worden. Die Deutschen wurden deportiert. Religion galt als Opium für das Volk. Aus der Kirche wurde eine Turnhalle. Die Bolschewiken standen mehr auf körperliche Ertüchtigung als auf geistliche Erbauung. Doch die weltliche Macht der Sowjets währte, wie wir wissen, nicht ewig. Nach der Unabhängigkeit Georgiens blühten die Kirchen wieder auf, auch die der Minderheiten! Die ehemalige deutsche katholische Kirche wurde nun das Gotteshaus für die Katholiken von Tbilissi. Schön ausgemalt empfängt sie uns.

Der Gottesdienst ist in vollem Gang. Der Priester ermahnt knapp 200 Besucher, über die vielen Verlockungen der modernen

Zeit nicht die christlichen Werte zu vernachlässigen oder gar zu verlieren. Von der Decke schaut die Mutter Gottes, so mein Eindruck, nachdenklich auf uns beiden Eindringlinge. Ich hingegen mustere die Gemeinde. Sie wirkt gefestigt im Glauben. Die Worte des Priesters kommen bei ihr an. Wir können also unseren Weg beruhigt fortsetzen.

Der Zustand der Häuser lässt zu wünschen übrig. Sie sehen aus wie gestrandete Schiffe, über die ständig schwere Stürme hinweggehen. Einige drohen endgültig zu zerbrechen, andere halten sich mit letzter Kraft. Die einst ansehnlichen Balkone und Außentreppen hängen windschief an den Häusern. Havanna habe ein ähnliches Flair des Verfalls, meint Stefan Tolz. Den Fotografen bieten sich lohnende Motive. Die Bewohner würden auf diese Attraktivität vermutlich gerne zu Gunsten eines gewissen Komforts verzichten. Im milden Morgenlicht des Südens verliert sich die Armseligkeit ein wenig. Unter den Linden spielen die Männer Domino und die Kinder Basketball. Als Korb dient dabei, hoch an der Hauswand, ein Holzstuhl ohne Sitz. Not macht erfinderisch und gute Sportler. Die Kinder versenken im sitzlosen Stuhl mit erstaunlicher Sicherheit einen Ball nach dem anderen. So können große Karrieren beginnen.

Es geht bergauf. Als wache sie über die Stadt, hält die massive georgisch-orthodoxe Bethlehem-Kirche auf einem Felsplateau wehrhaft ihren Platz. Von der Treppe aus schallt uns ein vielstimmiger Chor entgegen, Bettlerinnen haben sich hier niedergelassen. »Mister, money please!« rufen sie voller Hoffnung. Leider vergeblich! Ich habe nicht eine Münze in der Tasche, und von meinen frisch eingewechselten georgischen Größen will ich mich angesichts der Vielzahl der Interessenten nicht trennen.

Festen Schrittes und schlechten Gewissens klettere ich nach oben. Der Chor verebbt. Mitleidig verfolgen mich die Augen der sitzen gelassenen Frauen, während ich hastig in der Kirche mit einem kleinen Schein meinen Ablass für die soeben gezeigte Hartherzigkeit zahle. Meine Augen gewöhnen sich an das Dämmerlicht. Die Kirche ist rappelvoll, der Gottesdienst läuft wohl schon eine Weile. Die Stimmung ist gemütlich. »Der Osten kennt keine Hektik.« Von Gert Hummel habe ich diese Weisheit. Er muss es wissen. Früher lehrte er Theologie an der Universität Saarbrücken, jetzt ist er Bischof der evangelisch-lutherischen Kirche Georgiens. »Der Osten kennt auch keine theologischen Moden und keinen kirchlichen Aktionismus«, hat mir Hummel mitgegeben. »Die christlichen Kirchen des Ostens sind im Gegensatz zu den Kirchen des Westens schauende und feiernde, nicht so sehr denkende und handelnde. Deshalb spielen in ihnen Bilder und Liturgie die entscheidende Rolle, weniger die theologische Lehre oder die soziale Diakonie.«

Mit diesem Wissen im Hinterkopf betrachte ich die ahnungslose Gemeinde und das Innere der Bethlehem-Kirche. Wie ich feststelle, stimmt alles, was Hummel gesagt hat – über die Liturgie, die Ausstattung des Gotteshauses und das Verhalten der Gläubigen. »Die Kuppeln repräsentieren die himmlische, geistige Welt, der im Kern quadratische Raum darunter die irdische Lebenswelt. Die Ausschmückung beginnt in der Regel in der Kuppel oder Apsis mit Christos, dem Allherrscher. Dann geht es in hierarchischen Stufen über die Gottesmutter, die biblischen Patriarchen und Propheten herunter zu den Aposteln Jesu, um über die Kirchenväter des frühen Christentums und die heilig gesprochenen Herrscher aus historischer Zeit die gegenwärtig Anwesenden zu erreichen. So feiern sie stets zusammen die Heilige Liturgie, die jedes Mal die gesamte Heilsgeschichte von der Erschaffung der Welt bis zum Kommen des neuen Himmels und der neuen Erde umfasst. Auf diese Weise wird die irdische, die messbare Zeit als geborgen erfahren. Man fühlt sich aufgehoben in jener Gotteszeit, da 1000 Jahre wie ein Tag sind. Solches Denken und Feiern macht gelassen gegenüber den vielfältigen, oft dramatischen Veränderungen im politischen oder gesellschaftlichen Dasein.«

Die Gelassenheit ist in der Bethlehem-Kirche tatsächlich zu spüren. Die Menschen hier hören die Heilsgeschichte jeden Sonntag, sie sind also auf dem Laufenden. Das hält die Sinne für die Umgebung frei. Kleine Gespräche werden geführt. Die Mädchen – mit Kopftuch bedeckt und fein gekleidet in ihren langen, meist schwarzen Gewändern – halten die anwesenden Jungen züchtig aber aufmerksam im Auge. Trotz der intensiven Liturgie geht es familiär-gemütlich zu. Väter und Mütter schauen von Zeit zu Zeit nach, was ihre Blagen im kleinen Hof zwischen Kirche und Felswand treiben. Wohlstand gibt es hier sicher nicht, aber alle sind sonntäglich angezogen und froh gestimmt. Mit freundlichen Worten werden wir verabschiedet.

Die Häuser werden nicht besser. Es sieht aus, als ob ein mittelschweres Erdbeben diesen Teil Tbilissis heimgesucht hätte. An einem Haus ist die komplette Außenwand über zwei Stockwerke heruntergerauscht. Die Möbel stehen noch: Schrank, Tisch und Stühle. Für die Insassen wird es wohl ein unvergessliches Erlebnis gewesen sein, plötzlich einen völlig freien Blick auf die schöne Stadt zu haben. Nun haben sie sich im Haus nach vorne verzogen und warten dort ab, was als Nächstes passiert.

Kräftiges Geläut schallt uns entgegen. Wir beschleunigen unseren Schritt und sehen, wie zwei Mönche die Glocken der Sioni-Kirche in Schwung halten. Soeben ist der Gottesdienst zu Ende gegangen. Patriarch Ilia II. verlässt das Gotteshaus, sichtlich die Verehrung des Volkes genießend. Die Georgier sind zwar nicht übermäßig fromm, aber die Kirche hat seit der Unabhängigkeit deutlich an Einfluss im Staat gewonnen. Sie verfügt über ein enges Netzwerk, über das sich trefflich Politik machen lässt. Der Patriarch weiß das meisterhaft zu nutzen, und der Präsident des Landes, Eduard Schewardnadse, versteht dieses Spielchen auch. Sie kommen gut miteinander aus. Der alte Kommunist Schewardnadse hat sich zu Beginn seiner Amtszeit als georgischer Präsident vom Patriarchen taufen lassen, natürlich auf den Namen des Nationalheiligen Georgi. Ein schönes symbolisches Fest haben die beiden daraus gemacht. Aber richtig glanzvoll ging es zu, als Ilia seinen Täufling später mit allen Würden in der alten Königsstadt Mzcheta zum Präsidenten krönte.

Die Basis des Volkes sieht die demonstrative Harmonie zwischen Staat und Kirche mit Sympathie, die Intelligenzia eher mit Ironie. Patriarch Ilia II. ist immer wieder Kungelei mit den Mächtigen unterstellt worden, selbst mit dem sowjetischen Geheimdienst KGB. Seine starke Position haben derartige Verdächtigungen nicht erschüttern können, denn in seiner Amtszeit hat sich vieles zum Vorteil der Georgischen Kirche entwickelt. Sie war fast völlig russifiziert worden, nachdem Russland ab 1801 die Herrschaft über Georgien übernommen hatte. Ihre Oberhäupter, die Exarchen, waren in der Zarenzeit nur noch Russen. Das Geistliche Seminar, in dem auch der spätere Diktator Stalin fünf Jahre studierte, kam

Das Team: Stefan Tolz, Maxim Tarassjugin, Mischa Falin und der Autor (von links)

Auf der Fahrt nach Schatili (Grenze zwischen Georgien und Tschetschenien), Durchquerung des Pschawen-Aragwi

Tanz am Tolstoi-Museum in Tschetschenien

)ie große Leidenschaft der Tschetschenen: Pferde in der Nogaier-Steppe

)ie Eskorte: das Alpha-Team auf dem Schützenpanzer (in Tschetschenien)

Brücke über dem Inguri-Fluss – Waffenstillstandslinie – Die Folgen eines Bruderkrieges

Kloster Gandsassar

Tbilissi: Badehaus und Moschee

Festliches Mahl in Georgien. Trinksprüche und Gesang (zu Gast bei Lewan Gatschitschiladse)

Die letzten Deutschen im Kaukasus

Unterwegs: von Georgien nach Armenien im Kleinen Kaukasus mit Taxifahrer Wasgen

Howannes, ein Armenier aus Kassel, an der armenisch-türkischen Grenze

Kiosk-Angebot in Berg Karabach

Maxim Tarassjugin im Hubschrauber über Berg Karabach

unter russische Leitung; ebenso fast alle Klöster. Das Alt-Georgische wurde als Liturgiesprache durch das Alt-Slawische ersetzt. Unter den Bolschewiken hatte die georgische Kirche nach der Oktoberrevolution, ebenso wie die russische Kirche, viel Verfolgung zu erdulden. 1920 gab es noch 1527 Pfarreien und 1762 Priester. Vierzig Jahre später waren nur 80 Pfarreien übrig geblieben und 105 Priester am Leben. Die meisten Klöster waren geschlossen worden oder wurden zweckentfremdet genutzt. In der Breschnew-Zeit wurde es etwas besser.

1977 wurde Ilia II. zum Exarchen gewählt. Eine Erneuerung setzte ein, wie sie der deutsche Theologiegelehrte Gert Hummel nicht für möglich gehalten hätte. Ilia konnte durchsetzen, dass die vakanten Bischofssitze wieder besetzt wurden. Das Priesterseminar in Mzcheta öffnete erneut seine Pforten. Mit Michail Gorbatschow schlug auch für die georgische Kirche die Stunde der Perestroika. Die Dörfer bekamen ihre Priester zurück. Die Erneuerung der Geistlichen Akademie wurde in Angriff genommen. Die Bürger und Bürgerinnen trauten sich wieder in die Kirche. Mit der staatlichen Unabhängigkeit Georgiens wurde auch die kirchliche Unabhängigkeit, die Autokephalie, wiederhergestellt. Wie vor Jahrhunderten war der Patriarch wieder kirchenrechtlich der Katholikos – Patriarch von ganz Georgien.

Doch es gibt auch Probleme, im Verhältnis nach außen. Die national gesinnte georgische Kirche verhält sich stramm anti-ökumenisch. So musste Ilia II. seinen schönen Posten als Vizepräsident des Weltkirchenrates aufgeben, weil ihn seine Äbte drängten, die internationale Kirchenorganisation zu verlassen.

Doch die Gottesdienstbesucher hier vor der Sioni-Kathedrale verschwenden keine Gedanken an die Machtpolitik der Kirche. Der Patriarch fährt in seiner Limousine davon. Die Mönche stellen das Läuten ein. In der Sioni-Kathedrale herrscht weiter reges Treiben. Hier wird die wertvollste Reliquie der Georgier aufbewahrt: Es ist der Schrein mit dem Kreuz der Heiligen Nino, die als Begründerin des Christentums in Georgien verehrt wird. Jung und alt prozessieren an einem Priester vorbei. Sie küssen das Kreuz, das er ihnen entgegenhält. Dann küssen sie die Manschette seines Gewandes. Danach versammeln sie sich in kleinen Gruppen, plaudern ausgiebig und beobachten die anderen. Es herrscht die Atmosphäre eines Familientreffens; gedämpft im Ton, aber gut gelaunt.

Vor der Kirche spricht mich ein junger Mann an. Er hat mich als Ausländer erkannt. Er kennt Köln, er kennt den Dom. Meinen Respekt vor dem Comeback der georgischen Kirche relativiert er. »Viele führende Leute in der georgisch-orthodoxen Kirche sind nicht besonders tolerant, sondern eher nationalistisch-überheblich. Andererseits leben in Tbilissi seit Jahrhunderten viele große Religionen friedlich miteinander. Hier gleich nebenan ist die Synagoge. Nicht weit davon sind die armenische Kirche und die Moschee der Moslems. Es lohnt sich, bei allen vorbeizuschauen.«

Es sind tatsächlich nur wenige Schritte bis zur Synagoge. So pilgern wir hinüber. Es ist tüchtig warm geworden. Die Sonne leistet ganze Arbeit. Nur im Schatten ist es noch auszuhalten. Zeit für ein Mittagsschläfchen. Im Eingangshäuschen der Synagoge sind zwei Männer gerade dabei, es sich gemütlich zu machen. Da kommen wir und wollen etwas über die jüdische Gemeinde von Tbilissi wissen. Ächzend rappelt sich der eine auf, um uns herumzuführen.

Dass wir aus Deutschland kommen, gibt uns – man mag es kaum glauben – besonderen Kredit. Aus Höflichkeit werden die allerletzten Reste deutscher Sprachkenntnisse aktiviert. »Synagog hier 100 Jahre«, sagt unser Mann, inzwischen vollends munter geworden. 7.000 Juden gebe es derzeit in der Stadt. Vor 20 Jahren seien es noch 40.000 gewesen.

»Wohin sind sie gegangen?« »Nach Israel, nach Amerika, nach Deutschland.« »Warum gehen sie?« »Leben in Grusia schwer!« »Gibt es hier Antisemitismus?« »Nein!« In der Tat genießt Georgien den guten Ruf, nicht antisemitisch zu sein. Die Ausnahme war die Stalin-Zeit. Aber damals herrschte allgemeiner Verfolgungswahn, der die gesamte Bevölkerung traf. Jetzt sind es die trostlosen wirtschaftlichen Verhältnisse, die die Menschen aus dem Land treiben.

Wir stehen in einem geräumigen Hof, der auf einer Seite von Holzhäusern abgeschlossen wird. Sie müssen mit ihren Veranden früher ganz hübsch ausgesehen haben, aber jetzt wirken sie ziemlich abgetakelt. Große Bäume spenden angenehmen Schatten. Auf den Bänken vor der Synagoge sitzen alte Männer, lebhaft miteinander redend. Als sie uns sehen, unterbrechen sie ihre Gespräche und ermuntern uns, einen Blick in die Synagoge zu werfen. Der rote Backsteinbau wirkt einladend. Die Tür steht weit offen. In der Synagoge sind zwei alte Männer im Gespräch vertieft. Sie kehren uns den Rücken zu und nehmen uns gar nicht wahr. An den hohen Feiertagen kämen 200 Menschen und mehr in die Synagoge, an normalen Gottesdiensten nähmen nur noch 30 teil. So die Auskunft unseres Begleiters, den wir um seinen Mittagsschlaf gebracht haben. Dass die jüdischen Gemeinden in Deutschland wieder wachsen, nimmt er erfreut zur Kenntnis. »Kommen noch mehr Juden von hier!« stellt er uns in Aussicht. »Deutschland gut!« Vor so viel Lob flüchten wir in die Bullenhitze des Nachmittags. Zu unserem Glück ist der Weg bis zur armenischen Kirche kurz, und er bietet hier und da Schatten.

Wir sind in Mejdan, dem ältesten Stadtteil von Tbilissi. Drüben auf der anderen Seite des Kura-Flusses steht auf dem Steilufer groß und mächtig das Denkmal des georgischen Königs Wachtang I. Gorgasal. Der Sage nach hat er die Stadt Tbilissi gegründet. Ein Fasan soll ihn auf die Spur gebracht haben. Der König erlegte das Tier, der Vogel fiel in eine heiße Schwefelquelle und fing gleich an zu kochen. Der König war beeindruckt und machte diesen Ort neben Mzcheta zur zweiten Hauptstadt. Und da »warm« auf Georgisch »tbili« heißt, hatte die Stadt gleich ihren Namen weg: Tbilissi. Ganz einleuchtend! Das Ganze soll sich 458 zugetragen haben. Man muss ja schließlich wissen, wann Jubiläen zu feiern sind.

Damals lebten hier mehr Armenier als Georgier. Christlich waren sie auch schon. Die Georgier müssen es schmerzlich akzeptieren: Bei der Christianisierung waren ihre Nachbarn im Süden schneller. Von 301 an missionierte Gregor der Erleuchter offiziell Armenien. 337 brachte die Heilige Nino das Christentum nach Georgien. Beide Zahlen sind mit Vorsicht zu genießen, aber sie machen Armenien und Georgien zu den beiden ältesten christlichen Staaten auf der Erde. Als guter Gast verkneife ich mir, Zweifel zu äußern.

In Georgien bilden die Armenier heute noch mit einer halben Million Menschen eine respektable und respektierte Minderheit. Wir werden freundlich an der armenischen Kirche empfangen. Der Gottesdienst ist längst vorüber. Kinder spielen auf dem Hof. Auch hier begrenzt ein altes Holzhaus mit Veranden das kleine kirchliche Territorium. Vor der Synagoge stehen Nussbäume, hier sind es große Linden.

Neben dem Eingang zur Kirche entdecke ich eine Gedenktafel. Sajat Nova, der große armenische Troubadour, soll hier begraben sein. Von 1712 bis 1795 hat er gelebt. Seine Liebeslieder machten ihn berühmt. Er schrieb in Turk, Armenisch und Georgisch. Bei all diesen Völkern war er hoch beliebt.

Wie viel Gutes könnte ein solcher Mann heute tun, da insbesondere die Feindschaft zwischen Armeniern und Aserbaidschanern unheilbar zu sein scheint. Doch schon zu seiner Zeit hatte Sajat Nova Probleme mit der Obrigkeit und am Ende ein furchtbares Schicksal zu erleiden. Als populärer Lyriker wurde er zunächst am Hofe des georgischen Königs Erekle II. aufgenommen, dann aber verstoßen, weil er zu kritisch war. »Das Licht wurde mir in Tbilissi geschenkt, dort habe ich mein Schicksal gefunden«, sang er zu Recht. Er wurde gezwungen, Geistlicher zu werden. Nach dem Tod seiner Frau zog er sich in ein Kloster zurück. Dann fielen die Perser in das Land ein und machten alles nieder. Dabei fand auch Sajat Nova den Märtyrertod.

Wir betreten die Kirche. Sie ist angenehm kühl, allerdings sehr dunkel. Innen wirkt sie viel höher, als sie von außen aussieht. Ich schaue mich nach Broschüren um. Es gibt nur wenige, in Armenisch und Russisch. Auf Georgisch wird keine Literatur angeboten. Die Rivalität sorgt offensichtlich für Zurückhaltung. Die Armenier haben ihre Johannes-Kirche direkt unter der Naraquila-Festung gebaut, die die Perser nach einer ihrer Eroberungen im 4. Jahrhundert errichtet hatten. Die Festung ist verfallen, die armenische Kirche steht trotz vieler Zerstörungen.

Wir wollen unsere Tour durch die religiösen Gemeinden von Tbilissi mit einem Besuch der Moschee beschließen. Sie liegt gleich nebenan, nur ein kleines Stückchen bergauf. Hier sind nicht nur Christen und Moslems Nachbarn, sondern pikanterweise auch Armenier und Aserbaidschaner. »Wie kommen Sie mit den Aseris aus, wo doch Armenien und Aserbaidschan in bitterster Fehde leben?« frage ich beim Verlassen der Kirche eine Frau, die versonnen die Gedenktafel von Sajat Nova betrachtet. »Es gibt keine großen Probleme«, antwortet sie. »Wir haben keinen intensiven

Kontakt, aber wir leben in Frieden miteinander.« Vor der Moschee erhalte ich die gleiche Auskunft von den Aserbaidschanern. Der Koran gebiete den Menschen Frieden. Das Beispiel von Tbilissi sollte Schule machen. Es würde viel Stress und Leid ersparen, aber stattdessen droht der nächste Krieg zwischen den beiden Völkern gleich wieder auszubrechen.

Ist es die Kraft des göttlichen Wortes oder reiner Zufall? Auch vor der Moschee ist wie vor der Bethlehem-Kirche die Vorderfront eines Hauses in den Keller abgesackt. Hier wie dort das gleiche Bild. Wie in einem Puppenhaus steht das Mobiliar noch in den Zimmern. Auch an der Moschee werden wir freundlichst begrüßt. Mullah Wagif führt uns durch die Moschee. Er ist Schiite, 39 Jahre alt. Zu den Gottesdiensten kämen 200 bis 300 Menschen, sagt er uns. In ganz Georgien lebten heute 500.000 Aserbaidschaner, früher seien es eine Million gewesen. Die Moschee sei 150 Jahre alt. Der sowjetische Geheimdienstchef Lawrentij Berija habe die Moschee zerstören lassen. Aber der Glaube lasse sich nicht zerstören, das Gotteshaus sei wieder aufgebaut worden, erklärt uns der Mullah zum Abschied. Die Moschee habe in der multi-religiösen Stadt Tbilissi ihren weithin sichtbaren Platz. Das werde so bleiben. Wenn es weiter so friedlich zugeht, ist gegen diesen Wunsch wahrlich nichts einzuwenden.

Tbilissi: Der Regisseur und seine Stadt

Besonders lange habe ich nicht geschlafen. Die Sonne bestrahlt beharrlich mein Zimmerfenster. Die Temperatur steigt spürbar an. Kühlung durch Wind ist nicht zu erwarten. Dies weiß ich von Alexander Puschkin. »Tiflis liegt in einem Tal der Kura, das von felsigen Bergen umgeben ist«, notierte er bei seiner Durchreise vor genau 171 Jahren. »Die Berge halten auf allen Seiten die Winde auf. So bringt die Sonne die regungslose Luft zum Kochen. Das ist die Ursache der unerträglichen Hitzezeiten, die in Tiflis herrschen, obwohl die Stadt nur auf dem 41. Breitengrad liegt.« Mein Zimmer scheint einige Grade südlicher zu liegen.

Zu meinem Glück schaut Nona Kandiaschwili früh an unserem Hotel vorbei. Sie organisiert für uns alle Termine in Georgien. Mit ihrem Mann betreibt sie eine sehr erfolgreiche Fernseh-Produktionsfirma. Daher besitzt sie beste Kontakte. Ich mache gleich die Probe aufs Exempel. Ob sie für heute ein Treffen mit dem berühmten Theater-Regisseur Robert Sturua arrangieren könnte, frage ich Nona. Um 10 Uhr erhalte ich die Nachricht, wir würden bei der Probe erwartet.

Das Theater liegt am Pracht-Boulevard von Tbilissi, dem Prospekt Schota Rustaweli. Der Wirtschaftsdirektor George Teuzadse empfängt uns. Robert Sturua werde sich etwas verspäten. Die Zeit wird mir nicht lang. George Teuzadse erweist sich als fesselnder Erzähler. Ich will von ihm wissen, was sich hier im Bürgerkrieg vor acht Jahren zugetragen hat. »Wir waren in der Hauptkampflinie. Die Barrikaden standen vor dem Haus auf der Straße. Auf unserer Seite kämpften die Aufständischen, auf der anderen Seite die Truppen des Präsidenten Swiad Gamsachurdia. Er war verrückt. Wir wollten ihn weghaben, weil er das ganze Volk mit seinem militanten Chauvinismus ins Unglück zu stürzen drohte.«

»Gab es viele Zerstörungen?« »Der Krieg spielte sich praktisch nur auf einem Quadratkilometer um das Parlament ab. Aber die Kämpfe waren heftig. Es gab viele Tote und viele Zerstörungen. Nebenan gingen das alte schöne Hotel Tbilissi und das Touristikunternehmen Intourist in Flammen auf. Unser Theater wurde auch beschossen. Aus Wut darüber habe ich zurückgefeuert.« Die Augen des Wirtschaftsdirektors blitzen hinter den dicken Brillengläsern. Er holt aus dem Wandschrank eine Kalaschnikow und eine Pistole heraus. »Woher hatten Sie die Waffen?« »Die Russen haben an beide Seiten verkauft – vom Panzer bis zur Pistole.«

»Wie ging der Krieg zu Ende?« »Hier in meinem Zimmer sind die Unterhändler beider Seiten zusammengekommen. Es wurde vereinbart, dass Gamsachurdia durch einen Korridor das Land verlassen konnte. Inzwischen ist er tot, aber sein unguter Geist lebt in West-Georgien weiter.«

Ich möchte das Theater kennen lernen. George Teuzadse lässt sich nicht lange bitten. Das Theater sei 1879 gebaut worden und besitze zwei sehr schöne Säle, erklärt er mir. Mit knapper Mühe konnte das Gebäude, wie er erzählt, vor dem Einsturz gerettet werden. Das Fundament hatte nachgegeben. Mit vielen Kubikmetern Zement wurde der Untergrund stabilisiert. »Präsident Schewardnadse ist die Rettung zu verdanken«, stellt George Teuzadse mit Nachdruck fest. »7 Millionen Mark hat er für die Renovierung aufgebracht, obwohl der Staat total pleite war.«

»Reichten die Mittel?« »Nein! Wenigstens 5 Millionen Mark fehlen. Das Souterrain, ein schöner eleganter Raum mit Fresken aus den zwanziger Jahren, ist noch eine Baustelle. Garderobe und Toiletten sind nicht zu benutzen. An anderen Stellen des Hauses öffnen sich in den Wänden weite Risse. Es muss dringend etwas passieren, sonst ist das schöne Theater in ernster Gefahr.«

Im großen Saal laufen inzwischen die Proben. Ein Stück des georgischen Dichters Ilia Tschawtschawadse wird einstudiert. »Ist das ein Mensch?« würde es im Deutschen heißen. Vor hundertvierzig Jahren sei es geschrieben worden, flüstert mir George Teuzadse zu. Es habe viel mit Charakter und nationalem Stolz zu tun und sei heute so aktuell wie damals.

Die Akteure sind mit Elan bei der Sache. Im abgedunkelten Saal sitzt in der zweiten Reihe Robert Sturua. Hinter ihm verfolgt eine Mitarbeiterin den Text. Ab und zu gurgelt ein Lachen aus Sturua hervor. Nach seinen runden Formen zu urteilen, scheint er ein Genießer-Typ zu sein. Seine Stimme klingt dunkel, als komme sie tief aus seinem Inneren. Es wird konzentriert, aber durchaus heiter und entspannt gearbeitet.

Der Wirtschaftsdirektor übermittelt Robert Sturua meinen Wunsch. Ein Kopfnicken, die Probe geht weiter. Georgische Namen sind für Fremde gelegentlich starke Herausforderungen. »Tschawtschawadse« geht mir inzwischen glatt über die Lippen. Ich weiß, der Name wird mir auf unserer Reise wohl häufig begegnen. Er steht für ein berühmtes und weit verzweigtes Geschlecht, das seit Jahrhunderten kulturell, gesellschaftlich und politisch eine wichtige Rolle in Georgien spielt. »Ilia Tschawtschawadse war nicht nur ein großer Dichter. Er war auch Dramaturg und Staatsbeamter«, sagt mir George Teuzadse, als wir wieder draußen stehen. »Er war ein vielseitiger Mann. Er amtierte als Friedensrichter, leitete als Direktor die Adelsbank in Tbilissi und war Herausgeber der Zeitung ›Iweria‹. Sein Schicksal ist symbolisch für unser ambivalentes Verhältnis zu Russland. Er studierte in St. Petersburg die Rechte und er wurde mit Hilfe der zaristischen Ochranka, also Geheimpolizei, von Räubern ermordet. Er war der russischen Obrigkeit mit seinen Ideen, wie sie auch in unserem neuen Stück zum Ausdruck kommen, zu unbequem.«

Wir begeben uns in die Cafeteria. Obwohl wir unangemeldet kommen, wird uns fleißig aufgetragen. Wir trinken selbst gemachten kachetischen Wein, eingeschenkt aus einer Limonadenflasche. Ofenwarmer Chatschapuri wird uns aufgetischt. Eine Mazoni Supi folgt: bestehend aus Joghurt, Koriander, Zwiebeln und Reis. Anschließend gibt es Kartoffelbrot und Fleisch. Am Ende wird noch Cognac hervorgezaubert, 25 Jahre alt; hergestellt in der Sowjetzeit und trotzdem schmackhaft.

Zwischendurch kommt die Nachricht, dass sich Robert Sturua gerne heute Nachmittag mit mir treffen will. Er möchte mir seine Stadt zeigen. Um 16.00 Uhr soll ich mich am Grabe von Alexander Gribojedow einfinden. Ich frage den Wirtschaftsdirektor, was ein weltberühmter Regisseur wie Sturua hier in Tbilissi verdient. »Im Monat 200 Lari, das sind etwa 200 Mark!« antwortet George Teuzadse ohne Scheu auf meine westzivilisatorische Frage. »Und die Schauspieler?« »100 Lari! Sie schlagen sich mit Nebenverdiensten durch.« Teuzadse nennt die Finanzverhältnisse des Theaters katastrophal. Eigentlich müsse der Etat etwa 1,5 Millionen Mark betragen. Bewilligt seien 475 Tausend. Erhalten habe er für das letzte Jahr nur 60 Tausend. Trotzdem entdecke ich keine Spur von Resignation.

Bis zum Treffen mit Sturua will ich die Zeit nutzen und mir noch ein bisschen die Stadt anschauen. Ich wandere den Prospekt Schota Rustaweli bis ans Ende hinunter. Im Schatten der großen Bäume lässt sich Tbilissis Hitze gut ertragen. Über den breiten, leicht geschwungenen Boulevard jagen die Autofahrer ihre Pkw, als wollten sie eine Rennstrecke testen. Für Fußgänger sind die Champs-Élysées leichter zu überqueren als diese Piste. Von seinem Denkmal am Ende des Boulevards schaut sich Schota Rustaweli gelassen die hektische Raserei an. Ich werfe einen Blick auf das Hotel Iweria nebenan. Vor dreißig Jahren habe ich hier gewohnt. Damals war es für Reisende die erste Adresse der Stadt. Nun ist es Unterkunft für die Flüchtlinge aus Abchasien. In ihrer Raumnot haben sie auch die Balkone voll in Beschlag genommen. So wirkt das überfüllte Hochhaus weithin als Aufforderung, dass die Nation hier noch etwas gutzumachen habe. Dies ist wohl auch die politische Absicht, denn die Flüchtlinge wären anderenorts sicher auch unterzubringen gewesen. In den unteren Räumen der Flüchtlingsherberge befindet sich ein Spielcasino. Auch das passt zum bösen Spiel, das mit den aus ihrer Heimat vertriebenen Menschen getrieben wird.

Was weiß ich über Alexander Gribojedow? Ganz ahnungslos will ich Robert Sturua nicht gegenübertreten. Ich krame in meinem Gedächtnis herum. Zum Glück ist etwas haften geblieben. Gribojedow war wie Puschkin und Lermontow einer jener russischen Wunderknaben des frühen 19. Jahrhunderts. Genau wie die beiden anderen Dichter lebte er intensiv, aber kurz. Als Jüngling kämpfte er gegen Napoleon. Danach zog es ihn in den unruhigen Kaukasus. Georgien, Russlands neueste Errungenschaft, hatte es ihm besonders angetan. Er liebte nicht nur Abenteuer, sondern auch die Frauen, und er wusste mit der Feder umzugehen. Im reifen Alter von 28 Jahren schrieb er die wunderbare Komödie »Verstand schafft Leiden«. Die bissige Satire auf die Moskauer Gesellschaft zählt bis heute zu den großen literarischen Werken Russlands. Der junge Autor hinterließ der Nachwelt aber nicht nur dieses höchst amüsante Stück, sondern dem Volksmund zugleich jede Menge Sprüche. Zwei fallen mir ein: »Böse Zungen sind schlimmer als Pistolen« und »Die Glücklichen schauen nicht auf die Uhr«.

Wie Puschkin sympathisierte Gribojedow mit den Dekabristen, die 1825 gegen den damaligen Zaren Nikolaus I. revoltierten. Er wurde verhaftet. Als er freikam, ließ er sich in den unruhigen Kaukasus versetzen. Damals eine heikle Mission. Ein dramatisches Finale folgte. Gribojedow verknallte sich in eine blutjunge Georgierin. Er heiratete seine Angebetete, aber das Glück war nur kurz. Bald darauf fand er den Tod. Auf einer Dienstreise nach Teheran im Auftrage des Zaren wurde er von einer gegen Russland aufgebrachten Menge gelyncht.

Während ich über das grausige Ende von Gribojedow nachdenke, macht unser Kamerateam Aufnahmen in der Altstadt. Ich finde derweil Schatten unter einer riesigen Platane und nehme mir wieder einmal Puschkins Buch »Reise nach Erzerum« vor. Darin beschreibt der Dichter den Tod seines Freundes Gribojedow. »Er kam unter den Dolchen der Perser um. Sein verunstalteter Leichnam, der dem Pöbel drei Tage lang als Spielball gedient hatte, konnte nur an der Hand, die früher von einer Pistolenkugel verletzt worden war, identifiziert werden.« Alexander Puschkin nennt Gribojedow einen der besten Dichter seines Landes. Alles sei an ihm ungewöhnlich anziehend gewesen: sein melancholischer Charakter, sein ätzender Verstand. Dass Gribojedow in Georgien seine große Liebe gefunden habe, findet die Hochachtung Puschkins. »Ich kenne nichts Beneidenswerteres als die letzten Jahre seines stürmischen Lebens.«

Ein heftiger Wortwechsel lenkt mich vom Buch ab. Unser Team befindet sich in einem heißen Konflikt mit der Miliz. Es sei verboten, die Kamera auf die Uferstraße zu richten. Dies sei die Strecke des Präsidenten. Die Vorsichtsmaßnahme gelte seit dem letzten Attentat auf Eduard Schewardnadse. Wer filmen wolle, brauche unbedingt eine Drehgenehmigung. Weder Geld noch gute Worte helfen. Die Miliz ist hoch konzentriert bei der Sache. So entgeht ihr, dass nur wenige Schritte weiter eine Flasche Weinwodka aus unserem Teamwagen gestohlen wird. »Wohl bekomm's!« kann ich dem neuen Besitzer der Flasche nur wünschen. Er hat sich keinen schlechten Stoff gegriffen.

Nona geht mit ihrem Handy spazieren. Sie überrascht mich mit einem weiteren Termin. Lewan Berdzenischwili, der Generaldirektor der Nationalbibliothek, wolle mich gerne treffen. Ein Gespräch mit ihm würde sich sicher lohnen. Berdzenischwili sei ein kundiger und offenherziger Mann. Er könne mir viel über das gegenwärtige Georgien erzählen. Mit Vergnügen nehme ich das Angebot an. Wenige Minuten später sind wir an der Nationalbibliothek: Sie wurde 1846 gegründet, womit die Georgier vielen Völkern voraus waren. Das Gebäude ist nicht ganz so alt. Es wurde 1911 errichtet. Berdzenischwili hat noch Besuch. Sein Stellvertreter, Enza Igerenawia, nimmt sich meiner an. Er ist Soziologe. Ich erkläre ihm, dass ich aus Köln käme und die Georgier mich an die Rheinländer erinnerten, locker und tolerant. »Ein netter Vergleich! Die Georgier halten sich auch für tolerant, sind es aber nicht. Sie neigen zum Nationalismus. Für sie ist es wichtig, reines georgisches Blut zu haben. Wer anderes Blut in seinen Adern hat, kann bei uns nie Präsident werden.«

»Werden andere Religionen geduldet?« »Ja, schon immer! Es gibt bei uns beispielsweise keinen Antisemitismus.«

»Wie sieht das Verhältnis zu den Nachbarn aus?« »Armenien und Georgien sind Konkurrenten. Beide Völker glauben, ihnen gehöre der Kaukasus. Dabei leben sie tief in der Vergangenheit. Die Blüte Georgiens unter Königin Tamara liegt 800 Jahre zurück. Armeniens große Zeit endete bereits vor über 2000 Jahren unter Tigran dem Großen. Das reicht aber, um auf die anderen herabzuschauen. Die Russen hält man für Halbwilde, weil sie erst im 9. Jahrhundert ein Alphabet bekamen, 500 Jahre später als Georgier und Armenier.« »Und Aserbaidschan?« »Da gibt es keine Probleme. Die Aserbaidschaner akzeptieren, dass sie später in die Geschichte eingetreten sind.«

»Was hält man von den Deutschen?« »Viel! Im 19. Jahrhundert sind einige tausend Deutsche nach Georgien ausgewandert. Es gibt bei uns in Tbilissi eine starke Germanistenschule. Die deutsche Sprache ist wieder sehr im Kommen. Nach Englisch steht sie vor Russisch. Viele Georgier sind in Deutschland ausgebildet worden. In dieser Hinsicht ist Deutschland auch für unsere heutige Generation höchst attraktiv.«

Lewan Berdzenischwili kassiert mich ein. Sein Arbeitszimmer ist riesig, mit hoher Decke und Möbeln aus der Sowjetzeit. Der Schreibtisch steht etwas verloren in der hintersten Ecke. Berdzenischwili wirkt hingegen raumfüllend. Der Chef der Nationalbibliothek macht ganz und gar nicht den Eindruck eines Bücherwurms. Ein kräftiger Mann sitzt mir gegenüber, hemdsärmelig, lebhaft und gewinnend. Er lispelt und schielt auch ein wenig, aber was er sagt, ist voller Witz und Hintersinn. Als Duckmäuser gilt Berdzenischwili nicht. Schon in der Sowjetzeit sagte er, was er dachte. Wegen antisowjetischer Propaganda und Agitation wurde er ins Gefängnis geworfen. Er war drei Jahre in Sibirien. Nach seiner Rückkehr lehrte an der Universität Tbilissi Philologie. Seit einem Jahr ist er Generaldirektor der Nationalbibliothek. Die Bevölkerung kennt ihn aus dem Fernsehen. Seine Sendung wurde abgesetzt, weil sie dem staatlichen Sender zu kritisch war. Auch mir gegenüber nimmt er kein Blatt vor den Mund.

»Die Georgier haben ein Problem«, erklärt mir Berdzenischwili. »Ihnen ist die Fähigkeit abhanden gekommen, die Wirklichkeit zu erkennen. Sie glauben unerschüttert, sie seien die Besten, zumindest im Kaukasus. Deshalb halten sie es für überflüssig, etwas dazuzulernen. Das hat schon Puschkin erfahren. In Französisch, Russisch und Armenisch hat er um Wasser gebeten. Keiner hat ihn verstanden.« Lewan selbst ist allerdings ein völlig anderes Beispiel. Er spricht perfekt Englisch. Mit Wonne macht er sich über die Politik her. »Bei uns wird andauernd auf örtlicher, regionaler und nationaler Ebene gewählt, aber das Land wird weiter auf sowjetische Weise regiert. In der Exekutive ist der Präsident der einzig Gewählte. Er ernennt sieben Gouverneure und 84 Untergouverneure. Diese Herrschaften können schalten und walten, wie sie wollen, weil die regionalen und lokalen Räte nicht funktionieren.«

»Wie ist es mit der Presse?« »Die Presse ist nur teilweise frei. Hier in Tbilissi können sie sich noch etwas herausnehmen, aber nicht auf dem Land. Am unabhängigsten ist noch der private Fernsehsender Rustawi 2. Das staatliche Fernsehen ist reines Präsidenten-Fernsehen. Wenn man das staatliche und das kommerzielle Fernsehen sieht, dann muss man glauben, in zwei Staaten zu leben. Das staatliche Fernsehen sendet seine Nachrichten um 8 Uhr abends, das kommerzielle eine Stunde später. Um 8 Uhr gibt es keine Probleme, um 9 Uhr gibt es nur noch Probleme. Um 8 Uhr ist man glücklich und zufrieden mit der weisen Regierung, um 9 Uhr ist man hingegen völlig verzweifelt und wütend auf die Regierung, die unfähig und unfair ist. Die Wahrheit treffen beide Programme nicht. Die Wahrheit liegt etwa in der Mitte.«

»Was ist das Hauptproblem?« »Die Leute haben einfach zu wenig Geld. Der Durchschnittslohn beträgt 20 Lari, die offizielle Pension 11 oder 12 Lari. Man braucht aber 400 oder 500 Lari, um eine Familie einigermaßen durchzubringen. Deshalb wird alles verkauft, was man hat. Dies ist die georgische Variante von freier Marktwirtschaft. Jeder übt mehrere Tätigkeiten aus, um über die Runden zu kommen. Ich selbst verdiene als Generaldirektor 120 Lari. Das restliche Geld hole ich durch Vorträge, Artikel oder Aktivitäten in Nichtregierungsorganisationen herein.«

»Wozu führt ein solches System?« »Zu Korruption! Alle, die Verantwortung tragen, sind mehr oder weniger korrupt. Man muss Beziehungen haben, Freunde und Verwandte, sonst läuft nichts. Die Korruption ist die stärkste Kraft im Land. Davon gibt es zwei Systeme. In dem einen System sind die Freunde wichtiger als die Verwandten, im anderen die Verwandten wichtiger als die Freunde.«

»Wie läuft Korruption ab?« »Es gibt auch da zwei Systeme: präkorrupt und postkorrupt.«

»Was heißt das?« »Mein Vater hat es mir beigebracht. Er war Richter am Obersten Gericht. Wenn er ein Urteil gesprochen hat, dann hat derjenige, der gut davon gekommen ist, seine Dankbarkeit durch Geschenke zum Ausdruck gebracht. Das ist postkorrupt und die anständigere Variante, denn man ist aus seinem freien Willen heraus zu einer Entscheidung gekommen. Präkorrupt ist die schlechtere Alternative. Dann hat man vorher die Geschenke angenommen und daraufhin erst sein Urteil gefällt. Leider wird meist so verfahren. Erst muss gezahlt werden, dann wird entsprechend entschieden.«

»Gibt es keine Antikorruptionsgesetze?« »Die georgische Gesellschaft baut nicht auf Gesetzen auf, sondern auf Verwandtschaft, Freundschaft und Beziehungen. Das ist ein ganz eigenes Wertesystem. Als erster Bestandteil gehört dazu die Korruption. Damit können alle Probleme gelöst werden. Ein nicht korrupter Minister ist kein guter Minister, denn er kann keine Probleme lösen.«

»Was braucht man sonst noch zum Erfolg?« »Man muss trinken und singen können.«

»Liegt das am Volkscharakter?« »Nein! Einer der Gründe für unsere Zurückgebliebenheit ist: Wir sind immer noch zu sehr vom

Sowjetsystem infiziert. Ich selbst habe zwar lange in sowjetischen Gefängnissen gesessen und müsste eigentlich gründlich kuriert sein, aber ich spüre immer noch, dass in mir ein Sowjetmensch steckt. Ich kämpfe zwar kräftig dagegen an, aber das tun längst nicht alle.«

»Mir ist immer noch nicht ganz klar, wozu Georgien gehört: zu Europa oder zu Asien?«

»Georgien ist eindeutig Europa, allerdings Ferneuropa. Die Grenze zwischen Europa und Asien ist die Rote Brücke zwischen Georgien und Aserbaidschan. Die Georgier betrachten sich als die letzte Bastion des Christentums in Europa und als Hort der Kultur. Wir sind stolz auf unser Alphabet, was wir sehr früh geschaffen haben. Wenn man uns beleidigen will, dann behauptet man, die Armenier hätten das ältere Alphabet. Darüber können wir Georgier in Rage geraten. Das hat für uns eine größere Bedeutung als höhere Gehälter und Wohlstand.«

»Ihr Kollege behauptet, Georgier und Armenier sind Konkurrenten?« »Ich bin da etwas anderer Meinung. Die Armenier betrachten uns als Konkurrenten. Wir Georgier sagen hingegen, es gibt für uns keine Konkurrenten. In Armenien sind die Zeitungen voll mit Geschichten über Georgien. In Georgien ist hingegen nichts über Armenien zu lesen, aber viel über Europa.«

Es ist angenehm kühl in dem großen Zimmer, die Unterhaltung mit Lewan Berdzenischwili macht Freude, aber ich habe noch eine weitere Verabredung wahrzunehmen. Alexander Rondeli hat mich in das Café »Satschaschnike« – zu Deutsch »der Ort, wo man den jungen Wein kostet« – eingeladen. Der Name des Lokals könnte mit »schmecken« übersetzt werden. Wie die vielen anderen Restaurants in Tbilissi ist auch das Café »Satschaschnike« erst wenige Jahre alt. Es ist in einem Gewölbe untergebracht, das Mauerwerk stammt aus dem Mittelalter. Damals war hier ein Lager, später eine Bäckerei, jetzt ist es ein gut gehendes Lokal.

Alexander Rondeli ist Direktor eines außenpolitischen Instituts. Es nennt sich Foreign Policy Research and Analysis Center des Außenministeriums der Republik Georgien. Rondeli ist eine eindrucksvolle elegante Erscheinung mit vollem weißen Haar, straff gescheitelt. Er spricht hervorragend Englisch. Wie Lewan Berdzenischwili ist er auskunftsbereit und um klare Urteile nicht verlegen.

Für ihn steht fest, dass Georgien wenigstens 25 Jahre benötigt, um die Früchte der Unabhängigkeit vollends zu genießen. »Warum so lange?« »Wir waren jahrhundertelang unterworfen und müssen uns erst daran gewöhnen, als souveräne Individuen zu handeln. Es gibt keine demokratische Tradition. Die Kommunikation verläuft vertikal, nur von oben nach unten. Eine moderne politische Kultur muss noch entwickelt werden. Unter Kultur verstehen wir nur Poesie und Musik, aber nicht die Herrschaft der Gesetze.«

»Aber macht nicht die neue Generation Druck?« »Nicht ausreichend! Wir sind nicht mehr so kosmopolitisch wie früher. Selbst zu Sowjetzeiten war es in dieser Hinsicht besser. Viele interessante Menschen verlassen unser Land – Wissenschaftler, Künstler, Top-Techniker, Spitzenfußballer. Die anderen bewegen nicht viel. Sie warten, dass ihnen von außen geholfen wird. Sie glauben, Europa müsse Georgien dankbar sein, weil es dem Islam so tapfer standgehalten und trotz langer Unterwerfung sein Christentum nicht aufgegeben hat.«

»Gibt es keine neue Elite?« »Leider nicht! Die so genannte Elite besteht im Wesentlichen aus früheren Kommunisten. Was sie auszeichnet, ist ihre Fähigkeit, immer oben mitzumischen – egal ob Mongolen kämen, Chinesen oder Russen. Sie sind immer dabei, ›born to rule‹. Richtige Kommunisten waren sie auch gar nicht. Sie waren Vulgär-Marxisten in einem halb totalitären Staat.«

»Und die Universitäten?« »Die Universitäten sind noch nicht gut genug. Auch dort herrscht Korruption. Sie sind in den Händen von Banditen. Neue Eliten schaffen sie nicht. Wenn das so weitergeht, sehnt sich unser Volk eines Tages wieder nach Russland als starkem Verbündeten oder Protektor, wie es unser König Erikle II. vor 200 Jahren tat und damit falsch lag.«

»Wie ist das Verhältnis zur Türkei?« »Da gibt es immer noch die traditionellen Vorurteile als christliches Volk gegenüber Moslems. In den Jahren der Unterwerfung hat man ja auch böse Erfahrungen mit den Türken gemacht. Andererseits ändert sich die Türkei, sie ist jetzt mehr an Georgien interessiert. Wir unsererseits haben auch Interesse an der Türkei. So lassen wir Soldaten aus Georgien in der Türkei ausbilden.«

»Und wie sehen das die Russen?« »Nicht erfreut! Die politische Kultur in Russland ist zu träge, um eine moderne Erfolg versprechende Politik gegenüber Georgien zu betreiben. Moskau setzt immer noch stur auf direkten Einfluss und militärische Macht. Die Russen wären besser beraten, ihre Nachbarn zu stabilisieren, um wertvolle Partner zu haben.«

»Hat Präsident Schewardnadse als ehemaliger sowjetischer Außenminister keine guten Kontakte zu Moskau?« »Im Gegenteil! Man wollte ihn schon mehrfach umbringen. Das russische Militär hasst ihn, weil er angeblich das sowjetische Imperium zerstört hat. Dass Georgien außenpolitisch unabhängig sein will, halten die Russen für schiere Undankbarkeit. Für Moskau ist Georgien der Schlüsselstaat im Kaukasus. Über Georgien wollen die Russen das Verhältnis zur Türkei kontrollieren und den Einfluss auf die Region am Kaspischen Meer wahren.«

»Was tut Georgien dagegen?« »Wir sind eine strategische Allianz mit Aserbaidschan eingegangen, die sich aber nicht gegen Armenien richtet. Außerdem intensivieren wir unsere Beziehungen zur Türkei. Das gibt uns Spielraum gegenüber Russland.« »Wie reagiert Moskau auf die georgische Politik?« »Moskau unterstützt demonstrativ Armenien. Die Armenier sind in einer sehr schwierigen Situation, sie brauchen Russland. Die Russen nutzen das meisterlich. Armenien ist so gewissermaßen ein Trojanisches Pferd, eine Geisel von Moskau. Russland sollte aber kapieren, dass ein integriertes stabiles Gebiet im Kaukasus für sie besser ist als die gegenwärtig völlig unübersichtliche Lage.«

»Symbol dieser Unübersichtlichkeit ist Tschetschenien. Ist Tschetschenien nur ein Problem für die Russen?« »Tschetschenien ist ein Problem für alle. Die Tschetschenen sind de facto unabhängig gewesen. Das Resultat war aber katastrophal, auch für die Tschetschenen. Die Russen sind daran nicht unbeteiligt gewesen. Nun ist die ganze Region aus dem Lot. Tschetschenien ist wie eine riesige Anti-Panzermine, die jederzeit hochgehen kann.«

»Ein Wort noch zu Stalin: Ist er immer noch populär in Georgien?« »Populär ist er bei uns immer noch, aber er wird nicht mehr so bewundert wie früher. Für viele Georgier ist er untragbar. Andererseits sind die durchschnittlichen Georgier sauer, wenn die Welt Kritik an ihrem Landsmann Stalin übt. Dann fühlen sie sich aus nationalistischen Gründen ebenfalls getroffen.« »Welche Gründe gibt es noch für die Beliebtheit Stalins?« »Die allermeisten Menschen sind nur mittelmäßig. An Stalin haben sie nun erlebt, dass ein mittelmäßiger Mensch zu einem der mächtigsten Männer der Welt aufsteigen kann, ohne Universitätsstudium und ohne Hilfe von außen. So ist Stalin zu einem Vorbild für mittelmäßige Menschen geworden. Seine krankhafte Kriminalität verlieren sie darüber aus den Augen.«

Der Test beim Volk bestätigt die Stalin-Analyse des Intellektuellen. Am Kura-Fluss stoppe ich an einem Kiosk und frage die Verkäuferin: »Wie heißt diese Uferstraße?« »Stalin-Straße«, antwortet sie, ohne zu zögern. »Wirklich?« frage ich erstaunt zurück. Sie gerät ins Grübeln. »Vielleicht hat die Straße jetzt einen anderen Namen, aber den habe ich mir nie gemerkt. Für mich und alle die anderen hier ist das die Stalin-Straße.« Der Diktator spukt also weiter herum. Zumindest bei den reiferen Semestern ist er nicht out. Die jüngeren wissen weniger mit dem Namen anzufangen, aber eine Schreckensgestalt ist der georgische Mordmillionär für sie nicht.

Es bleibt noch ein wenig Zeit, sich Tbilissi anzusehen. Wer die Stadt an der Kura besucht, wird von ihr gleich eingenommen. Ob Puschkin, Dumas oder Nansen – alle haben freundliche Worte hinterlassen, die Lebhaftigkeit und Multinationalität hervorgehoben. Mit Sympathie beschreibt Puschkin das vitale Straßenleben.

Auf den engen und krummen Straßen liefen Esel mit Rückenkörben. Die zweirädrigen Karren, mit Ochsen bespannt, versperrten die Wege. Armenier, Georgier, Tscherkessen und Perser drängten sich auf einem unregelmäßig angelegten Platz zusammen. Zwischen ihnen ritten junge russische Beamte auf Hengsten aus Karabach. Die Armenier bildeten den überragenden Teil der Bevölkerung, dahinter kamen die Georgier. Die Russen betrachten sich hier als nicht ansässig.

Dreißig Jahre später zeigte sich Alexandre Dumas von Tbilissi angenehm überrascht. Er hatte geglaubt, in eine halbwilde Stadt zu kommen. Stattdessen entdeckte er eine Gesellschaft mit Pariser Chic. Die französische Kolonie sorgte in seiner Zeit dafür, dass »le dernier cri« von der Seine schleunigst an die Kura gelangte. Als Dumas eintritt, machte gerade ein »plastisches Korsett« Furore, das eine Fürstin aus Frankreich mitgebracht hatte, um ihren schönen Wuchs zu betonen.

Fridtjof Nansen zeigte sich ebenfalls beeindruckt von dem Vielvölkergemisch. Georgier, Armenier, Perser, Tataren, Kurden, Juden, Abchasen, Tscherkessen, Tschetschenen, Swanen, Osseten, Awaren und alle anderen Bergvölker seien in Tbilissi anzutreffen, schrieb er auf. Am buntesten sei das Leben in den engen Gassen und Winkeln der Altstadt gewesen, wo in Basaren und auf dem Markt geschachert und gehandelt wurde.

Tbilissi hat auch heute sein eigenes anziehendes Flair, mediterran mit orientalischen Einsprengseln. Trotz der weit verbreiteten Armut schafft die Umbruchzeit eine Art tropisches Gründerklima. Überall entwickeln sich kleine Lokale und Geschäfte. Häuser werden restauriert, während andere ihrem Verfall entgegendämmern. Die alten Viertel verbreiten mit ihren Pflasterstraßen und viel Schatten spendenden Bäumen den süßlichen Charme der Nostalgie. Es waren vornehmlich Armenier und Juden, die hier vor 100 und mehr Jahren gebaut haben. Damals hat auch Tbilissi von dem Öl-Boom profitiert, der am Kaspischen Meer ausgebrochen war.

Es geht einige enge Serpentinen hoch, eine Sperre ist zu passieren, und wir sind am Ziel. Robert Sturua ist noch nicht eingetroffen. Ich schaue am Berg hoch und sehe eine Kirche, die ich mir näher anschauen möchte. Drei Frauen säubern emsig den Innenraum. Sie fegen den Boden, putzen die Kerzenleuchter und wischen über das Glas der abgeküssten Heiligenbilder. Von ihnen erfahre ich, dass dies die Kirche des Heiligen David ist. Er sei einer der »Syrischen Väter« gewesen, die vor 1500 Jahren als Missionare nach Georgien gekommen seien. Die Frauen empfehlen mir das Pantheon nebenan. Die großen Geister Georgiens haben hier ihre letzte Ruhe gefunden, darunter auch »Helden« der bolschewistischen Revolution. Stalin ließ seiner Mutter diese Ehre zuteil werden. Ihr Wunsch war es vermutlich nicht gewesen, denn sie hatte sich seinetwegen sehr gegrämt. Zur Beisetzung ist ihr Sohn dann auch nicht gekommen.

Ich muss zu meiner Schande gestehen, die meisten der hier Ruhenden kenne ich nicht. Mit Ilia Tschawtschawadse entdecke ich wenigstens einen mir bekannten Namen. Die Einstudierung seines Stückes hatte ich ja heute Vormittag erlebt. Ein paar Treppenstufen tiefer befindet sich die Grabstätte von Alexander Gribojedow in einer künstlichen Grotte. Von hier aus geht der Blick weit über die Stadt. Für Gribojedow war es der poetischste Platz von Tbilissi. Auf seinem Sarg steht die Klage seiner blutjungen Witwe Nino: »Dein Verstand und Deine Taten sind unvergesslich im Gedächtnis der Russen. Aber warum hat meine Liebe Dich überlebt?«

Fünfzehn Jahre jung war die schöne Nino gewesen, als Gribojedow sie heiratete. Sie stammte aus dem angesehenen Fürstengeschlecht der Tschawtschawadses. Die berühmteste georgisch-russische Romanze fand mit dem jähen Tod von Gribojedow ein schnelles Ende. Seine Witwe überlebte ihn um dreißig Jahre. Sie wurde an seiner Seite beigesetzt. Das Grab ist zur Pilgerstätte großer russischer Schriftsteller und Dichter geworden. »Sein Tod, der ihn in einem kühnen, ungleichen Kampf ereilte, hatte für Gribojedow nichts Schreckliches, Quälendes. Er war plötzlich und schön«, stellte sein Freund Puschkin fest, als sei er dabei gewesen.

Robert Sturua kommt hinzu, für einen Georgier überpünktlich. »Welche Rolle spielte Gribojedow?« frage ich ihn. »Er war ein Vertreter des zaristischen Imperiums. Er wollte die Grenzen dieses Imperiums ausweiten. Seine diplomatische Mission in Teheran war deshalb von großer Bedeutung. Nach seiner Ermordung schenkte der iranische Schah dem russischen Imperator als Zeichen seiner Schuld einen großen Diamanten.«

»Und wie war Gribojedow als Schriftsteller angesehen?« »Als Schriftsteller war er damals unbekannt, denn sein Theaterstück »Verstand schafft Leiden« war zu seiner Zeit noch verboten. Dieses Stück ist übrigens in einem georgischen Theaterzirkel uraufgeführt worden.«

»Hat er etwas über Georgien geschrieben?« »Ehrlich gesagt, ich weiß nicht, ob er etwas über Georgien geschrieben hat. Für uns reicht vollkommen die Tatsache aus, dass er mit einer Georgierin verheiratet war. Damit hat er mehr und tatkräftiger seine Beziehung zu Georgien ausgedrückt, als wenn er irgendetwas über unser Land geschrieben hätte. Sein Andenken bei uns ist gut, denn einen solchen Schwiegersohn zu haben erfüllt mit Stolz, obwohl das Ganze ja so tragisch zu Ende gegangen ist.«

Das Etikett mag abgegriffen sein, aber Robert Sturua gilt in Tbilissi als Institution. Sein Name steht für großes Theater und starken

Charakter. Seit fast 40 Jahren erfreuen seine Inszenierungen das Publikum, aber nicht immer die Mächtigen. Das Sowjetregime fühlte sich von ihm oft genug herausgefordert. Shakespeare und Brecht sind seine bevorzugten Autoren. Ihre Stücke nutzte er, um soziale und politische Deformationen zu kritisieren, despotische Attitüden aufs Korn zu nehmen. Er gastierte mit seiner Truppe in Westeuropa, Australien, Asien, Nord- und Südamerika. Überall sind seine Schauspiele gut angekommen, aber er ist Tbilissi treu geblieben. Hier wurde er geboren, hier lebt und arbeitet, hier wird er wie kein anderer verehrt.

Von unserem Standort aus ist sein Theater gut zu sehen. »Das Gebäude enthält viel Eklektizismus, Jugendstil, Pseudo-Klassizismus. Aber es ist mein Haus, ich liebe es. Es liegt am Rustaweli-Prospekt, unserer Hauptstraße. Zur Zeit von Gribojedow hieß sie noch Golowin-Prospekt. Golowin war ein russischer General, der an dem Kaukasischen und Türkischen Krieg teilgenommen hat«, erklärt mir Sturua.

»Ist Schota Rustaweli für die Georgier immer noch der Größte?«

»Ja, in Tbilissi stößt man überall auf seinen Namen. Es gibt ein Theater, eine Straße, eine Hochschule, eine Theaterakademie, die nach ihm benannt sind. Für uns hat er die Bedeutung wie Dante für Italien. Die beiden lebten übrigens fast zur gleichen Zeit, am Anfang der Renaissance. Rustawelis Poem ›Der Recke im Tigerfell‹ kennen hier alle Menschen, obwohl das Werk vor 800 Jahren geschrieben wurde. Manche kennen es sogar auswendig, allerdings nicht mehr die jungen Leute.«

»Was für einen Charakter hat eigentlich die Stadt Tbilissi?« »Tbilissi ist eine sehr merkwürdige Stadt. Sie hat mehrere Gesichter. Manchmal erscheint sie orientalisch, manchmal europäisch, manchmal gefällt sie mir gar nicht, aber wenn ich wegfahre, packt mich gleich die Sehnsucht nach ihr. Ohne diese Stadt kann ich nicht leben.«

»Ist Tbilissi mehr Europa oder mehr Asien?« »Tbilissi ist etwas ganz Besonderes. Die Kultur dieser Stadt ist sehr vermischt. In früheren Jahrhunderten lebten hier viele und sehr unterschiedliche Nationalitäten. Aus dieser Mischung ist eine besondere Kunst und Kultur hervorgegangen. Das war eine Mischung aus Ost und West, hier waren nicht nur die Völker der Region vertreten, sondern auch Deutsche, Franzosen und Russen.«

»Und jetzt?« »Einiges hat sich gehalten. Tbilissi ist ohne diese diabolische Mischung nicht denkbar. Aber die 70 Jahre des sowjetischen Regimes haben unserem Land nicht gut getan. Die Georgier behaupteten sich noch einigermaßen, aber die anderen Nationalitäten konnten sich nicht mehr entfalten und richtig zur Geltung bringen. Nun kehrt vieles von damals wieder zurück, aber ich fürchte, was dahin ist, kommt nicht mehr wieder.«

Wir fahren in die Altstadt und wandern ein wenig über die Plätze und durch die Gassen. »Die Schwefelbäder gehören zu den bekanntesten Sehenswürdigkeiten der Stadt Tbilissi«, erklärt mir Robert Sturua. »Es gibt sie seit vielen Jahrhunderten. Hier war auch Puschkin. Im Jahre 1829 kam er auf seiner Reise nach Erzerum durch Tbilissi.«

»Was steht dort auf der Tafel an der Wand geschrieben?« »Eine Textpassage aus seinen Reisenotizen: ›Nie wieder habe ich etwas Prachtvolleres als die Bäder von Tbilissi gesehen‹.« »Hat er damit Recht?« »Hier gibt es richtige Bademeister, die einen hautdünn abrubbeln. Der ganze Dreck fließt weg, und man verlässt das Bad wie neugeboren. Puschkin liebte das Leben und die Frauen. Er war wie Gribojedow ein Playboy seiner Zeit. Alles, was mit Lebensgenuss zu tun hatte, liebte er sehr.«

»Wird Puschkin auch in Georgien geschätzt?« »Seine Rolle als Dichter ist für uns bedeutender als die von Gribojedow. Puschkin hat hervorragende Gedichte über Georgien geschrieben. Es gibt da eine Zeile, an die ich oft denken muss: ›Auf Georgiens Hügeln liegt nächtlicher Schleier.‹ Wir befinden uns heute immer noch in der Nacht, aus der wir heraustreten müssen.«

Robert Sturua nimmt uns mit zu seinem Haus. Direkt gegenüber steht die älteste Kirche Tbilissis, die Antschischati-Basilika aus dem 6. Jahrhundert. Untersetzt und kräftig wirkt sie, während nebenan ein altes Haus vornüberzustürzen droht. Mit Pfählen wird der Giebel mühsam abgestützt. Robert Sturua sieht meinen fragenden Blick. »Tbilissi altert, es wird gebrechlich. Mein Haus ist auch in die Jahre gekommen, es droht ebenfalls zu Grunde zu gehen. Die Reparaturen an den alten Häusern sind einfach zu kostspielig.«

Wir lassen uns auf seinem Balkon nieder, die alte Basilika und ein Teil der Stadt im Blick, und geraten ins Plaudern. »Manchmal wird man zum Pessimisten«, meint Sturua. »Viele Menschen sind an die Grenze der Armut gelangt. Zu Sowjetzeiten galten die Georgier als wohlhabend, jedenfalls im Vergleich zum Rest der UdSSR. Aber obwohl es jetzt sehr schwierig ist, wollen die meisten Georgier nicht zurück in diese Zeit.«

»Welche Rolle spielt denn Russland?« »Nach 200 Jahren Zusammensein spielt sich Russland, nachdem sich Georgien für unabhängig erklärt hat, wie ein beleidigter Staat auf. Es behandelt sogar die Ukraine viel besser, obwohl es sich von seinem slawischen Bruderstaat eher verraten fühlen müsste als von uns. Aber mir scheint, als könnte Russland von jeder anderen Republik gefasst Abschied nehmen, nur nicht von Georgien.«

»Wie ist die Lage der Kunst und Kultur?« »Das Interesse ist weiter da. Ich beobachte mit Erstaunen und etwas Sentimentalität, dass die Menschen weiter ins Theater kommen. Wir sind oft ausverkauft. Die Eintrittskarten sind scheinbar billig, sie kosten 1 Dollar. Aber wenn die Renten nur 5 oder 6 Dollar betragen, dann ist der Eintrittspreis sehr hoch. Deshalb werde ich manchmal richtig verlegen, wenn die Menschen für die Tickets anstehen. Sie brauchen also wohl das Theater, denn sie kommen nicht allein wegen des Vergnügens.«

»Welche Stücke sind jetzt wichtig?« »Das erste Stück, das ich nach der Unabhängigkeit Georgiens und während des Abchasien-Krieges aufgeführt habe, war Brechts ›Der gute Mensch von Sezuan‹. Mir schien, als würde das Stück die Ereignisse in Georgien widerspiegeln. Es war eine Riesen-Aufführung, etwa 3 Stunden lang. Es war kalt, das Gas fehlte, einmal fiel 10 Minuten vor dem Ende der Aufführung das Licht aus. Wir wollten aufhören, aber die Leute ließen es nicht zu. Sie holten Taschenlampen, Kerzen und Feuerzeuge heraus. So spielten wir die letzten 10 Minuten bei dieser Beleuchtung. Am Ende hatten wir alle, die Schauspieler und die Zuschauer, Tränen in den Augen.«

»Sie werden von der Regierung subventioniert. Können Sie frei arbeiten?« »Absolut! Schon zu Sowjetzeiten konnte sich Georgien freier entwickeln als die anderen Republiken. Nach Stalins Tod erlebte die Kunst ja einen Schub. Es gab ideologische Probleme, aber nicht viele. Heute gibt es in dieser Hinsicht überhaupt keine Probleme. Dennoch müssen wir uns ändern. Früher kamen die Leute in Strömen, wenn wir nur eine einzige Wahrheit auf der

Bühne laut aussprachen. Heute schreibt man über diese Wahrheiten in der Zeitung. Also möchten die Menschen etwas anderes auf der Bühne sehen. Sie wollen mehr Kunst.«

»Wie ist das Verhältnis der Intellektuellen zu Präsident Schewardnadse?« »Im Prinzip gut! Es ist hier nicht vergessen worden, dass Georgien unter seiner Führung in der Sowjetzeit mehr Freiheit genoss als in allen anderen Republiken. 1980 war in Moskau das Stück ›Rotes Pferd auf blauem Gras‹ von Schatrow abgesetzt worden. Schewardnadse sagte daraufhin, wir könnten das Schauspiel in Georgien aufführen. In dieser Hinsicht hat er sich bis heute nicht geändert. Es ist ja auch für einen Präsidenten angenehm, wenn die Kunst blüht. Dann glauben die Menschen, dass hier alles gut ist.«

Ich fürchte, der Glaube allein wird auf die Dauer nicht reichen. Wir verabschieden uns. Es ist inzwischen dunkel geworden. Gleich um die Ecke gibt es in einem alten Haus ein gemütliches neues Restaurant mit Tischen auf der Veranda und im Garten. Die Temperatur ist auf angenehme 28 Grad heruntergegangen. Die Luft fühlt sich an wie Samt und Seide. Aus diesem Abend ist etwas zu machen.

Wiedersehen mit Schewardnadse

Alles ist abgesprochen, alles kommt anders. Wir wollten ein Gespräch mit dem Präsidenten in seinem Landhaus aufnehmen. Zugesagt! Nun wird mir mitgeteilt, nur ein Interview im Büro sei drin. Soll ich absagen? Das kann ich Eduard Schewardnadse nicht antun. Der Präsident der Republik Georgiens hat schließlich größten Anteil an der Wiedervereinigung Deutschlands gehabt. Da muss man auch als einfacher Staatsbürger der deutschen Bundesrepublik zu Opfern bereit sein. Also fahren wir am Regierungsgebäude in Tbilissi oberhalb des Schota-Rustaweli-Prospekts vor. Die Sicherheitsschleusen veranstalten ein wildes Pfeifkonzert, als wir mit unserem Filmgepäck die elektronischen Barrieren durchqueren. Die Metalldetektoren springen hier offensichtlich auf jeden Hosenknopf an. Dass um Schewardnadse höchst sensibel gearbeitet wird, ist verständlich. Auf den Präsidenten sind bereits zwei Attentate verübt worden. Tote und Verletzte hat es gegeben. Auch Eduard Schewardnadse hat es getroffen. Nur mit Glück kam er mit dem Leben davon.

Wir fahren auf die 12. Etage. Als Eduard Schewardnadse Präsident des demokratischen Georgiens wurde, kehrte er in ein vertrautes Milieu zurück. Er bezog wieder das Büro, in dem er schon als Chef der kommunistischen Sowjetrepublik Georgien residierte. Dem Westen war Schewardnadse bekannt geworden, als er 1986 überraschend zum Außenminister der UdSSR avancierte. Er unterstützte damals den Perestroika-Kurs Gorbatschows, der den Zusammenbruch des Sowjetimperiums allerdings auch nicht aufhalten konnte, vermutlich sogar beschleunigte. Wie Gorbatschow hat Schewardnadse das ewige Verdienst, dass daraus keine Welttragödie wurde. Die Ansichten, wem welche Meriten zukommen, gehen bei dramatischen Ereignissen dieser Art bekanntlich auseinander. Gerechnet wird nach Gewinn und Verlust. Für Moskau bedeutete das Ende der Sowjetunion eine beträchtliche Einbuße an Macht, für den Westen, insbesondere für Deutschland, brachte es einen unglaublichen Gewinn. Auch Georgien kann sich zu den Siegern zählen. Nach 190 Jahren russischer Herrschaft, die auf eine jahrhundertelange Unterwerfung durch Mongolen, Perser und Türken folgte, ist das Land endlich unabhängig geworden. Aber um welchen Preis? Zunächst gab es Bürgerkrieg, weil der erste Präsident Swiad Gamsachurdia nationalistisch völlig durchdrehte. Danach brachen Kriege mit den autonomen Gebieten von Südossetien und Abchasien aus.

Eduard Schewardnadse, der Deutschlands Einheit mit förderte, musste den Verfall des eigenen Landes erleben. Die Ordnung im Rumpfstaat Georgien hat er einigermaßen hergestellt. Aber die Wirtschaft liegt weiter am Boden. In großen Teilen der Bevölkerung herrscht große Armut. Korruption und Vetternwirtschaft sind die alten dominierenden Elemente auch im neuen Georgien. Die Bevölkerung ist zum großen Teil völlig entmutigt. In der Intelligenzia, die Schewardnadse bislang unterstützte, wächst die Kritik. Es fehlt an neuen Köpfen und an neuen Ideen.

Die Nationalisten aus der Gefolgschaft des inzwischen verstorbenen Expräsidenten Swiad Gamsachurdia sind auch noch aktiv. Soeben ist einer ihrer Anführer im Kampf mit der Miliz erschossen worden, weil er bewaffnet mit Kumpanen durch die Gegend fuhr. Rache wird gefürchtet. Neue Aufstände sind nicht ausgeschlossen. Die eigene Gefolgschaft beginnt sich abzuwenden. Eduard Schewardnadse ist nicht zu beneiden.

Wir richten uns auf das Interview ein. Ein Team der Pressestelle des Präsidenten ist gleich mit erschienen. Statt vorgesehener intimer Atmosphäre haben wir es jetzt mit einem hochoffiziellen Akt zu tun. Vermutlich wird das Interview auch noch dem staatlichen georgischen Fernsehen untergeschoben. Besonders erfreut bin ich über diese Entwicklung nicht. Ich schiebe die dicken Vorhänge beiseite. Kein interessanter Ausblick. Das Postministerium im Vordergrund und weiter hinten die kahlen Machata-Berge. Ein Sicherheitsbeamter stürzt herbei und zieht die Vorhänge brüsk wieder zu. Scharfschützen könnten durch das Fenster auf den Präsidenten schießen. Was soll ich dazu sagen! Nur mit einer weit reichenden Kanone wäre ein solches Attentat möglich. Aber beim letzten Anschlag war die Entfernung auch beträchtlich. Die Vorsicht ist nachvollziehbar.

Schewardnadse erscheint. Er sieht abgespannt aus. In letzter Zeit hat ihm die stärker werdende Opposition zu schaffen gemacht. Er erinnere sich, dass ich ihn schon einmal interviewt hätte, sagt er zur Begrüßung. Ich erkenne darin eine nette Geste der Höflichkeit, halte aber die angebliche Erinnerung für ausgeschlossen. Er aber beharrt darauf, denn er vergesse nichts. Ich frage ihn, ob er nicht um sein Leben fürchte, nachdem bereits zwei schwere Anschläge auf ihn verübt worden seien. »Nein«, scherzt er makaber zurück. »Ich langweile mich allmählich und frage mich, wann kommt endlich das dritte Attentat. Im Ernst: Ich glaube, ein weiteres Mal wird es nicht geben. Die Verhältnisse haben sich hier im Land doch sehr stark stabilisiert, aber man weiß ja nie.«

»Der Kaukasus ist reich an Kultur und verschwenderisch von der Natur ausgestattet. Warum gibt es hier so viele Konflikte und Kriege?« »Daran sind die totalitären Regime schuld, die früher den Kaukasus beherrscht haben. Sie haben durch ihre Sicherheitsdienste die Völker gegeneinander aufgehetzt. Diese Saat geht weiter auf.« Dass er selbst Teil eines solchen Regimes war und zwischen den Jahren 1968 und 1972 sogar im Rang eines KGB-Generals, übergeht er. Es hieße ihn zu unterschätzen, wenn man Eduard Schewardnadse in dieser Hinsicht damals völlige Abstinenz unterstellte, denke ich mir.

»Wie ist das Verhältnis zu Russland?« »Im Prinzip in Ordnung! Die Vorwürfe, wir unterstützten die Tschetschenen, sind haltlos. Bomben werden sie wohl auch nicht mehr auf unsere Grenzposten werfen. Dass wir darauf bestehen, dass die Russen ihre bisherigen militärischen Basen räumen, finden sie natürlich nicht so gut. Aber sie machen es schließlich. Im Übrigen wissen wir, dass Russland ein großer Markt für uns ist. Deshalb sind wir an guten Beziehungen zu Moskau interessiert.«

»Ist Georgien ein Teil Europas oder ein Teil Asiens?« »Wir gehören eindeutig zu Europa. Georgien ist der Vorposten des Christentums gegenüber dem Islam. Dass wir Mitglieder der Europäischen Union und der Nato werden wollen, ist bekannt.«

»Wie stellen Sie sich die Zukunft des Kaukasus vor?« »Wir haben alle Chancen auf eine gute Zukunft. Der Kaukasus wird die Seidenstraße der Moderne zwischen Ost und West sein.« »Sie haben sehr zur deutschen Einheit beigetragen. Haben sich die Deutschen dafür erkenntlich gezeigt?« »Die Deutschen haben uns sehr geholfen. Materiell und auch bei der neuen Gesetzgebung unseres

Landes. Mein Freund Hans-Dietrich Genscher tut für uns, was er kann.«

Ursprünglich wollte ich das Interview in Russisch führen, um ihn direkt zu verstehen. Aber der Stab des Präsidenten war dagegen. Der Präsident spräche in der Sprache seines Landes. Ich kann das verstehen. Allerdings ist mein Georgisch deutlich unterentwickelt. Außer Madloba und Gaumardschos, was zu Deutsch »Danke« und »zum Wohl« heißt, kann ich nichts sagen oder verstehen. So muss eine Dolmetscherin ran. Lea Zereteli macht ihre Sache ausgezeichnet. Von uns dreien ist sie in dieser Stunde mit Abstand die Beste …

Wein und Millionen – Der sagenhafte Aufstieg eines jungen Georgiers

Lässig lehnt Lewan Gatschitschiladse an seinem Auto. Groß gewachsen, dichtes schwarzes Haar, wirkt er in seinem hellen Leinenanzug ganz wie ein Patron, jedenfalls älter als er mit seinen 35 Jahren tatsächlich ist. Um ihn herum stehen kräftige Männer in sportlich-eleganter Kleidung, ihre Augen sind vor der Sonne mit dunklen Gläsern geschützt. Mit uns rollt ein schwerer schwarzer Mercedes heran. In ihm sitzt ein Freund von Lewan Gatschitschiladse, ein Banker. Wir sind komplett.

Ich hatte Lewan Gatschitschiladse kennen lernen wollen, weil er Manager des Jahres von Georgien geworden war. Überdies ist Wein ein Synonym für Georgien. Wenn damit Millionen in einem armen Land gemacht werden, dann kann das nur Neugier erwecken. Der junge reiche Mann ziert sich nicht. Er will mir seinen Besitz zeigen. Einen ganzen Tag hat er sich Zeit dafür genommen. Weinproben und ein Festmahl zum Abschluss soll es geben. Das kann ja heiter werden!

So sitze ich mit dem Erfolgsunternehmer in seiner feinen Limousine. Die Fahrt geht in das Weinland Kachetien, genauer gesagt nach Telawi, 185 km nordöstlich von Tbilissi. Die Polizei zeigt erstaunliches Verständnis für unsere Kolonne, die mit hohem Tempo durch Land und Ortschaften braust. Beziehung ist alles!

Lewan Gatschitschiladse spricht sehr gut Englisch. Wo hat er es gelernt? »Erst ein bisschen in der Schule, dann richtig on the job!« An der Staatsuniversität in Tbilissi hat er marxistisch-leninistische Ökonomie studiert. Seinerzeit versuchte Gorbatschow, die Sowjetwirtschaft mit der Perestroika zu retten. Der junge Absolvent Lewan stieg darauf ein und probierte es mit Spielsachen, dann mit Obst und Gemüse. Ohne besonderen wirtschaftlichen Erfolg! Keineswegs entmutigt bewarb er sich um ein Stipendium an der belgischen Universität Leuven. Er wurde genommen und konnte nun anhand von Fallstudien intensiv lernen, was ihm am Herzen lag: Exportwirtschaft und Marketing. Ein Holländer kreuzte in seiner

Studentenbude auf. Gemeinsam gingen sie durch, womit in Georgien Geld zu machen war. Am Ende ihres Brainstormings hatten sie ihre Traumkombination gefunden: Wein und Export.

Die Idee war gut, die Lage schlecht. Als der Leuven-Stipendiat nach Georgien zurückkehrte, brach dort Krieg aus. Erst um die Macht im Staat, dann um Ossetien, schließlich um Abchasien. Jegliche Ordnung im Staat ging verloren. Es herrschte überall rohe Gewalt. Wer etwas unternahm, geriet gleich in höchste Gefahr. Weinanbau, Weinproduktion, Weinverkauf waren bis dahin Sache des Staates gewesen. Nun kam da ein junger Kerl und wollte etwas privat probieren. Man machte ihm das Leben nicht nur schwer, sondern man wollte es ihm auch nehmen. Irgendwie schaffte es Lewan mit seinen Verbindungen, per Schiff Weintrauben nach Holland zu exportieren. Dort wurden sie zu 50.000 Litern Wein verarbeitet und nach Moskau transportiert. Russland war von jeher Hauptabnehmer georgischen Weins gewesen. Die Lieferung aus Georgien war inzwischen wegen des Krieges vollends gestoppt worden. Dafür kam jede Menge gepanschter Wein auf den russischen Markt. Lewan mobilisierte seine in Moskau lebenden Freunde. Was wäre ein Georgier ohne verwandtschaftliche und freundschaftliche Beziehungen? Nun konnte er seine in Leuven erworbenen Marketing-Kenntnisse ausspielen. Sein Wein kam groß an. Der erste Schritt war getan.

Doch in Georgien konnte er sich nicht halten. Die staatlichen Weinmacher wollten ihn mit allen Mitteln ausschalten. So zog Lewan Gatschitschiladse aus Sicherheitsgründen mit seiner Frau und seinen beiden Kindern für zwei Jahre nach Holland um. Zwischendurch reiste er immer wieder nach Georgien ein. Dort normalisierte sich im Laufe der Jahre die Lage. Das Land lag allerdings nach dem blutigen und zerstörerischen Krieg völlig am Boden. Der aus Moskau zurückgekehrte Eduard Schewardnadse stellte allmählich wenigstens Ordnung her.

Lewan sprach mit ihm und wurde ermutigt, es wieder in Georgien zu versuchen. So kehrte er zurück und gründete mit sechs Freunden die Firma »Georgian Wines and Spirits«. Das Hauptquartier der GWS war nur 15 m^2 groß, dafür die Vorstellung des neuen Generaldirektors grenzenlos. Er wollte die Weinmacht in Georgien erobern und dann eine geachtete Größe im Weltmarkt werden.

Eine Fabrik wurde erworben, denn georgischer Wein konnte nur in Georgien hergestellt werden. Danach wurden Weingärten aufgekauft, unterstützt von seinem holländischen Partner, dessen Firma zum französischen Konzern Pernod gehört. Die Sache kam ins Rollen. Gelder von der Europäischen Aufbau- und Kreditbank flossen. Das Unternehmen florierte. Pernod schaute sich die Zahlen an und stieg mit 51 % ein. Binnen weniger Jahre war GWS die Nummer 1 in Georgien.

»Können Sie inzwischen alles aufkaufen?« »Nein, nicht alles! Das Weingut Zinandali will der georgische Staat mir nicht herausrücken.« Lewan Gatschitschiladse trägt daran offensichtlich schwer. Das Haus Zinandali ist das Kronjuwel des georgischen Weins. Hier hat alles begonnen. Wenn er es schon nicht kaufen kann, so will er es mir doch wenigstens zeigen. Es befindet sich im Dorf Zinandali am Rande der Stadt Telawi. Die Pforten sind geöffnet. Wir fahren auf ein gut erhaltenes Herrenhaus zu. Hier residierte Alexander Tschawtschawadse, der das Weingut Zinandali im Jahre 1881 gegründet hat. Er holte sich den französischen Kellermeister Antoine Massaneau und tat damit einen guten Griff. Schon 1885 gewann der Zinandali-Wein eine Goldmedaille in Chicago.

Die glorreiche Geschichte soll mir nicht vorenthalten werden. Ich werde in den Keller geführt, wo die berühmtesten und teuersten Weine ihre letzten Ruhestätten gefunden haben. Wie anderswo Diamanten oder kostbare Briefmarken werden sie hoch gesichert aufbewahrt und gelegentlich dem stets beeindruckten Publikum präsentiert. Erschauernd inspiziere ich die Regale; erschauernd vor Ehrfurcht und wegen der niedrigen Raumtemperatur. Ich entdecke Weine aus dem frühen 19. Jahrhundert. Eine Flasche aus dem Jahre 1814 fällt mir auf. Eine wichtige Zeit für Georgien! Damals hatte das zaristische Russland soeben die Herrschaft über Transkaukasien angetreten und damit den Schutz der christlichen Georgier und Armenier vor den muslimischen Persern und Türken übernommen. Nicht nur aus Nächstenliebe, sondern zum Ausbau der eigenen Macht.

Allmählich habe ich genügend Interesse gezeigt, wie ich finde. Draußen hat sich das Quecksilber auf 30 Grad im Schatten hochgearbeitet, hier im Keller sind es dem toten Wein zuliebe nur kühle

14–15 Grad. Mich drängt es an die frische Luft. Die hochverehrten Weinleichen in ihren verstaubten Flaschen lasse ich gerne zurück. Lewan drängt auch. Er will endlich seine neueste Errungenschaft vorführen: die Weinfabrik, die er kürzlich erworben hat. Wie Staatsbesucher rollen wir vor. Fehlt nur noch der rote Teppich! Zunächst werde ich zum Kosten gebeten. Die traditionellen Marken werden aufgefahren: Zinandali, Mukusani, Napareuli, Kindsmarauli.

Mit Qualität und Tradition will Lewan Gatschitschiladse auf dem Weltmarkt Fuß fassen. Er hat Westeuropa und Amerika im Visier. »Unser Hauptabnehmer wird aber Russland bleiben.« Bei dem bekannten Durst der Russen kann ich mir das gut vorstellen. »Gibt es Konkurrenten?« »Nur einen! Den moldawischen Wein!«

Lewan ist Stratege. Er setzt nicht nur auf modernes Marketing, sondern auch auf die Erfahrungen aus der Vergangenheit. Dafür hat er sich die Dienste von Tamas Kandelaki gesichert. Er war Chef der ehemaligen Staatlichen Vereinigung aller Weinkolchosen und -sowchosen in Georgien. Rückfall in altes Denken braucht Lewan dadurch nicht zu befürchten. Tamas Kandelaki redet mit einem kapitalistischen Vokabular, als habe er vorher nie einen Betrieb nach den Regeln der kommunistischen Ökonomie geführt. Um international auf der Höhe zu sein, hat sich unser fixer Unternehmer einen Australier als Kellermeister an Land gezogen. David Nelson heißt der Mann aus Down under, der sich hier im Transkaukasus offensichtlich sehr wohl fühlt. Er achtet auf die Qualität der Weine. »Wie teuer sind Ihre Weine?« »Sie sind nicht billig. Im Geschäft kostet Zinandali 7 Dollar, Mukusani 11 Dollar und Kindsmarauli 20 Dollar.« »Kann sich Ihre Bevölkerung solche Weine leisten?« – »Im Prinzip kaum! Deshalb haben wir billige, aber ordentliche Weine entwickelt, um die Trinkkultur unseres Volkes lebendig zu halten. Unsere Menschen sollen nicht auf andere Getränke umsteigen wie etwa auf Bier.« »Produzieren Sie nur Traditionsmarken?« »Nein, wir haben jetzt mit Erfolg neue Angebote auf den Markt gebracht.« »Was zum Beispiel?« »Alt-Tbilissi – rot und weiß. Läuft von Anfang an sehr gut. Bei Cognac, Wodka und dem Obstschnaps Tschatscha wollen wir demnächst auch einsteigen.«

Wir treten zum Rundgang durch den Betrieb an. Die Umbauarbeiten sind in vollem Gange. Von der früheren Weinfabrik bleibt wenig. Nur die Anschlüsse – Straße und Schiene – werden erhalten und die Außenhüllen der Gebäude. Ansonsten wird entkernt und neu eingerichtet. Alles modernste Ausrüstung aus dem Westen! 100 Arbeiter sind damit beschäftigt. Angesichts der hohen Arbeitslosigkeit eine vorübergehende Erholung für die Region. Im Betrieb selbst werden 120 Männer und Frauen tätig sein. »Nur die Besten!« wie Lewan stolz verkündet. »Ich habe die kreativsten Gehirne Georgiens in meiner Geschäftsleitung. Deshalb kann ich bald als Generaldirektor ausscheiden.« »Warum?« »Das Geschäft läuft. Wir produzieren jetzt schon 5 Millionen Liter Wein. In wenigen Jahren werden es 25 Millionen Liter sein. Der Weinkonsum steigt: in Georgien, in Russland und in der Welt. Global um 25 % jedes Jahr!«

»Was wollen Sie machen?« »Ich steige als Chef aus, bleibe aber auf der georgischen Seite Hauptaktionär. Ich muss etwas Neues anfangen. Vielleicht Agro-Banking.« Für die Politik ist Lewan Gatschitschiladse bereits gewonnen worden. Schewardnadse hat ihn in seine Partei geholt. Mit Bedacht! Lewan Gatschitschiladse ist als einer der wenigen Erfolgsmanager populär im Land. Er sitzt nun im Parlament. Dort machte man ihn gleich zum Vorsitzenden des Wirtschaftskomitees. Doch da fühlt er sich von den alten Funktionären gebremst. »Es geht nicht voran. Keine neuen Ideen! Wir steuern auf eine große Krise zu«, sagt er. Den Posten als Vorsitzender des Wirtschaftskomitees hat er deshalb bereits nach wenigen Monaten zurückgegeben. Möglicherweise scheidet er demnächst ganz aus dem Parlament aus. »Macht keinen Sinn mehr für mich.« Vielleicht ist er auch nur beleidigt, weil man den Wunderknaben nicht gleich zum Vizepremier gemacht hat.

Wir fahren durch die Alasani-Ebene – überall Wein! Sieht aus wie Nappa-Valley in Kalifornien. Hinten steigt der Große Kaukasus auf. Hier im Tal sind es inzwischen wohl 35 Grad im Schatten, auf den Bergen liegt noch Schnee. Wir sind auf Gegenkurs zu Alexandre Dumas, aber, wie er, gleicher Meinung über die Landschaft hier. Er schwärmte von der Alasani-Ebene als dem Garten des Kaukasus, dem Weinberg Georgiens. Das kann man nicht besser sagen.

Nun steigt das Finale unserer kleinen Dienstfahrt. Eine große Veranda in einem neuen Restaurant ist für uns freigeräumt worden. Eine Gesangsgruppe nimmt mit uns am prall gedeckten Tisch Platz. Ein Tamada wird bestimmt. So will es die Landessitte. Er ist für die Toasts zuständig. Entweder bringt er sie selbst aus oder er lässt auf Antrag andere zum Zuge kommen. Wir haben uns kaum niedergelassen, da steht der Tamada schon auf und hebt zum ersten Trinkspruch an. Das Heimatland Kachetien preist er in kunstvoller Weise. Ein kleineres Gedicht fügt er ein. Er macht seine Sache offensichtlich gut. Die Tischrunde reagiert jedenfalls begeistert. »Gaumardschos!« ruft der Tamada am Ende seines Toasts. »Gaumardschos!« antworten alle, eingeübt wie in einem Chor. Das Wort werde ich nun noch viele Dutzend Mal hören und es selbst mit Feuer häufig ausrufen. Es heißt: »Zum Wohl!«

Die Gesangsrunde stimmt ein Lied an. Die Weise ist sehr populär. Der Text ist leicht zu behalten, er besteht nur aus einem Wort. Dafür ist es höchst kompliziert, »Mrawalzhamieri«, was mit »Festgesang« zu übersetzen ist. Eine Pause wird in diesem Gelage nicht eingelegt. Es geht Schlag auf Schlag. Getrunken wird auf Georgien, auf die Familie, auf die Freunde, auf die Gäste. Einmal wird auf ex getrunken. War es auf die Frauen, war es auf die Kinder? Ich weiß es nicht mehr. Die Toasts gehen nun von den Menschen auf die Werte über: die Liebe, die Freundschaft, der Edelmut, die Tapferkeit werden gewürdigt. Es wird gedrechselt an den Formulierungen, bis sich mit der brillanten Schlussfloskel der Schrei »Gaumardschos« befreiend Bahn bricht, als sei ein Tor gefallen in letzter Minute.

Auch mir wird vom Tamada das Wort erteilt. Politisch korrekt spreche ich von Frieden und Verständigung. Von den guten Beziehungen zwischen Georgien und Deutschland. Kein Volk stehe über dem anderen. Mir steigen fast selbst die Tränen in die Augen. Auf das Wohl Georgiens bitte ich schließlich zu trinken, »Gaumardschos« jauchzt die Runde. Wir kippen den schönen Wein in unsere Kehlen, und die Sänger summen »Freude, schöner Götterfunken«. Ich bin gerührt.

Einer der Sänger schnappt sich zwei Messer und legt auf Gläsern, Flaschen, Krügen und Tellern ein furioses musikalisches Solo hin. Riesenbeifall wird ihm dafür zuteil. Die Stimmung wird allmählich rührseliger, und die Anwesenden fangen an, sich selbst zu loben. Einer den anderen. Am meisten den Gastgeber. Lewan Gatschitschiladse nimmt es mit Fassung hin. Ist er mir als Neureicher unsympathisch? Ich kann es nicht sagen. Er zeigt gerne seinen

Wohlstand, aber protzt damit nicht in unerträglicher Weise. Er hat viel riskiert und viel gewonnen. Ob er es mit üblen Methoden geschafft hat, vermag ich nicht zu sagen. Mit seinem Reichtum hilft er seinen Eltern, wie er sagt, seinen Geschwistern, seinen Verwandten und den Verwandten seiner Verwandten. In Georgien sei das so. Die Sippen hielten fest zusammen. Danach habe sich die Entwicklung der Gesellschaft zu richten.

Wir nehmen Abschied. Ein letzter Toast! Auf eine glückliche Reise wird getrunken. Wir ziehen davon. Hinter uns stimmen die Meistersinger das Lied an: »Auf der schwäb'schen Eisenbahna«.

Auf der Rückfahrt kann Maxim das Drehen nicht lassen. »Tormosi!« befiehlt er dem Fahrer ein um das andere Mal, »brems!« Wir halten im Dorf Kalauri an. Hier sieht es trübe aus. »Kak dela?«, spreche ich einen alten Mann an. »Wie steht es?« Die billige Floskel hätte ich mir sparen können. Ich sehe doch, was los ist. Nichts! »Schlecht«, sagt mir dann auch der Angesprochene auf Russisch. »Keine Arbeit, kein Geld, nichts zu essen, keine Zukunft.« Ein kurzes, ernüchterndes Statement zur Lage der einfachen Nation. Soeben hatten wir noch heftig geprasst, und hier tritt uns nun unverhohlen erbitterte Verzweiflung entgegen.

Um einen Kiosk drängen sich die Betrunkenen. Kommunistische Losungen, die die Unbesiegbarkeit des Marxismus-Leninismus verkünden, sind an den Häuserwänden zu lesen. Auch Stalin hat sich hier als großer Patriot gehalten. Wir folgen einem Eselskarren. Er führt uns in eine Seitenstraße. Frauen hocken zusammen und sortieren Knoblauch und Zwiebeln für den Verkauf und für den Winter. Eine der Frauen geht wohl auf die 100 zu. Ich erkundige mich interessiert nach ihrem Alter, weil die Menschen in Georgien angeblich besonders lange leben. Sie ist gerade 70. »Woher kommen Sie?« werde ich gefragt. »Aus Deutschland!« Die Frauen sind zufrieden. Sie lassen sich geduldig filmen. Dann sagt eine: »Unser Präsident hat Deutschland zur Einheit verholfen. Dafür hilft Deutschland uns, heißt es. Amerika hilft uns auch, wird gesagt. Aber bei uns kommt von der Hilfe nichts an.« »Wovon leben Sie?« »Von dem, was uns der Himmel gibt. Der Staat gibt uns nichts. Noch nicht einmal unsere kleinen Pensionen von 12 Lari. Das Licht funktioniert auch nicht, und wenn es mal brennt, dann schließen wir erschrocken die Augen, weil sie nicht daran gewöhnt sind. Im Kommunismus hatten wir es besser.«

Inzwischen hat sich die Dorfbevölkerung um uns versammelt. Mit unseren Dreharbeiten bieten wir eine unverhoffte Abwechslung. Die Jungen drängen sich nach vorn, die Mädchen bleiben hinten stehen. Sie kümmern sich um ihre kleineren Geschwister.

Wir steigen in unsere Autos. »Auf Wiedersehen!« ruft uns auf Deutsch eine kleine Schönheit nach, ihren widerborstigen Bruder fest im Griff haltend. Dies war der beste Toast des Tages. Ich würde sie gerne wieder sehen, aber unter für sie besseren Umständen.

Irma la Douce und Ulmer Schachteln

Es ist an der Zeit, ein hohes Lied auf die Schwaben anzustimmen. Sie haben den Deutschen im Kaukasus einen guten Ruf verschafft und auch sonst Bewundernswertes geleistet. Auf ihre Geschichte hat mich eine kleine, unwiderstehliche Frau gebracht. Sie heißt Irma Dirk und wohnt in Asureti. Das Dorf ist leicht zu finden. Von Tbilissi dauert die Fahrt eine knappe Stunde. Zwanzig Kilometer Richtung Eriwan, dann rechts ab in die Berge. Nach knapp zehn Kilometern ist das Ziel erreicht. Irmas Haus befindet sich an der Hauptstraße. Rechte Seite, leichte Hanglage.

Als wir eintreffen, sind wir zunächst nicht willkommen. Nur missmutig räumen zwei Schweine ihre Stammplätze vor dem Haus für unseren Minibus. Das Anwesen liegt etwas tiefer als die Straße. Ein Lindenbaum sorgt für Schatten und Idylle. Vor dem Zaun steht eine Bank. Das Haus stammt aus dem 19. Jahrhundert: Fachwerk, Naturstein, Ziegeldach. Im Dorf stehen viele solcher Häuser. Die anheimelnde Architektur hat ihren Grund. Asureti war einmal ein deutsches Dorf und hieß in dieser Eigenschaft Elisabeththal. Doch dieser Teil der Dorfgeschichte endete bitter in der Stalinzeit; zunächst mit brutaler Verfolgung und schließlich mit Deportation im Jahre 1941. Damals begann bekanntlich der Krieg Nazi-Deutschlands gegen die Sowjetunion, wofür Stalin die Sowjetbürger deutscher Nationalität grausam büßen ließ. Auf die Historie komme ich später zurück, denn es gilt jetzt, Irma zu begrüßen. Sie empfängt uns voller Herzenswärme. Irma la Douce nenne ich sie daraufhin. Sie lässt es sich gefallen. Mit leichtem Vorwurf in der Stimme weist sie allerdings darauf hin, dass wir zehn Minuten später als angekündigt eingetroffen seien. Deutsche Pünktlichkeit hätten wir wohl nicht gelernt. Ihr Dialekt ist deutlich schwäbisch gefärbt, das deutsche Vokabular reichert sie fleißig mit russischen Wörtern an.

Wir werden ins Haus gebeten. Alles steht ordentlich an seinem Platz. Im Wohnzimmer begrüßt uns der Sinnspruch: Die Liebe höret nimmer auf. Von der anderen Wand schauen mir Iwanuschka und Aljonuschka, also Hänsel und Gretel, über die Schulter. Wir werden zu Tisch gebeten. Von der langen Fahrt aus Tbilissi seien wir sicher hungrig. Das Haus gehöre ihr, teilt Irma mir beim Ausschenken der Suppe mit. Sie habe es 1980 für 16.800 Rubel erworben. »Das war für mich großes Geld.« In die Wiederherstellung habe sie viel Arbeit gesteckt.

Im Hof laufen Küken und kleine Truthähne vor uns davon. Irmas ganzer Stolz ist der Garten. Mit Recht! Hier gedeihen unter ihrer Obhut in schönem Durcheinander Kartoffeln, Erdbeeren, Bohnen, Himbeeren, Tomaten und sonstiges Gemüse. Die Obstbäume tragen ebenfalls reiche Früchte: Birnen, Granatäpfel, Haselnüsse und Pflaumen. »Ist alles für die Kinder. Ich brauche nicht mehr viel.« Vier Kinder hat sie und zwölf Enkel. Was der Garten hergibt, weckt sie für den Winter ein. »Sonst kommt Not.« Die Einkünfte sind mager. Zwölf Lari, also zwölf Mark, beträgt ihre Rente. Das Geld wird aber meist nicht ausgezahlt. »Ich habe seit vier Monaten nichts bekommen.«

Irmas Mann, ein Georgier, ist schon lange tot. Ihre Kinder sind in die Stadt oder in die Umgebung weggezogen. Sie will, solange es geht, in Asureti bleiben. »Ich bin hier geboren. Das war am 26.7.1924. Damals lebten hier fast nur Deutsche. Es gab noch einige Georgier und Armenier. Die hüteten das Vieh.« »Wie war denn damals das Leben in Elisabeththal?« »Wir hatten eine schöne Zeit. Sonntags gingen wir in die Kirche. Alle lebten gut. Wir haben deutsche Lieder gesungen, gerne getanzt und gefeiert.« Dann kam die finstere Zeit der Verfolgung. Die deutsche Schule wurde geschlossen, der Vater wurde abgeholt. »Stalin hat uns kaputtgemacht. Den Vater, den Bruder, die Schwester!« Die Deutschen wurden brutal verschleppt. »Böse hat man uns behandelt.« In Kasachstan und im Fernen Osten mussten sie ihr Leben fristen. Erst lange nach dem Krieg konnten sie zurückkehren. Doch sie fanden keinen Platz. Sie waren unerwünscht. In den Häusern ihres Dorfes, das längst Asureti hieß, lebten inzwischen Georgier. Die Deutschen mussten sich woanders in der Sowjetunion niederlassen. Ein großer Teil ist später nach Deutschland ausgereist.

So ist Irma inzwischen die letzte Deutsche im Dorf. »Wie leben Sie mit Ihren georgischen Nachbarn zusammen?« »Sehr gut! Wenn sie mich ein paar Tage nicht gesehen haben, kommen sie vor mein Haus gelaufen und schreien: ›Irma, Irma, lebst du noch?‹«

Aber das Verhältnis war nicht immer so gut, erinnert sie sich. Als am Ende der Sowjetunion der Nationalismus ausbrach, rotteten sich vor ihrem Haus die Halbwüchsigen zusammen, erzählt sie mir. »Sie brüllten: ›Geh nach Russland!‹ ›Aber ich bin doch keine Russin‹, habe ich gerufen. ›Ich bin Deutsche.‹ ›Dann geh nach Germanien‹, haben sie geschrien und Steine in unsere Fenster geworfen. Meine Enkel und ich konnten tagelang nicht das Haus verlassen.« Sie wäre damals fast gestorben. Einen Herzschlag, wie sie sagt, habe sie bekommen. Aber sie hängt an ihrem Dorf, auch wenn es nicht mehr den alten Namen trägt und alles anders geworden ist. »Ich bin hier geboren. Meine Familie ist 1818 hierhin gekommen. Sie hat dafür viel mitgemacht.« Dies ist in der Tat eine abenteuerliche Geschichte.

Man versetze sich in das Jahr 1816. Der lange Krieg gegen Napoleon war vorbei. In Westeuropa sah es nicht gut aus. Zerstörungen und Missernten hatten die Menschen in eine verzweifelte Lage gebracht. Zur gleichen Zeit suchte der russische Zar Alexander I. unternehmungslustige und tüchtige Siedler für seine Neuerwerbungen im Kaukasus. Dabei wurden ihm die Schwaben empfohlen. Katharina die Große hatte mit ihnen schon beste Erfahrungen gemacht. Als Werberin für den Zaren machte sich eine Frau von Krüdener nach Württemberg auf den Weg. Sie kam, was ihre Mission anging, zum denkbar besten Zeitpunkt. Der Herzog brauchte Geld. Die fällige Ablösesumme für die potenziellen Siedler kam ihm gelegen. Er konnte bei dieser Gelegenheit auch noch einige aufmüpfige Untertanen loswerden. Die Pietisten in seinem Land stänkerten nämlich heftig gegen die Liturgie, die ihnen in der Kirche vorgesetzt wurde. Die frommen Menschen befanden sich zudem in Aufbruchstimmung. Das »1000-jährige Reich Christi« rückte heran. 1836 sollte es so weit sein. Nur 144.000 Auserwählte hatten eine Chance. Der Rest war dem Untergang geweiht. Da war es ratsam, sich eine günstige Ausgangsposition zu verschaffen. Die konnte nur im Osten liegen, entweder in Jerusalem oder am Berg Ararat, wo schon einmal die Sintflut ein gutes Ende gefunden hatte.

Willensstark wie Schwaben sind, machten sich 1400 Familien auf den Weg in die äußerst ungewisse Zukunft. Auf »Ulmer Schachteln« – das sind mehrstöckige Boote – schipperten sie die Donau hinunter. Es wurde ein Leidensweg, der vielen den Tod brachte. Die überlebenden Schwaben ließen sich aber nicht aufhalten. Über das Schwarze Meer gelangten sie schließlich nach Odessa, wo sie völlig erschöpft am 31. Dezember 1816 eintrafen. Einem größeren Teil reichten nun die Anstrengungen. Sie ließen sich in der deutschen Kolonie Großliebenthal nieder. Aber 31 Familien waren noch munter genug, um ihren Zug in das Land ihrer Träume fortzusetzen. In mehreren Kolonnen, so genannten Harmonien, kämpften sie sich durch den damals sehr wilden Kaukasus. Räuberische Bergstämme, Steinschlag und gefährliche Wetter konnten sie nicht stoppen. Schwaben sind eben Schwaben. Was sie sich in den Kopf gesetzt haben, ziehen sie durch. So trafen sie denn am 27. September 1817 in Tbilissi ein und gründeten fünf Kilometer weiter das Dorf Marienfeld. Im Ernstfall hatten sie es bis zum Ararat nicht mehr weit.

Kaum war die Kunde vom glücklichen Ende der Schwaben-Expedition in die Heimat gedrungen, zog ein weiterer Schwung von Württemberg aus los. Diese Schwaben hatten noch härtere Prüfungen zu bestehen. Elfhundert Menschenleben wurden sehr früh durch eine Epidemie dahingerafft. In Odessa wollte man die Überlebenden nicht weiterziehen lassen. Ihre Sicherheit sei nicht zu garantieren. Daraufhin begaben sich zwei der unerschrockenen Schwaben, nämlich Georg Frick und Johann Jakob Koch, zum Zaren. Sie verschafften sich tatsächlich auch Zutritt. Alexander I. war beeindruckt. Er befahl seinen Behörden, die Schwaben auf ihrem Weg nach Georgien zu unterstützen. Jede Familie erhielt 500 Rubel. Außerdem gab es pro Person und Tag 40 Kopeken Verpflegungsgeld. Dafür legten die Schwaben einen Durchmarsch hin. In 80 Tagen waren sie in Tbilissi. Sie erwiesen sich des Vertrauens würdig, das der Zar in sie gesetzt hatte. In kurzer Zeit gründeten sie in der Umgebung von Tbilissi die Kolonien Elisabeththal, Katharinenfeld, Alexanderdorf, Neu-Tbilissi und Annenfeld, die schnell zu blühenden Dörfern wurden. Für Alexander hatte sich die Investition gelohnt. Auch Georgien profitierte davon. Bevor Stalins Terror losging, schafften 40.000 Schwaben zum Wohle Transkaukasiens kräftig an. »Wie ist das Leben heute in den Dörfern?« frage ich Irma. »Die Deutschen sind fast alle weggegangen. Wie in unserem Dorf sieht es überall aus. Die Menschen sind hier verarmt, keiner hat Arbeit. Die Männer saufen nur noch und haschen, dann schlafen sie sich den ganzen Tag aus. Das haben die Deutschen nie gemacht.«

Ich wandere durch das Dorf. 200 Meter weiter steht die alte deutsche Kirche. Sie wurde schon unter Stalin entweiht. Heute sind nur noch die Mauern übrig geblieben. Innen stöbern Schweine nach Fressbarem herum. Nach einigem Suchen finde ich den Dorffriedhof. In einer Ecke entdecke ich Gräber von Deutschen. Auf einem Stein kann ich mühsam die Worte »In Gott Adolf Brauning« entziffern.

Vor dem Friedhof treffe ich auf zwei Männer. Sie sind ziemlich angetrunken und davon selbst angeekelt. »Wir Georgier sind heruntergekommen. Keine Arbeit, kein Lohn, keine Ehre. Vielleicht können uns die Deutschen etwas Geld geben. Dann würden wir den Friedhof wieder in Ordnung bringen und die Kirche herrichten. So täten wir endlich wieder etwas Gutes.« Ich verspreche, die Idee weiterzugeben, was ich hiermit einlöse.

Aber es sieht so aus, als ob das Kapitel der Deutschen in Asureti, dem vormaligen Elisabeththal, bald völlig geschlossen wird. Auch Irma will nach Deutschland auswandern. Sie hat dem Drängen ihrer Kinder nachgegeben, die keine Zukunft für sich in Georgien sehen. So hatte denn auch Irma keine andere Wahl, als für sich einen Antrag auf Ausreise zu stellen. »Meine Papiere liegen jetzt in Hamm. Ich warte auf die Antwort. Ohne die Kinder ist das kein Leben hier.«

Es ist ein Jammer. Die Schwaben sind weg. Dabei könnte Georgien sie jetzt besonders gut gebrauchen.

Durch den Kleinen Kaukasus nach Armenien – Eine Fahrt mit Wasgen

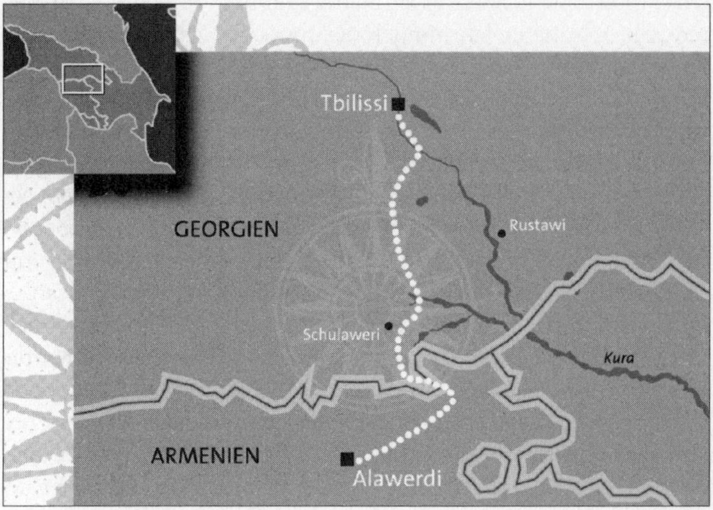

Wasgen treffen wir in Tbilissi auf dem Autobahnhof. Untersetzt, stämmig, blitzende Augen, quicklebendig – so kommt er uns entgegen. Wir suchen einen pfiffigen Fahrer, der uns samt großem Gepäck problemlos über die Grenze nach Armenien bringt. Wasgen sagt, es gäbe dafür keinen Besseren als ihn. 35 Dollar verlangt er für die 268 km nach Eriwan. Wir wollen nicht ganz so weit. Nur nach Alawerdi, kurz hinter der Grenze. Hundert Kilometer und unterwegs ein paar Abstecher. »30 Dollar!« sagt Wasgen. Wir sind uns handelseinig. Wasgen besorgt sich noch schnell von einem Freund ein Taxischild mit Magnethaftung und pappt es auf das Dach seines Schiguli. Wir sind startklar. Der Minibus mit dem Team an Bord hängt sich dran.

Wasgen praktiziert, das merke ich gleich, den offensiven kaukasischen Fahrstil. Ohne übertriebene Rücksicht auf Vorfahrtsregeln braust er vom Autobahnhof auf die Straße. Ich erkundige mich nach den Sicherheitsgurten. Die unbedachte Frage legt sich wie ein Schatten auf unsere soeben begonnene Beziehung. Wasgen schaut mich entgeistert an, als habe ich in sein Gesicht gespuckt. Ich tue so, als ob meine Frage ein Scherz gewesen sei, denn ich kann ohnehin keine Gurte entdecken.

Georgische Autofahrer haben einen sagenhaften Ruf. »Dschigiten« werden sie genannt. Der Name stammt von den wilden Reitern, die in früheren Jahrhunderten Angst und Schrecken verbreiteten. Heute besorgen das die georgischen Autofahrer. Regeln sind für sie nicht gemacht. Die Freiheit hinter dem Steuer ist für sie unantastbar. Kurven werden selbstverständlich geschnitten. In unübersichtlichen Serpentinen bei Gegenverkehr zu überholen ist eine gerne angenommene Herausforderung. Wenn Wasgen ein Auto vor sich sieht, krümmt er seinen Rücken wie ein Radrennfahrer beim Spurt und drischt seinen Schiguli vorwärts, dass mir Hören und Sehen vergehen. »Ich kann nicht Zweiter sein«, lässt er mich wissen. Das sei früher schon so gewesen, als er noch sportlich aktiv gewesen sei. So kommen wir ins Gespräch. Wasgen ist Kurde. Er wurde in Armenien geboren, lernte in Tbilissi seine Frau kennen und zog deshalb nach Georgien. »Was unterscheidet die Georgier von den Armeniern?« möchte ich erfahren. »Die Georgier sind ungezwungener, die Armenier sind ernsthafter. Die Georgier lieben das Leben, die Armenier die Arbeit. Die Georgier haben den besseren Wein, die Armenier den besseren Cognac. Darüber gibt es keinen Streit. Ich als Kurde kann in beiden Republiken leben. Beide sind mir gleich teuer.«

Wasgen war Ringer, griechisch-römisch und klassisch. Danach arbeitete er in der Sowjetzeit als Trainer für die Armenier und Georgier. Man merkt es ihm noch heute an. Seine Stimme ist laut. Er ist es gewohnt, Befehle zu geben. »Waprossow net« ist seine Standardfloskel aus dem militärischen Sprachgebrauch. Zu Deutsch: »Keine Fragen!«

Der Sowjetzeit trauert Wasgen unverhohlen nach. Damals habe noch Ordnung geherrscht. Alle hätten genügend zu essen gehabt. Nach dem Zerfall der Sowjetunion sei er nicht mehr in der Lage gewesen, seine Familie zu ernähren. So sei er nun als Fahrer unterwegs. Geschäftsleute, Touristen und Diplomaten seien in erster Linie seine Kunden. Er chauffiere sie durch Georgien, nach Armenien, Aserbaidschan und auch über den Großen Kaukasus nach Russland.

Seinen Schiguli, einen Fiat-Verschnitt aus dem riesigen Togliatti-Werk am Unterlauf der Wolga, pflegt er wie seinen Augapfel. Halten wir an, geht er mit dem Lappen über Kühlerhaube, Dach und Heck. Selbst die Radkappen putzt er bei jeder Gelegenheit. Fahren wir, wischt er über das Armaturenbrett, sobald sich dort ein Staubkörnchen niedergelassen hat. So hat er mit seinem Wagen inzwischen 6 »Zirkel« zurückgelegt. »Sechsmal um die Erde?« frage ich. »Nein, viel mehr! Sechs mal hunderttausend Kilometer! Ein Zirkel ist vollendet, wenn der Kilometeranzeiger nach 99999 auf null springt.«

Es geht bergan. Wir sind in den Ausläufern des Kleinen Kaukasus. »Hier haben jahrhundertelang Griechen gewohnt«, erklärt mir Wasgen. »Als der Krieg in Abchasien begann, haben sie sich in die Heimat ihrer Vorväter zurückgezogen. Was sollten sie auch in einem Land, in dem sich die Leute umbringen. Nebenan in Berg Karabach gingen sich ja zur gleichen Zeit Armenier und Aserbaidschaner an die Kehle.« Allmählich beginnt Wasgen die Fahrt mit uns Spaß zu machen. Wenn gedreht wird, nutzt er die Zeit, um Kundschaft zu akquirieren oder seinen Freunden unsere Tätigkeiten zu schildern. Fairerweise tut er es in Russisch, damit wir mitbekommen, was er über uns erzählt. »Das deutsche Fernsehen dreht im Kaukasus. Jeden Esel nehmen sie auf. Jetzt montieren sie eine Kamera auf meinen Schiguli. Wo? Auf die Kühlerhaube! Wie sie das machen? Frage ich mich auch! Ich sehe mal nach. Sie haben ein Stativ. Das saugt sich fest. Nicht zu glauben! Ganz einfach! Ich soll während der Fahrt erzählen. Das wollen sie aufnehmen. Ich werde noch Filmstar.« Wasgen ist der geborene Live-Reporter. Mit Drama in der Stimme schildert er die banalsten Vorgänge, als ginge es um ein Elfmeterschießen im Endspiel.

Die Kamera auf dem Wagen hat es ihm angetan. Am liebsten würde er damit in Tbilissi spazieren fahren. Dass ihm die Sicht genommen wird, macht nichts. »Ich kenne die Strecke im Schlaf.« Die Kamera auf der Kühlerhaube, kurven wir der Grenze entgegen. Die Polizisten, die im Schatten der Bäume auf Kundschaft warten, lassen uns verdutzt durchfahren. Wasgen genießt diesen Auftritt in vollen Zügen. Das wird seinen Ruhm weiter mehren. »Ich kenne sie alle. Mir haben sie noch nie Geld abgenommen.« »Das ist doch Straßenraub, die Autofahrer so auszunehmen!«

werfe ich ein. »Die Polizisten müssen das doch machen. Von dem Gehalt, das sie bekommen, können sie nicht leben. Jetzt gehen sogar die Offiziere raus, um mit dem Geld der Autofahrer ihre Familien über Wasser zu halten.« Besonders rüde würde mit einreisenden Armeniern umgegangen. Wenn sie in Tbilissi einträfen, seien sie ihr ganzes Geld los.

»War die Strecke eigentlich nie gefährlich?« »Sehr sogar! 1993/94 wimmelte es in Georgien von bewaffneten Banditen. Sie hatten im Abchasien-Krieg gekämpft und von dort die Waffen mitgebracht. Mit Masken über den Köpfen stoppten sie die Autos, schmissen die Insassen raus oder brachten sie gleich um und fuhren davon.« »Und Sie, ist Ihnen nie etwas passiert?« »Mich haben die nie gekriegt. Ich war zu schnell für die. In meinem alten Wagen hatte ich ein Einschussloch. Ich bin damals eine Zeit lang nicht mehr gefahren.« »Wie sind die Überfälle gestoppt worden?« »Eduard Amwrossijewitsch Schewardnadse hat dafür gesorgt, als er Präsident wurde. Die Polizei ist zwar weiter korrupt, aber die Straßen sind jetzt vor den Banditen sicher. Früher war es lebensgefährlich, nach 19 Uhr auf die Straße zu gehen. Heute kannst du sogar nachts ungefährdet spazieren.«

Das Tempo ist inzwischen erheblich geringer geworden. Vielfach kommen wir nur im Schritttempo voran. Die Straße ist nun wirklich schlecht geworden. Die Schlaglöcher werden immer mehr, immer tiefer und immer größer. »Woran liegt das?« »Fragen Sie Eduard Amwrossijewitsch! Eine moderne Seidenstraße wollte er uns bauen. Schauen Sie sich an, was daraus geworden ist. Das ist nur noch peinlich. Die Straßen an den Grenzen sind doch die ersten Aushängeschilder eines Staates.«

Was hält er vom gegenwärtigen georgischen Präsidenten? »Schewardnadse ist ein guter Mann. Er hat nach dem Bürgerkrieg für Ordnung gesorgt. Aber jetzt kommt er nicht voran.« »Wieso?« »Er hat keine guten Leute um sich. Allein kann er es nicht schaffen. Schewardnadse ist eine tragische Figur. Er hat Deutschland die Einheit gebracht und muss jetzt erleben, wie sein eigenes Land auseinander fällt. Die Abchasen sind schon seit diesem fürchterlichen Krieg von uns weg. Die Osseten machen ihre eigene Sache, und die Adscharen sind auf dem Wege dahin. Überall Stacheldraht, Minen, Betonpfähle.«

»Wie kann das passieren?« »Der Teufel fährt in die Menschen. Vor Gott sind wir alle gleich. Aber was tun die Menschen? Sie betrügen und sie töten. Warum? Friedlich leben wir doch besser. Aber da ist die Missgunst. Dann kommt ein Politiker, macht auf Nationalismus und hetzt ein bisschen. Und schon geraten wir aneinander. Wir lernen nie.«

Wir durchqueren den Ort Schulaweri. An der Straße werden Obst und Gemüse angeboten. Wir halten an und decken uns mit Aprikosen und Pfirsichen ein. »Hier ist ein gutes Beispiel«, sagt Wasgen. »Aserbaidschaner und Armenier leben in Frieden miteinander, obwohl sich nebenan ihre Staaten feindlich gegenüberliegen und vor kurzem noch blutig bekriegt haben. Die Menschen in diesem Ort kennen einander. Es geht ihnen allen nicht besonders gut, aber sie machen dafür nicht den anderen verantwortlich.«

Wasgen ist zweifellos ein Menschenkenner. Er weiß um die Völker Bescheid. Er hat ihre Vertreter als Passagiere kennen gelernt, und danach richtet sich sein Urteil. Skandinavier, Holländer, Bulgaren und auch die Deutschen kommen bei ihm gut weg. Italiener hält er für nett, aber »ängstlich wie die Vögel, wenn sie an die Grenze kommen«. Die Amerikaner sind ihm zu überheblich. Gar nicht sein Fall! Unten durch sind bei ihm die Franzosen. Eine Begegnung hat ihm gereicht. »Kommt zu mir ein großer Kerl und sagt mir, er sei Franzose und wolle nach Eriwan. Ich fahre los und fange an zu erzählen. Er sagt nichts. Ich zeige ihm die Landschaft. Er sagt nichts. Sitzt da wie eine Leiche! Wir kommen an die Grenze. Er sagt immer noch nichts. Ich erledige alles für ihn. Kurz vor Eriwan sagt er plötzlich ›Stopp‹. Ich halte an. Er steigt aus und pinkelt vor meinem Auto direkt am Straßenrand in unseren schönen Schnee. Minutenlang! Ist das europäische Kultur? Ich habe mich geschämt, weil alle Autofahrer wie wild hupten.« Die Verletzung sitzt offensichtlich tief, meine Entlastungsargumente zu Gunsten der Franzosen helfen nicht. Ich kann der Grande Nation nur empfehlen, schleunigst andere Passagiere bei Wasgen vorbeizuschicken, sonst droht dem Ansehen Frankreichs in dieser Region ewiger Schaden.

Wir fahren auf die georgisch-armenische Grenze zu. Alles ist dort vorbereitet. Wir dürfen drehen. Der Zoll tritt gar nicht in Aktion. Die Passkontrolle verläuft zügig. Nona hat ganze Arbeit geleistet. Sie ist extra aus Tbilissi mitgereist, um eventuell auftretende Schwierigkeiten höchstpersönlich aus dem Weg zu schaffen. Schlaff hängt in der stechenden Hitze burgunderrot-schwarz-weiß die georgische Fahne vom Mast, als wir über die Grenzbrücke rollen. Unter uns rauscht eilig ein Fluss dahin. Zwei Wachposten halten uns auf der armenischen Seite an. Sie schauen sich kurz unsere Pässe an. »Wie heißt der Fluss?« möchte ich wissen. »Debed! Unser Schriftsteller Howhannes Tumanjan hat ihn beschrieben.« – Ein schöner Einstieg in ein neues altes Land, wenn selbst Grenzer literarisch so beschlagen sind, finde ich.

David und Wahe heißen die beiden Soldaten. 19 Jahre sind sie jung und nach eigenem Bekunden froh, an der friedlichen Grenze zu Georgien zu stehen. Die Grenzen zu Aserbaidschan und Nachitschewan seien Frontlinien. Da könnten sie sich nicht so frei bewegen wie hier am Debed-Fluss. In ihren Kampfanzügen sehen sie kaum anders aus als die Grenzsoldaten auf der georgischen Seite. Das Koppelschloss mit Sowjetstern stammt offensichtlich noch aus alten Beständen. Einem Offizier wird es offensichtlich zu viel, dass ich mich mit seinen Soldaten höchst zivil unterhalte. Er ruft sie zur Ordnung. Sofort setzen sie das gebotene grimmige Gesicht auf, rücken ihre Kalaschnikows zurecht und patrouillieren festen Schrittes die Brücke bis zur Mitte und zurück.

Hinter dem Schlagbaum erwartet uns Wardan Howhannisjan, unser armenischer Verbindungsmann. Ein sportlicher Typ, mittelgroß, kurz geschnittenes Haar, ebenso kurz geschnittener Vollbart, tiefbraune Augen. Im Krieg zwischen Armeniern und Aserbaidschanern um die Enklave Berg Karabach war er ein tollkühner Kameramann, auch für die ARD. Er beliefert weiter russische und westliche Fernsehstationen mit Beiträgen und leistet organisatorische Hilfe, wenn große Filmproduktionen wie die unsere in seinem Land hergestellt werden.

Wardan ist mit einem Minibus gekommen. Das Team steigt um. Ich werde weiter mit Wasgen fahren. Ein Russe, nur mit Turnhose und Sonnenbrille bekleidet, beobachtet die Prozedur. »Seid froh, dass ihr hier seid. In Armenien herrscht Ordnung, in Georgien wirst du nur ausgeplündert.« Wir bekommen die armenische Ordnung gleich zu spüren. Filmaufnahmen an der Grenze werden uns strikt untersagt. Viel verlieren wir dadurch nicht.

Die Landschaft verändert sich. Die Täler werden enger. Die Berge steigen höher auf. Nun sind wir mitten im Kleinen Kaukasus. Der Debed zu meiner rechten Seite lässt mich nicht ruhen. Ich krame in meinem Gepäck. Tatsächlich finde ich ein Buch von Howhannes Tumanjan. Wasgen kennt die Erzählung. Mein Interesse an der armenischen Literatur hat mein Ansehen bei ihm stabilisiert. Die besorgte Frage nach den Gurten ist mir offensichtlich verziehen. »Ich habe immer viel gelesen«, sagt mir Wasgen. »Belletristik und auch Bücher über Wirtschaft! In der Sowjetunion war das bei allen so. Heute haben die Leute nicht genügend Geld, um ihre Mägen zu füllen. Da bleibt nichts übrig für Bücher und nicht einmal für Zeitungen.«

Bis zur Grenze waren es nur 72 Kilometer. Wegen der schlechten Straßen und der vielen Zwischenstopps haben wir drei Stunden gebraucht. Bis Eriwan sind es noch einmal knapp 200 km. »Sind 35 Dollar nicht ein bisschen wenig für eine so lange und beschwerliche Fahrt?« frage ich Wasgen. »Das stimmt! Aber ich will von meinen Kunden nicht mehr verlangen. An der Grenze werden ihnen noch einmal 33 Dollar für die Straßenbenutzung abgenommen. Die Leute sollen doch wiederkommen. Service ist alles. Wer mit mir fährt, wird seriös und zuvorkommend bedient.« Stimmt! Wer sicher und gut unterhalten durch Transkaukasien reisen will, sollte in Tbilissi auf dem Autobahnhof nach Wasgen Torneli fragen.

Von Alawerdi nach Gümry

Alawerdi – das klingt nach Musik und Poesie. Ich gebe zu, allein wegen des Namens möchte ich in Alawerdi Station machen. Inzwischen weiß ich, was mich tatsächlich erwartet – weniger Lyrik, mehr Drama. So oder so – der Besuch lohnt in jedem Fall. Doch davon später!

Während wir am Debed-Fluss entlang mehr und mehr an Höhe im Kleinen Kaukasus gewinnen, versucht mich Wardan, unser armenischer Begleiter, von Georgien auf sein Land umzustellen. Der Einstieg erfolgt über die Währung. Statt Lari habe ich es nun mit Dram zu tun. Wie in Georgien mache ich dabei die Bekanntschaft mit den Größen des Landes. Mit Schmerz stelle ich fest, dass es der von mir sehr geschätzte Komponist Chatschaturjan nur auf 50 Dram bringt. Das sind umgerechnet 20 Pfennig. Erstaunlich finde ich auch die Einstufung von Tigran dem Großen, der Armenien vor über 2000 Jahren die größte Zeit überhaupt beschert hat. Nun steht er für 500 Dram ein. Damit liegt sein Wert unter einem Dollar. Zu wenig, wie ich finde. Im Vergleich zum großen Tigran kommt der Mönch Mesrop Maschtotz besser weg. Er repräsentiert den Tausend-Dram-Schein. Die Platzierung erscheint mir mehr als gerechtfertigt, denn Mesrop Maschtotz gilt als der größte Geist seines Volkes. Er hat im Jahre 405 das armenische Alphabet geschaffen, daraufhin die Bibel ins Armenische übersetzt und der armenischen Literatur insgesamt auf den Weg geholfen. Möglicherweise hat er sogar für das georgische Alphabet Pate gestanden, was die Georgier allerdings leidenschaftlich bestreiten, aber von den Armeniern immer wieder gerne ins Feld geführt wird. Sticheleien gehören eben zur guten Nachbarschaft. Auch Wardan kann sich da nicht zügeln. Die georgische Männergesellschaft, spottet er, habe zwei wirklich starke Persönlichkeiten hervorgebracht: die Missionarin Nino und die Königin Tamara.

Mir wird bald klar, dass die Hitliste der armenischen Banknoten nicht das wahre Kräfteverhältnis in der Kulturgeschichte des Volkes widerspiegelt. Die Dynamik der Geldentwicklung will es, dass von Zeit zu Zeit Scheine mit höherer Dotierung gedruckt werden müssen. Dafür sind weitere Persönlichkeiten von historischer

Bedeutung als Patrone zu finden. Dadurch verschiebt sich die Rangfolge. Titanen wie Tigran der Große und Mesrop Maschtotz fallen so zwangsläufig zurück. Der Maler Martiros Sarjan bringt es hingegen als Spätgekommener auf 20.000 Dram. Ungerecht ist das Geldgeschäft: Der große Dichter Jegische Tscharenz wird nur als kleine Münze (100 Dram) gehandelt. Sein Gedicht, in dem sich Trauer und Zorn über den Völkermord an den Armeniern entladen, bewegt nicht nur die Menschen in seinem Heimatland.

Ich, Dichter aus Armenien,
dem Land, wo Dunkel herrscht und Tod,
singe mein Lied
für alle, für alle, für alle
erneut
jetzt!

Nun ist Armenien endlich unabhängig, aber das Land kann sich immer noch nicht entfalten, weil die Grenzen nach Aserbaidschan und zur Türkei geschlossen sind und die wirtschaftliche Schwäche zu großer Not unter den Menschen führt.

In diesen Gedanken versunken komme ich in Alawerdi an. Die Stadtkulisse ist eindrucksvoll. In das enge Tal mit den hoch aufragenden Bergen hat sich eine riesige Fabrik hineingezwängt. Es ist das ehemalige Kupfer- und Chemie-Kombinat. 3000 Menschen waren hier beschäftigt. Die ganze Umgebung hing an diesem Unternehmen. Doch es war eine Dreckschleuder. Gegen Ende des Sowjetimperiums setzten sich die Umweltschützer durch. Das Werk wurde über Nacht geschlossen. Die Luft war nun rein, aber die Menschen hatten keine Arbeit mehr. In Alawerdi zogen Tristesse und Elend ein. 27.000 Menschen lebten früher in der Stadt, heute sind es nur noch 13.000. Das Werk wurde im Laufe der Jahre Stück für Stück demontiert. Was nicht niet- und nagelfest war, wurde als Alteisen verhökert. Meist in den Iran. Wie ein ausgeschlachteter Kadaver liegt das einst so stolze Kombinat jetzt mitten im Tal. Doch es kehrt Leben zurück. Eine Rauchwolke in einer Ecke des Werkes kündet davon.

Am Fabriktor werden wir von der neuen Betriebsleitung in Empfang genommen und in das alte Sitzungszimmer geführt. Die

Produktion sei vor 3 Jahren wieder aufgenommen worden, wird mir mitgeteilt. Besitzer ist jetzt die Firma Manes und Walex mit Sitz in Moskau, wie ich erfahre. Als Kunde wurde die »Norddeutsche Affinerie AG« gewonnen. Die Deutschen sollen am Anfang Geld vorgestreckt haben. Dafür werden sie mit Rohkupfer beliefert. Inzwischen sind es einige hundert Tonnen im Monat. »Wie viel wurde zur Sowjetzeit produziert?« »50.000 Tonnen! Aber wir stehen ja erst am Anfang. Wir hoffen auf weitere Aufträge. Wir produzieren preiswert und gut. Armenier sind hervorragende Arbeiter.«

»Fällt bei der Kupfergewinnung sonst noch etwas ab?« »Ja, Kupfersulfate, Schwefelsäure für Düngemittel und kleinere Mengen Gold und Silber.« »Wie viele Leute beschäftigen Sie jetzt?« »450. Ich hoffe, wir können mit mehr Aufträgen mehr Leute einstellen. Anwärter haben wir genug.«

»Was ist mit der Umweltbelastung?« möchte ich erfahren. »fünfmal geringer als früher«, erklärt der Hauptingenieur. Er ist zwar schon über das Pensionsalter hinaus, aber als unverzichtbarer Fachmann zurückgeholt worden. »Wieso ist die Verschmutzung geringer geworden?« »Wir produzieren weit weniger als früher und haben eine modernere Ausrüstung.« »Dann war die vorübergehende Schließung offensichtlich richtig?« Der Hauptingenieur schüttelt den Kopf. »Es kann auch früher nicht so lebensgefährlich gewesen sein, wie es die Umweltschützer dargestellt haben. Ich habe jahrzehntelang nur 300 Meter entfernt von der Fabrik gewohnt. Keiner in meiner Familie ist erkrankt.«

Wir begeben uns ins Werk. »Seit wann wird hier Kupfer verarbeitet?« frage ich den Hauptingenieur. »1770 ging es los. Kupfererz wurde nebenan gewonnen. Am Anfang sind hier Griechen und Franzosen eingestiegen.« Nun hoffen die Menschen in Alawerdi auf ein Comeback, sonst käme die Wirtschaft in dieser Gegend nicht auf die Beine.

Höllenfeuer fauchen mir entgegen, als wir die Halle betreten. Zwischen 1200 und 1400 Grad betragen die Temperaturen in den beiden Konverteröfen. Gegen den Funkenflug schützen sich die Arbeiter mit Anzügen und breitkrempigen Hüten aus Filz. An den Füßen tragen sie derbe Schuhe mit hohen Sohlen. Von Zeit zu Zeit gießen sie das flüssige Metall ab, um zu prüfen, ob der Konverterofen die richtige Mischung ausgekocht hat. »Nur Fachleute können die Entscheidung treffen«, erklärt mir der Hauptingenieur. »Die Kenntnis chemischer Formeln allein reicht nicht. Der Blick, die Erfahrung sind ausschlaggebend. Viel hängt vom Können dieses Mannes ab. Er ist die Schlüsselfigur. Liegt er falsch, ist die ganze Charge hin.« Der Kupferkoch dieser Schicht wird mir vorgestellt. Es ist Rasmik Mossinjan. Er ist 62 Jahre alt und heilfroh, dass der Betrieb wieder läuft. Acht Jahre war er ohne Arbeit gewesen. Ich möchte wissen, wie er und seine Familie leben. Er ist damit einverstanden, dass wir ihn nach Hause begleiten.

Das Tal, durch das der Debed rauscht, ist zu eng für die Stadt. Deshalb haben die Bewohner 500 Meter höher auf den Bergen eine zweite Etage eingerichtet. Hier wohnt auch Rasmik Mossinjan. Zur Arbeit fährt er mit der Seilbahn. Jedes Mal genießt er den Blick auf Alawerdi und das Werk, das auf Terrassen liegt und von einem Riesen-Schornstein überragt wird. 100 Meter ist er hoch und wird entsprechend in der Bevölkerung »Stometrowka« genannt.

Rasmiks Wohnung befindet sich in einer Ansammlung von Hochhäusern. Die Gebäude sind in einem beklagenswerten Zustand. Viele Fensterscheiben sind zerborsten, die Wände haben seit Jahrzehnten keine Farbe gesehen, der Putz fällt ab, das Treppengeländer wackelt, Elektroleitungen hängen in großen Bündeln frei im Flur herum. »Chruschtschowka« heißen die Wohnblocks, weil sie zur Zeit des früheren Sowjetführers vor 40 Jahren in großen Serien im ganzen Land gebaut wurden. Seitdem sind sie offensichtlich von jeder Reparatur verschont worden.

Seit 24 Jahren lebt Rasmik mit seiner Familie hier. Seine Frau empfängt uns mit erschrockenen Augen. So viel Besuch weiß sie gar nicht unterzubringen. Sie sieht verhärmt und abgearbeitet aus. Die Wohnung ist eng. Zwei Zimmer, eine kleine Küche. Insgesamt 29 m². Der Balkon dient als Abstellkammer. Sechs Personen wohnen hier. Rasmik hat drei Söhne, zwei Schwiegertöchter, drei Enkel. Er ist der einzige Verdiener. Wie hoch sein Lohn sei, frage ich ihn. »65.000 Dram. Davon muss ich alle ernähren, auch die nicht hier wohnen.« Ich rechne nach. 65.000 Dram sind 240 Mark. Wie kann er damit die große Familie über die Runden bringen? »Wir leben sehr bescheiden. Das Brot backen wir selber. Wir haben einen Garten und Vieh. Außerdem gehen wir in die Wälder und sammeln Beeren und Pilze. Wir überleben, weil einer dem anderen hilft. Unsere Nachbarn sind gute Menschen.«

»War es früher besser?« Rasmik Mossinjan antwortet nicht direkt auf meine Frage. »Wir haben damals mehr verdient. Alle hatten Arbeit, meine Frau, meine Söhne und ich. Heute gibt es keine Arbeit. Meine Söhne und Schwiegertöchter können suchen, so viel sie wollen. Sie finden nichts.«

»Wie ist die Stimmung in der Stadt?« »Schlecht, verzweifelt. Die Menschen sind hungrig. Sie leben vom Verkauf und Kauf. Ansonsten machen sie es wie wir. Sie leben vom Garten und vom Wald.«

»Haben Sie Hoffnung, dass es besser wird?« »Die Hoffnung stirbt als Letzte. Wir träumen davon, dass es für unsere Kinder Arbeit geben wird. Vielleicht wird es mit den Jahren besser.«

Wir übernachten bei einem Kleinbauern. Aschot Warosjan und seine Frau Margusch nehmen uns auf. Mit ihren Kindern und Enkeln ziehen sie sich in die hinteren Räume zurück. Mir wird als Ehrengast das Ehebett zugestanden. Als notorischer Frühaufsteher bin ich um 6 Uhr wieder auf den Beinen. Unser Hausherr kommt hinzu. Besorgt fragt er, ob ich schlecht geschlafen habe. Ich verneine das, was ihn beruhigt. Obwohl wir sprachlich gewisse Verständigungsschwierigkeiten haben, verstehen wir uns gut. Er ist ein fürsorglicher Gastgeber. Mit der Schöpfkelle gießt er mir Wasser über den Kopf und den Körper, damit ich mich ordentlich waschen kann. Beim Rasieren hält er mir den Spiegel. Als gut eingespieltes Team begeben wir uns gemeinsam auf einen Morgenspaziergang durch das Dorf. Am Hoftor grunzen uns erfreut die Schweine an.

Sie rechnen mit dem Morgenfutter. Als daraus nichts wird, schließen sie sich uns an. Die Nachbarschweine folgen ihrem Beispiel. Wir haben zeitweise ein stattliches Gefolge, bis dem Borstenvieh die Lauferei zu viel wird. Nach einer Weile lassen uns die Schweine allein durch die Gemeinde ziehen. Aschot Warosjan war früher Chef der Kolchose »Achpat«. So ist auch der Name seines Dorfes, das 10 km von Alawerdi entfernt in den Bergen liegt. Damals hat er gut verdient, wie er mir erzählt. »Ich habe das Haus für meine Familie gebaut und hier nebenan ein weiteres für meine Kinder. Früher war es zehnmal besser als heute. Wir hatten doch alles. Wenn Verwandte aus Amerika kamen, haben die immer gestaunt, wie gut wir leben.«

»Haben Ihre Kinder Arbeitsplätze?« »Nein, hier gibt es keine Arbeitsplätze. Meine Frau und ich sind pensioniert. Wir erhalten zusammen eine Rente im Gegenwert von 15 US-Dollar. Zum Glück haben wir einen großen Garten, eine Kuh, vier Schweine und 10 Schafe. So können wir überleben.«

Nach dem Frühstück will mir Aschot Warosjan noch etwas Besonderes zeigen. Er führt mich zum Kloster Surb Nschan, Heiliges Kreuz. Ich bin verblüfft. Eine solche Attraktion hatte ich diesem bescheidenen Dorf nicht zugetraut. Das Kloster steht auf der Unesco-Liste. Mitte des 10. Jahrhunderts war es gegründet worden. Es ist Sonntag. Dennoch bin ich erstaunt, wie viele Menschen zu diesem entlegenen Platz gefunden haben. Die Armenier haben eine intensive Beziehung zu ihrer an Verfolgung reichen Geschichte und vor allem zu ihrer Kirche, die über die Jahrhunderte das Volk zusammengehalten hat. Auch das Kloster in Achpat ist Ergebnis einer Verfolgung. Mönche hatten vor dem byzantinischen König Romanos fliehen müssen, weil sie nicht dessen Glaubensrichtung vertraten. Sie fanden Zuflucht bei dem Königsgeschlecht der Bagratiden, das über Nordarmenien herrschte. Hier bauten sie neue Klöster.

Ich folge den Besuchern, die mit großer Aufmerksamkeit durch die Hauptkirche wandern. Das Gotteshaus ist zwischen 966 und 991 gebaut worden und befindet sich immer noch in einem sehr guten Zustand. Der schwarze Basaltstein, aus dem die Kirche errichtet wurde, verleiht ihr einen ernsten und starken Charakter. Wie die anderen Besucher zünde auch ich Kerzen an. Fünf für meine Familie, eine für den WDR. Das Team findet das zu wenig. Der WDR habe eine dicke Kerze und dazu noch eine große Predigt nötig.

Wir könnten es gut eine weitere Nacht bei Aschot Warosjan und seiner Frau Margusch aushalten, aber wir müssen heute noch Gümry erreichen. Morgen soll es an die Westgrenze gehen. Wir klettern weiter den Kleinen Kaukasus hinauf, den Debed zunächst treu an unserer Seite. Als »Paradies auf Erden« wird Armenien in einem Volkslied besungen, als »Land der Menschheitswiege«. Die Armenier nennen ihr Land »Hayastan« und reimen darauf »Hayastan – Karastan«. Zu Deutsch heißt das »Armenien«, »Steinland«. Die Bezeichnung leuchtet mir sofort ein. Das Land ist tatsächlich voller Steine. Den Steinreichtum des Landes und das Schicksal des Volkes brachte der russische Dichter Ossip Mandelstam zusammen:

Du Staat des schreienden Gesteins –
Armenien, Armenien!
Rufst zu den Waffen die heiseren Berge –
Armenien, Armenien!

Warum Armenien so viele Steine abbekommen hat, erklärt eine alte Legende. »Als Gott die Erde schuf, hat er allen Boden durch ein Sieb geschüttelt und die Steine auf einen Haufen geworfen. Danach verteilte er das Ackerland. Als das fruchtbare Land vergeben war, kamen die Armenier angerannt und begehrten ihren Anteil. »Wo ward ihr, als die Erde verteilt wurde?« fragte sie Gott. »Wir hatten uns versammelt, um zu Dir zu beten.« Da weinte Gott und zeigte auf die Steine. »Ich habe alles vergeben. Nur noch die Steine bleiben für euch übrig.« Es sind neue Steine hinzugekommen. Neben der Straße nach Gümry sehe ich gewaltige Schuttberge. Hierhin sind die Trümmer nach dem Erdbeben von 1988 transportiert worden. Die Städte Spitak und Gümry wurden furchtbar heimgesucht. Zehntausende Menschen fanden den Tod. Noch heute sind die Städte von dieser Katastrophe schwer gezeichnet. Für viele Überlebende wurde bislang keine Wohnung gefunden. Sie fristen weiter ihr Dasein in Containern, wie Wolodja und Lara. Sie sind im Rentenalter. Ich besuche sie in Gümry. Sie wohnen seit 12 Jahren hinter der immer noch völlig zerstörten Erlöser-Kirche in Containern. »Wir leben mit 9 Personen in dieser Baracke. Ich habe die Hoffnung auf eine Wohnung aufgegeben«, sagt Lara. »Geht es anderen auch so?« »Ja, hier gibt es kaum Arbeit«, schaltet sich Wolodja ein. »Die Stadt ist zerstört, die Fabriken sind nicht wieder aufgebaut worden. Die Renten sind klein und werden selten ausgezahlt. Trotzdem sollen wir Strom und Wasser bezahlen. Wenn wir nicht bezahlen, werden Strom und Wasser abgeschaltet.« Voller Zorn sagt Lara: »Am ehrlichsten wäre es, wenn sie die Bevölkerung in die Wüste schickten und sagten, wir können für euch nicht aufkommen. Doch dazu sind sie zu feige.«

»Aber geht es nicht langsam bergauf? Ihr Land ist doch unabhängig geworden.« »Das wird immer gesagt. Ich freue mich auch über unsere Unabhängigkeit. Doch wenn unsere Menschen so hungrig wie bisher bleiben, sterben wir als Volk aus. Die Leute beerdigen ihre Verstorbenen häufig nachts, nur in einer Decke eingerollt. Keiner soll sehen, wie armselig sie ihre Angehörigen unter die Erde bringen. Unser armenisches Volk ist in einem erbarmungswürdigen Zustand.«

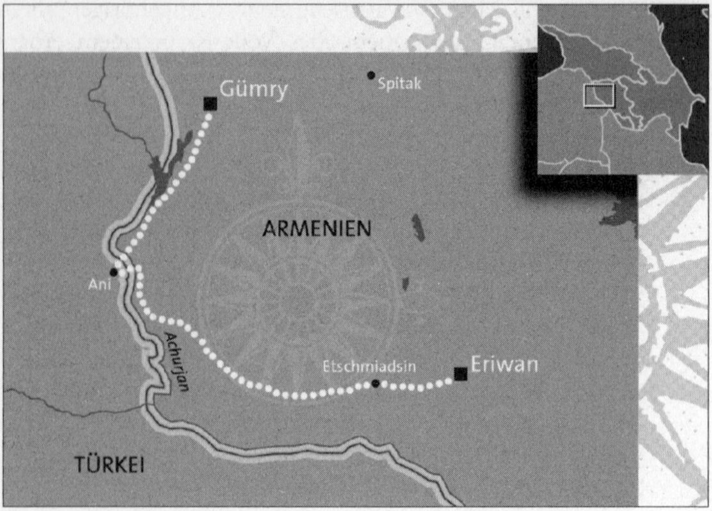

Der Tag dürfte anstrengend werden. Drei Oberstleutnante und ein Oberst der russischen Grenztruppen holen mich ab. Mit so hoher militärischer Begleitung bin ich noch nie auf Tour gegangen. Wir wollen heute an der armenisch-türkischen Grenze Filmaufnahmen machen. Ich fürchte, wir werden dabei viel auf den Frieden trinken.

Bei Tageslicht macht das vom Erdbeben niedergemachte Gümry erst recht einen trostlosen Eindruck. Die Gegend hinter der Stadt ist auch nicht von einladender Schönheit. »Armenisches Sibirien« wird sie von meinen Begleitoffizieren genannt. Im Winter soll es hier lausig kalt werden. Wir fahren in einem Wolga vom Typ GAS 24. Nicht das neueste Modell! Der Motor geht gelegentlich aus. Dafür nimmt das hochbeinige Sofa alle Unebenheiten mit Bravour. Am Steuer sitzt Oberstleutnant Albert Arakeljan. Er kennt die Strecke wie seine Westentasche. Bis vor kurzem war er Chef des Grenzabschnitts, den wir heute aufsuchen. An Bord ist ferner Oberst Alexander Kossenko. Er ist Stellvertretender Kommandeur der Grenztruppen im Raum Gümry. Mit von der Partie sind schließlich noch zwei Presseoffiziere, einer aus Moskau, einer aus

Eriwan. Zu fünft holpern und stolpern wir Richtung Grenze. Ich habe es aufgegeben, höhere Ansprüche an Straßen im Kaukasus zu stellen.

Mich interessiert, warum die vier nicht nur zur Armee, sondern zu den Grenztruppen gegangen sind. Zu den Grenztruppen ginge die Elite, versichern sie mir unisono. Da herrsche mehr Disziplin und keine Kriminalität. Es gäbe keine Probleme mit Narkotika. Die Ausbildung sei auch besser. Wer dabei sein wolle, müsse ordentlich die russische Sprache beherrschen. Ich kann den Erklärungen nichts entgegenhalten, denn ich kenne weder die russischen Grenztruppen noch die russische Armee. Gehört habe ich allerdings einiges über das russische Militär. Von Korruption, Disziplinlosigkeit und Kriminalität wird offen geredet. Wenn die Grenztruppen davon nicht befallen sein sollten, dann kann ich den Offizieren nur dazu gratulieren.

»Wem sind die Grenztruppen eigentlich unterstellt?« »Bis 1992 gehörten wir zum Ministerium für Staatssicherheit«, erklärt Oberst Kossenko. »Aber mit der Neuordnung des KGB sind wir zu einer eigenen Waffengattung geworden. Die Grenztruppen werden bald 80 Jahre alt. Sie wurden 1924 gegründet.«

»Wie kommt es eigentlich, dass russische Truppen die armenische Grenze schützen?« frage ich. »In der Nachfolge der Sowjetunion ist die Gemeinschaft Unabhängiger Staaten entstanden«, führt Alexander Kossenko aus. »Wie Russland ist auch Armenien Mitglied der GUS. Wir schützen hier gemeinsam eine äußere Grenze der GUS, gegenüber der Türkei und dem Iran. Russland und Armenien haben darüber 1992 einen Vertrag abgeschlossen. Für die Grenzen innerhalb der GUS gegenüber Aserbaidschan und Georgien muss Armenien alleine sorgen.«

Längst nicht alle GUS-Staaten lassen sich ihre äußeren Grenzen durch russische Truppen schützen. Die anderen kaukasischen Staaten, Aserbaidschan und Georgien, verzichten darauf. Aber Armenien nimmt Russland als zusätzlichen Schutz gegenüber der übermächtigen Türkei gerne in Anspruch. Die Russen leisten ihrerseits die brüderliche Hilfe mit Freude, denn so behalten sie ihren alten Rivalen am Schwarzen Meer, die Türkei, direkt im Auge. Außerdem brauchen sie sich nicht von den früheren Grenzen der Sowjetunion zurückzuziehen.

Kahl und verlassen ist die Landschaft, die wir durchqueren. Oberstleutnant Arakeljan schiebt zu unserer Unterhaltung eine Musikkassette ein. Die russische Popsängerin Irina Allegrowa bringt uns in Stimmung. Ihr Lied handelt von der Zarin Katharina der Großen, die in heißer Liebe zu einem Offizier entbrannt ist. Die Offiziere bei mir im Auto genießen mit Wonne den Erfolg ihres Kollegen bei der Zarin. Im Rhythmus dieses Songs schaukeln wir unserem Ziel zu, das sich in der Siedlung »Dschrapi« befindet, was so viel wie »neben dem Wasser« heißt. Wir halten vor einer kleinen Festung, Sastawa genannt. Hier ist die Einheit stationiert, die uns präsentiert werden soll. Vermutlich sehen alle Sastawas gleich aus. Es sind Mini-Kasernen, umgeben von Mauer und Stacheldrahtzaun.

Wir geraten in einen Appell. Nach dem Strammstehen spritzen die Soldaten auseinander. Den Grund ihrer Eile erkenne ich nicht. Dies gehört wohl zum Drill. Der Kommandant der Sastawa bittet mich in sein Büro. Ein Foto von Felix Dserschinskij hängt an der Wand. Er war der Gründer des sowjetischen Geheimdienstes. Ein gefürchteter Typ! Nun schaut er mich nachdenklich an. Dass der Klassenfeind in die vorderste Verteidigungslinie eingedrungen ist, dürfte auch posthum nicht seine Billigung finden. Vielleicht hat er insgeheim mehr Spaß an dem Poster gegenüber. Es zeigt ein dralles Mädchen im Bikini mit Degen.

Kaffee, Tee und Gebäck werden serviert. Eine Flasche Cognac kommt auf den Tisch. Ich hatte es geahnt. Die Marke »Ararat« bürgt für Spitzenqualität, sie lässt sich schon um 9 Uhr morgens vertragen. Das System des gemeinsamen Grenz-Schutzes wird mir erläutert. Das Kommando haben die Russen. Die Mannschaft besteht je zur Hälfte aus armenischen und russischen Wehrpflichtigen. Die Armenier werden auf Armenien, die Russen auf Russland vereidigt. Wer hier als Armenier dient, muss nicht nur körperlich fit sein, sondern auch einigermaßen Russisch sprechen können.

Wir kommen zur zweiten Flasche und zu meiner besorgten Frage, ob es Zwischenfälle an der Grenze gegeben hat. »Nur Kleinigkeiten! Die Türken wollten zwei armenische Hirten einkassieren. Das wurde mit Warnschüssen unterbunden. Außerdem wurde ein Bär als Grenzverletzer gestellt. Er wollte nach Armenien. Wir haben ihm die illegale Einreise gestattet.« Die Russen treffen sich regelmäßig mit den Türken. Zwischen Armenien und der Türkei gibt es keine diplomatischen Beziehungen. So fungieren die Russen als Mittler für die armenischen Interessen. Demnächst wollen sie erreichen, dass der seit dem Zusammenbruch der Sowjetunion eingestellte Eisenbahnverkehr zwischen der armenischen Stadt Gümry und dem türkischen Ort Kars wieder aufgenommen wird.

Oberst Kossenko hält die Zeit für überreif, dass die alten Feindseligkeiten abgebaut werden. Beide Seiten könnten nur davon profitieren, wenn über die Grenze hinweg wirtschaftlich zusammengearbeitet würde. Darauf ist wieder ein Gläschen fällig. Die Ansichten des Oberst klingen vernünftig. Dass die NATO hier ein großes Manöver in Grenznähe abgehalten hat, beunruhigt unseren Oberst nicht. Jeder Staat müsse von Zeit zu Zeit seine Kampfbereitschaft überprüfen, erklärt er generös. Dserschinskij schaut immer nachdenklicher drein, wie mir scheint.

Wir schwingen uns in einen Jeep und fahren an die Grenze. Die Umgebung erinnert mich an die DDR. Hoher Zaun, davor ein breit geharkter Grenzstreifen. »Haben Sie Minen gelegt?« »Nein!« ist die Antwort. Ich möchte es gerne glauben. Wir befinden uns am Ende eines großen Stausees. Das Gewässer wird von beiden Seiten genutzt. Achurjan heißt der Grenzfluss, der hier aufgestaut wird. Die Türken nennen ihn Arpatschai. Ich betrete die Brücke über dem Fluss. In der Mitte markiert ein roter Streifen den Grenzverlauf. Auf der anderen Seite wird der türkische Posten unruhig. Er geht mir ein Stück entgegen, bleibt aber dann stehen. Mein Winken hilft nicht. So kommen wir leider nicht ins Gespräch. Vielleicht ist er aus Köln.

Meine Offiziere sind froh, dass ich keine Grenzprovokation begangen habe. Sie berichten mir, dass Alexander der Große hier den Achurjan-Fluss überschritten haben soll. Die Brücke befände sich jetzt unter dem Wasser des Stausees. Ich schaue zurück auf die andere Seite. Die Türken haben ihre Hügel mit Porträts von Atatürk und patriotischen Losungen dekoriert. »Früher haben wir mit Lenin dagegengehalten«, sagen mir meine Begleiter, »aber Wladimir Iljitsch ist uns ja leider abhanden gekommen.«

Ich möchte mir einen der Wachtürme ansehen. 17,5 Meter sind sie hoch. Die Höhe ist genormt. Von oben hat man einen prächtigen Ausblick. Hier schiebt Howannes Isperjan Dienst. Er wurde in der heiligen Stadt Etschmiadsin geboren. Später ist er mit seinen Eltern nach Deutschland gezogen. Bis zu seinem Wehrdienst hat er bei Kassel gewohnt. Sein Deutsch ist ganz passabel. Es sei für ihn Ehrensache, die Grenze seines Vaterlandes zu bewachen, sagt er mir. Der Dienst mache ihm keine Schwierigkeiten, die Kameradschaft sei gut. Wenn er nicht auf dem Turm stehe, gehe er mit einem anderen Soldaten an der Grenze auf Patrouille, erzählt er. Bis jetzt sei nichts passiert, aber man müsse wachsam sein.

»Ist es nicht langweilig, monatelang in dieser verlassenen Sastawa zu sein?« »Es geht. Abends erhalten wir die Kampfaufgabe für die nächsten 24 Stunden. Wenn wir keinen Nachtdienst haben, können wir uns Videos oder das Fernsehprogramm anschauen. Die Nachrichtensendung des staatlichen russischen Fernsehens ist Pflichtinformation für uns.«

»Und tagsüber?« »Am Tag gibt es viel zu tun. Wir machen Frühsport, gehen drei Stunden auf Patrouille, sind danach 4 Stunden in der Kaserne, anschließend folgen wieder 3 Stunden Patrouille, wir laufen 10 bis 15 Kilometer an der Grenze entlang. Die Waffen müssen gereinigt werden. Das Gebäude hat auch in Ordnung zu sein. Wir können für uns Sport treiben: Laufen und Krafttraining. Die Zeit vergeht schnell.« Was will er nach dem Wehrdienst machen? »Vielleicht gehe ich wieder nach Deutschland. Es hat mir dort gut gefallen.«

Die Offiziere wollen mir noch eine Sehenswürdigkeit zeigen. Wir besteigen unseren Wolga. Es geht den Grenzzaun entlang Richtung Süden. Zwischendurch passieren wir eine andere Sastawa. Die russische Popsängerin hält uns wieder in Schwung. Schließlich rollen wir einen Abhang hinunter und sehen vor uns die Reste einer alten Stadt. Es ist Ani, wie Oberstleutnant Albert Arakeljan erklärt. Die alte Königsstadt der Armenier. Sie liegt auf der anderen Seite des Grenzflusses Achurjan, der sich hier seinen Weg durch einen tiefen engen Canyon gegraben hat. Vor über 1000 Jahren war Ani Residenz der armenischen Bagratidenkönige und eine blühende Stadt gewesen. Die Stadt hatte für damalige Verhältnisse eine erstaunlich große Einwohnerzahl. In Ani sollen hunderttausend Menschen gelebt haben. Dann kam ein großes Erdbeben, weiß Albert Arakeljan zu berichten. Mindestens 15.000 Menschen seien ums Leben gekommen. »Später sind die Mongolen eingefallen und haben die Stadt ganz platt gemacht. Das war 1239.«

Der Oberstleutnant erklärt mir die einzelnen Ruinen: die Kathedrale, die Apostelkirche, die Erlöserkirche und die Kirche des Heiligen Gregors. 50 Gotteshäuser soll Ani in seiner Blütezeit gehabt haben. Sie wurde auch »Stadt der tausend Kirchen« genannt. »Das war sicher übertrieben«, meint Albert Arakeljan. »Was bedeuten die Höhlen in der Canyon-Wand?« frage ich den kundigen Oberstleutnant. »Wenn Gefahr im Verzug war, haben sich die Menschen hierhin zurückgezogen. Vor den Mongolen hat sie das aber nicht gerettet.«

Die Offiziere geraten in einen kleinen Streit. »Als die russischen Zaren hier noch herrschten, war Armenien größer. Ani und der Ararat gehörten dazu. Lenin hat beide leider mit dem Vertrag von 1921 verschenkt«, meinen die einen. Die anderen halten dagegen: »Er hatte doch gar keine andere Wahl. Die junge Sowjetunion war viel zu schwach, den Vertrag abzulehnen.«

Die muslimischen Türken haben heute offensichtlich den Wert der alten christlichen Stadt erkannt. Für Touristen wurde ein kleines Hotel gebaut. Auch Armenier kommen gelegentlich zu Besuch, aus Amerika und Westeuropa. Wer aus Armenien einreisen will und über Moskau ein Visum erhält, muss den Umweg über die georgische Stadt Batumi am Schwarzen Meer in Kauf nehmen. Everywhere ist DDR.

Wir ziehen uns zurück. Die Offiziere wollen uns zum Abschluss unseres Besuches ein Picknick bieten. Wir lassen uns am Fluss nieder. Die Nacht bricht herein. Die Trinksprüche werden immer zuversichtlicher, die Türkei und der Frieden rücken immer näher. Besser kann ein Tag an der Grenze zwischen NATO und GUS kaum ausklingen.

Die Fahrt nach Eriwan geht wieder über Stock und Stein. Ich spüre sie nicht. Als wir weit nach Mitternacht das Gästehaus der Universität erreichen, fühle ich mich gut ausgeschlafen.

Von Eriwan nach Berg Karabach

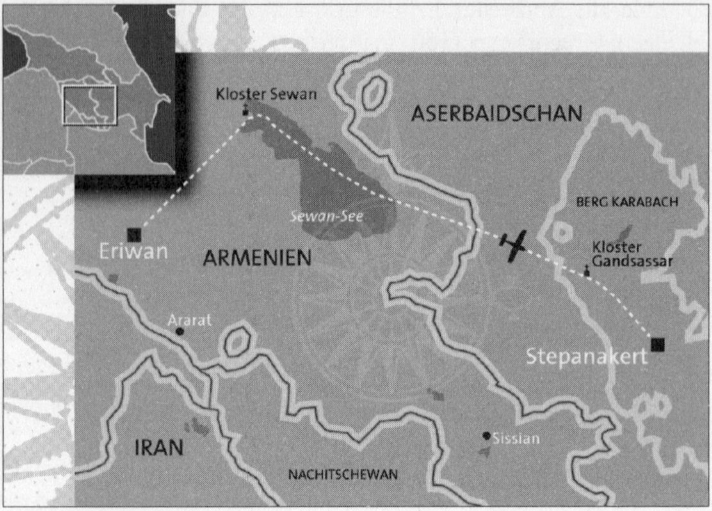

Es gibt kein Frühstück. Das Gästehaus der Universität Eriwan ist auf Abreisende um 7 Uhr morgens nicht eingerichtet. Als flüssige Nahrung wird mir eine Flasche Bier angeboten. Zunächst verweigere ich die Annahme. Dann probiere ich es doch. Wer weiß, wann ich etwas in den Magen bekomme, sage ich mir. Ich handele richtig. Die nächste Tour kann nun gestartet werden. Nach kurzer Fahrt sind wir am Flughafen »Erebuni«. So hieß Eriwan vor 2500 Jahren, klärt mich Wardan auf. Sehr bevölkert sieht der Terminal nicht aus. Spatzen zwitschern durch die Halle. Alle Schalter sind geschlossen. Auf dem Vorfeld tummeln sich ein paar Hunde. Passagiere sind nicht zu erblicken. Dafür bietet der Berg Ararat einen prächtigen Anblick. Ich schaue mich um. Weiter hinten auf dem Flugfeld sind Düsenjäger geparkt, Frontbomber und MiG 29. Von »Erebuni« starten nur noch die Militärs und gelegentlich Hubschrauberflüge, erfahre ich. Der Zivilflughafen ist aus der Stadt verlegt worden.

Auf uns wartet ein wuchtiger Hubschrauber des Unternehmens »Ararat Avia«. Als elegant ist dieses Fluggerät nicht zu bezeichnen.

Der halbe Passagierraum wird von einem mächtigen Tank eingenommen. Gurte gibt es nicht. Der Typ kommt mir bekannt vor. Richtig, es ist wieder eine MI 8 wie bei unserem Flug zum Elbrus. Die Mannschaft – zwei Piloten und ein Mechaniker – macht einen professionellen Eindruck. Entspannt gönnen sich die drei vor dem Start eine Runde Zigaretten, während ich aufmerksam den Tank im Auge behalte.

Wir wollen nach Berg Karabach fliegen, zu Sowjetzeiten eine vorwiegend armenische Exklave im benachbarten Aserbaidschan. Als sich die Sowjet-Republiken mit dem Zerfall der UdSSR 1991 unabhängig machten, gerieten Armenier und Aserbaidschaner über Berg Karabach in einen fürchterlichen Krieg. Eine weitere kaukasische Geschichte!

Vor dem Start schüttelt uns Wardan mit gespieltem Ernst die Hände, als nähmen wir Abschied vom Leben. Mit Riesengetöse und wild vibrierend erhebt sich der ungetüme Vogel. Es geht zunächst zum Sewan-See, dem größten Hochgebirgssee der Welt. Mir ist es recht. Für Superlative bin ich immer zu haben. Natürlich fliegen wir wieder bei offener Tür. Maxim braucht für seine Kamera freies »Schussfeld«. Der Wind pfeift in die Kabine. Das Rotorengeknatter dröhnt ungefiltert in unsere Ohren. Machtvoll stürmt die MI 8 vorwärts. Wir bekommen ein echtes Gefühl vom Fliegen.

Im Gegenlicht tut sich eine prachtvolle Kulisse auf: schneebedeckte Berge und davor ein See von imponierender Größe. »Blaue Perle« heißt er im Volksmund. Von oben sieht die Perle jetzt aber smaragdgrün aus. Bei Seen hängt die Farbe bekanntlich von der Tagesform ab. Die Piloten legen den Hubschrauber schwungvoll auf die Seite. Wir kreisen um das berühmte Sewan-Kloster in der Nordwest-Ecke des Sees. Meine Aufmerksamkeit wird kurzfristig abgelenkt. In den Kurven gibt der Motor eigenartige Geräusche von sich, die nach Fehlzündungen klingen. Doch unsere Fluglage bleibt stabil. Ich beruhige mich und schaue in meinen Unterlagen nach. Das Kloster wurde 874 von der Bagratiden-Fürstin Mariam Sjunezi gegründet. Die Kirchen aus Basalt und Tuff stammen aus späteren Jahrhunderten. Früher lag das Kloster auf einer Insel, heute ist es über eine Landbrücke zu erreichen. Der Grund: Der Wasserspiegel ist um 18 Meter abgesackt, weil der See von allen Seiten angezapft wird. Die Umweltschützer schlagen Alarm.

Inzwischen haben wir das Kloster hinter uns gelassen. Wir fliegen in niedriger Höhe in Richtung Südosten. Der Sewan-See ist trotz des Schwundes beträchtlich größer als der Bodensee, stelle ich fest. Viel Verkehr registriere ich nicht. Ein einziges Schiffchen bekomme ich zu sehen.

Mischa Falin schenkt sich den Anblick des Naturwunders Sewan-See. Er schläft trotz Rotorenlärms in guter Haltung. In seinem blauen Pullover erinnert er an Käpt'n Blaubär. Maxim räumt derweil den Platz an der Tür nicht mehr. Er ist von den ständig wechselnden Motiven fasziniert und filmt wie entfesselt.

Wir fliegen über das Ufer hinweg und geraten sehr schnell über eine üppig grüne Hügellandschaft. Die Berge werden höher. In den Tälern entdecke ich kleine Siedlungen. »Alle Dörfer sind zerstört und verlassen«, ruft Igor Butz in mein Ohr. »Hier wohnten früher Aserbaidschaner. Sie flüchteten, als die Armenier im Krieg gewaltsam einen breiten Korridor zwischen ihre Exklave Berg Karabach und Armenien schufen.« Igor kennt sich aus.

Er war während des Krieges mit unseren Korrespondenten auf beiden Seiten unterwegs. Die Bilder vom Krieg habe ich noch vor Augen. Beide Seiten haben sich schlimme Verbrechen angetan. Ortschaften wurden in Schutt und Asche gelegt, Massaker an früheren Nachbarn begangen. Aus dem Hubschrauber heraus kann ich von den Zerstörungen nichts erkennen. Ich sehe nur eine schöne Berglandschaft mit scharf eingeschnittenen Tälern. Sicher ein ideales Terrain für Partisanen!

Sachte schweben wir in ein von Felswänden umstelltes Tal ein. Sieht aus wie Klein-Eden, ist mein erster Gedanke, als ich mich umschaue. Fröhliches Vogelgezwitscher tönt mir entgegen. Wie ein dickes Osterei sitzt der gelb-braun angemalte Hubschrauber zwischen Bäumen auf einer bunten Blumenwiese. Ein Gebirgsbach rauscht nebenan zu Tal. Über mir lugt der Turm einer Kirche aus den Bäumen am Hang hervor. Ein Kloster steckt dahinter. Dadiwank heißt es, benannt nach einem Apostelschüler, der in frühester Christenzeit die Menschen hier missionieren wollte und dabei den Märtyrertod fand. Auf seinem Grab wurde lange Zeit später, im 10. Jahrhundert, die Kirche gebaut, vor der wir jetzt stehen. An ihrer Erhaltung wird gearbeitet, aber der Verfall ist bereits weit fortgeschritten.

Nicht ohne Hintersinn hat man hier Station gemacht. Dies ist altes christliches Land, soll mir demonstriert werden. Ein solches Erbe darf nicht den muslimischen Aserbaidschanern ausgeliefert werden, ist die Botschaft der Armenier. »Berg Karabach gehörte nie zu Armenien«, sagen hingegen die Aserbaidschaner. »Es war immer Bestandteil unseres Landes.« So steht Aussage gegen Aussage. Beide Seiten führen historische Fakten zu ihren Gunsten ins Feld. Die Armenier stellten vor dem Krieg die übergroße Mehrheit in Berg Karabach und sind nun unter sich. Sie wollen nicht mehr zurück in einen aserbaidschanischen Staat und pochen dabei auf das Selbstbestimmungsrecht der Völker. Die Aserbaidschaner fordern dagegen die Wiederherstellung der territorialen Integrität, weil Berg Karabach, international anerkannt, zu ihrem Staat gehöre. So sind zwei Völkerrechte heillos über Kreuz geraten.

Von 1989 bis 1994 dauerte der Krieg um Berg Karabach. Die Armenier haben gesiegt. Die Aserbaidschaner mussten aus Berg Karabach flüchten. Doch nicht nur sie verloren ihre Heimat. Viele andere erlitten das gleiche schlimme Schicksal. Als der Konflikt zum Krieg eskalierte, flohen die Armenier aus Aserbaidschan und die Aserbaidschaner aus Armenien. Weit über eine Million Menschen wurden zu Vertriebenen, nachdem ihre Vorfahren jahrhundertelang friedlich miteinander gelebt hatten.

Wenn ich mich genauer umschaue, dann kommt mir eine Landung mit einem großen Hubschrauber in diesem engen Tal ein bisschen kühn vor. Doch Rafik und Muschek, so heißen unsere Piloten, kennen dieses Gebiet genau. Sie sind hier unter weit schwierigeren Bedingungen ein- und ausgeflogen. Während des Krieges sorgten sie mit ihrer MI 8 im Tiefflug und unter heftigem Beschuss für Nachschub. Auf der Rücktour evakuierten sie Zivilisten und Verwundete. »Ist hier auch gekämpft worden?« frage ich die beiden. »Hier ist überall gekämpft worden«, ist ihre lakonische Antwort.

Ächzend und zitternd erhebt sich der Hubschrauber aus dem Tal. Die Berglandschaft wird weitläufiger und bewohnter. Unser nächstes Ziel ist schon von weitem zu erkennen. Es steht wie eine Festung auf einem Berg: das Kloster Gandsassar, das geistliche Zentrum von Berg Karabach. Wir drehen eine Ehrenrunde, ehe wir aufsetzen. Der Hausherr empfängt uns persönlich, Erzbischof

Parkew. Er begrüßt mich auf Englisch und weist wie Moses auf das Land zu seinen Füßen. »Dies ist seit dem 4. Jahrhundert armenisch-christlicher Boden. Unsere Vorväter haben das Kloster im 6. Jahrhundert gegründet. Die Kirche wurde Anfang des 13. Jahrhunderts gebaut.«

»Woher kommt eigentlich der Name Berg Karabach?« möchte ich wissen. »Karabach ist türkischen Ursprungs und heißt ›schwarzer Garten‹. Wir Armenier sprechen aber nicht von Berg Karabach, sondern von Artzach«, klärt mich der Erzbischof auf. Er tritt auf wie ein Mann von Welt. Englisch habe er gelernt, weil er in seiner Jugend ein Fan der Beatles gewesen sei. Er ist ausgebildeter Elektrotechniker. Studiert hat er in Aserbaidschan am Polytechnischen Institut in Sumgait. Damals war das noch für einen Armenier unproblematisch. Später spezialisierte er sich auf russische Literatur und trat schließlich in den Dienst der armenischen Kirche ein. Seine Priesterausbildung erhielt er an der Heiligen Akademie in Etschmiadsin. Den Krieg hat er in Berg Karabach mitgemacht. Das Kloster lag damals unter starkem Feuer der Aserbaidschaner.

Der Erzbischof zeigt mir die Berge, von denen aus das Kloster beschossen wurde. »Warum haben Sie sich nicht in Sicherheit gebracht? Das Kloster liegt doch für Geschütze wie auf einem Präsentierteller.« Der Erzbischof versteht meine Frage nicht. »Unsere Kirche war immer auf der Seite der Befreiungsbewegung. Ich musste hier bleiben, um unserem Volk und unseren Kämpfern beizustehen.«

»Ist das Kloster denn nicht getroffen worden?« »Doch! Ein Gebäude ist vollkommen zerstört worden. Doch dies ist ein wundersamer Ort. Die Aserbaidschaner haben mit allen Mitteln versucht, die Kirche zu treffen. Aber sie haben es nicht geschafft, weder mit der Artillerie noch vom Flugzeug aus. Viele Male haben unsere Menschen im Tal beobachtet, wie feindliche Bomben direkt auf unsere Kirche zuflogen. Aber hundert Meter über dem Gotteshaus wurden sie von einer unsichtbaren Hand zur Seite geschoben. Die Krater können Sie hier rund um das Kloster sehen. Gott und Johannes der Täufer, der Schutzheilige unserer Kirche, haben uns geholfen.«

Erzbischof Parkew hat es eilig. Er muss heute noch einen weiten Weg zurücklegen, um nach Etschmiadsin, dem Zentrum der armenischen Kirche, zu gelangen. Über 300 Kilometer auf nicht sehr ebenen Straßen! Dennoch will er es sich nicht nehmen lassen, uns zum Essen einzuladen. Wir werden in einen schlichten Raum gebeten. Ein langer Tisch ist bereits reich gedeckt. Wir nehmen auf Holzbänken Platz. Der Erzbischof spricht ein Gebet und hebt das Glas. Ein kurzer Toast und weg ist der Schnaps! Der fromme Vater ist kein Kostverächter. Er gibt sich selbstbewusst und energisch. Sein dichter Bart beginnt zu ergrauen. So sieht er älter aus, als er mit seinen 46 Jahren tatsächlich ist. Deutschland hat er als Wehrpflichtiger kennen gelernt. 1976/77 diente er bei der zweiten Panzerdivision der Sowjetarmee in Neu-Ruppin und Perleberg. Von der internationalen Lage hat er eine klare Meinung. »Wenn Deutschland und Russland zusammengehen, dann ist das gut für die Welt.«

Wir haben inzwischen weitere Runden konsumiert. Tutowka heißt der Fruchtschnaps, der weich und heiß durch unsere Kehlen läuft. Frisches Gemüse, zartes Huhn und Ziegenfleisch werden gereicht. Dazu gibt es reichlich Rotwein und Kilikjan-Bier. Das Kloster versteht, Gäste zu bewirten. Der beste Honig der Welt wird uns auch nicht vorenthalten. »Dieses Geschenk Gottes haben uns ungewollt die Aserbaidschaner gemacht«, sagt Erzbischof Parkew. »Sie wollten uns keine Fabriken geben, um uns klein zu halten. Heute sind wir dankbar dafür. Wir haben die sauberste Luft, die reinste Natur und den besten Honig. Das soll so bleiben.«

Ich kann das nur begrüßen, denn einen schmackhafteren Honig habe ich in der Tat noch nie genossen. »Erhalten Sie Unterstützung von außen?« »Ja, wir haben viele Freunde in der armenischen Diaspora. Sie helfen uns, die Klöster und Kirchen zu restaurieren. Einer dieser Sponsoren stammt aus dem Dorf unterhalb des Klosters. Er gab uns 200.000 Dollar, um die Kirche zu restaurieren. Außerdem gründete er eine Fabrik in seinem alten Dorf. Wir Armenier werden nicht untergehen.«

Ein Jeep fährt vor. Der Erzbischof macht sich auf den Weg nach Etschmiadsin, während wir mit dem Hubschrauber die wenigen Kilometer nach Stepanakert, der Hauptstadt von Berg Karabach, hinüberhüpfen. Der Hauptstadt-Flugplatz erlebt nur selten Ankünfte. Ab und an landet ein Hubschrauber. Ansonsten herrscht hier weiter die Ruhe nach dem Krieg. Erbittert ist um den Flugplatz herum gekämpft worden. Das Dorf nebenan wechselte mehrfach den Besitzer, wie es in der Militärsprache heißt. Bei einem Vorstoß sollen die Armenier ein fürchterliches Massaker unter den Zivilisten angerichtet haben. Man spricht nicht gerne darüber, sondern verweist umso energischer auf die Verbrechen der anderen Seite.

Wir fahren in die Stadt. Mit ihren ärmlichen Wohnblocks sieht Stepanakert sehr spät-sowjetisch aus. Soldaten in Kampfanzügen flanieren über die Bürgersteige. Autos aus den fünfziger Jahren, wie Moskwitsch und Pobeda, husten sich über die Straßen. Ein Jeep der Hilfsorganisation »Ärzte ohne Grenzen« kurvt vor uns her. Doch auch die Deutschen sind hier. Im Minibus, der uns vom Flughafen in unsere Unterkunft bringt, verkündet ein Aufkleber »Ich bin ein Samariter-Schlumpf«. Der Arbeiter- und Samariterbund hat hier seine Visitenkarte unübersehbar abgegeben.

Wir durchqueren Stepanakert und fahren nach Schuscha, in besseren Tagen ein begehrter Kurort und die armenische Metropole Berg Karabachs. Heute sieht die einst schöne Stadt übel zugerichtet aus. Der Krieg hat hier entsetzlich gehaust. Benik, ein Kamera-Reporter aus Berg Karabach, begleitet mich. Er war bei den Kämpfen um Schuscha in vorderster Frontlinie dabei. Zunächst war die Stadt von den Aserbaidschanern, als diese noch weit überlegen waren, im Sturm genommen worden. Dann wendete sich das Blatt, und die inzwischen schwer angeschlagene Stadt fiel fast kampflos den Armeniern zu. Doch was haben sie vorgefunden? Die zerschossenen und verrußten Häuser sind nicht mehr zu retten. Ihre Ruinen können nur noch weggesprengt werden, um darauf neue Häuser zu bauen. Doch dazu fehlt das Geld. Benik führt mich zu einem schönen alten Gebäude.

Vor 100 Jahren ist es von einem Grigorij Aratelow gebaut worden, wie die Inschrift am Haus verrät. Er stammte aus Schuscha, wanderte nach Deutschland aus und wurde in Berlin als Arzt ein vermögender Mann. Seiner Heimatstadt schenkte er eine höhere Schule. Nun liegt sie in Trümmern und dient Pferden und Kühen als Unterkunft. Völlig zerstört wurde auch die Kathedrale von Schuscha. Für ihren Aufbau kam genügend Geld zusammen. Jetzt steht sie neu errichtet auf ihrem alten Platz. Ihr Glanz steht in scharfem Gegensatz zur ruinierten Umgebung.

Die wirtschaftliche Lage von Berg Karabach ist unübersehbar schlecht, aber sie macht die Armenier nicht kompromissbereit. Der Sieg über die Aserbaidschaner hat ihr Selbstwertgefühl gestärkt. Jahrhundertelang haben ihre Vorfahren Unterdrückung und schlimmste Verfolgung erdulden müssen. In Berg Karabach lebten vor dem Krieg 170.000 Menschen. Über siebzig Prozent von ihnen waren Armenier, aber die Minderheit der Aserbaidschaner besetzte die Schlüsselstellungen. Nun sind alle Aserbaidschaner vertrieben worden, und eine Rückkehr zu den alten Zeiten lehnen die Armenier kategorisch ab. »Wir können nicht mehr andere über uns herrschen lassen«, erklärt Benik kategorisch.

Wir kehren nach Stepanakert zurück. Unsere Unterkunft ist freundlich. Das Abendessen lässt nichts zu wünschen übrig. Reichlich Gemüse, wegen der reinen Luft beste Biokost – und feines Hammelfleisch. Ich fürchte, für viele Familien in Berg Karabach ist ein solches Mahl ein unerschwinglicher Luxus. Wir spielen eine Partie Billard. Die Russen zeigen sich generös. Sie lassen uns gewinnen.

Das Leben hinter der Front – Eine Fahrt durch Berg Karabach

Wir müssen uns registrieren lassen. Für neun Uhr sind wir ins Außenministerium bestellt worden. Berg Karabach betrachtet sich als unabhängige Republik. Internationale Anerkennung hat das selbst ernannte Staatswesen bislang nicht erfahren, aber es achtet streng auf die internationalen Gepflogenheiten. Für die Einreise hatte ich mir in Eriwan ein Visum besorgen müssen. Es ist ein loses Papier, das nun abgestempelt wird. Taktvollerweise wird mein Pass verschont. Ein Stempelabdruck könnte mir anderswo Einreisen erschweren wie nach Aserbaidschan oder in die Türkei.

Eine bildschöne junge Frau nimmt die Registrierung vor. In weißer Bluse und schwarzen Jeans sitzt sie hinter ihrem PC und fragt ernst, aber freundlich meine persönlichen Daten ab. »Was ist Ihre Funktion?« frage ich sie auf Russisch. »Attaché für Kultur und Presseangelegenheiten«, antwortet sie auf Deutsch. Ich erkläre ihr unser Vorhaben. Ihre Kollegin, nicht minder gut aussehend, schaut interessiert von ihrem Computer hoch. Ein derartiger Journalistentross kommt nicht alle Tage vorbei.

Meine Attachée reicht mir die Papiere zurück und klärt mich auf, welche Gebiete ich nicht besuchen darf. Es sind Orte an der Frontlinie. Unglücklicherweise will ich ausgerechnet dorthin. Die Chefin kommt hinzu, ebenfalls eine attraktive Erscheinung. Aber auch sie kann mir nicht helfen. Wardan gibt mir durch Mimik zu verstehen, dass ich mich nicht sorgen soll. Also entspanne ich mich. Internationale Nichtanerkennung hin oder her – in keinem Außenministerium der Welt bin ich charmanter behandelt worden als hier in Berg Karabach.

Wir haben noch ein bisschen Zeit. Ich bitte um einen Termin bei der Leitung des Außenministeriums. Es wundert mich nicht, dass die Behörde von einer Frau geführt wird, auch sie apart und gebildet. Ihr Name ist Naira Melkumjan. Das Schicksal ihrer Familie ist typisch armenisch. Ihre Sippe wurde fast ausgelöscht, als die Türken 1918 Baku einnahmen und unter den dort lebenden Armeniern ein Blutbad anrichteten. Mit Hilfe georgischer Freunde wurden ihre Eltern – damals noch Kinder – gerettet und nach Teheran gebracht. Später zogen sie nach Eriwan, wo Naira geboren wurde. Sie wurde Spezialistin für russische Literatur und lehrte an der Universität Eriwan, als sie zur Außenministerin von Berg Karabach berufen wurde.

Nun möchte ich von ihr wissen, mit welcher Begründung sich Berg Karabach für unabhängig erklärte. »Die Vorlagen dazu haben uns die Verfassung der Sowjetunion und das Parlament von Aserbaidschan geliefert«, erklärt die Außenministerin zu meiner Verblüffung. Ich bitte um nähere Auskünfte. »Die Sowjet-Verfassung hatte jeder Republik das Recht eingeräumt, aus der UdSSR in reiner Willensentscheidung auszuscheiden. Von diesem Recht hat Aserbaidschan beim Zusammenbruch der UdSSR unter Berufung auf die Sowjetverfassung Gebrauch gemacht«, führt Naira Melkumjan aus. »Wenn sich aber innerhalb einer solchen Republik noch eine autonome Republik wie Berg Karabach befand, dann hätte laut derselben Sowjetverfassung die Zustimmung dieser autonomen Republik eingeholt werden müssen. Das hat Aserbaidschan nicht getan. Berg Karabach konnte daraufhin ebenfalls unter Berufung auf die Sowjetverfassung seine eigene Unabhängigkeit ausrufen.« Kompliziert, aber für den ersten Moment einleuchtend! »Wie sind Sie darauf gekommen?« »Der Bürgerrechtler Andrej Sacharow hat uns beraten.«

»Streben Sie nun die Vereinigung mit Armenien an?« »Natürlich gibt es diesen Wunsch. Aber wir reden nicht darüber. Armenien würde dadurch in Schwierigkeiten geraten und sicher als Aggressor dargestellt, der Berg Karabach von Aserbaidschan annektiert habe. Das wollen wir Armenien nicht antun.« »Gibt es Unterschiede zwischen den Armeniern im Mutterland und denen in Karabach?« »Die gibt es. Die Menschen hier haben mehr Kampfgeist und einen stärkeren Freiheitswillen. Es ist eben ein Bergvolk.«

Das Bergvolk möchte ich nun näher kennen lernen. Wir fahren zum Generalstab der Armee. Unsere armenischen Kollegen haben gute Vorarbeit geleistet. Ein Oberstleutnant kommt aus einer Besprechung. »In den letzten Tagen ist wieder etwas mehr geschossen worden, aber wir lassen euch unter Begleitung bis an die Front fahren«, sagt er uns. Bereitwillig nennt er seinen Namen und sein

Alter: Wladimir Akopjan, 37 Jahre alt. Er ist der Chef des Stabes. Sein Auftreten ist locker und selbstbewusst.

»Wie ist die Lage generell?« frage ich den Stabschef. »Wir haben Waffenstillstand. Wir stehen, sie stehen. Es ist kein Krieg, kein Frieden. Sie schießen, wir schießen. Täglich gibt es Schusswechsel und leider immer wieder Tote und Verletzte.«

Auf seinem Schreibtisch liegt ein Militärhandbuch. Es ist in Russisch geschrieben und stammt noch aus der Zeit der Sowjetunion. Auch die Dienstanweisungen sind in russischer Sprache verfasst. Ich werfe ein Auge darauf. Er merkt es und lacht. »Lesen Sie ruhig! Die Dienstanweisungen haben wir extra für Besucher wie Sie ausgelegt. Zur Desinformation.«

»Wen haben Sie an der Front?« »Berufssoldaten und Wehrpflichtige. Sie sind zwischen 18 und 20 Jahre alt.« »Halbe Kinder also!« werfe ich ein. »Aber gut ausgebildet!« kontert er.

»Wie groß ist Ihre Armee?« »Darauf gebe ich Ihnen keine Antwort.« »Aber andere Armeen geben doch ihre Personalzahlen preis.« »Wenn ich eine Million Mann unter Waffen hätte, dann würde ich diese Zahl auch preisgeben. Die habe ich aber nicht.«

Wir fahren los. Ein Oberleutnant begleitet uns. Die Berge treten allmählich zurück. Wir dürfen sie nicht filmen. Vermutlich befinden sich da Artilleriestellungen. Ein Panzerdenkmal am Wegesrand soll daran erinnern, dass die Armenier hier ein wichtiges Gefecht gewonnen haben. Die ruhmreiche Rote Armee hat diese Heldenverehrung fleißig vorgemacht. Unsere armenischen Begleiter machen mich auf einen muslimisch-christlichen Friedhof aufmerksam. Hier verlief für einige Zeit die Hauptkampflinie. Der Gottesacker ist total vermint.

Wir überqueren die ehemalige Grenze von Berg Karabach. Die Armenier sind darüber hinausgestoßen, weil sie die schweren Geschütze der Aserbaidschaner außer Reichweite ihrer Hauptstadt Stepanakert haben wollten. Sagen sie! Wir kommen in Agdam an. Ich traue meinen Augen nicht. Jedes Haus ist eine Ruine. Hier muss es entweder ein mörderisches Flächenbombardement gegeben haben oder es ist Haus für Haus systematisch zerstört worden. »Die Aserbaidschaner waren es«, sagt unser Begleitoffizier. »Als wir die Stadt genommen haben, wollten sie uns mit Artillerie und

Bomben wieder hinausschießen. Zwei Monate dauerte das. Dabei blieb kein Stein auf dem anderen.« Wir können die andere Seite jetzt nicht fragen.

Stehen geblieben ist in dieser Stadt nur die Moschee. Wir kommen nicht an sie heran. Das ganze Gelände ist gespickt mit Minen. Ich wandere eine Straße entlang. Links und rechts zerstörte Häuser. Meist sind nur noch ein paar Wände übrig geblieben. Wie ausgebleichte Skelette liegen sie in der Sonne. Mein Blick fällt auf die vom Brand geschwärzte Vorderfront eines Hauses. Auf ihr sind fröhliche Ernte-Motive abgebildet. Der Kontrast zur Umgebung kann nicht hohnvoller sein.

35.000 Menschen haben in der aserbaidschanischen Stadt Agdam bis zum Krieg gelebt. Jetzt halten sich hier nur noch ein paar Versprengte auf. Ein Mann und eine Frau kommen mir entgegen. Er trägt eine Hacke über die Schulter. Sie hat eine Soldatenmütze auf dem Kopf. Wozu er die Hacke mit sich führe, frage ich ihn. »Gegen die Schlangen!« antwortet er. »Stammen Sie aus dieser Gegend?« »Nein! Ich bin zwar Armenier, aber ich habe in Usbekistan gelebt. Von dort bin ich vertrieben worden.«

»Haben Sie Kinder?« »Ja, einen Sohn. Er ist im Krieg bei Schuscha gefallen.« »Wie leben Sie hier?« »Wunderbar!« sagt er voller Sarkasmus. »Die ganze Stadt gehört mir. Hier bleibe ich bis zu meinem Tod.« Seine Frau hört ihm mit abwesendem Blick zu. Grußlos setzt das Paar seinen Weg fort. Ein paar Kühe trotten ihnen hinterher. »Die Tiere leben gefährlich«, sagt unser Begleitoffizier. »Ab und zu gibt es einen Knall. Dann ist eine Kuh oder ein Pferd auf eine Mine getreten.«

Wir kommen an der Frontlinie an. Das Gelände ist hier völlig eben. Beide Seiten haben freies Schussfeld. Deshalb schützen sie sich mit Erdwällen. Dahinter haben sie ihre Unterkünfte. Um die triste Umwelt zu verschönern, hat die Einheit, die wir besuchen, kleine Blumenbeete angelegt und eine Miniaturkirche gebaut. Auf der Krone der Erdwälle laufen Schützengräben entlang. Sie sind mit Balken befestigt. Normalwüchsige Armenier können in den Gräben aufrecht gehen, ohne gesehen zu werden. Für Westeuropäer wie mich reicht die Höhe nicht aus. Als ich den armenischen Soldaten nachstiefele, ohne den Kopf einzuziehen, werde ich lautstark angebrüllt. Gehorsam knicke ich ein, um Heckenschützen auf der anderen Seite kein leichtes Ziel zu bieten. Der Umstieg von tiefem Frieden zu gefährlicher Front will gelernt sein.

Ich werde zu einem Beobachtungsposten geführt. Zwei junge Soldaten halten hier Wache. Abwechselnd schauen sie durch ein Fernrohr auf die gegnerische Seite. Damit ich beim Interview nicht versehentlich den Kopf über den Rand des Schützengrabens stecke, setze ich mich auf die Hülse einer Panzergranate. Die beiden Soldaten sind 19 Jahre alt, sie verstehen kaum Russisch. Das Gespräch läuft über Dolmetscher. Sieben Tage seien sie an der Front auf Posten, erzählen sie mir. Anschließend würden sie für 7 Tage in die Kaserne zurückgebracht. »Wird hier geschossen?« »Ab und an fallen Schüsse. Die Heckenschützen sind sehr gefährlich. Sie treffen auf große Entfernungen.«

Ein Offizier schaltet sich ein. Die aserbaidschanischen Heckenschützen seien mit Dragunow-Gewehren ausgestattet. Bis zu 1200 Meter würden sie präzise ihr Ziel finden. Neuerdings gebe es eine neue Wunderwaffe. Sie heiße SW 90. Mit diesem Gewehr könnten gute Schützen bis zu 2000 Meter genau treffen. Noch seien die Gewehre nicht ausgeliefert, aber einzelne Exemplare – von Tschetschenen geliefert – seien bereits auf aserbaidschanischer Seite im Einsatz, behauptet er. Die Vorstellung erfüllt mich mit Unbehagen, denn die andere Seite ist nur 700 Meter von uns entfernt.

»Was haltet ihr von den Aserbaidschanern?« Zwischen den beiden Soldaten gehen die Meinungen auseinander. Der eine ist der Ansicht, die Aserbaidschaner seien vielleicht auch mutig, aber mutiger als er und seine Kameraden könnten sie gar nicht sein. Das Urteil des anderen Soldaten ist abfälliger. »Die Aserbaidschaner sind ein feiges Volk und im Verstand etwas schwach. Wenn sie nicht so feige wären, hätten sie nicht so viel Territorium zurückgelassen und den Rückzug angetreten.« »Warum seid ihr bessere Kämpfer?« frage ich. »Hinter uns stehen unsere Familien und unser Vaterland. Wir wissen, wenn der Feind durchkommt, sind wir verloren. Darum geben wir keinen Meter preis.«

»Was erwarten Sie von der Zukunft?« »Es wäre natürlich besser, wenn es Frieden gäbe. Besser für beide Seiten! Die Eltern müssten dann nicht mehr um ihre Söhne bangen. Aber die Aserbaidschaner wollen wahrscheinlich keinen Frieden. Sie wollen uns unter Druck setzen. Deshalb zweifele ich, ob es hier bald Frieden gibt.«

Im Unterstand hinter dem Erdwall treffe ich auf einen anderen Wehrpflichtigen. Er spricht ganz ordentlich Russisch. Sein Urteil klingt erstaunlich abgewogen. Er habe von den Älteren gehört, dass die Aserbaidschaner ganz normale Menschen seien. Deshalb komme es ihm seltsam vor, dass sie nun Todfeinde sein sollten. Ob er Angst habe, frage ich ihn. »Gelegentlich schon!« gibt er zu, »sonst wäre ich auch kein guter Soldat.«

Wir brausen mit hohem Tempo zurück. Auf eine Bekanntschaft mit dem Präzisionsgewehr vom Typ WS 90 oder Dragunow wollen wir es nicht ankommen lassen. Wir wollen noch einen Familienbesuch abstatten. Hinter Agdam biegen wir deshalb Richtung Berge ab. Von einer Anhöhe aus schauen wir auf die zu Tode gemarterte Stadt unter uns. Wie ein gigantischer Friedhof sieht sie aus der Entfernung aus. Auf den Wiesenhängen kauern abgeschossene Panzer der Aserbaidschaner. Es scheint, als seien sie auf dem Weg nach Agdam gestoppt worden. Wir fahren nun unterhalb der Berge wieder Richtung Front. Obwohl nur ein Nebenweg, ist die Straße in einem guten Zustand. An einer mittelalterlichen Burg machen wir Halt. Im Krieg muss sie unter starkem Beschuss gelegen haben. Die mächtigen Mauern haben dem Geschosshagel wacker widerstanden. Der Schaden hält sich in Grenzen. Nun haben sich in der alten Festung Flüchtlinge einquartiert. Früher soll hier ein teures Restaurant finanzstarke Gäste mit Bauchtanz-Darbietungen von weit her angelockt haben.

Neben der Burg hat sich an einer Wasserquelle eine Panzereinheit eingenistet, um im freien Feld den Ernstfall zu üben. Ein Mädchen schleppt über eine steile Treppe Wasser zu einem Haus hoch. Wir folgen ihm und treffen auf Nune Temurjan. Sie steht im Freien an einem Ofen und bereitet das Essen für ihre Familie zu. Ihr Mann kommt mit einem Arm voll Holz hinzu, um den Ofen zu füttern. Sein Name ist Chatschatur Atabekjan, sein Alter 42 Jahre. Im Krieg hat er hier gekämpft. Danach ist er nach Eriwan zu seiner Familie zurückgekehrt. Doch für ihn als Chauffeur gab es in seiner Heimatstadt keine Arbeit. Er konnte weder seine Familie ernähren noch seine Wohnung bezahlen. So reifte in ihm der Plan, aufs Land zu gehen. Er erinnerte sich an die Felder in Berg Karabach und schlug sich hierhin wieder durch.

In Schaghbulagh, zu Deutsch »große Wasserquelle«, fand er, was er suchte. »Onkel Suren«, sagte er zum Dorfvorsitzenden, »ich brauche Land.« »Nimm dir, was du brauchst!« bekam er zur Antwort. Verlassenes Land gab es genug, Obstbäume auch. Chatschatur Atabekjan legte einen großen Garten an. Darin erntet er fast alles, was der Mensch braucht: Kartoffeln, Bohnen, Gurken, Mohrrüben, Tomaten, Zwiebeln, Auberginen, Knoblauch, Paprika und Petersilie. Weizen und Roggen baut er auch an. Was ihm fehlt, sind Kühe und Schafe. So verdingt er sich nebenher als Hirte, um Geld für Milch, Zucker und Salz zu haben.

Längst hat er seine Frau und seine fünf Kinder nachgeholt. Für sie hat er ein zerschossenes Haus notdürftig hergerichtet. Elektrischen Strom gibt es nicht. Das Wasser muss von der Quelle geholt werden, aber Chatschatur Atabekjan zeigt sich zufrieden. Ein Schwalbenpaar ist mit ihnen ins Schlafzimmer eingezogen. Er vertreibt die munteren Vögel nicht. »Sie bringen uns Glück.«

Seine Frau gibt sich zurückhaltender. »Ja, es ist gut hier«, sagt sie. »Wir haben zu essen und zu trinken. Eine Schule gibt es auch, sie ist drei Kilometer entfernt. Das schaffen die Kinder.« Nune Temurjan ist eine Schönheit. Doch das entbehrungsreiche Leben hat Spuren in ihrem Gesicht hinerlassen. Sie ist dankbar, dass sie hier aufgenommen wurden, aber sie kommt aus einer Großstadt. Hier auf dem Lande lebt sie vollkommen von der Welt abgeschnitten. Es gibt kein Fernsehen, sie sehnt sich nach Eriwan zurück. Doch ihr Mann ist anderer Meinung. »Hier ist es tausendmal besser als in Eriwan. Wenn sich die Kinder gut einleben und später Arbeit finden, bleiben wir hier.«

Auf der Landkarte war dieses Gebiet früher als aserbaidschanisches Territorium eingezeichnet. »Wie fühlen Sie sich hier?« frage ich die beiden. »Ich bedauere, dass Sie solch eine Frage stellen. Dies war eines der frühesten Siedlungsgebiete unserer Ahnen. Da unten liegt Tigranakert. Sehen Sie die Kirche dort. Das war schon immer armenisches Gebiet. Hier war niemals Aserbaidschan. Die alten Schriften beweisen es.«

»Haben Sie Angst, dass wieder Krieg ausbrechen könnte?« »Auf keinen Fall wünschen wir, dass Krieg ausbricht, aber wenn es dazu kommt, dann werden die da drüben darunter zu leiden haben. Von dem niederträchtigen Feind soll der Fuß abgeschnitten werden.« Der vorher so sanfte Chatschatur Atabekjan gerät in Zorn.

»Die Liebe zu unserem Vaterland wird uns beseelen. Niemals werden wir zulassen, dass der Fuß des Feindes hier hereinkommt. Seit Tigran dem Großen vor 2000 Jahren haben wir zum ersten Mal wieder einen Krieg gewonnen. Sonst haben wir immer verloren und Land abgeben müssen. Wir wollen keinen Krieg. Schon der Kinder wegen! Aber wenn es dazu kommt, werden wir felsenfest stehen.« Versöhnlich klingen seine Worte nicht. Ein friedliches Zusammenleben mit dem aserbaidschanischen Nachbarn liegt noch in weiter Ferne.

Von Berg Karabach nach Meghri und Eriwan

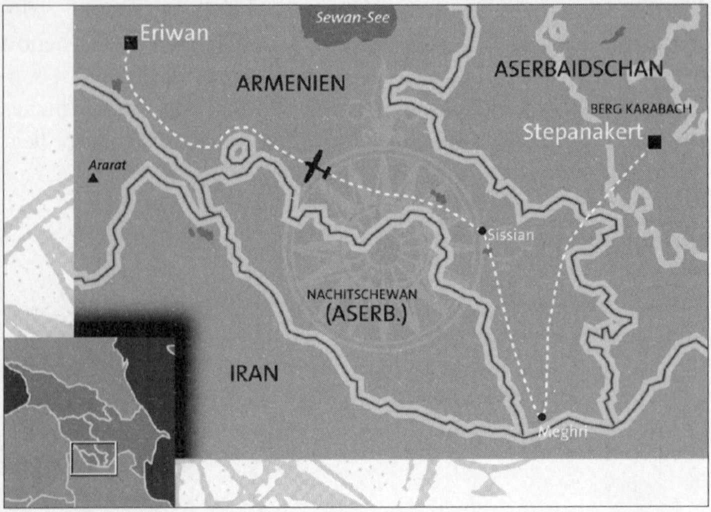

Es wird warm, es wird sehr warm. Es geht schon am frühen Morgen auf 30 Grad zu, als wir Berg Karabach verlassen. Wir wollen nach Süden an die armenisch-iranische Grenze bei Meghri fliegen. Unsere MI 8 ist startklar, die 22 Meter langen Rotorenblätter holen langsam Schwung. Mit 1920 Umdrehungen in der Minute hebt der dicke Pelikan ab. Rafik und Muschek wissen, welche Bilder wir brauchen. Sie legen den Vogel nach vorne und brausen auf die Berge zu. Sie rauschen an Felswänden vorbei, dringen in enge Täler ein, schleppen den Knattervogel knapp über Bergkämme und fegen so nahe über sanfte Almlandschaften, dass Schafe, Kühe und Pferde im wilden Galopp auseinander spritzen.

Die Berge werden karger und zackiger, an den Hängen halten sich nur noch Sträucher wie mattgrüne Tupfer. Vor uns liegt ein Felsplateau mit einer kurzen Runway. Wir schweben ein. Die Organisation klappt, der bestellte Transport rollt zur gleichen Zeit ein, ein kräftiger gelber Bus mit Allradantrieb. Endlich erleben wir einen Fahrer, der nicht wie verrückt losprescht. Behutsam geht es die steilen Serpentinen hinunter. Die Straße ist mit Felsbrocken gespickt, die offensichtlich ständig auf die Fahrbahn rauschen.

Es wird von Kurve zu Kurve wärmer. Als wir unten ankommen, haben wir die 40-Grad-Grenze überschritten. Wir halten vor dem Tor der russischen Garnison. Der Kommandeur der Grenztruppen-Einheit 2393, Oberst Wladimir Iwanowitsch Schkuratowskij, erwartet uns bereits. Auch hier sichern die Russen die armenische Außengrenze, diesmal nach Süden gegenüber Iran. Nach Westen liegt unmittelbar hinter den Bergen die aserbaidschanische Exklave Nachitschewan, mit der Armenien im bitteren Streit liegt. Deshalb ist hier armenisches Militär anzutreffen, das sich, mit Kanonen bewaffnet, in Felsbuchten eingenistet hat.

Oberst Schkuratowskij fährt mit uns die Grenze ab. Ein hoher und dichter Stacheldrahtzaun breitet sich kilometerlang aus. Dahinter rauscht 100 Meter breit der Grenzfluss Araks dahin. An seinem gegenüberliegenden Ufer ziehen sich die iranischen Grenzbefestigungen entlang. Hüben wie drüben stehen sich Wachtürme gegenüber. Eingekesselt von schroffen, steilen Bergen macht der Grenzübergang Meghri nicht gerade einen lieblichen Eindruck. »Ist die Lage hier gespannt?« will ich wissen. »Nein«, sagt Oberst Schkuratowskij. »Unsere Beziehungen zum Iran sind distanziert, aber in Ordnung. Im Grunde konnte man das schon vom zaristischen Russland und auch der Sowjetunion sagen. Hier verläuft seit 200 Jahren die Grenze. Unsere Beziehungen zum Iran sind weit besser als zur Türkei.«

»Wie lang ist die Grenze zwischen Armenien und Iran?« frage ich. »Nur kurz. 45 Kilometer. Aber der Grenzübergang Meghri ist für Armenien sehr wichtig. Die armenischen Grenzen zur Türkei, zur aserbaidschanischen Exklave Nachitschewan und zu Aserbaidschan sind geschlossen. Abgesehen von Georgien ist Meghri das einzige Schlupfloch für die Armenier, um Waren zu erhalten.«

Es ist Freitag. Für den moslemischen Iran hat also das strikt eingehaltene Wochenende bereits begonnen. Dementsprechend ruhig geht es am Grenzübergang zu. Ab und an kommen einzelne Menschen oder kleinere Gruppen. Sie sind bepackt mit Tüten. Als erste oder letzte Kontrolle werden sie von russischen Grenzsoldaten überprüft. Langsam steuert Yusef Rezai seinen schweren Mercedes-Lkw auf den Grenzposten zu. Mit Hilfe eines Zöllners komme ich mit ihm ins Gespräch. Er ist 31 Jahre alt. Einmal im Monat fährt er die Tour Teheran – Eriwan. Die Strecke sei nicht einfach. Sie führe über schmale, oft schlecht ausgebaute Straßen und durch zahllose scharfe Kurven im Gebirge. Yusef Rezai transportiert das Übliche: Nahrungsmittel, Hausratswaren und Bekleidung. Es sind meist Billigwaren, die aus dem Iran kommen. Mittlerweile gibt es genug davon in Armenien. Früher hätten 100 Lkw die Grenze überquert, erklärt mir Oberst Schkuratowskij. Heute kämen nur noch 35 bis 50 am Tag.

Zurück geht nicht viel. Bis vor kurzem lieferte Armenien jede Menge Altmetall in den Iran. Die stillgelegten Fabriken und vom Erdbeben zerstörten Anlagen scheinen allmählich ausgeschlachtet zu sein. Deshalb fahren viele Lkw leer zurück. Dieseltreibstoff kommt noch reichlich über die Grenze. Aber auch die großen Tankwagen nehmen nichts mit in den Iran zurück. Sehr lohnenswert sind diese Transportunternehmen offensichtlich nicht.

Da wenig los ist, ziehen wir uns ins Hauptgebäude zurück. Die Leiter der armenischen Pass- und Zollkontrolle gesellen sich hinzu. Cognac wird aufgefahren. Erstklassiger Stoff, Marke Ararat. »Viel weicher als der französische Cognac«, wird mir von den am Tisch versammelten Russen und Armeniern einmütig versichert. Winston Churchill habe diesen Cognac hoch geschätzt. Stalin habe deshalb dem britischen Premier jedes Jahr 365 Flaschen geschickt. Pro Tag also eine. Kein Wunder, dass Sir Winston nicht zum Sport gekommen ist. Schon nach dem ersten Schluck kann ich Churchills Wertschätzung für den armenischen Cognac hundertprozentig nachvollziehen.

»Gibt es denn regelmäßige Kontakte zur iranischen Seite?« will ich wissen. »Einmal im Monat treffen wir uns«, erklärt Oberst Schkuratowskij. »Die Gespräche sind sachlich und höflich. Gesellige Stimmung kommt nicht auf, denn die Iraner trinken nur Tee und keinen Wodka.«

»Welche Probleme werden denn behandelt?« »Allgemeine. Der Araks verlässt häufig sein Flussbett. Dann müssen wir uns über den Grenzverlauf einigen. Manchmal ist auch versucht worden, Vieh von der anderen Seite zu klauen. Wirklich keine großen Probleme!« »Wird Rauschgift geschmuggelt?« »Kaum! Ab und an gibt es ein paar Versuche. Wir haben das hier aber im Griff.«

Angesichts von so viel Ordnung habe ich keine Fragen mehr. Wir fahren zurück. Unterwegs höre ich, dass der armenische Zollchef bereits der fünfte innerhalb kurzer Zeit ist. Ich bin beruhigt. Völlig in Ordnung scheint diese Grenze nun doch nicht zu sein. Wir kommen an der Eisenbahnstation Meghri vorbei. Davor steht die Büste des Revolutionärs Stepan Schaumjan. Mir fällt ein, dass mir in Kisljar der Rentner von der Kolchose namens »Schaumjan« vorgeschwärmt hatte, die 17 Helden der Arbeit hervorgebracht habe. Nun stehe ich dem roten Heros gegenüber. Nur 40 Jahre ist er alt geworden, entnehme ich der Inschrift. Richtig, erschossen wurde er als bolschewistischer Kommissar bei Baku, nackt in der Wüste vor der Stadt. Im Jahre 1918 war das, als die Konterrevolution mit Hilfe der Engländer vorübergehend die Sowjetmacht am Kaspischen Meer kippte. Posthum kamen er und seine Mitstreiter zu Ruhm und Ehre als die 26 Kommissare von Baku, die für die edle Sache des Kommunismus den Märtyrertod gefunden hatten. Jedes Schulkind hatte seinen Namen zu lernen.

Stepan Schaumjan ist ein interessanter Typ gewesen. Der Armenier war kein schlichter Revoluzzer, er war Publizist, Kritiker und Übersetzer. Er reiste durch Europa und studierte in Berlin Philosophie. Zu Hause hat er dann gegen das alte Regime gekämpft, wurde mehrfach verhaftet, konnte aber immer wieder flüchten, bis ihn in Baku das Schicksal ereilte. Als Korrespondent hatte ich mich mit ihm vor 30 Jahren beschäftigt, nun steht sein Denkmal einsam und verlassen da. Fast tut er mir Leid, der arme Kerl.

Die Strecke Baku – Eriwan ist tot. Seit dem Krieg 1992 gibt es für Züge von Nachitschewan nach Aserbaidschan durch diesen Zipfel Armeniens kein Durchkommen mehr. Die Zeit des roten Revolutionärs Stepan Schaumjan ist endgültig abgelaufen, die Verbindung zwischen den Nachbarn Armenien und Aserbaidschan wird sich hoffentlich in absehbarer Zeit wieder beleben.

Oberst Schkuratowskij erweist sich als hilfreicher Gastgeber. Am Anfang hat er mir eingeschärft, unsere Kamera nicht auf das iranische Gebiet zu richten, sonst gäbe es für ihn Komplikationen mit der Gegenseite. Aber nach und nach führt er uns an Positionen, von wo aus wir das ganze Bild gewinnen können. Nun will er mir unbedingt noch seine Garnison zeigen. Ich muss den Kindergarten und den Swimmingpool bewundern. Anschließend werde ich in einen Garten gebeten. Er gehört einem Veteranen der Grenztruppen. Sein Sohn ist Generalleutnant und dient in Fernost, wie mir mitgeteilt wird.

Ein reich gedeckter Tisch erwartet uns. Gemischte Salate, geräucherte Wurst, gebratenes Hammel- und Schweinefleisch. Dazwischen wird Tolma gereicht: gehacktes Rindfleisch mit Reis, eingerollt in Weintraubenblätter. Säfte stehen auf dem Tisch. Sie finden keinen Zuspruch, dafür umso mehr Bier und Wein. Zu den obligatorischen Toasts gibt es diesmal keinen Cognac, sondern den örtlichen Fruchtschnaps »Tutowka«. Auch nicht schlecht. 57 Prozent! Oberst Schkuratowskij – klein, kräftig, pfiffiges Gesicht – bringt einen Trinkspruch nach dem anderen aus. Der dritte Toast gilt bei den Grenztruppen traditionell den Gefallenen. Danach darf nicht angestoßen werden. Im Hintergrund schreit ein Esel. Merkwürdigerweise bei jedem weiteren Trinkspruch! Er schreit an diesem Nachmittag sehr oft.

Der Aufenthalt unter den Bäumen ist sehr angenehm. Ein leichter Wind vertreibt die Hitze. Die wahrhaft eindrucksvolle Bergkulisse hebt zusätzlich die Stimmung. In dieser Gegend sei de Gaulle geboren worden, klärt mich der Oberst auf.

Das ist mir neu. Ich bringe Lille ins Spiel. Damit kann wiederum Oberst Schkuratowski nichts anfangen. Wir einigen uns darauf, dass der große Charles eine kleine kaukasische Ader gehabt haben könnte. »Und was war sonst hier los?« frage ich. »Hier ist eine entscheidende Schlacht geschlagen worden. Der russische General Kotljarewskij – er war erst 28 Jahre alt – hat bei Meghri eine zwölftausend Mann starke Armee der Perser besiegt. Damit hatte Napoleon einen wichtigen Alliierten verloren.« Der Kaukasus hat es offensichtlich mit dem berühmten Franzosen.

Wladimir Iwanowitsch Schkuratowskij gerät nun vollends in die Militärgeschichte. Seit 28 Jahren dient er im Kaukasus. Berg Karabach hat es ihm besonders angetan. Von dort kämen besonders fähige Heerführer. Aus einem Ort allein 17 Generäle. Der bekannteste sei im Zweiten Weltkrieg Marschall Bagramjan gewesen. Auch Napoleons Feldherr Murat sei in Berg Karabach geboren. Pikanterweise sei er bei Moskau von General Muratow geschlagen worden, der aus demselben Dorf stamme wie Murat und vielleicht sogar gleicher Abstammung sei wie sein Kontrahent auf französischer Seite. Vor so viel Kriegsruhm kapituliere ich. Wenn wir noch bei gutem Büchsenlicht Aufnahmen auf dem Flug nach Eriwan machen wollen, dann müssen wir jetzt aufbrechen. Ich werde in Ehren verabschiedet, dekoriert mit einer weiteren Medaille der russischen Grenztruppen.

Unser gelber Bus der Marke PAS 3201 schleppt sich die Serpentinen hoch. Im Hubschrauber setzt sich Maxim gleich in die offene Tür und dreht vom Start an, was die Kamera hergibt. Wie ein Rapper hat er seine Mütze mit dem Schirm nach hinten aufgesetzt. »No fear« steht darauf geschrieben. Wir fliegen über die Berglandschaft entlang der Grenze zu Nachitschewan. Auch hier ragen die Berge über 3000 Meter hoch. Wieder spielen unsere Piloten ihre ganze Flugkunst aus. Voller Stolz auf ihr Heimatland, wollen sie uns zeigen, mit welcher Phantasie die Erde vor 60 Millionen Jahren im älteren Tertiär das armenische Hochland geformt hat. Wir schweben auf einer Wiese in einem Blumenmeer ein. Es ist, als ob uns die Natur ihren schönsten Teppich ausgelegt hätte.

Unser Landeplatz hat einen Namen. Er heißt Sissian, das armenische Stonehenge. Der Boden ist weich und warm, eine leichte Brise fächelt eine angenehme Kühlung. Ich kann der Versuchung nicht widerstehen, ich lege mich hin. Der Firmament über mir ist satt blau. In einem so großartigen, bunten, behaglichen Bett habe ich noch nie geschlafen. Ich fühle mich wie zwischen Himmel und Erde. Die Neugier lässt mich leider nicht lange ruhen, ich möchte wissen, was es mit den Steinen auf sich hat, die hier herumstehen. Gut 200 mögen es sein, schätze ich, von einem halben bis drei Meter hoch. Mit ein bisschen Phantasie lassen sich in ihnen Tierformen erahnen. Viele haben ein Loch, sieben bis zehn Zentimeter groß. Alle Löcher verengen sich auf die Hälfte ihres äußeren Durchmessers, um sich auf der anderen Seite wieder zu öffnen. Die Steine scheinen nach einem System aufgestellt zu sein, glaube ich zu erkennen. Mal bilden sie Alleen, mal die Form eines Eies. Ich zerbreche mir den Kopf, kann mir aber keinen rechten Reim auf diese merkwürdige Steinparade machen.

Ein älterer Mann wandert von einem Stein zum anderen. Er scheint sich hier gut auszukennen. Was ich von ihm höre, finde ich sensationell. Als man sich zum ersten Mal intensiv mit den Steinen von Sissian beschäftigte, schätzte man ihr Alter auf etwa 5000 Jahre, wie die Gräber, die ebenfalls in dieser Umgebung gefunden wurden. Mich interessieren die Löcher in den Steinen. »Was haben sie zu bedeuten?« »Durch die Löcher können Mond, Sterne und Sonne beobachtet werden. Sie sind Teleskope. Die alten Armenier waren Astronomen und Navigatoren. Sie verstanden viel von den Sternen, sie wussten Längen und Breiten wie auch Zeiten einzuteilen. Ihre Kultur war unglaublich hoch. Lange bevor man sich in Europa mit Geometrie und Physik beschäftigte, kannten sie schon deren Gesetze.«

»Wie ist das festgestellt worden?« »Hier sind Messungen mit Teleskopen, Chronometern und anderen astronomischen Geräten vorgenommen worden. Das Ergebnis hat die Fachleute begeistert. Die Öffnungen sind ganz sauber in die Basaltsteine geschnitten worden. Dadurch können kleine Punkte am Himmel anvisiert werden, die Messungen waren deshalb erstaunlich akkurat.«

»Und dafür reichen diese Löcher?« »Möglicherweise wurden damals schon Vergrößerungsgläser aus Feuerkiesel benutzt. Solche Gläser wurden jedenfalls hier auch gefunden.«

»Ist darüber geschrieben worden?« »Selbstverständlich! Sonst wüsste ich davon jetzt nichts. Schauen Sie, hier in diesen Stein ist eine Art Schüssel eingemeißelt worden. Darin konnte sich Regen sammeln. So funktionierte der Stein wie eine Wasserwaage. Das war wohl der Nivellierstein, nach dem die anderen ausgerichtet wurden. Eine geniale Lösung für die damalige Zeit.«

»Ich dachte, die Astronomie hätten die Babylonier und Ägypter erfunden?« »Das bezweifeln unsere Gelehrten. In Armenien wurden Tierkreis-Darstellungen gefunden, die aus dem frühen vierten Jahrtausend vor Christi Geburt stammen. Der älteste armenische Kalender wird auf die Zeit 2500 v. Chr. geschätzt. Damals gab es wohl schon einige hundert Jahre Astronomie in Mesopotamien.«

»Ist die Beweislage nicht ein bißchen dünn?« Mein Gegenüber lächelt. Wie alle älteren gebildeten Armenier spricht er sehr gut Russisch, zu meinem Glück langsam und akzentuiert. Ich kann ihm also folgen. »Es gibt Hinweise, dass es sich bei dem alten armenischen Kalender gewissermaßen um eine Neuauflage handelt. Nach der Legende hat König Haik den alten armenischen Kalender geändert, als er seinen Sieg über König Nimrod feierte.

Haik soll damals den Monaten die Namen seiner Söhne und Töchter gegeben haben. Nur zwei der Originalnamen blieben erhalten.«

»Wann soll das gewesen sein?« »Die Bibel bringt König Nimrod mit dem Turmbau von Babel in Verbindung. Also um 2500 vor Christi Geburt.«

»Was unterschied den armenischen Kalender von den anderen?« »Anders als die Ägypter und Babylonier hatten die Armenier immer einen Sonnenkalender. Er hatte sieben Tage in der Woche und 365 Tage im Jahr, mit einer Korrektur alle vier Jahre.«

»Aber welchen Beweis oder Hinweis gibt es denn noch, dass in Armenien die Astronomie begonnen hat?« »Das ist etwas kompliziert zu erklären. Hier gibt es einen Stein, der eine Öffnung mit einem Knick nach oben hat. Wenn man etwas Reflektierendes in den Knick legt, einen flachen Feuerkiesel zum Beispiel, dann kann man senkrecht nach oben sehen. Es ist ein Periskop.«

»Und was sah man damals durch dieses Periskop?« »Das ist nicht leicht herauszukriegen, weil die Erde nicht stillsteht. Ihre Achse ist zum jeweiligen Polarstern geneigt. Um diese Achse rotiert sie täglich und setzt sich dadurch in eine Kreisbewegung. Diese Runde dauert 26.000 Jahre. Dabei verändert die Erde natürlich ihre Position gegenüber den Sternen. Dadurch werden die Berechnungen äußerst kompliziert. Aber mit Hilfe des so genannten Sternenkalenders ist herausgefunden worden, dass dieses Periskop hier zwei Sterne im Visier hatte: Arktur und Capella, wobei Capella vor 6200 Jahren ein aufgehender Stern war und deshalb gesehen werden konnte. Danach zu urteilen wäre die armenische Astronomie die älteste.« Ich habe nichts dagegen einzuwenden. Mich interessiert nur noch, ob es eine Verbindung von dem armenischen Stonehenge mit dem Stonehenge in England gibt. »Es gibt noch andere Stonehenges, so in Schottland, Irland, Island, in der Bretagne und auch auf den Hebriden. Eine Verbindung zu Stonehenge in England könnte es geben. Das Dorf nebenan heißt Karahundj. Nun wissen wir, dass Armenisch wie Englisch eine indo-europäische Sprache ist. ›Kara‹ heißt Stein oder englisch ›stone‹, und ›hundj‹ ist sehr eng bei ›henge‹.« Ich habe keine weiteren Fragen mehr. Wieder einmal nehme ich mir vor, mein bisher gültiges Weltbild zu überprüfen.

Zum Abschluss wollen wir uns noch einen nahen Blick auf den Ararat gönnen. Rafik und Muschek steuern unsere MI 8 Richtung türkische Grenze. Canyons laufen die Bergrücken herunter. Die tiefen Risse im Felsgestein lassen ahnen, mit welcher Urgewalt diese Landschaft unter gigantischen Vulkaneruptionen entstanden ist.

Wir schleichen uns an der Bergwand des Topaz vorbei. Der Blick wird frei. Vor uns öffnet sich die weite Ebene des Araks. Darüber thront wie ein allmächtiger Altar der Ararat. 5165 Meter hoch. Sein Haupt ist mit Schnee bedeckt. Wolken bilden darunter einen weißen Kragen. Ich sehe, dass zum Ararat wie ein kleiner Bruder ein zweiter Gipfel gehört. Zum Greifen nahe scheint sich der Doppelkopf in den Himmel zu recken, aber für die Armenier ist ihr heiliger Berg unerreichbar. Zwischen ihnen steht undurchdringlich die türkische Grenze.

Ich klopfe an den gelben Tank. Es klingt ziemlich hohl. Wir haben allen Sprit verbraucht. Von der Grenze sind es nur noch 15 Kilometer Luftlinie bis zu unserem Start- und Ziel-Flughafen »Erebuni« in Eriwan. Rafik und Muschek setzen unsere Donnerbüchse fast unmerklich auf, wir verabschieden uns. Wenn jemand Armenien von oben kennen lernen will, kann ich dieses Team nur wärmstens empfehlen.

Abends bin ich zu Gast bei Gohar Karagesjan und ihrem Mann Ruben Karapetjan. Sie ist Philologin, er Ethnosoziologe. Armenische Frauen behalten auch nach der Eheschließung ihren Familiennamen. Mit von der Partie ist Michail Babramjan, von Beruf Ingenieur. Ich will wissen, was der Ararat für sie bedeutet. »Der Ararat und Armenien sind eins. Das gilt nicht nur für uns, die wir den Berg ständig vor Augen haben, sondern auch für alle Armenier in der Diaspora, ob sie nun in Russland, Frankreich oder Amerika leben. Eine überragende Rolle spielt der Ararat in der Poesie. Es gibt kaum einen armenischen Dichter, der nicht wenigstens ein paar Zeilen über den Ararat geschrieben hat«, meint Gohar Karagesjan. »Unser erster und letzter Gedanke ist der Ararat. Wenn unsere Kinder irgendetwas malen sollen, malen sie immer den Ararat mit der Sonne und den Wolken. Jedes armenische Kind tut das, hier und in aller Welt.« »Und die Alten?« »Für sie ist der Ararat das Ein und Alles. Meine Mutter hat immer auf den Berg geschaut. Ihre

Kraft hat sie von seinem Anblick genommen. Auch in Alltagsfragen hat sie sich nach ihm gerichtet. So konnte sie immer am Ararat erkennen, wie das Wetter wird, und sich danach kleiden.«

»Der Ararat steht für allen Anfang«, fällt ihr Mann Ruben ein. »Hier ist die Wiege der Menschheit. Hier ist Noah mit seiner Arche gelandet. Hier konnten die Menschen nach der Sintflut neu beginnen.«

»Träumen Sie denn davon, den Ararat wieder Ihr Eigen zu nennen?« »Wieso träumen? Wir werden es erleben!« ruft Michail Babramjan dazwischen. Ruben bremst seinen temperamentvollen Freund. »Davon träumen können wir erst mit vollen Mägen. So weit sind wir noch nicht. Haben wir das aber geschafft, dann können wir zu dieser Idee zurückkehren.«

Zur Bekräftigung gibt es eine Runde Cognac, selbstverständlich der Marke Ararat. Ich komme nicht umhin, nach den Gefühlen gegenüber den Türken zu fragen. »Bei den meisten Armeniern gelten die Türken als Feinde«, erklärt Ruben. »Der Völkermord, die grausamen Pogrome, die elenden Schikanen sind unvergessen. Die Demütigungen bleiben in der Erinnerung, auch wenn viele Jahre vergangen sind. Ein Armenier durfte nicht auf dem Pferd reiten. Er musste die Mütze ziehen, wenn ein Türke vorbeikam. Die Einzigen, die uns wirklich Schutz geboten haben und bieten, sind die Russen. Russland ist das Land, dem wir am meisten zu verdanken haben.« Ich muss zugeben, eine solche Auskunft zugunsten der Russen habe ich mit dieser ehrlichen Überzeugung bisher noch nirgends gehört. Ganz sicher nicht im Kaukasus!

»Und wie ist das Verhältnis zu Deutschland?« »Wir sehen, dass Deutschland gute, sehr aktive Beziehungen zur Türkei unterhält. Wir haben auch beobachtet, dass Deutschland Waffen und Ausrüstungen aus dem Bestand der DDR an die Türkei geliefert hat, die dann nach Nachitschewan gegangen sind und damit gegen uns gerichtet werden. Wir erinnern uns natürlich, dass Deutschland Alliierter der Türkei war, als die Türken 1915 den Völkermord an den Armeniern begingen. Aber Talaat Bey, der türkische Innenminister und Hauptverantwortliche des Genozids, ist in Berlin auf offener Straße erschossen worden. Und der Attentäter, der armenische Student Salomon Teilirjan, dessen gesamte Sippe von den Türken ermordet wurde, ist von Deutschland weder ausgeliefert noch verurteilt worden. Damit sind wir quitt!« meint mit großem Ernst Michail Babramjan.

»Die Deutschen hatten großen Einfluss auf Armenien, insbesondere auf den Ost-Teil«, ergänzt Ruben. »Die deutschen Philosophen haben bei uns eine geachtete Rolle gespielt. Ich persönlich bin ein großer Anhänger von Immanuel Kant. Unser großer Dichter Awatid Issaakjan hat in Deutschland studiert und seine Gedichte unter dem Einfluss von Friedrich Nietzsche geschrieben.«

»Wir schätzen die Russen sehr«, sagt schließlich Gohar Karagesjan. »Aber wir haben oft gescherzt, es wäre für uns besser gewesen, wir wären 70 Jahre nicht unter sowjetischer, sondern unter deutscher Herrschaft gewesen. Dann hätten wir endlich Pünktlichkeit gelernt.«

»Bewahren Sie in Deutschland das Interesse für uns«, gibt mir Ruben K. zum Abschied mit. »Wir fühlen uns oft als vergessene Nation.«

Von Eriwan nach Etschmiadsin

Die Geschichte spielt um 301. Sie ist phantastisch und verdient erzählt zu werden. Damals herrschte über Armenien ein gewisser Tiridates III. Er war ein engagierter Christenverfolger und leistete sich auch sonst üble Sachen. Er stellte der frommen Hripsime nach, aber sie wollte sich ihm nicht hingeben. Daraufhin ließ er sie und 36 ihrer Gefährtinnen töten. Danach fühlte er sich zu Recht als Schwein. Seine Schwester Chosrowiducht wusste Rat. Um sich von seinem Wahn zu befreien, sollte er den wegen seines Christentums eingekerkerten Gregor freilassen. So geschehen! Gregor kam, betete und heilte. Der König fühlte sich wieder als Mensch und zugleich geläutert. Er ließ sich taufen, das Christentum wurde Staatsreligion. Die Wiederkehr dieses Tages wird heute gefeiert. In Etschmiadsin, dem geistlichen Zentrum Armeniens, wird es einen großen Gottesdienst geben.

Wir machen uns zeitig auf den Weg, um uns in der Kirche die bestmögliche Kameraposition zu sichern. Den Ararat fest im Blick fahren wir Richtung Westen. Es sind nur 20 Kilometer. Bei der Ausfahrt aus der Stadt nehmen wir eine lange Parade von Möbeln aller Art ab. Links und rechts der Straße Tische, Stühle, Schränke, Sessel, Sofas. Die Händler haben es sich auf ihren Angeboten bequem gemacht. Kundschaft sehe ich keine. Noch ist es früh. Auf der Rückfahrt werde ich die Verkaufslage erneut checken.

Die Polizei ist wieder einmal auf Geld aus. Offensichtlich wirken wir mit unserem Minibus viel versprechend. Ständig werden wir gestoppt. Jedes Mal lautet die Begründung, wir seien zu schnell gefahren. Von Radar weit und breit keine Spur. Wardan, unser armenischer Begleiter, bleibt gelassen. Er spricht mit den Polizisten. Danach können wir ungeschoren weiterfahren. Stolz verkündet Wardan, der Wegbereiter: »Die armenische Polizei ist menschlicher als die georgische. Sie will Geld, aber sie lässt mit sich reden. Die georgische Polizei lässt nicht mit sich reden. Sie will unbarmherzig Geld.« Wieder so eine Stichelei unter Nachbarn!

Wir kommen in das Dörfchen Musa Ler. Ein Denkmal findet meine Aufmerksamkeit. Wir halten an und erfahren, das Monument wurde zu Ehren der Kämpfer und Opfer von Musa Dagh errichtet. Natürlich fällt mir das Buch »Die 40 Tage von Musa Dagh« ein, in dem Franz Werfel den Völkermord der Jungtürken an den Armeniern geschildert hat. Musa Dagh ist ein Berg an der türkischen Mittelmeerküste, nicht weit von der syrischen Grenze. Dort war von alters her ein Siedlungsgebiet der Armenier. Als 1915 die Todeskommandos der Jungtürken kamen, um die Bewohner zu deportieren und zu liquidieren, stießen sie auf entschlossenen Widerstand. Die Armenier am Musa Dagh hatten sich vorbereitet, nachdem sie vom Massenmord an ihren Landsleuten erfahren hatten. Ebenso mutig wie schlau kämpfend, hielten sie unter großen Verlusten gegen die Übermacht der Türken aus, bis in buchstäblich letzter Minute ein französisches Kriegsschiff die inzwischen stark dezimierten Verteidiger mit ihren Familien aufnahm und nach Frankreich in Sicherheit brachte.

Das kaiserliche Deutschland, mit der Türkei im Ersten Weltkrieg verbündet, hatte nur halbherzige Versuche unternommen, den Genozid an den Armeniern zu stoppen. Von Seiten der deutschen Botschaft bei der Hohen Pforte in Istanbul und insbesondere durch den deutschen Pfarrer Johann Lepsius waren bewegende Appelle nach Berlin gerichtet worden. Aber die deutsche Regierung erwies sich als zu schlapp, dem Verbündeten in den Arm zu fallen. Vergessen ist das bis heute nicht.

Das Denkmal steht nicht von ungefähr in Musa Ler. Das Dorf wurde errichtet, um die Überlebenden von Musa Dagh aufzunehmen. Nach dem Zweiten Weltkrieg hatte Stalin die in alle Welt verstreuten Armenier aufgerufen, die Sowjetrepublik Armenien als ihre Heimat zu betrachten. Tatsächlich kamen nicht wenige, aber sie trafen es nicht gut an. Ein großer Teil von ihnen wurde, weil sie aus dem Westen kamen, gleich in Eisenbahnwaggons gesteckt und nach Sibirien verfrachtet. Doch einige Überlebende von Musa Dagh konnten sich tatsächlich gleich oder später, aus Sibirien kommend, in Musa Ler niederlassen.

Wie immer, wenn es schlecht geht, blüht der schwarze Humor. Bevor ich nach Etschmiadsin weiterfahre, erzählt man mir schnell einen Witz aus der Stalin-Zeit, und der geht so: Zwei Armenier in Paris überlegen, ob sie tatsächlich in die Sowjetrepublik Armenien übersiedeln sollen. Schließlich einigen sie sich, dass einer vorausreist. Er soll nach der Ankunft schreiben, wie er es tatsächlich angetroffen hat. Wegen der Zensur durch den sowjetischen Geheimdienst soll er blaue Tinte benutzen, wenn er die Wahrheit schreibt, und grüne Tinte, wenn das Gegenteil richtig ist. Nach vielen Wochen erhält der zurückgebliebene Armenier die versprochene Karte. »Sowjet-Armenien ist wunderbar«, schreibt sein Freund. »Die Menschen leben hier völlig frei. Sie können alles kaufen. Leider gibt es keine grüne Tinte.«

Von Musa Ler bis Etschmiadsin sind es nur noch wenige Kilometer. Der Andrang ist wie erwartet groß. Fein herausgeputzt strömen alte und auffallend viele junge Menschen auf die Kathedrale zu. Ich schaue mich um und entdecke einen Bekannten. In schwarzer Robe und unter schwarzer Haube steht plaudernd mit seinen Kollegen Erzbischof Parkew aus Berg Karabach im Schatten der großen Bäume. Er kommt auf mich zu und erzählt mir die Geschichte der Kathedrale. Nachdem Gregor, den sie später den Erleuchter nannten, König Tiridates III. durch sein Gebet geheilt hatte, habe er sich an die Christianisierung des Landes gemacht. In Etschmiadsin ließ er im Jahre 303 die erste Kirche auf armenischem Boden errichten. »Wieso hier?« »An dieser Stelle hat Gregor der Erleuchter ein Zeichen vom Himmel erhalten. Er sah genau das Bauwerk vor sich. Vier Säulen, die Kuppel, darüber das Kreuz.« »Was heißt eigentlich Etschmiadsin?« »Der eingeborene Sohn steigt herab.« Zu weiteren Fragen bleibt keine Zeit. Der Gottesdienst beginnt.

Durch ein Spalier von Menschen ziehen in Schwarz, Violett und Dunkelblau die geistlichen Würdenträger Armeniens in die Kirche ein. Am Ende der Katholikos Garegin II. An seiner Seite der armenische Patriarch von Jerusalem. Ein munterer Verein, der gut gelaunt nach links und rechts die Menschen segnet. Aus der Kirche erklingt kräftiger Chorgesang. Der Katholikos zelebriert selbst die Messe. Die Gläubigen reagieren höchst unterschiedlich. Die meisten gehen voll und ganz in der eindringlichen Liturgie auf. Andere verfolgen das Geschehen distanzierter, ohne dabei Geringschätzung für den Gottesdienst zu zeigen. Es herrscht ein ständiges Kommen und Gehen. Die Kondition lässt bei den meisten zu wünschen übrig, auch bei mir. Der Weihrauchgeruch lässt mich wie andere den Rückzug antreten.

Vor der Kirche stehen viele Gruppen zusammen. Man plaudert und lässt sich über die Lautsprecher von Gesang und Andacht berieseln. Ich komme mit einem älteren Herrn ins Gespräch. Er mag an die 70 sein und ist Historiker. Nach seinen Erzählungen kann sich die Christianisierung Armeniens ein bisschen anders abgespielt haben, als es die Legende schildert. Tiridates war am Römischen Hof erzogen worden, so mein Historiker. Sein Gönner war Kaiser Diokletian. Von ihm wurde er zum König von Armenien gekrönt und mit römischen Truppen in seine Heimat zurückgeschickt, um die dort herrschenden Sassaniden zu vertreiben. Das schaffte er. Dabei ging er ganz im Sinne Diokletians genauso ruppig gegen die Christen vor. Als dann Konstantin der Große römischer Kaiser wurde und im Jahre 313 das Christentum tolerierte, kratzte der Heide Tiridates schnell die Kurve und ließ seinerseits das Christentum in Armenien zu. Das könnte, meinte mein Mann, 314 oder etwas später gewesen sein. Ich nehme die Auskünfte mit Interesse entgegen.

»Woran glaubten die Armenier, bevor sie Christen wurden?« »Hier war der Zoroastrismus weit verbreitet. Das ist die monotheistische Religion, die vom iranischen Propheten Zarathustra stammt, der um 600 v. Chr. lebte.«

»Und was ist der Kern dieser Religion?« »Nach Zarathustras Lehre wird die Welt von zwei Urwesen beherrscht: vom höchsten Gott Ahura Masda und seinem Widersacher Ahrimann. Ihr ständiger Kampf geht um Gut und Böse. Der Mensch ist frei, sich für den einen oder den anderen zu entscheiden.«

»Haben sich die Menschen leicht davon getrennt, als Gregor mit seinem Christentum kam?« »Nein! Der Heilige Gregor ist nicht immer barmherzig vorgegangen. Er hat die heidnischen Tempel zerstört und Widerstand niedergeschlagen. Wer sich nicht taufen ließ, bekam sein Schwert zu spüren.«

»Warum nennt sich die armenische Kirche apostolisch?« »Weil hier schon die Apostel Judas Thaddäus und Bartholomäus gewirkt haben sollen.«

»Können Sie mir den Unterschied zwischen der armenischen und der georgischen Kirche erklären?« »Ich versuche es. Die armenische Kirche hält am Konzil von Ephesos im Jahre 431 fest, wonach Christus nur göttlicher Natur ist, in die sich seine menschliche Natur einordnet. Das nennt man Monophysitismus. Für die georgische Kirche gilt das Konzil von Chalcedon im Jahre 451. Da setzte sich die Lehre von den zwei Naturen Christi durch, völlig Gott, völlig Mensch, unvermischt und unverwandelt, ungetrennt und ungesondert. Das ist Diophysitismus.«

»Warum haben die Armenier den Wandel in der Auffassung nicht vollzogen?« »Sie waren in Chalcedon nicht dabei, weil sie sich gerade gegen die Perser wehren mussten. Erst Jahrzehnte später haben sie von dem Beschluss gehört. Da wollten sie nicht mehr mitmachen.«

»Und die Georgier?« »Sie bildeten zunächst mit den Armeniern eine Kirche, aber sie stiegen 605 aus politischen Gründen auf die byzantinische Orthodoxie um. Byzanz war damals die stärkste Macht in der Region.«

»Gab es deshalb Ärger zwischen den beiden Nachbarn?« »Ja, die armenische Kirche hat daraufhin die georgische verdammt und das bis heute nicht zurückgenommen.«

Ob Mono oder Dyo, ich sehe da keinen Anlass zum bösen Streit. Es hat ja auch – eine Seltenheit in diesem Revier – keinen Krieg zwischen den beiden Nachbarn gegeben, obwohl sie gelegentlich gegensätzliche Interessen hatten und haben. »Welchen Charakter hat die armenische Kirche?« – »Sie ist national. Auf Expansion hat sie schnell verzichtet. In den vielen Jahrhunderten Fremdherrschaft und Unterdrückung hat sie die weltweit zersplitterte Nation bis heute zusammengehalten. Das ist ihr großes Verdienst.«

Zwei alte Herren kommen aus der Kirche. Sie lassen sich auf einer Bank nieder. Ich setze mich dazu. Wir kommen ins Plaudern. Der Jüngere hatte während des Gottesdienstes einen leichten Schwächeanfall bekommen. Nun ist er wieder putzmunter. »Woher kommen Sie?« frage ich und erfahre eine bewegende Geschichte. Sie sind Überlebende des Genozids von 1915. Beide waren damals noch Kinder. Der eine sechs, der andere drei Jahre alt. Der Ältere ist Professor Warasdat Harutunjan, Doktor der Architekturwissenschaften und Mitglied der Nationalen Akademie der Wissenschaften. Er kann sich noch selbst an die Schreckensgeschehnisse von damals erinnern. Der Jüngere hingegen – sein Name ist Arsruni Galikjan, ebenfalls Architekt – gibt die Schilderungen seiner Verwandten wieder, soweit sie überlebt haben.

Um uns herum bildet sich sofort eine große Menschenmenge. Die beiden Alten werden offensichtlich hoch verehrt. Sie wirken unglaublich rüstig. Professor Harutunjan qualmt trotz seiner 91 Jahre eine Zigarette nach der anderen. Achtamar heiße sein Lungentorpedo, erklärt er mir. Er rauche diese Marke, weil der Name ihn an seinen Geburtsort in der Türkei erinnere. Achtamar ist eine Insel im Wan-See, an dessen Ufer damals viele Armenier lebten.

»Schadet die Raucherei nicht Ihrer Gesundheit?« »Quatsch, ich habe als Raucher gerade mein 75-jähriges Jubiläum hinter mir. Trinken tue ich auch noch. Und über das andere – Sie wissen schon, was ich meine – will ich hier vor den Leuten nicht reden. Ich habe immer alles gemacht, was man mir nicht empfohlen hat. Mein Freund ist jünger als ich und raucht nicht. Er ist soeben in der Kirche umgekippt und ich nicht.« Arsruni Galikjan möchte nicht als Schlappmann gelten. »Cognac und Wein trinke ich auch, aber nur den roten. Der ist gesund, wenn man es nicht übertreibt.«

»Darf ich mit Ihnen ein Interview vor der Kamera machen?« »Kein Problem! Allerdings sollten Sie uns in der Sonne mit Ihren Fragen nicht zu lange foltern.« Ohne meine Fragen abzuwarten, legt Harutunjan gleich los, als wolle er sich von Beginn an einen Vorteil verschaffen. Sein Freund bekommt im Interview nur hier und da ein Bein auf die Erde.

»Wir wohnten wie die Familie meines Freundes Arsruni am Wan-See. Das ist etwa 200 km südlich von hier in der Türkei. Wir wurden aus unserem Haus getrieben. Unterwegs haben Türken und Kurden unsere Menschen abgeschlachtet. Ich hatte eine sehr schwere Kindheit. Ich habe auf der Straße den Menschen die Stiefel geputzt und Wasser verkauft, um zu überleben.«

»Was ist aus Ihrer Familie geworden?« frage ich den etwas jüngeren Arsruni Galikjan. »Wir sind noch relativ gut davongekommen. Mein Vater hatte fünf Brüder. Die wurden in alle Winde verstreut. Einer lebte in Konstantinopel. Ihn wollte man nachts ergreifen, aber ein türkischer Freund hat ihn gewarnt. So konnte er fliehen.«

»In Wan lebten damals 40.000 Menschen«, schaltet sich Professor Harutunjan ein. »Über die Hälfte waren Armenier. Als wir in Etschmiadsin ankamen, starben jeden Tag hier hunderte der völlig entkräfteten Flüchtlinge an Typhus. Mein jüngster Bruder auch. Da ich meine Eltern verloren hatte, kam ich ins Kinderheim.«

»Was denken Sie heute über das türkische Volk?« »Mein Freund hat soeben erzählt, wie ein Türke seinem Onkel das Leben gerettet hat. Es gibt also auch solche. Aber die Jungtürken, die damals den Völkermord angezettelt haben, die wollten alles Christliche in ihrem Staat vernichten.«

»Und heute?« »Ich habe die Türkei besucht. Das war sehr traurig für mich. Alle religiösen, kulturellen und anderen historischen Spuren, die die Armenier hinterlassen haben, wurden und werden systematisch vernichtet. Dabei war das so genannte West-Armenien zehnmal so groß wie die jetzige Republik Armenien. Ich habe deshalb an den türkischen Präsidenten geschrieben: Sie, die Türken wollen den Völkermord nicht wahrhaben, aber ich war Zeuge. Ihre Vorfahren haben ein Verbrechen begangen, doch die heutige Generation begeht auch ein Verbrechen – nicht mehr an Armeniern, weil es dort nicht mehr so viele wie früher gibt, sondern an unseren Kirchen, Klöstern und heiligen Stätten. Das ist auch Mord.«

»Wird es irgendwann einmal ein gutes Verhältnis zwischen Armeniern und Türken geben?« »Ich will darauf hoffen, dass die Feindschaft zwischen uns nicht andauern wird«, sagt Arsruni Galikjan. »Man hat mir erzählt, über eine Million Menschen armenischer Herkunft seien noch in der Türkei, zum großen Teil mit Türken verheiratet. Das sehe ich als ein gutes Zeichen.«

»Aber diese Armenier mussten Moslems werden. Sie sprechen auch kein Armenisch mehr«, fährt sein älterer Freund dazwischen.

»Ja, das habe ich auch gehört«, erklärt Arsruni Galikjan. »Sie waren meist Waisen gewesen. Als sie erwachsen waren, mussten sie den muslimischen Glauben annehmen oder das Land verlassen.«

Während mir die Hitze allmählich mehr und mehr zu schaffen macht, geraten die beiden alten Knaben immer mehr in Fahrt. Als das Interview schließlich vorbei ist, will Professor Harutunjan noch eine Grußadresse an die Deutschen loswerden. »Im Namen meines Freundes und in meinem Namen möchte ich mich bei den Deutschen für die Aufmerksamkeit bedanken, die sie uns hier schenken. Dem deutschen Volk möchte ich alles Gute wünschen. Auch die Deutschen mussten den schrecklichen Krieg überstehen, auf der anderen Seite. Bei seinem Neuanfang wünsche ich Deutschland viel Glück.«

Die Umstehenden klatschen Beifall. Vom Interview offensichtlich erquickt, machen sich die alten Herrschaften davon. Vor so viel Lebensmut komme ich mir ziemlich alt vor.

Der Gottesdienst geht zu Ende. Es dauert lange, bis sich die Kathedrale leert. Man genießt den Ort und die Gemeinsamkeit, drinnen und draußen. Wir fahren zurück. Der Ararat bleibt fest an unserer Seite. Ossip Mandelstam fällt mir ein. »Ich habe in mir den 6. Sinn herausgearbeitet, den Ararat-Sinn. Das ist das Gefühl, vom Berg angezogen zu werden«, schrieb der russische Lyriker und Schriftsteller auf seiner Kaukasus-Reise vor 70 Jahren. Mandelstam hat Recht. Der Ararat hat selbst auf Fremde eine magische Anziehungskraft. Wie kein anderer Berg in der Welt überragt er weit seine Umgebung, mehr als der Mount Everest und die anderen Giganten im Himalaya. Kein Wunder, dass die Armenier zu ihrem heiligen Berg wollen. Die Mauer in Deutschland ist gefallen, geht mir durch den Kopf, warum sollte sich nicht auch diese Grenze eines nicht so fernen Tages öffnen.

Wir sind schon wieder in der Möbelstraße. Die Verkäufer sitzen wie heute Morgen entspannt auf ihren Angeboten, auch jetzt unbehelligt von jeder Kundschaft. Ihre Ruhe scheinen sie darüber nicht verloren zu haben. Wir sind nicht auf Möbel, sondern auf ein schmackhaftes Abendessen aus. Wieder treffen wir auf Monokultur. In der Schaschlitschnaja-Straße finden wir, was wir suchen. Ein Schaschlik-Restaurant neben dem anderen. Wir treffen die richtige Wahl. Unsere erste Reiserunde geht voller Harmonie bei Hammel am Spieß und armenischem Rotwein zu Ende. Wir gehen fit in den zweiten Durchgang. Nach Nord-Süd führt die nächste Route von West nach Ost. Von Tbilissi werden wir zum neuen Startpunkt, nach Abchasien am Schwarzen Meer fliegen.

Von Tbilissi nach Suchumi

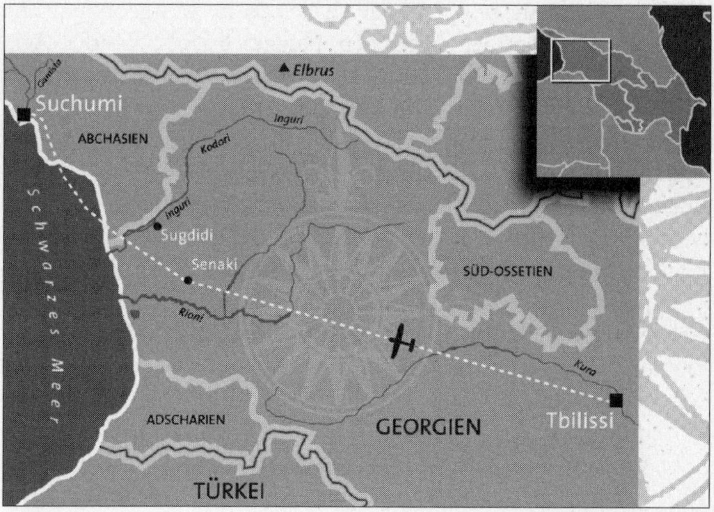

Das Flugunternehmen »United Nations« kann ich nur empfehlen. Die Abfertigung ist zügig und unkompliziert, selbst wenn es in schwierige Gebiete geht. Kaum sind wir in aller Herrgottsfrühe auf dem Flughafen Tbilissi angekommen, werden wir schon durch die Sicherheitsschleusen geleitet und samt Filmgepäck in eine zweimotorige Antonow 26 verfrachtet. Wir wollen nach Abchasien an der Schwarzmeerküste. Dies geht nur mit den UN.

Abchasien, die Riviera der Sowjetunion, war als so genannte autonome Republik Teil von Georgien. Dann kam der Zerfall der UdSSR. Georgien machte sich selbstständig. Nun wollte auch Abchasien seine Unabhängigkeit haben. Die Entwicklung schaukelte sich hoch. Im August 1992 rückten die Georgier mit Panzern ein. Alles sah am Anfang für die Georgier nach einem Handstreich aus. Doch dann versteiften sich die Fronten. Die weit unterlegenen Abchasen bekamen Zulauf durch Freiwilligenverbände aus dem Nordkaukasus und aus Russland. Die ehemalige Sowjetarmee ließ tatenlos ihre Bestände plündern. Nach 13-monatigem Krieg wurden die unorganisiert kämpfenden Georgier von den Abchasen in die Flucht geschlagen. Auf Druck von Moskau kam 1994 ein Waffenstillstand zustande, über den nun die Vereinten Nationen und die GUS in Gestalt der russischen Armee wachen.

Unser Flugzeug bringt uns nach Senaki in Westgeorgien. Die Maschine ist von der russischen Fluggesellschaft Wjatka Avia gechartert worden. Trotz seines georgischen Namens stammt der Pilot Wladimir Melikischwili mit seiner fünfköpfigen Besatzung wie ihr Unternehmen aus der Stadt Wjatka, die westlich vom Ural liegt. Die Crew ist sehr aufgeschlossen. Sie fliegt einen kleinen Bogen, damit ich den Elbrus etwas näher sehe. Bereitwillig beantworten sie alle meine Fragen. So weiß ich jetzt alles über ihre Antonow 26. Der Bordingenieur spielt zwischendurch die Stewardess. Er kündigt uns Turbulenzen bei der Landung an, womit er nicht zu viel versprochen hat. Inzwischen etwas verwildert, stellen wir mit Erstaunen fest, dass die UN für ihre Passagiere Gurte bereithält. Wir sitzen bequem im Frachtraum. Den Motorenlärm dämpfen Ohrenschützer.

In 5000 m Höhe fliegen wir den Kura-Fluss entlang über die Transkaukasische Senke. Auf Augenhöhe ziehen wir die Bergkette des Großen Kaukasus entlang, die im Norden aus den Wolken herausschaut. Leider ist es diesig. Die volle Schönheit des Kaukasus bleibt uns vorenthalten. Die Turbulenzen bei der Landung überstehen wir gut. In Senaki steht ein schlanker Deutscher in kurzen Hosen an der Maschine. Er ist Hauptmann und will mit unserer AN 26 zurück nach Tbilissi fliegen. Seine Zeit als UN-Beobachter sei abgelaufen. »Wie war's?« frage ich. »Ich bin froh, dass es nach Hause geht. An der Waffenstillstandslinie operieren georgische Partisanen auf der abchasischen Seite, sie setzen sich über alles hinweg. Gegenwärtig ist es ruhig. Aber in den beiden Monaten zuvor haben sie 21 abchasische Milizionäre umgelegt. Und die Russen, die eigentlich für Ruhe sorgen sollten, tun nichts. Die sind nur an Schmuggelgeschäften interessiert.« Damit habe ich einen ersten Eindruck.

Wir werden vom dänischen Major Thomas Rosenquist übernommen. Er gehört wie der deutsche Offizier der Militärbeobachtergruppe der Vereinten Nationen in Georgien (UNOMIG) an. Thomas Rosenquist geleitet uns zu einem Hubschrauber. Wieder eine MI 8, wieder mit ziviler russischer Besatzung. Pilot Wladimir

Tscherepow und seine Besatzung freuen sich darauf, uns über die Waffenstillstandslinie zu hieven.

Aber noch können wir nicht starten. Ein großer Koffer ist zu viel an Bord. Wir warten. Ein dicker Mensch kommt angekeucht. Er ist der Besitzer. Dem Start steht nichts mehr im Weg. Die Tür muss leider geschlossen bleiben. Mit seiner Kamera könnte Maxim vom Boden aus mit einem Bordschützen verwechselt werden. Wir überqueren die Waffenstillstandslinie. Sie verläuft in der Mitte des Inguri-Flusses, der sich vom Kaukasus herunterschlängelt.

Ich komme mit dem dicken Menschen ins Gespräch. Er stammt aus Südafrika. Seine Firma beliefert die UN mit minensicheren Personenfahrzeugen. Das macht in Abchasien Sinn, denn das schöne Land ist total vermint! Der Südafrikaner ist schwer zu verstehen. Aber er lässt nicht locker, bis er mir erklärt hat, dass UNOMIG mit 80 »Scouts« für 5 Passagiere und 6 »Mambas« für 10 Passagiere operiere. Mein neuer Bekannter ist zur Wartung hier. »Wir schützen nur die Kabine, und zwar so, dass der Explosionsdruck seitlich abgelenkt wird«, erklärt er mir. »Motorraum und Heck fliegen weg.« Wusste ich auch noch nicht!

Wir haben inzwischen das Schwarze Meer erreicht und biegen nun nach Norden ab. Der dänische Major kreuzt die Arme. Filmen bei der Landung verboten! »Willkommen im Paradies«, sagt Thomas Rosenquist. Wir stehen auf dem Flugfeld von Suchumi. Paradiesisch sieht es hier nicht aus. Ein paar Hubschrauber gammeln dahin. Eine Passagiermaschine der Aeroflot, eine Tupolew 134, liegt auf der Nase. Wrackteile anderer Flugzeuge mit dem Hoheitszeichen der Sowjetunion auf der Heckflosse lugen aus den Büschen hervor, als wollten sie auf sich aufmerksam machen, bevor sie vollkommen überwuchert werden. Der Krieg zwischen Abchasen und Georgiern hat hier kräftig zugeschlagen.

Eine kleinere Passagiermaschine sieht offensichtlich unbeschädigt aus. »Das ist die Jak 40 von Schewardnadse«, erklärt mir Miron Kwarazchelija. Er ist politischer Kommentator des Staatlichen Abchasischen Fernsehens und holt uns freundlicherweise vom Flughafen ab. »Der georgische Präsident war zur moralischen Unterstützung seiner bedrängten Truppen nach Suchumi herbeigeflogen. Er wurde von uns in der Stadt eingekesselt. Fast hätten wir ihn geschnappt. Da hat der russische Präsident Jelzin unseren

Präsidenten Ardzinba angerufen. Auf unserer Seite wurde daraufhin der Angriff für zwei Stunden unterbrochen. Russische Truppen haben in dieser Zeit Schewardnadse rausgeholt und weggeflogen. So hat unser Präsident das Leben von Schewardnadse gerettet.«

Major Rosenquist mustert unser umfangreiches Gepäck. »Seien Sie vorsichtig! Ihre Ausrüstung ist wertvoll. Das lockt Räuber an. Passen Sie überhaupt gut auf sich auf! Hier wird mit allem Geld gemacht, auch mit Menschenraub.« Nun will ich mehr wissen. Der dänische Major ziert sich nicht. Er sei vor einem Monat gekidnappt worden. In Einzelheiten will er nicht gehen. Mit einem anderen Offizier und einer Übersetzerin sei er im Kodori-Tal auf einer Routine-Patrouille gewesen. Wegen der Unbefahrbarkeit der Strecke hätten sie einen Teil zu Fuß zurückgelegt.

Auf dem Rückweg seien sie durch Schüsse vor die Füße gestoppt worden. »Als Beobachter der UN sind wir unbewaffnet. Maskierte Männer mit Maschinenpistolen im Anschlag standen plötzlich vor uns.« »Was wollten sie?« »Sie wollten Geld. Aber wir haben ihnen gleich gesagt: Die UN zahlen kein Lösegeld.« Die Kidnapper waren nicht erfreut und schleppten die Geiseln in ein Versteck. Nach fünf Tagen wurden die UN-Beobachter mit ihrer Übersetzerin freigelassen. Die georgische Regierung hatte sich auf Druck der UN massiv eingeschaltet. »Waren die Kidnapper nun Banditen oder georgische Partisanen?« Major Rosenquist will darauf keine Antwort geben, aber er macht deutlich, dass zwischen Banditen und Partisanen kaum Unterschiede bestehen. Im Kodori-Tal leben Swanen. Sie gehören zwar zu Georgien, sind aber eine eigene Volksgruppe, und zwar eine von rauhen Eltern. Nach Swanetien traut sich ohne Anmeldung nicht einmal ein Georgier.

Wir brauchen uns zunächst keine Sorgen zu machen. Oberbootsmann Laehne und Oberfeldwebel Stöcker vom Deutschen UN-Kontingent befördern uns in bequemen Geländewagen zu unserer Unterkunft. Wir wohnen im Sanatorium der russischen Raketenstreitkräfte. De Luxe ist die Logis nicht, sondern ziemlich heruntergekommen. Hier müssen viele Truppen durchgezogen sein, auch plündernd. Immerhin, es gibt für die Zimmer mit ungeraden Zahlen warmes Wasser. Ich wohne auf der Gegenseite. Nitschewo! Ich will mich nicht beklagen. Wenn ich mich aus dem Fenster lehne, kann ich sogar das Meer sehen.

Die Stadt heißt im Abchasischen Akqua. In Abchasien beginnt jedes Wort mit »A«, stellt Ossip Mandelstam auf seiner Reise durch den Kaukasus fest. Nicht jedes Wort, sondern jedes Substantiv, werde ich korrigiert, als ich Mandelstam in Suchumi zitiere. Die Sprache der Abchasen sei mächtig, notierte der russische Lyriker und Schriftsteller, reich an oberen und unteren Kehllauten. Man habe den Eindruck, sie breche aus einem Kehlkopf hervor, der von Haaren überwachsen sei. Klingt nicht freundlich! Aber Akqua ist leicht auszusprechen und heißt »Gestade«. Suchumi ist die georgische Bezeichnung und bedeutet zu Deutsch »heiß«. Ob »Gestade« oder »heiß«, beides ist richtig. Darüber kann es keinen Streit geben.

In dem Meer vor meinem Fenster liegen vermutlich die Überreste der ursprünglichen Siedlung. Ionische Griechen hatten sich hier bereits im 6. Jahrhundert vor Christi Geburt niedergelassen. Daraus wurde sehr schnell eine blühende Stadt mit sage und schreibe 300 Nationalitäten, das New York des Altertums. Der multiethnischen Gemeinschaft war leider kein ewiges Glück beschieden. Eine Naturkatastrophe kam, und die Stadt versank in den Fluten.

Die Römer schufen im 2. Jahrhundert nach Christi Geburt eine neue Stadt. Der schöne Ort war sehr begehrt, leider nicht immer in friedlicher Weise. Byzantiner, Araber, Georgier, Türken und Russen kreuzten auf und herrschten. Verwüstung und Aufbau wechselten einander ab. In guten Zeiten machte der Handel mit dem Westen Suchumi zu einer mächtigen Stadt in Georgien. Später machte sie sich einen zweifelhaften Namen als Umschlagplatz für Sklaven. Von hier wurden abchasische und georgische Jünglinge in den Orient verkauft.

Der Präsident lässt bitten. Sein Land hat in der abchasischen Sprache einen schönen Namen, natürlich mit »A« beginnend. Es heißt »Apsny«, zu Deutsch »Land der Seele«. Die UN haben sich davon nicht betören lassen. Das »Land der Seele« wird von den Vereinten Nationen nicht anerkannt. Ehrlich gesagt bin ich nicht besonders scharf darauf, gleich den Präsidenten zu treffen. Was soll ich ihn fragen? Ich habe doch noch nichts von seinem Land gesehen. Aber ein Höflichkeitsbesuch ist kein Beinbruch. Nach einer halben Stunde wird die Chose vorbei sein, nehme ich mir vor.

Wir fahren an einem großen Bürokasten vor. Besonders repräsentativ sieht das Gebäude nicht aus. Früher residierte hier das Parteikomitee der Stadt. Das Regierungsgebäude ist während des Krieges mit den Georgiern zerschossen worden. Das Arbeitszimmer des Präsidenten wirkt wie ein Zimmer, in dem wirklich gearbeitet wird. Schlicht und ständig benutzt. Ein länglicher Tisch, eine kleine Sitzgruppe, ein Schreibtisch mit Stuhl und die abchasische Fahne: fertig ist die Laube. Der Präsident wirkt hingegen gar nicht schlicht, sondern quicklebendig und südländisch charmant. Wladislaw Ardzinba, 55 Jahre, ist Historiker und Orientalist. Die Hethiter sind sein Spezialgebiet. Er hat als Wissenschaftler einen guten Namen, aber er ist auch ein handfester Mann. Wie viele Abchasen werkelt er in seiner Freizeit im Garten. Wein und den Obstschnaps Tschatscha stellt er selbst her.

Unser Gespräch bestreitet er witzig und entschlossen, sich nicht die Butter vom Brot nehmen zu lassen. So tritt er vermutlich auch gegenüber seinem Kontrahenten Schewardnadse auf, denke ich mir. »Wie kommen Sie beide miteinander aus?« frage ich ihn. »Meine Beziehung zum georgischen Präsidenten ist normal und sachlich. Wir telefonieren öfters miteinander. Unsere beiden Staaten leben nicht im Frieden miteinander. Als führende Staatspolitiker müssen Schewardnadse und ich Wege finden, unserer jüngeren Generation einen weiteren Krieg zu ersparen.«

»In welcher Sprache reden Sie miteinander?« »Klar könnte ich Abchasisch und er Georgisch sprechen. Obwohl wir lange miteinander gelebt haben, könnten wir uns dann nicht verstehen. Es sind Sprachen aus zwei völlig unterschiedlichen Sprachfamilien. Deshalb sprechen wir Russisch miteinander, was wir beide verstehen. Wenn es weiterhilft, würden wir auch Deutsch miteinander reden.«

Es war nicht zuletzt die Sprache, die den Konflikt hochkochte, schon während der Sowjetzeit. Als Georgisch auch in Abchasien zur offiziellen Sprache gemacht werden sollte, rebellierten die Abchasen. Ihre Sprache wäre dann hinter Georgisch und Russisch verschwunden. Daraufhin wollten sie weg von Georgien und sich lieber der Russischen Föderation anschließen. Zur Beruhigung bekamen sie vom Sowjetregime in Moskau eine eigene Universität zugestanden. Das brachte wiederum die Georgier auf die Palme.

Sie wollten die Hochschule von Suchumi zu einer Filiale der Universität Tbilissi degradieren. Zusammenstöße waren die Folge. 22 Tote. Es gab danach noch Friedensbemühungen, doch die Abchasen wollten ihre eigene Republik wie zu Beginn der Sowjetunion. Das geschah dann im Sommer 1992. Darauf antworteten die Georgier mit Einmarsch.

Wer hat nun Recht? Schwer zu sagen! Beide lebten in der Vergangenheit mal zusammen, mal auseinander. Ethnisch sind die Abchasen den Völkern des Nordkaukasus näher als den Georgiern. Das betonen sie immer wieder. Als die Bolschewiken im früheren Zarenreich an die Macht kamen, wurde Abchasien zunächst eine eigenständige Sowjetrepublik, dann aber unter Stalin Georgien zugeschlagen. Darauf hin wurden Georgier intensiv um Suchumi herum am Schwarzen Meer angesiedelt. Die Abchasen gerieten in die Minderheit. Am Ende der Sowjetzeit stellten sie nur noch 18 Prozent der Bevölkerung in ihrer eigenen Heimat. Dies wollen sie nun nicht mehr erleben. Deshalb wehren sie sich gegen die UN-Forderung nach territorialer Einheit und Rückkehr aller Flüchtlinge.

»Abchasien hat nur noch knapp 300.000 Einwohner, 80.000 davon sind Abchasen. Kann dieses kleine Land eigentlich allein leben?« frage ich Wladislaw Ardzinba. »Wir haben es in den Jahren nach dem Krieg bewiesen. Wir haben trotz Blockade unsere Bevölkerung ernährt und unsere Infrastruktur wiederhergestellt. Notdürftig, aber es geht.«

»Und damit wollen Sie weiter auskommen?« »Wir haben Berge, wir haben das Meer, unsere Gastfreundschaft ist weithin bekannt. Die besten Voraussetzungen für einen blühenden Tourismus sind gegeben. In unserem Klima wächst alles. Europa hat 1.200 Pflanzenarten. Wir haben 2.500, darunter viele Heilkräuter. Wenn Sie wollen, können wir die gesamte Welt gesund machen.«

»Wie soll es weitergehen mit Abchasen und Georgiern?« »Gut! Die Georgier brauchen nur unsere Gleichberechtigung, Selbstständigkeit und Unabhängigkeit anzuerkennen, dann sind wir gleich beste Nachbarn.«

»Sie kennen die UN-Position?« »Die UN müssen das Prinzip achten: Recht vor Politik und nicht Politik vor Recht. Mit der Forderung nach territorialer Einheit kann die Vernichtung ganzer Völker gerechtfertigt werden. Es müssen sich doch beim Zerfall großer Imperien neue Staaten bilden können, wenn es die Menschen so wollen. Georgien wollte weg von Russland, uns aber will es das Recht auf Eigenständigkeit nicht zugestehen. Gerade ihr Deutschen solltet das verstehen.«

»Was erwarten Sie von Deutschland?« »Ich weiß, die Deutschen glauben, Schewardnadse habe ihnen zur Wiedervereinigung verholfen. Deshalb sei man ihm verpflichtet. Das kann doch nicht zu unseren Lasten gehen.« »Warum gibt es im Kaukasus so viele Konflikte?« »Der dagestanische Dichter Rassul Gamsatow hat in einem Poem geschrieben, jedes kaukasische Volk sei ein Stern. Jeder Stern strahle sein unnachahmliches Licht aus. Dies mache den Glanz des Firmaments aus. Aus all diesen Sternen solle nicht ein einheitlicher Mond gemacht werden. Wenn die Worte von Rassul Gamsatow beachtet werden, dann gibt es keine Konflikte mehr im Kaukasus.«

Zur Verabschiedung gibt es drei Flaschen abchasischen Rotwein, der Spitzenmarke Lychny. Ich bedanke mich aufrichtig. Das Sanatorium der Raketenstreitkräfte machte auf mich nicht den Eindruck, einen exquisiten Wein zu führen. So ist uns eine Sorge für das Diner am Abend genommen. Aber jetzt ist es erst Mittag, wir haben noch viel zu tun.

Während sich das Kamerateam zu Dreharbeiten in die Stadt begibt, mache ich dem Chef der Militär-Beobachtergruppe der Vereinten Nationen in Georgien meine Aufwartung. Allein diese Bezeichnung macht klar, Abchasien wird von der UN als Teil Georgiens betrachtet. Generalmajor Anis A. Bajwa kommt aus Pakistan. Er ist eine elegante Erscheinung. Britisch! Sein vorletzter Einsatz im Dienst der United Nations war in Somalia. Damals war er Stabschef einer großen bewaffneten UN Streitmacht, die Frieden schaffen sollte. Vergeblich, wie wir wissen! Jetzt ist er Kommandeur einer kleinen unbewaffneten Truppe von 102 Beobachtern. Seine Aufgabe ist es zu überprüfen, ob die Auflagen des Waffenstillstandsabkommens von Moskau eingehalten werden, Verletzungen zu registrieren und die Schuldfrage zu klären. Dabei arbeitet er mit dem Kommandeur der GUS-Streitkräfte zusammen, die mit militärischer Gewalt für die Einhaltung des Waffenstillstandes sorgen soll. Die GUS ist als Gemeinschaft unabhängiger Staaten ein Restposten der untergegangenen Sowjetunion. Sie funktioniert aber nicht. Deshalb bestehen hier die GUS-Streitkräfte nur aus Russen.

Mit dem Zeigestock erläutert mir der pakistanische Generalmajor auf der Karte die Aufgabe seiner Truppe. Dass die Waffenstillstandslinie mitten durch den Inguri verläuft, verschärft das Problem. Auf beiden Seiten des Flusses befindet sich nämlich seit Jahrhunderten das Siedlungsgebiet der Mingrelen. Sie gehören zu den entschiedensten Nationalisten Georgiens. Als die Abchasen vorrückten, wurden viele Mingrelen über den Fluss auf die georgische Seite vertrieben. Sie fühlen sich nun verraten und verkauft, auch von Schewardnadse. So führen sie einen rücksichtslosen Partisanenkrieg. Sie haben es auf die abchasischen Milizionäre abgesehen, aber es trifft auch Zivilisten. Die unbewaffneten UN-Beobachter können nur noch die Tatbestände aufnehmen, ansonsten sind sie ohnmächtig.

Die russischen Einheiten, die die Einhaltung des Waffenstillstandes durchsetzen sollen, fühlen sich für die Partisanen nicht zuständig. Das sei Sache der Georgier. Was uns der scheidende deutsche Hauptmann gesagt hatte, wird von anderen UN-Beobachtern bestätigt. Generalmajor Bajwa will darauf nicht eingehen. »Gibt es irgendeine Zusammenarbeit zwischen Abchasen und Georgiern?« »Auf dem Gebiet der Elektrizität! Die Georgier haben das Wasser, die Abchasen den Generator. So schaffen sie Strom auf beiden Seiten des Inguri. Besonders effektiv arbeitet aber die Mafia zusammen. Für sie gibt es keine Waffenstillstandslinie, auch keine Feindschaft zwischen Abchasen und Georgiern.« »Was verschieben sie?« »Benzin, Holz, Bunt- und Altmetall.« »Der Krieg ist grausam geführt worden. Wie geht es jetzt zu, wenn sich Abchasen und Georgier bei Verhandlungen gegenübersitzen?« Der General lacht. »Das ist das Verwunderliche. Es geht äußerst herzlich zu. Sie umarmen sich, küssen sich und erinnern sich, wie sie zusammen Basketball gespielt oder den Mädchen nachgestellt haben. Beim Abschied tragen sie sich gegenseitig herzliche Grüße für Freunde und Verwandte auf.«

Ich verlasse das Hauptquartier. Es ist in einem ehemaligen Gewerkschaftsheim untergebracht. Die Eingangshalle hängt voll mit Bildern, romantische Landschaften und ebenso romantische Porträts. Vor dem Haus stehen wuchtige Holzskulpturen. Zwei alte Männer rechts und zwei alte Männer mit einem Knaben links. Werke des heimischen Volkskünstlers Bernadin.

Der Compound ist gesichert. Auf dem Hof stehen in Reih und Glied die Fahrzeuge der UN-Beobachtergruppe. Hier hat eine japanische Autofirma gut verdient. Im Schatten der Bäume haben sich einige der UN-Beobachter zu einer Plauderrunde zusammengehockt. Ihr Alltag bietet wenig Abwechslung. Der Ausgang ist limitiert, man ist aufeinander angewiesen. Sechs Monate dauert in der Regel ein solcher Einsatz. Der Job ist nicht ohne Risiko und bringt deshalb viele Einschränkungen mit sich. Dafür gibt es neben dem Sold 80 Mark pro Tag. Davon muss der Unterhalt bestritten werden. Eventuelle Urlaubsflüge ebenfalls.

Oberfeldarzt Andreas Valentiner nimmt mich auf eine Stadttour mit. Er ist der ranghöchste Offizier des 10 Mann starken deutschen Kontingents, das für die medizinische Versorgung der UN-Truppe zuständig ist und dem noch zwei Beobachter angehören. Valentiners Abchasien-Einsatz neigt sich dem Ende zu. Er kennt sich im Revier gut aus.

Der Anblick der Stadt schmerzt. Suchumi habe ich von meiner Stippvisite im Jahr 1971 als eine lebenslustige Stadt voller Touristen aus der Sowjetunion in Erinnerung. Jetzt wirkt die Stadt zerschlagen, kraftlos und leer. Kühe trotten auch hier durch die Straßen. Sie tragen zur Verkehrsberuhigung bei, wie Valentiner trocken meint. »Sie fressen alles weg. Die Straßenränder sind deshalb wie manikürt.« Wir fahren zur Strandpromenade. Die beiden Paradehotels »Abchasia« und »Riza«, das vor 100 Jahren »San Remo« hieß und entsprechend exquisite Gäste aus dem Adel beherbergte, liegen zerschossen und verödet da. Das Restaurant auf der Seebrücke macht ebenfalls einen schwer angeschlagenen Eindruck. »Amra«, zu Deutsch: »Sonne«, heißt es. Aber selbst die Sonne zeigt sich heute nicht. Es ist trotzdem heiß und drückend schwül.

Wir kehren im Straßencafé hinter der Ruine des »Riza« ein. Katja, eine niedliche 16-jährige Russin, bedient uns und freut sich über die Gäste aus Deutschland. Sie hat soeben einen Deutsch-Kurs begonnen und bringt nun entschlossen ihre ersten Kenntnisse an den Mann. Vor uns speien Löwenköpfe kräftig Wasser. Der Besitzer des Straßencafés hat den Springbrunnen in Gang gesetzt.

Dafür hat er Besuch von dunklen Herrschaften bekommen, die bei ihm Geld vermuteten.

Die verschwenderische Natur verdeckt viele der hässlichen Kriegsnarben. Die riesigen Eukalyptusbäume und Elefanten-Palmen, wie sie hier genannt werden, machen im wahrsten Sinne des Wortes einen überragenden Eindruck. Oleander, Rhododendron, Rosen, Glyzinien und Gladiolen blühen auf der Uferpromenade um die Wette. Hier drängten sich früher die Menschen. Jetzt haben sich ein paar Männer eingefunden. Unter den Bäumen spielen sie Domino, Schach und Karten. Noch in Betrieb ist der berühmte Kiosk des Armeniers Akop. Bei ihm gab es den besten Kaffee der Schwarzmeerküste und der Sowjetunion sowieso. Vor kurzem ist er gestorben. Die ganze Stadt, einschließlich Präsident, folgte seinem Sarg. Der Kaffee schmeckt heute nicht mehr halb so gut.

Ich möchte noch etwas von der Stadt sehen. Das 15-stöckige, im Sowjetprotz erbaute Haus der Regierung liegt samt seinen repräsentativen Nebenbauten wie ein ausgebranntes Totenhaus da. Aber auch die Wohnblocks hat es übel erwischt. Am Nordrand der Stadt ist besonders hart gekämpft worden. Die Hochhäuser dort sind völlig demoliert. Aus Sarajewo kenne ich solche Bilder. Hier und da haben sich die Menschen in den Trümmern der Etagen wieder Wohnungen eingerichtet. Wir überqueren eine Brücke. An einer Felswand sind Gedenktafeln angebracht. Sie erinnern an abchasische Gefallene. Am Gumista-Fluss verlief monatelang die Hauptkampflinie, das Gelände ist völlig vermint. Wie Wünschelrutengänger bewegen sich Gestalten mit Gesichtsschutz und Metallwesten vorsichtig über die steinigen Uferbänke. »Das sind die Leute von HALO TRUST«, sagt Andreas Valentiner. »Mit denen muss ich Sie bekannt machen.«

Wir brauchen nicht weit zu fahren. Auf der Nordseite von Suchumi direkt am Meer hat sich HALO TRUST einquartiert. Das Gelände ist stark gesichert, der Hof steht voll mit gepanzerten und ungepanzerten Fahrzeugen. Ich werde freundlich empfangen, man freut sich über mein Interesse. Charly Martell ist der Leiter der Operation Abchasien. Er wirkt ruhig und selbstsicher. Vermutlich geht er so auch an die schärfsten Bomben. Zehn Jahre war er in der Britischen Armee. Sein Job erforderte gute Nerven, er hatte Bomben und Minen zu entschärfen. Dann ging er zu HALO TRUST, um mitzuhelfen, die weltweite Minen-Pest zu bekämpfen. Drei Monate war er in Kambodscha, achtzehn Monate in Angola und nun ist er seit zwei Wochen in Abchasien.

»Wie lässt es sich hier arbeiten?« frage ich. »Von der Regierung und der Bevölkerung werden wir unterstützt. Dennoch müssen wir aufpassen, nicht nur vor den Minen. Die Mafia kann Schwierigkeiten bereiten, die Partisanen sind unberechenbar. Wir arbeiten in einer Konfliktzone. Kürzlich wurde einer unserer Mitarbeiter gekidnappt. Wir haben ihn mit Mühe rausbekommen.«

»Ist Abchasien stark vermint?« »In einigen Gebieten sehr stark! An Flüssen ist es besonders gefährlich. Die Minen werden oft weggespült oder durch die ständigen Ablagerungen verdeckt und sind deshalb schwer aufzuspüren. Selbst gesäuberte Uferbereiche müssen immer wieder überprüft werden.« »Mit welchen Leuten arbeiten Sie?« »Mit Einheimischen! Wir bilden sie aus, gehen mit ihnen ins Feld und überwachen ihre Arbeit.« »Finden Sie leicht Leute für diesen gefährlichen Job?« »Das ist kein Problem. Hier gibt es sonst keine Arbeit. Die Menschen wollen Geld verdienen, um sich und ihre Familien zu ernähren. Sie sind auch stolz, etwas für ihr Land zu tun. Meist melden sich viel mehr junge Männer, als wir annehmen können. Hier beschäftigen wir 200 Einheimische. HALO TRUST ist der größte internationale Arbeitgeber in Abchasien.«

Leider können wir heute nicht mehr filmen. Es regnet. Die Minenräumarbeiten sind daraufhin gleich eingestellt worden. Risiken werden nicht eingegangen. Jeder Unfall untergräbt die Reputation. 1988 haben sie in Afghanistan begonnen. In Kabul gingen Colin Mitchell und Guy Willoughby, die Gründer von HALO TRUST, auf die Knie und stocherten mit Bajonetten in der Erde herum, um Minen aufzuspüren. Inzwischen ist das wohltätige Unternehmen mit 4000 Beschäftigten in sieben Ländern der minenverseuchten Erde unterwegs. Sie arbeiten mit großem Erfolg. Über 100.000 Minen sind von ihnen schon entschärft worden. Lady Di hat sie unterstützt. Deutschland gehört mit zu den Sponsoren von HALO TRUST. Selten wird Geld besser angelegt als für die Befreiung der Menschheit von der Minenseuche. Aber es ist nicht nur gefährlich, es ist auch eine Sisyphus-Arbeit, denn der Nachschub an den heimtückischen Sprengladungen ist gewaltig.

Im Hof treffe ich Aslan Mentajew. Er ist Tschetschene und stammt aus Grosny. Für HALO TRUST arbeitet er seit anderthalb Jahren. Er wollte Geld verdienen und seine Heimat von den Minen des ersten russisch-tschetschenischen Krieges Mitte der 90er Jahre befreien. In Bamut an der Grenze zu Inguschetien, wo der Erdboden mit Sprengstoff gespickt ist, machte er sich an die Arbeit. Doch dann ging der nächste Krieg los. Er geriet zwischen die Fronten. Vier seiner Leute wurden getötet. Die Arbeit musste eingestellt werden. In dieser Zeit suchte HALO TRUST erfahrene Minenräumer für Abchasien. Aslan ging mit, um seine Eltern, seinen jüngeren Bruder und seine eigene Familie durchzubringen. Nun ist er hier in Suchumi mit allen seinen Angehörigen, die in Tschetschenien nicht mehr leben können. Aslan wird als »demining supervisor« eingesetzt, zuständig für das Gebiet um Suchumi.

»Wie kommen Sie hier mit den Leuten klar?« »Im Prinzip gut, aber sie neigen zu Leichtsinn. Es sind junge Leute. Der Job verlangt höchste Anspannung. Danach haben einige das Bedürfnis, sich mit Alkohol zu entspannen. Das ist lebensgefährlich, wenn man am nächsten Tag wieder ins Minenfeld geht.« »Was können Sie dagegen machen?« »Morgens schaue ich mir jeden genau an. Sie werden immer wieder ›gebrieft‹. Ich verlange hundertprozentige Disziplin.« So wie er vor mir steht, glaube ich ihm das gerne. Er wirkt ernst und konzentriert. Mit wachen Augen schaut er mich an, ein verantwortungsbewusster junger Mann.

»Wie sieht der Arbeitsablauf aus?« »Die Leute werden eingeteilt. Jeder hat einen ein Meter breiten Streifen zu bearbeiten. Die Aufgabe wird erläutert, die Verhaltensmaßregeln werden in Erinnerung gerufen. Dann kann es losgehen. Nach jeder Stunde gibt es eine 10-Minuten-Pause. Ist es sehr heiß, wird nach sechs Stunden Schluss gemacht. Hat es irgendwo in der Welt einen Unfall bei HALO TRUST gegeben, dann werden alle darüber sofort informiert, um das eigene Verhalten zu überprüfen oder daraus zu lernen.«

»Wenn Ihre Leute Fehler machen, wie reagieren Sie darauf?« »Ich gehe sofort dazwischen. Ist es das erste Mal, wird der Betreffende ermahnt. Beim nächsten Mal wird er bestraft, beim weiteren Mal fliegt er.« Die straffe Disziplin hat sich bewährt. Es gab nur einen Unfall. 3.000 Minen wurden entschärft, aber es wird noch einige Jahre dauern, bis Abchasien minenfrei ist.

Puschkin oder Tolstoi – Ein Deutscher als Friedensmittler

Der deutsche Diplomat Dieter Boden ist durch und durch Zivilist. Nun hat er es im reiferen Alter noch zum Befehlshaber einer militärischen Einheit gebracht. Zu dieser Ehre hat ihm der Generalsekretär der Vereinten Nationen, Kofi Annan, verholfen. Er ernannte Dieter Boden zu seinem Sondergesandten, um den Konflikt zwischen Georgien und Abchasien beizulegen. In dieser Eigenschaft ist der Deutsche gleichzeitig Chef der vom pakistanischen Generalmajor Bajwa befehligten UN-Truppe. Sie hat zu beobachten, ob Abchasen und Georgier den Waffenstillstand einhalten.

Heute hat sich Dieter Boden, der seine Hauptresidenz in Tbilissi hat, zu Besuch in Suchumi angesagt. Vom Flughafen wird er mit fliegender UN-Flagge in das Hauptquartier der Beobachtertruppe gebracht. Zusammen mit Generalmajor Bajwa marschiert er in den Briefing-Raum, um sich auf den letzten Stand der Ereignisse in der Konfliktzone bringen zu lassen. Für einen Zivilisten macht er unter den Militärs eine ganz passable Figur. Besorgnis erregende Nachrichten überbringen die UN-Beobachter nicht. Auch aus dem Kodori-Tal, wo die Swanen gelegentlich durch Überfälle und Menschenraub für Unsicherheit sorgen, gibt es keine besonderen Vorkommnisse zu vermelden.

Entspannt kann sich der deutsche Friedensmittler zu Abchasiens Präsidenten Wladislaw Ardzinba begeben. Die beiden kennen sich inzwischen aus vielen Begegnungen. In ihren offiziellen Meinungen sind sie zwar auseinander, aber menschlich kommen sie gut miteinander aus. Dieter Boden hat den Vorzug, fließend Russisch parlieren zu können. Er braucht für seine Gespräche mit Ardzinba und auch dessen Gegenüber, den georgischen Präsidenten Schewardnadse, keinen Dolmetscher. Das schafft Nähe und Vertrauen. Beide Kontrahenten wissen an dem Deutschen zu schätzen, dass er über seine diplomatischen Fähigkeiten hinaus ein Kenner der russischen Literatur und insbesondere ein anerkannter Puschkin-Spezialist ist. Kultur zählt viel in dieser Region. Insofern hat der Generalsekretär der Vereinten Nationen mit Boden einen guten Griff getan, wenn nur die Aufgabe nicht unlösbar erschiene. Doch der UN-Sondergesandte macht nach außen hin einen zuversichtlichen Eindruck. Er ist das Bohren dicker Bretter gewohnt. Als zwischen Ost und West noch wenig lief, war er Generalkonsul im damaligen Leningrad. Später nahm er an den Abrüstungsgesprächen in Wien teil, und auch im Kaukasus hat er sich bereits in schwieriger Mission üben können. Im Auftrag der europäischen Organisation für Sicherheit und Zusammenarbeit (OSZE) vermittelt er im Streit zwischen Südossetien und Georgien. Der Konflikt ist noch nicht beigelegt, aber es bahnt sich eine akzeptable Koexistenz an.

Als Mensch aus einem lange scheinbar hoffnungslos geteilten Land weiß Boden, was der Faktor Zeit bedeutet. Dass die verrücktesten Kapriolen möglich sind, erfährt er am eigenen Leibe. In Suchumi residiert er pikanterweise in der Datscha von Stalins berüchtigtem Geheimdienstchef Berija. Sie liegt an einem Hang im südlichen Stadtteil Sinop und ist nicht leicht zu finden. Das stattliche Haus steht völlig im Schatten mächtiger Eukalyptusbäume. Wenn man sich anstrengt, kann man durch die dichten Bäume das Meer sehen. Vor der Villa breitet sich eine große Antennenschüssel aus, die für ständigen Kontakt mit dem UN-Hauptquartier in New York sorgt. Berija wäre vermutlich wahnsinnig geworden, wenn er diese Entwicklung vorausgesehen hätte.

Auch der kühle Diplomat Boden staunt immer noch, wo er gelandet ist. Das Gefühl von Leichen im Keller sei er noch nicht losgeworden, aber bisher habe er noch nicht nachgesehen. Wir sitzen uns auf dem Balkon gegenüber. Wenn man die Erinnerung an den Massenmörder Berija verdrängt, dann kann man sich in dieser subtropischen Umgebung sehr wohl fühlen. Die böse Ironie des Schicksals will es, dass Boden nun das Erbe von Berija zu bewältigen hat. Es war Stalins Vollstrecker, der durch massive Ansiedlung der Georgier die Abchasen in ihrer Heimat in die Minderheit brachte. Fast zwangsläufig führte diese Politik zum Krieg. Eine ungute Vorarbeit hatte allerdings schon das russische Zarenreich geleistet. Als es die Herrschaft in dieser Region antrat, flohen 1863 nach wildem Aufstand 70 Prozent der Abchasen in die Türkei, wo ihre Nachfahren bis heute leben.

»Wie sieht nun Ihr Auftrag aus?« frage ich Boden. »Kurz gefasst: Herstellung der territorialen Integrität Georgiens und Rückkehr aller Flüchtlinge.« »Die UN vertreten damit die Position der Georgier, aber nicht die der Abchasen«, kann ich nur feststellen. Der Sondergesandte, ganz Diplomat, drückt sich an einer klaren Antwort vorbei. »Man weiß ja nicht, ob tatsächlich alle 250.000 Flüchtlinge zurückkehren.« Ob alle oder nicht alle zurückkehren, die 80.000 Abchasen gerieten sofort wieder in die Minderheit, wenn der UN-Auftrag durchgesetzt würde. Das weiß auch Boden. »Man kann das nur machen, wenn eine völlige Versöhnung stattgefunden hat und nicht die eine Seite die andere dominieren will.«

»Kann nicht ein großer Teil der 400.000 Abchasen in der Türkei zur Übersiedlung in die Heimat ihrer Vorfahren überredet werden? Dann wären die Abchasen in jedem Fall in der Mehrheit.« Genial findet Dieter Boden meinen Einfall nicht. »Theoretisch ist das möglich, praktisch aber kaum umzusetzen, schon gar nicht bei so unsicheren Verhältnissen.«

»Was kann den Abchasen geboten werden?« »Eine sehr weitgehende Autonomie. Leider hat Georgien wenig Erfahrung mit Föderalismus. Man müsste ein Modell spezifisch für das Verhältnis Georgien-Abchasien im Rahmen eines Gesamtstaates entwickeln.« »Was sagen die Abchasen dazu?« »Sie weigern sich, darüber zu reden.«

»Wer soll das Modell entwickeln?« »Die UN und die fünf Staaten, die mich unterstützen: USA, Großbritannien, Frankreich, Russland und Deutschland. Das ist ein schwieriger Balanceakt. Insgesamt gibt es aber ein Interesse, die Lage zu stabilisieren, auch bei den Georgiern und den Russen. Das ist der Ansatzpunkt.«

Wir fahren zusammen in die Stadt und wandern über die Ufer-Promenade. Es ist Hochsommer, beste Touristenzeit, aber die Promenade ist leer. Mit Blick auf die zerschossenen Häuser meint Boden: »Dies war einmal eine faszinierende Vielvölkerstadt mit sehr schöner Architektur. Nun ist Suchumi eine Ruine. Doch die Substanz ist noch da. Wenn hier stabile Verhältnisse einziehen, ist Abchasien schnell zu einer internationalen Touristenattraktion zu machen. Wie die Côte d'Azur. Diese Erkenntnis wird hoffentlich eines nicht so fernen Tages auch Präsident Ardzinba verhandlungsbereit machen.«

»Welche Rolle spielt Russland?« »Es ist die große Nachbarmacht, der ehemalige Kolonialherr. Das Bild der Russen hier im Kaukasus ist eher negativ. Man verdächtigt Russland, Konflikte zu schüren, um den Kaukasus im Griff zu behalten.«

»Was finden die Russen so faszinierend am Kaukasus?« »Wenn man aus der russischen Ebene kommt, dann ist der Kaukasus ein umwerfendes Erlebnis. Im 19. Jahrhundert gab es einen regelrechten Kaukasus-Romantizismus, hervorgerufen durch Gribojedow, Puschkin und vor allem Lermontow. In seinem Roman ›Ein Held unserer Zeit‹ wurde der Kaukasus zum Hort von Freiheit und Ziel einer romantischen Weltflucht verklärt.«

»Hatte die literarische Verklärung politische Folgen?« »Ganz sicher! Jedem russischen Schulkind wurde die Idee von ›Unserem Kaukasus‹ eingebläut. Puschkin und Lermontow waren dafür die besten Zeugen. Lermontow deutete die russische Eroberung des Kaukasus in seinem Gedicht ›Klosternovize‹ als Segen Gottes, und Puschkin pries in seinem Poem ›Der Gefangene im Kaukasus‹ die Waffentaten der russischen Militärs Kotljarewskij und Jermolow.«

»Hat denn keiner dagegengehalten?« »Doch, der Schriftsteller Wjasemskij hat seinem Freund Puschkin tüchtig die Leviten gelesen. Er habe seine letzten Verse mit Blut befleckt. Was seien Kotljarewskij und Jermolow für Helden, fragte Wjasemskij. Die Dichtung sei keine Bundesgenossin von Henkern. Wenn die Russen den Völkern Bildung gebracht hätte, dann gäbe es etwas zu besingen.«

»Und was ist mit Lew Tolstoi?« »Sein ›Hadschi Murat‹ geht kritisch mit beiden Seiten im damaligen Tschetschenien-Krieg um. Tolstoi sah nur sinnloses Morden, wobei er dem Zaren Nikolaj I. wegen seiner Vernichtungsstrategie die Hauptverantwortung anlastete.«

Es wäre gut, wenn sich die russische Führung in ihrer Kaukasus-Politik mehr von Tolstoi als von Puschkin leiten ließe.

Nestor Dumaa: Hundert Jahre sind kein Alter – Von Suchumi nach Tchina

Miese Sicht, kein Wetter für Luftaufnahmen! Ich sage den Hubschrauberflug über den Kaukasus ab. Was tun mit der gewonnenen Zeit? Wir fahren über Land. Nestor Dumaa will uns die Ehre geben. Nun können wir früher bei ihm aufkreuzen.

Wer ist dieser Nestor? Nomen est omen. Wie sein Namenspatron, der weise Ratgeber der Trojaner, ist er gesegneten Alters. Mit Bravour hat unser abchasischer Nestor 106 Jahre absolviert. Nach seiner Rechnung sind es sogar 115. Aber er will da nicht kleinlich nachrechnen. Im Übrigen möchte er auch nicht als uralt gelten. Also akzeptiert er die 106.

Hundert Jahre und älter zu werden ist für die Menschen in Abchasien nicht ungewöhnlich. Woran das liegt, kann mir keiner so recht erklären. Vielleicht finde ich bei Nestor Dumaa den Schlüssel für ein langes Leben. Er wohnt in Tchina, achtzig Kilometer südöstlich von Suchumi.

Wir lassen uns Zeit. Gemächlich rollen wir über die Hauptstraße nach Süden. Gleich hinter Suchumi tauchen links und rechts Warnschilder auf. Minen! Auf dieser Straße waren die georgischen Streitkräfte 1992 vorgerückt. Da sie Anschläge der Abchasen auf die wichtige Verbindungstrecke nach Tbilissi fürchteten, hatten sie die Ränder mit Minen gepflastert.

Nun lauern die tückischen Dinger immer noch im Boden, ab und zu ausgelöst durch Menschen oder Tiere. In aller Höflichkeit weisen die Schilder in russischer Sprache auf die Gefahr hin. »Wer dieses Zeichen sieht, denke daran: Gefährliche Zone!« Mit angehaltenem Atem beobachten wir, wie Kühe und Pferde grasend durch die verminten Felder ziehen. Nichts passiert! Erleichtert setzen wir unseren Weg fort.

Wir biegen in Richtung der Berge ab. Völlig entspannt bietet sich die Landschaft dar. Nichts zu spüren von Krise und Krieg! Wir stoppen an einer alten Kirche. Versteckt hinter hohen Bäumen steht das Schmuckstück orthodoxer Kirchenarchitektur in einem großen Garten. Im 9. Jahrhundert habe der hiesige König Leon III. die Kirche erbauen lassen, erklärt mir unser abchasischer Kollege Miron. Das orthodoxe Christentum sei schon im 6. Jahrhundert von Byzanz übernommen worden. Tausend Jahre später seien die Türken gekommen und mit ihnen der Islam, versucht mir Miron die komplizierte Geschichte seines Landes beizubringen. 1878 sei dann mit der Türkenherrschaft Schluss gewesen. Danach hätten die Russen die Herrschaft über Abchasien übernommen. Daraufhin seien viele moslemische Bewohner in die Türkei geflohen. Bis heute lebten dort mehr Abchasen als im Mutterland, erfahre ich. Der Islam ist immer noch anerkannte Religion in Abchasien, aber es gibt keine einzige Moschee im Land, hingegen viele alte Kirchen.

Es bereitet mir Mühe, den vielen Windungen der abchasischen Geschichte zu folgen. Ich schaue mich in der Kirche um. In der Sowjetzeit war sie geschlossen worden. Bis heute steht sie leer. Einen hohen, lichten Eindruck macht sie auf mich. Sie verdiente es, mit ihren schönen Fresken aus dem 12. Jahrhundert restauriert zu werden. Aber dafür fehlt das Geld. Irgendwer hat auch noch die Grabplatte des letzten abchasischen Zaren geklaut.

Eigentlich geht man in Abchasien mit den Toten äußerst respekt- und liebevoll um. Sie werden behandelt, als gehörten sie noch zu den Lebenden. Im ersten Jahr nach ihrem Dahinscheiden werden ihre Gräber jede Woche von Angehörigen und Freunden besucht, vornehmlich donnerstags oder samstags. Der Grabstein zeigt das Bild des oder der Verstorbenen. Es sind nicht nur schlichte Porträts, sondern Darstellungen in Aktion: als Bauer, Arbeiter, Militär oder auch Tänzer. Nicht nur Blumen, sondern auch Früchte und andere Esswaren werden an den Gräbern abgelegt. Das ist die Mindestausstattung. Die teuren Toten sollen sich nicht allein gelassen fühlen. Um ihnen die Zeit kurzweilig zu gestalten, werden gelegentlich Fernseher mit Tisch und Sofa um den jeweiligen Ort der letzten Ruhe gestellt, dazu Wodka, Wein und Zigaretten. Auch der Aschenbecher wird nicht vergessen. Das Jenseits soll kein Jammertal sein.

Dem Jenseits will Nestor Dumaa noch eine Weile fernbleiben. Als wir bei ihm ankommen, sitzt er mitten auf seinem Hof unter einem hohen Baum mit weit ausladender Krone. Seine Freunde Mektat Lomija und Janko Bigua sind bei ihm. Noch keine neunzig haben die beiden geschafft. Als Küken betrachtet sie der Hausherr.

Nestors jüngster Sohn leistet den alten Herrschaften Gesellschaft. Apollon heißt er und ist auch schon in den Sechzigern. In der Administration des Gebietes nimmt er eine leitende Position ein. Nach abchasischer Sitte hat der jüngste Sohn für die Eltern zu sorgen. Dafür erhält er das Anwesen. Der Hof wirkt stattlich. Wie ein amerikanisches Farmhaus sieht das zweistöckige Wohngebäude mit seiner geräumigen Veranda aus.

Besuch aus Deutschland hat er noch nicht gehabt, Kamerateams sind auch noch nicht bei ihm gewesen. Doch beeindruckt zeigt sich Nestor Dumaa weder von dem einen noch von den anderen. Wie er sein hohes Alter geschafft habe, frage ich Nestor. Er habe immer in der frischen Bergluft gelebt, sagt er mir, nur saubere Sachen gegessen, viel gearbeitet und mäßig Alkohol getrunken. Jeden Tag ein Gläschen Wein sei gut für das Blut, fügt er hinzu. Außer Malaria habe es keine schlimmen Krankheiten gegeben. So sei er unangefochten Jahr für Jahr älter geworden.

»Lebten die Menschen früher länger als heute?« »Natürlich damals! Mein Vater wurde 115 Jahre alt.« »Wer lebte länger: die Männer oder die Frauen?« »Die Männer! Sie wurden von Kindheit an bevorzugt, denn sie sorgten für die Fortpflanzung des Stammes. Als Sohn bekam ich immer das beste Essen. Meine Schwestern erfüllten mir jeden Wunsch.«

Unser Gespräch läuft wie beim Billard über Bande. Ich frage ihn in Russisch, Nestor antwortet auf Abchasisch. Sein Sohn übersetzt hin und zurück. Nestor ist zweifellos in dieser Runde eine respektierte Persönlichkeit. Seine jüngeren Freunde lauschen ihm ehrerbietig, häufig mit zustimmendem Kopfnicken oder Kommentar.

Auf meine Bitte hin gesellt sich auch seine Frau zu uns. Nach Landessitte darf sie sich nicht so ohne weiteres in den Kreis der Männer begeben, doch Nestor gibt sich tolerant. Lena Dschopua hat die Neunzig überschritten. Die Augen machen ihr zu schaffen, aber ihr Gesicht ist immer noch schön. Verschmitzt lächelnd verfolgt sie das Gespräch.

Ob Abchasien immer so hübsche Mädchen gehabt habe wie heute, möchte ich wissen. Nun gerät Nestor richtig in Fahrt. »Sie waren immer sehr schön. Wenn ich damals eine junge Frau mit blauen Augen, hübschem Gesicht und purpurnen Wangen erblickte, dachte ich: Ach wäre sie doch mein.« Nachsichtig schmunzelnd hört sich Lena Dschopua die Schwärmereien ihres Mannes an. »War Ihr Mann ein Don Juan?« frage ich sie. Sie lacht. »Das kann man schon sagen. Er war ein Kavalier. Vielen Mädchen hat er den Kopf verdreht. Aber er war ein guter Ehemann. Die Jahre mit ihm waren sehr schön. Er hat für Wohlstand gesorgt.«

Dank Nestor und Lena ist die Erde um sechzig Menschen reicher geworden. Zehn Kinder haben sie selbst; fünfzig Enkel, Urenkel und Ururenkel sind dazugekommen. Ihre Zahl ist stark steigend. Falls Nestor so alt wie sein Vater werden sollte, mag seine Nachkommenschaft auch die Hundert überschritten haben. Während die Männer plaudern, bereiten die Töchter und Schwiegertöchter im Backhaus ein opulentes Mahl vor. Ein Kälbchen und drei Hühner mussten für die große Gästeschar dran glauben. Über offenem Feuer wird das Fleisch zubereitet.

Derweil schwingt Nestor für unsere Kamera die Sense. Anschließend verschwindet er in einem gut gekühlten Nebengebäude, um aus einem Fass selbst gemachten Wein in eine Kanne abzufüllen. Er braucht zwar ein bisschen Zeit, bekommt aber alles auf die Reihe. Den Wein saugt er so kräftig an, dass die erste Ladung aus dem Schlauch gegen die Wand schießt statt in die Kanne.

Wir werden zu Tisch gebeten, eine Männerrunde. Als einzige Frau kommt – wohl den Gästen zuliebe – Lena Dschopua hinzu. Die Frauen kochen, sie tischen auf, sitzen aber nicht dabei. Trotzdem wirken sie wie die Herrinnen der Tafel. Die Männer halten die großen Reden, die Frauen haben dafür die Familien im Griff.

Nestor Dumaa dreht immer mehr auf. Den Wein trinkt er nur ex. Den Rest schüttet er mit großer Geste über die Schulter aus. Besorgt beobachten die Frauen, ob er sich nicht übernimmt. Es ist rührend, wie aufmerksam und respektvoll sich die längst erwachsenen Kinder um ihre Eltern kümmern. Der alte Recke zeigt indes keine Schwäche. Er lässt ein verblichenes Foto kommen. Es zeigt drei junge Kämpfer. Zu meinem Glück errate ich, wer auf dem Bild Nestor Dumaa ist. »Chrips«, sagt er daraufhin zu mir. Zunächst glaube ich, er habe meinen Vornamen falsch verstanden. Aber »Chrips«, so werde ich aufgeklärt, heißt so etwas wie »Goldjunge«. Ich lasse mich gerne so anreden. Nestor ernennt mich zu seinem jüngeren Bruder. Ex trinken wir darauf, mit eingehakten Armen. So ist das auch hier, wenn Brüderschaft besiegelt wird.

Nestor Dumaa tippt auf das Foto. Sehr stark sei er in seiner Jugend gewesen. Mit einer Hand habe er einen Mann vom Boden heben können. Eisenhart seien seine Armmuskeln gewesen. Zur Demonstration krempelt er den Ärmel seiner Jacke hoch, um seinen Bizeps zu zeigen. Nichts sei von seiner Kraft geblieben, schnaubt er verächtlich.

»Wie war das Leben vor hundert Jahren?« »Bei Zar Nikolaus II. gab es adelige Russen, einheimische Fürsten und Bauern, große und kleine. Sieben Hektar Land wurden pro Person zugeteilt. Ein Drittel der Ernte musste an die Fürsten abgeliefert werden.« »Und in der Sowjetzeit?« »Da war ich ein Held der Arbeit und wurde sogar in Moskau vorgezeigt. Zwölf Tonnen Mais lieferte ich ab. Zwanzig Menschen hätte ich davon ernähren können, aber manchmal hatte ich kaum genug für die eigenen Kinder.«

Apollon erzählt, dass sich sein Vater weiter sehr für Politik interessiere. Wie gefällt ihm die gegenwärtige Lage? Nestor Dumaa holt zu einer großen Antwort aus. »Es gefällt mir nicht, wie heute die jungen Leute auftreten. Bis zu unserem zwanzigsten Lebensjahr durften wir in der Gegenwart von Erwachsenen weder rauchen noch Alkohol trinken. Das ist uns gut bekommen. Die Sitten sind seitdem insgesamt schlechter geworden. Uns Abchasen hat früher Menschlichkeit, Mut und Ehrgefühl ausgezeichnet. Das gibt es heute nicht mehr so.«

»Ist gar nichts besser geworden?« »Doch! Politisch ging es uns nie besser. Abchasien ist heute ein Staat. Wir leben nicht mehr unter adeliger Herrschaft oder russischem Gesetz. Die Georgier, die uns alles wegnehmen wollten, haben wir auch verjagt. Die Abchasen sind ihre eigenen Herren. Zum ersten Mal!«

Der Abschied zieht sich hin. Mehrere Runden Wein sind noch zu trinken. Ohne Wirkung zu zeigen, hält Nestor Dumaa entschlossen mit. »Meine Türen sind für dich zu jeder Jahres- und Tageszeit offen. Wenn ich sterbe, musst du zu meinem Begräbnis kommen.« Diesen Gefallen möchte ich ihm noch lange nicht erweisen.

Von Psou bis Mjussera – Stalin, Gorbatschow und die Leiden des Volkes

In Psou, an der Grenzstation zwischen der Russischen Föderation und Abchasien, herrscht hektisches Treiben. Hunderte Menschen hasten durcheinander. Sie schleppen einzeln oder zu zweit Koffer, Kartons, Säcke; einige ziehen voll beladene Wägelchen hinter sich her. Eselskarren zwängen sich durch die Menschentrauben. Eine lange Schlange Autos rückt stotternd vor. An ihren russischen Kennzeichen ist zu erkennen, woher sie kommen. Krasnodar, Stawropol, Sotschi, Rostow; Städte im Nordkaukasus, am Schwarzen Meer und in Südrussland.

Auf der Südseite der Grenze weht die Flagge Abchasiens. Wie schon erwähnt: völkerrechtlich höchst umstritten! Völkerrechtlich ist nämlich hier immer noch die Grenze zwischen der Russischen Föderation und der Republik Georgien. So sehen es jedenfalls die UN. Aber was heißt im Kaukasus schon Völkerrecht, was bedeuten hier die UN? Es gab Krieg, Bürgerkrieg zwischen Abchasen und Georgiern. Die Abchasen haben gesiegt. Sie haben sich dadurch aus ihrer Sicht von der georgischen Herrschaft befreit und betrachten sich seitdem als unabhängig. So kontrollieren sie nun die Grenze hier auf ihrer Seite, auf der anderen Seite von den Russen geduldet. Formal in Ordnung ist das nicht, aber es funktioniert, allerdings mit viel Willkür.

Die Menschen, die hier über die Grenze kommen wollen, werden ungeniert geschröpft. Für die Russen ist es noch relativ unproblematisch. Sie kommen meist als Touristen, im Bus oder im Pkw. Viel schwieriger ist es für die Abchasen. Sie wollen ihr Obst und Gemüse auf der russischen Seite verkaufen, um für das eingenommene Geld Waren zu erwerben, die es in Abchasien nicht gibt. Abchasien ist seit dem Krieg blockiert. Es gibt zur Russischen Föderation nur ein Schlupfloch, und das ist die Grenzstation Psou.

Ich arbeite mich bis zum ersten Zaun vor. Was sich dahinter abspielt, kann ich nur schwer erkennen. Zöllner sitzen an langen Tischen und lassen sich die Inhalte der Koffer, Kartons und Säcke ausbreiten. Die gleiche Prozedur wird sich mit Sicherheit auch auf der russischen Seite abspielen. Nur wer zahlt, hat eine Chance durchzukommen. Vollkommen abgekämpft erreichen die Menschen die abchasische Seite. Es sind weit überwiegend Frauen. Mindestens zwei Tage dauert ein solcher Trip über die Grenze und zurück. Irgendwo übernachten sie, oft im Freien und von der Miliz immer wieder aufgescheucht.

Nun streben alle dem Zug zu. Es ist eine betagte Elektritschka, eine elektrisch betriebene Eisenbahn. Sie verkehrt zwischen Suchumi und der Grenze. Gut 100 Kilometer, vier Stunden braucht sie dafür. Die Strecke ist zum großen Teil eingleisig. Trotz des Andrangs erlebe ich keinen Kampf um die Plätze. Dazu fehlt auch die Kraft. Die erworbenen Waren werden verstaut. Die meisten Passagiere fallen gleich in tiefen Schlaf.

Währenddessen kann ich mich nützlich machen. Schwer keuchend kommt ein älterer Mann mit einem Handkarren angeschoben, auf dem fünf Säcke liegen. Wie der kleine Kerl die Last bis hierhin gewuchtet hat, ist mir ein Rätsel. Seine Frau ist am Ende. Ich schleppe mit ihm die Säcke in den Zug. Was der Inhalt sei, möchte ich wissen. »Düngemittel«, sagt er mir, »bekomme ich hier nicht!«

Der Zug setzt sich in Bewegung. Ich komme mit einigen Frauen ins Gespräch. Auf der Bank neben mir sitzt Anja Galustjan. Wie ihr Name verrät, ist sie von ihrer Nationalität her Armenierin. Sie wurde in der Nähe von Suchumi geboren. Unter normalen Umständen würde man sie als eine gut aussehende Frau bezeichnen, aber jetzt wirkt sie total aufgelöst durch die Strapazen der Reise und die Hitze. »Wie ist das Leben hier?« eröffne ich unser Gespräch. »Es ist sehr schwer. Es ist eine Qual für uns.« Sie stockt und schaut lange aus dem Zug. Dann spricht sie weiter. »Der Krieg ist an allem schuld. Er ist vorbei, aber er macht uns immer noch fertig. Vor dem Krieg hatten wir es gut. Früher lebten wir wie die weißen Menschen, jetzt wie die Ärmsten der Schwarzen. Die Jugend ist weg. Man sieht kaum junge Frauen. Sie sehen alle aus wie Greisinnen. Wegen der Kinder machen wir uns große Sorgen. Wir müssen doch ihre Zukunft sichern. Aber für alles muss gezahlt werden, sogar für die Schule und andere Bildungseinrichtungen. Der Lohn bleibt oft aus, die Rente ist sehr niedrig. Nur 30 Rubel. Etwa 1 Dollar. Ist das etwa eine Rente?«

»Was haben Sie in Russland gemacht?« »Ich habe dort Obst verkauft und für das Geld andere Nahrungsmittel eingekauft.«

»Gibt es Schwierigkeiten an der Grenze?« »Natürlich! Unsere Zollkontrolle ist sehr streng. Über die Grenze zu gehen ist eine Strapaze. Da sind so viele Menschen. Auf beiden Seiten werden wir scharf kontrolliert. Dadurch kommt es immer wieder zu Verzögerungen. Das Schlangestehen dauert sehr lange. Aber man gewöhnt sich an alles. Immerhin leben wir so schon seit acht Jahren.«

Der Zug rollt gemütlich voran. Ab und an hält er aus mir unerklärlichen Gründen. Auf der linken Seite sehen wir die Ausläufer des Kaukasus, auf der rechten Seite präsentiert sich strahlend blau das Schwarze Meer. Draußen zieht ein landschaftliches Paradies an uns vorbei, hier drinnen offenbart sich das bittere Elend. Hinter mir sitzen zwei ältere Frauen. Die eine heißt Ferosa Mischelia. Sie ist Ukrainerin, hat einen Armenier geheiratet und lebt jetzt in Suchumi. »Warum waren Sie jetzt in Russland?« »Mein ältester Sohn lebt in Russland. Mein jüngster Sohn ist im Krieg gefallen. Jetzt bin ich in Suchumi allein. Seine achtjährige Tochter wohnt bei mir. Ich muss sie durchbringen. Wenn ich zum Einkaufen nach Russland fahre, bringe ich die Kleine bei Nachbarn unter.«

»Wie halten Sie das durch?« »Es ist sehr schwer. Oft glaube ich, es ist nicht zu schaffen. Ich bin jetzt 67 Jahre alt. Von meiner 30-Rubel-Rente können wir nicht leben. Wir haben ein Gartenbeet und eine Kuh. So schlagen wir uns durch.«

»Haben Sie georgische Freunde?« »Natürlich! Wir waren doch Nachbarn. Wir haben gut miteinander gelebt. In Freundschaft. Wir halfen einander, egal ob bei einer Hochzeit oder bei der Beerdigung. Die einfachen Menschen tragen keine Schuld. Es sind die da oben, die an dem Krieg Schuld haben. Sie haben wohl untereinander irgendetwas nicht teilen können.«

Bei diesen Worten schaltet sich meine erste Gesprächspartnerin ein. »Die Chefs sorgen für ›trübes Wasser‹, ›natschalstwo mutit wodu‹. Die holen sich schon das ihrige, aber das Volk muss leiden.«

Mir ist ein bisschen unbehaglich zumute, die Frauen auszufragen. Aber sie möchten reden, offensichtlich ist das Gespräch mit einem ausländischen Reisenden für sie eine Abwechslung. Sie haben ihre Müdigkeit abgeschüttelt. Mit wachen Augen hören sie sich an, warum ich in den Kaukasus gekommen bin und was ich auf meiner Reise erlebt habe. Auf der anderen Seite des Ganges droht eine Frau im Schlaf von der Bank zu fallen. Ich richte sie behutsam auf. Sie bekommt es in ihrer Erschöpfung gar nicht mit.

Hinter mir sitzt Lida Jailjan. Auch sie ist Armenierin und jetzt 75 Jahre alt. Wie ihre Nachbarin hat sie das Gesicht einer gütigen Großmutter. Ich kann mir vorstellen, dass sie beide als Mädchen sehr hübsch waren.

»Wie haben Sie den Krieg überstanden?« »Krieg ist Krieg. Allen ist es schlecht ergangen. Auch uns! Einer meiner Söhne ist gefallen. Ich ziehe jetzt seine beiden Kinder auf. Der eine Junge geht in die fünfte Klasse, der andere in die dritte.«

»Haben Sie georgische Freunde gehabt?« »Aber ja! Unsere Schwiegertochter ist Georgierin. Unsere Töchter sind mit Georgiern verheiratet. Unsere Beziehungen zu ihnen waren gut und bleiben gut. Mit den Georgiern in Abchasien haben wir keine Probleme gehabt. Die Georgier, die uns überfallen haben, kamen aus den anderen Landesteilen. Die sind schuld am Krieg.«

»Hilft Ihnen Ihre Familie?« »Aber sicher! Wir alle helfen uns gegenseitig. Sonst könnten wir nicht überleben. Wir teilen alles miteinander. An Hunger und Kälte werden wir nicht sterben. Wir müssen für die Kinder gesund bleiben.«

Die Elektritschka rattert durch eine enge Baumallee. Die Zweige peitschen die Waggons durch, aber es wirkt nicht wie ein Spießrutenlaufen, sondern in der Hitze eher wie eine Massage in der Sauna. Die Strecke verläuft nun über das hohe Ufer. Gelegentlich wird der Blick auf das Meer frei. Weit und breit kein Boot, kein Schiff in Sicht. Die Blockade Abchasiens ist total. Der Kaukasus rückt hier ganz an das Meer heran. Für die Eisenbahn bleibt kein Platz mehr. Tunnel mussten durch den Fels gebohrt werden. Dahinter beginnt die Riviera des Schwarzen Meeres. Wir sind in Gagra. Ich verabschiede mich und verspreche, Fotos zu schicken.

Der Bahnhof sieht ramponiert und verlassen aus. Viele Züge kommen hier nicht an. Die einst stark frequentierte Strecke Tbilissi – Suchumi – Sotschi gibt es seit dem Krieg nicht mehr. Im kleinen Abchasien geht es nur noch hin und her zwischen Suchumi und der russischen Grenze. Das ist der hohe Preis für die Unabhängigkeit. Doch ein Zurück soll es nicht geben. Was an die alten Machtverhältnisse erinnert, wird eliminiert. So wird die georgische Schrift buchstäblich aus dem Verkehr gezogen. Sie verschwindet von den Orts- und Straßenschildern. Auch hier am Bahnhof sind jetzt Arbeiter dabei, den Namen »Gagra« in Abchasisch umzupinseln. Überall im Kaukasus ist es zu beobachten: Die Emanzipation von früheren Herrschaften geschieht über Schrift und Sprache. In Berg Karabach beseitigen die Armenier die früheren aserbaidschanischen Bezeichnungen, die Aserbaidschaner ersetzen die russische Schrift durch lateinische Buchstaben, in Georgien wird Russisch durch Englisch ersetzt, dafür geht in Abchasien das Georgische zu Gunsten der Landessprache über Bord.

Vom Anleger aus schaue ich auf die Stadt. Die Häuser verstecken sich im üppigen Grün der Bäume. Bucht und Berge bilden ein malerisches und harmonisches Ensemble. Anderenorts würde man von einem Urlaubsparadies sprechen. Doch der Strand ist leer, der Anleger zum Teil verwüstet, von Touristen wenig zu sehen. Früher drängten sich hier viele tausend Sowjetbürgerinnen und Sowjetbürger. Sie gehörten zu den Arrivierten. Dem Normalbürger war die Schwarzmeer-Küste so weit entfernt wie die französische Riviera.

Jetzt herrscht an der Schwarzmeer-Riviera Flaute. Abchasien mit seiner ungeklärten Lage und seinem wirtschaftlichen Notstand gilt als wenig verlockend, mag das Wasser noch so blau sein. Der Strand stellt allerdings schon in Friedenszeiten eine Herausforderung dar. Wer über den harten Kiesel ins Wasser gelangen will, braucht Fußsohlen wie ein Fakir.

Der Krieg ist an Gagra nicht vorbeigegangen. Es hat hier Kämpfe gegeben. Viele Häuser sind davon heute noch gezeichnet. Am Berghang über der Stadt entdecke ich ein Schloss mit Türmen und Türmchen. Es sieht aus wie eine Imitation aus dem Disneyland. In dieser subtropischen Gegend wirkt es mit seiner pseudogotischen Architektur fremd. »Wann ist das Schloss gebaut worden?« frage ich einen Angler, der sich mehr für unsere Dreharbeiten als für die Fische unter dem Anleger interessiert. »Vor 100 Jahren! Der Prinz von Oldenburg hat es bauen lassen.«

Der Prinz von Oldenburg! Ich erinnere mich. Fasil Iskander hat darüber in seinen »Abchasischen Geschichten« geschrieben. Lew

Kopelew, zu Sowjetzeiten Patron westlicher Korrespondenten und Diplomaten in Moskau, hatte mich auf die hinreißende Erzählung aufmerksam gemacht. Der Abchase Iskander war sein Nachbar und Freund. In Kopelews Wohnung habe ich ihn kennen gelernt. Er erzählte uns, warum ihn die Figur des Prinzen faszinierte.

Alexander von Oldenburg sei im realen Leben ein fantastischer Typ gewesen. Er war holsteinischen Geblüts. Zar Peter III. hatte einen seiner Vorfahren um 1800 nach Russland geholt. 100 Jahre später hatte Prinz Alexander die Idee, die abchasische Küste zur Riviera des Schwarzen Meeres zu machen. Zar Nikolaus II. stellte ihm dafür bei Gagra Ländereien zur Verfügung. Der Prinz machte etwas daraus. Er baute einen Hafen, verwandelte einen Sumpf in einen Park, ließ eine Wasserleitung legen und errichtete eine Elektrostation, ein Krankenhaus, einen Feuerwehrturm und diverse Großbauten wie Hotels und Schlösser.

Gagra bekam dadurch seinen ganz eigenen Stil. Stolz wollte Prinz von Oldenburg seine Riviera dem Zaren präsentieren, als Nikolaus II. eine Tour über das Schwarze Meer machte. Doch Majestät zeigte wenig Interesse. Etwas gelangweilt ließ er sich Gagra zeigen, die Zarin hatte erst gar nicht die Yacht verlassen. Der Prinz war enttäuscht. Dabei hatte er Großes im Sinn. Gagra sollte nicht nur Glanzstück der östlichen Riviera werden, sondern auch Musterort einer idealen Monarchie, in der Ordnung und Gerechtigkeit herrschte, wo Volk und Monarch eins waren. Hier mit den vielen Völkerschaften des Kaukasus sah er den richtigen Platz für sein Experiment. Um den Religionen gerecht zu werden, ließ er Arbeiter Speisesäle für Moslems und für Christen einrichten.

Der Prinz von Oldenburg hat trotz aller Anstrengungen und Einfälle sein Ziel nicht erreicht. Im Gegenteil, die bolschewistische Revolution fegte das Zarentum brutal hinweg. Prinz von Oldenburg unternahm einen neuen Anlauf in Finnland, aber dort verliert sich seine Spur. Doch Gagra ist bis heute von seinem Schaffen geprägt. Das Haus, das er aus der Schweiz beschafft hat, zieht mit seiner eigenwilligen Architektur nach wie vor die Blicke auf sich. Anfangs war es eine Kombination aus Hotel und Moulin Rouge. Unter den Kommunisten diente es später als Restaurant. Heute ist es verlassen. Gelegentlich wird es für Hochzeiten und andere Gesellschaftsfeiern geöffnet. Das Schloss, bis vor zehn Jahren ein

Sanatorium, gleicht jetzt mit seinen zerbrochenen Fensterscheiben einem Geisterhaus.

Zum Gruseln, aber kein Geisterhaus ist eine weitere Datscha des berüchtigten Geheimdienstchefs Lawrentij Berija. Sie dient jetzt als Gästehaus. Von hohen Bäumen überdacht liegt sie am Berghang. Eine Stippvisite will ich mir nicht entgehen lassen. Nuri Chischba, Verwalter des Anwesens, führt mich durch das Haus. Auf der ersten Etage befinden sich die Schlafzimmer. Zur Übernachtung wird mir ein großer Eckraum mit sehr geräumigem Bad angeboten. Die Terrasse hat Hollywood-Ausmaße. Hier lässt es sich gut aushalten. Die schönen alten Bäume schützen vor der Sonne, verhindern aber den Blick auf das Meer.

Nuri Chischba lässt uns ein frugales Mahl servieren. Die Not Abchasiens wird hier nicht spürbar. Wer gute Nerven hat und sich nicht vor Leichen im Keller fürchtet, findet in der ehemaligen Berija-Datscha eine gute, auf alle Fälle interessante Unterkunft. Der Direktor weiß viel zu erzählen; über den Prinzen von Oldenburg, über Berijas Bluttaten und über den Kampf um die Unabhängigkeit. Zum Abschied gibt mir Nuri Chischba noch einen Tipp mit auf den Weg. Ich solle die Stalin-Datscha besuchen. Der Diktator habe sich hier am Kaukasus mehrere Refugien bauen lassen, aber die größte sei gleich hinter Gagra zu finden, ebenfalls im Berg gelegen. Der Ort heiße »Cholodnaja Retschka«, zu Deutsch »Kaltes Flüsschen«.

Empfehlenswert sei auch ein Besuch der Datscha, die für Gorbatschow in Mjussera, einem exquisiten Strand am Schwarzen Meer, gebaut worden sei. Es sei nicht weit von Gagra, nur 30 km südlich. Ich gehe mit diabolischer Freude auf beide Angebote ein. So hatten sich die »Roten Zaren« die Zukunft nicht vorgestellt, dass ihnen der Klassenfeind so bald in ihre Schlafzimmer schaut. Während wir uns auf den Weg machen, sorgt Nuri Chischba für den Zutritt in »Cholodnaja Retschka« und »Mjussera«.

Für einen Diktator, der aus dem Verborgenen operiert, liegt die Stalin-Datscha ideal. Ein enger Weg führt in den Berg. In den unwegsamen Wäldern gibt es kaum ein Durchkommen. Unsere Autos winden sich mühsam nach oben. An einem Wachhäuschen werden wir gestoppt. Der junge Soldat ist auf unseren Besuch vorbereitet. In seiner abgetragenen Uniform wirkt er überaus zivil.

Seine Kalaschnikow trägt er nachlässig wie Sam Hawkens seine krumme Flinte in Karl Mays Indianergeschichten.

Hinter einem Durchgang tut sich ein Garten auf. Konrad Adenauer hätte zunächst seine helle Freude daran gehabt, denn hier machen sich üppige Rosenbeete breit. Gefallen hätte ihm aber sicher nicht die Nachricht, dass sich Stalin wie er als Rosenliebhaber übte.

Hier hat er sich also der Ruhe hingegeben, der gefürchtete Tyrann! Die friedliche Landschaft dürfte ihn nicht davon abgehalten haben, seinen mörderischen Gedanken nachzugehen. Die Datscha – ein zweistöckiges, dunkelgrün gestrichenes Holzhaus – wirkt nach heutigen Maßstäben eher bescheiden.

Ich bitte um eine sachkundige Führung. Dafür käme kein anderer als Walentin Stepanowitsch Arbatskij in Frage, wird mir gesagt. Er habe viele Jahre der Bewachungsmannschaft angehört und dabei Stalin persönlich kennen gelernt. Unglücklicherweise hat Walentin Stepanowitsch nicht mit unserem Besuch gerechnet. Den Nachmittag hat er eigentlich mit einer Flasche Wodka verbringen wollen. Nun schneit ihm an diesem schönen Sommertag ein Journalist aus Deutschland ins Haus und will etwas über die Stalin-Datscha erfahren. Der arme Kerl rappelt sich auf. Er hat zwar kräftig einen in der Krone, aber Dienst ist Dienst; auch mit 76 Jahren kann man sich keine Schwäche erlauben, erst recht nicht als ehemaliger Bewacher des großen und weisen Führers Stalin.

Walentin Stepanowitsch reißt sich zusammen, aber ich fürchte, beim Diktator wäre er schlecht angekommen. Die blaue Baseballkappe hat er in der Eile schief aufgesetzt, was ihn etwas verwegen aussehen lässt. Das rechte Hosenbein seines Trainingsanzugs ist hochgerutscht, und vor der Kamera kriegt er kaum einen Satz zusammen. Immer wieder müssen wir neu ansetzen. Wir unterstützen ihn nach Kräften. Am Ende kommt noch eine Art Interview zustande.

»Der erste Teil der Datscha wurde 1938 gebaut«, erklärt Walentin Stepanowitsch. »1945 wurde die zweite Etage draufgesetzt. Stalin kam jedes Jahr im September, von 1946 an bis zu seinem Tod im Jahre 1953.«

»Wie groß war die Bewachung?« »Dreißig Leute für das Haus! Wenn Stalin hier war, kamen noch einmal 300.«

»Wie verhielt er sich?« »Auf uns wirkte er immer sehr einfach. Weite Spaziergänge hat er nicht gemacht. Er hat sich im Garten beschäftigt, Rosen geschnitten und Baumzweige abgesägt. Wenn er etwas liegen ließ, sammelte es sein Sekretär Poskrjobyschew eilig ein.«

Poskrjobyschew! Der Name hatte in der Sowjetunion keinen guten Klang. Er galt wie sein Chef als unmenschlich. Ein Sekretär des Teufels!

»Kamen Gäste?« »Nur wenige! Mikojan, Molotow, Bulganin, Berija. Zweimal war auch seine Tochter hier. Gearbeitet hat Stalin meist nachts. Das Meer liebte er nicht. Für ihn wurde das Meerwasser heraufgebracht und aufgewärmt. Gebadet hat er in einer Wanne, die aus Deutschland herantransportiert worden war.«

Wir wandern durch das Haus. Unten gibt es das weiße Schlafzimmer mit Möbeln aus karelischer Birke. Nebenan befindet sich das Arbeitszimmer. Schreibtisch, Schrank und Stühle sind aus Kastanienholz angefertigt. Über dem Schreibtisch ist ein Nagel zu sehen. Angeblich wurde er von Stalin selbst in die Wand geschlagen, um daran seine Mütze aufzuhängen. Der Nagel musste allerdings schon häufig ersetzt werden, weil er andauernd geklaut wurde.

In der oberen Etage befindet sich ein weiteres Schlafzimmer mit Bad. Der Toilette ist inzwischen ein ordinärer Plastikdeckel verpasst worden. Die Möbel dieses Schlafzimmers sind aus rotem Holz. Hier soll Stalin mit Vorliebe geruht haben. Keiner wusste und weiß es genau. Der Tyrann geisterte ständig herum. Entweder ließen ihm seine Taten keine Ruhe oder er wechselte ständig seinen Aufenthaltsort, weil er fürchtete, es könnte ihn selbst erwischen. Walentin Stepanowitsch zeigt mir das Empfangszimmer. Den Parkettboden verziert ein großer Stern, der dem Nato-Stern sehr ähnlich sieht. Von der Veranda aus sieht man in der Ferne das Meer. In den Kieferwäldern vor der Datscha muss unlängst ein großer Brand getobt haben. Hunderte Bäume strecken ihre toten Zweige in den Himmel.

Wir packen ein. Weitere Aufnahmen warten. Unser wackerer Wachsoldat wirkt sehr erleichtert, als wir endlich die Datscha verlassen. Er wird sich wohl eine zweite Flasche genehmigen.

Abchasien, das Land der Seele, war für die Mächtigen der Sowjetunion offensichtlich das Land ihrer Sehnsüchte. Hier haben sie sich ihre Datschen bauen lassen. Dafür wurde das Volk von den schönsten Stellen des Landes ausgesperrt. »Kilometer vorher war schon alles dicht«, erinnert sich Miron Kwarazchelija, unser abchasischer Kollege. Er fährt mich nach Mjussera, zur Gorbatschow-Datscha, während das Team noch Filmaufnahmen in Gagra macht. Stalin hatte hier allein vier Datschen auf engstem Raum: in Cholodnaja Retschka, am Riza-See, in der Nähe des Klosters Nowyj Afon und eben in Mjussera. »Woher kommt eigentlich der Name Mjussera?« »Vielleicht aus dem Ägyptischen! Sie sind ja weit vor Christi Geburt bis an unsere Küsten vorgedrungen.«

Wir biegen von der M 1, der Hauptstraße nach Suchumi, ab und fahren Richtung Meer. Die Straße führt durch gefällige Landschaften. Teilweise ist sie gut in Schuss, teilweise in einem miserablen Zustand. »Sollte Gorbatschow tatsächlich über diese Straße zu seiner Datscha gefahren werden?« frage ich Miron. »Natürlich nicht! Die Straße wäre erstklassig ausgebaut worden, aber dann kam das Ende der Sowjetunion dazwischen.«

Wir kommen an einem hohen grünen Tor an. Daneben steht ein solides Haus mit vergitterten Fenstern. Hier ist die Einfahrt zur Regierungsdatscha. Wie Staatsgäste werden wir durchgewunken. Eine gepflegte Parklandschaft nimmt uns auf. Palmen, Magnolien, Rhododendron, Rosen. 412 Hektar ist das Territorium groß, erfahre ich von Miron. Ein Camp David am Schwarzen Meer! 1982 ist mit den Arbeiten begonnen worden. Ironie des Schicksals: Die Fertigstellung fiel genau mit dem Ende der UdSSR zusammen. Michail Gorbatschow, für den schließlich die Herberge gebaut wurde, hat hier nie gewohnt. »Seine Frau Raissa hat während der Bauarbeiten mehrfach nach dem Rechten gesehen«, weiß Miron. »Vieles hat sie ändern lassen. Sie hat ihren eigenen Geschmack stark eingebracht.«

Gespart wurde nicht. Die geschicktesten Bauarbeiter wurden hier eingesetzt, die besten Materialien verwendet. Der Marmor kam aus dem Ural, das Holz aus den besten Waldgegenden der Sowjetunion. Ein Yachthafen mit einem Verbindungskanal zum Meer wurde angelegt. Selbst ein Tunnel soll durch den Fels gebohrt worden sein, um per Lift direkt ins Wasser zu gelangen. Die Datscha aus gelbbraunem Stein wirkt schon auf den ersten Blick nicht gerade klein, aber im Inneren ist sie noch weit größer, als das

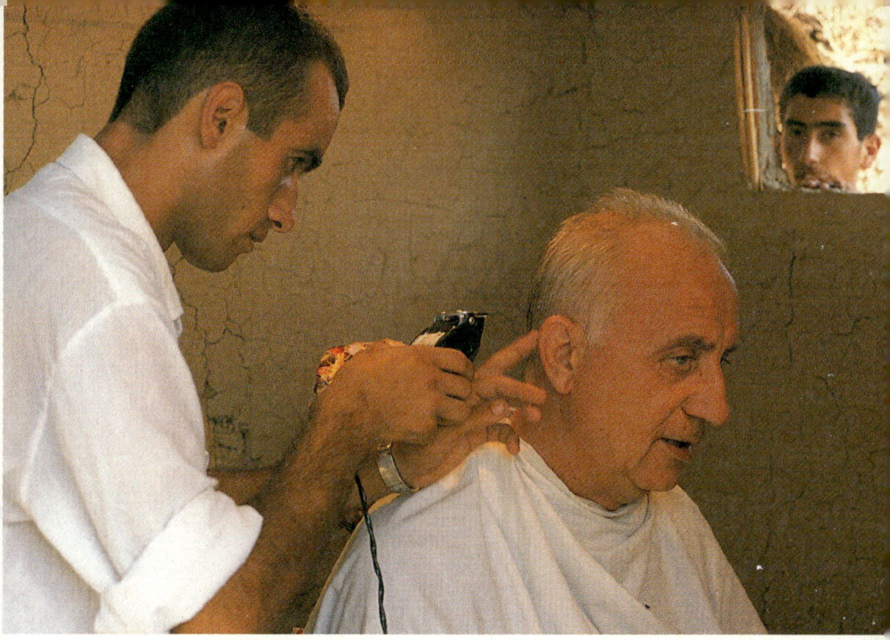

Der heißeste Haarschnitt: Frisör im Flüchtlingslager bei Barda

„Stonehenge“ in Armenien. Die ältesten Astronomen der Welt

Himmelbett im „Stonehenge“ von Armenien. Armenisches Hochland

Tiersegnung im Kloster Hor Dirap (Armenien) an der türkischen Grenze

Zwei Überlebende des Genozids 1915 (Türkei) links Arsuni Galikjan, rechts Varasdat Harutunjan
Gut gerüstet durch das Partisanengebiet in Abchasien (Stefan Tolz, Maxim Tarassjugin, Igor Butz, Mischa Falin und Autor) von rechts

Minen-Entschärfung am Inguri-Fluss (Waffenstillstandslinie zwischen Abchasien und Georgien)

Nowyj Afon – Kloster in Abchasien. Schwarzes Meer (Riviera)

Nestor Dumaa, 106 Jahre, und seine alten Freunde in Abchasien

Auf der Grenze zwischen Aserbaidschan und Georgien: Das Team in der Halbwüste David

Tee, Teppich und Wasserpfeife. Im Gespräch mit Hadschi Eldar, Teppich-Designer in Baku

Wasserbüffel in Aserbaidschan

Fische im Kaspischen Meer

Alte Öl- und Bohrtürme in Baku

Allee der Märtyrer in Baku. Grabmal der aserbaidschanischen Gefallenen von Berg Karabach

Äußere vermuten lässt. Eine elegante Wendeltreppe führt vom Souterrain über fünf Etagen bis in die Mansarde.

Ein reich verzierter Keramiklüster, geschaffen von dem georgischen Künstler Zereteli, hängt von der Decke des Hauses – alle Stockwerke hindurch bis ins Basement. Hier befindet sich ein 25 m langes Schwimmbecken, die Außenwände sind verglast. Der Blick geht aufs Meer. Nebenan ist eine große Sauna mit einem gut ausgestatteten Ruheraum. Der Direktor des Anwesens Walera Zadé, ein sehr angenehmer Mann, zeigt mir das Haus. Wir brauchen dafür viel Zeit.

Es gibt eine Menge zu besichtigen. Der feine Billardraum ist bislang sicher nur von den Bediensteten benutzt worden. Das Gleiche gilt für den Kinosaal. Der Konferenzsaal ist auch noch nicht so recht zum Zuge gekommen. Immerhin hat hier 1995 Russlands damaliger Präsident Boris Jelzin den Vertrag unterschrieben, der die einstige Staatsdatscha der UdSSR dem selbst ernannten unabhängigen Staat Abchasien überstellt.

Der repräsentative Speisesaal trägt ebenfalls die Handschrift von Zereteli. Der Georgier hat einen prachtvollen Kamin geschaffen. Wem es zu warm wird, kann sich auf der großen Terrasse die Füße vertreten. Den Staatsgästen stehen geräumige Suiten zur Verfügung. Auch eine Reihe von Mitarbeiterinnen und Mitarbeitern können hier Unterkunft finden. Das ganze Haus wird schließlich in der Mansarde mit einer behaglich eingerichteten Bibliothek gekrönt.

Für einen zivilen Preis können wir hier mit unserem gesamten Team übernachten. Ich suche mir die Ecksuite aus. Sie war für das Ehepaar Gorbatschow vorgesehen. Das fünfzig Quadratmeter große Schlafzimmer genügt meinen Ansprüchen. Unsere bisherigen Reiseunterkünfte fallen dagegen etwas ab. Auf der ausladenden Terrasse vor der Suite lässt sich in der milden Luft des Vorabends gut arbeiten. Im Bad gibt es ebenfalls keine Platznot. Die gemaserten graublauen Fliesen entsprechen nicht ganz meinem Geschmack, dafür kann ich mich in der überdimensionierten Badewanne gemütlich ausbreiten.

Das Mobiliar ist ordentlich. Nussbaum und karelische Birke. Raissa Gorbatschowa hatte sicher einen erleseneren Geschmack. »Die Russen haben vermutlich die teuren Möbel abtransportiert, bevor sie uns die Datscha übergeben haben«, meint Direktor Walerij Zadé. »Wir haben dafür die Ausstattung anderer Datschen bekommen. Sie ist auch nicht schlecht. Wie unser Präsident Ardzinba sagt: ›Einem geschenkten Gaul schaut man nicht ins Maul‹.«

Mit Miron unternehme ich noch eine Tour über das Territorium. Wir suchen die alte Stalin-Datscha. Angeblich sollte sie von Bediensteten bewohnt sein. Wir finden sie aber verlassen vor. Einige Fensterscheiben sind zerbrochen. Angesichts der großen Wohnungsnot in Abchasien wäre es eine Schande, wenn dieses Haus keine Bewohner hätte. Auch für die Gorbatschow-Datscha ist bislang keine geeignete Verwendung gefunden worden. Gelegentlich soll sich hier die Mafia zu Spitzentreffen einfinden, wird geraunt.

Die Stalin-Datschen sollen an Touristen vermietet werden. Warum soll das Gleiche nicht mit der Gorbatschow-Datscha geschehen? Betuchte Reisende wären sicher gerne bereit, einiges Geld dafür auszugeben, um diese ungewöhnliche Herberge kennen zu lernen.

Inzwischen ist das Team eingetroffen. Wie selbstverständlich ergreift es Besitz von den herrschaftlichen Suiten. Nach einem schmackhaften und vitaminreichen Abendessen nehmen wir noch ein Bad im Meer. Anschließend schaue ich mir von meiner Terrasse aus die Bucht im Mond- und Sternenlicht an. Nach der einen Seite ist sie durch einen hohen Felsen abgeschlossen. Auf der anderen Seite ist in der Ferne ein Sanatorium zu sehen. Mit Genuss suche ich das für Gorbatschow gemachte Bett auf. Durch die Tür kommt frische Meeresluft hinein. Diese Nacht werde ich bestens schlafen.

Von Suchumi nach Poti

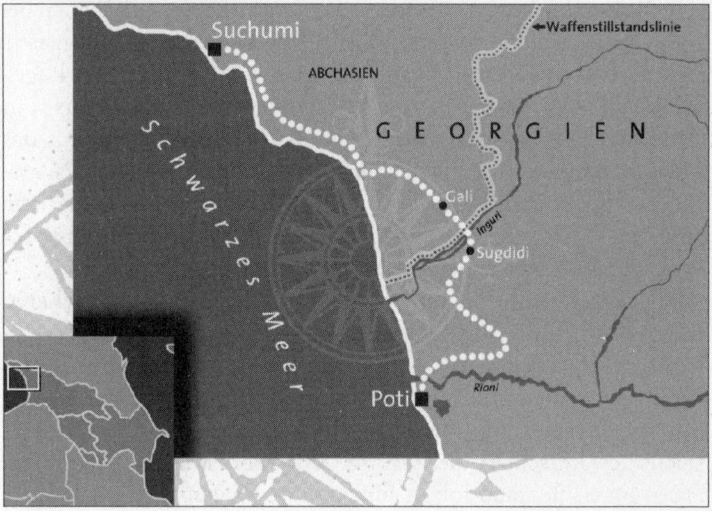

Heute wird Weste getragen. Kugelsicher ist sie nicht, Splitter kann sie aber abfangen und schön warm ist sie auch. Irgendeinen Sinn muss das Ding doch haben. Sachkundig wie ein Schneider legt mir Oberfeldarzt Andreas Valentiner das adrette Kleidungsstück an. Interessiert schauen die frühen Badegäste unseres exquisiten Raketenstreitkräfte-Sanatoriums der Prozedur zu. Splittergeschützt steht das Team zur Abfahrt bereit. »Welchen Sinn macht die Weste?« will ich wissen. »Fragen Sie nicht nach dem Sinn! Es ist Vorschrift«, weist mich der Oberfeldarzt zurecht. »Gibt es einen Helm?« »Gibt es nicht!« Offensichtlich soll dem potenziellen Angreifer eine faire Chance gegeben werden, denke ich mir.

Ohne weitere Widerworte steige ich ein und lege bereitwillig den Gurt an. Sicherheit ist das oberste Gebot der Vereinten Nationen. Ich will es nicht mit meiner Schutzmacht verderben. Nur mit Hilfe der UN kommen wir sicher aus Abchasien hinaus. Wir wählen dieses Mal den Landweg. Ein kleines Risiko müssen wir dafür in Kauf nehmen. Wir durchqueren Partisanengebiet. Deshalb die Westen! Hier um die Provinzstadt Gali auf der abchasischen Seite der Waffenstillstandslinie verbreiten georgische Freischärler Unruhe und Schrecken. In zwei Monaten haben sie 21 abchasische Milizionäre erschossen. Gegenwärtig halten sie sich etwas zurück. »Die Ruhe ist trügerisch«, meint Valentiner. »Dieser Tage haben bei Gali drei maskierte Männer sogar UN-Beobachter angegriffen. Unsere Leute waren in Mambas – das sind minen- und kugelsichere Fahrzeuge – auf Patrouille. Zuerst haben die Kerle aus 15 m Entfernung in Kopfhöhe auf die Beobachter geschossen. Als das nichts brachte, haben sie auf die Reifen gezielt. Waren es Partisanen, waren es Banditen oder beides? Ich weiß es nicht. Es hätte böse enden können. Mit knapper Not sind unsere Beobachter bis zum nächsten russischen Posten gekommen.«

Wir sitzen nicht in einem minengeschützten, kugelsicheren Wagen, sondern in einem feinen weißen Landrover mit den großen schwarzen Buchstaben »UN« auf den Türen. Minengeschützt und kugelsicher ist das Führungsfahrzeug mit der blauen Fahne der Vereinten Nationen am Heck. Dahinter fahren wir. Oberfeldarzt Valentiner kutschiert den Autor, Oberbootsmann Laehne das Team. Im Schlepptau folgen fünf weitere Wagen der UN und der UNHCR, der Flüchtlingskommission der Vereinten Nationen. Sie hat hier reichlich zu tun. Der Krieg war zwar relativ kurz, hat aber viele Flüchtlinge produziert. Über 300.000 Menschen sind aus Abchasien nach Georgien und Russland geflohen. Nach den gegenseitigen Gräueltaten hatten sie um ihr Leben fürchten müssen. Ihre Häuser und Wohnungen sind nicht alle wieder besetzt worden. Auf unserer Fahrt durchqueren wir Gespenster-Siedlungen mit demolierten und ausgeplünderten Gebäuden. Die Landschaft ist leicht hügelig. Wer sich hier verbergen will, hat keine Probleme. Bäume, Büsche, Wald und hohes Gras gibt es genug.

Die Straße ist über weite Strecken in ordentlichem Zustand. Wir kommen gut voran. Ohne anzuhalten, passieren wir die abchasischen und russischen Blockposten. Die Russen bringen sich auch hier kräftig zur Geltung. »MC« steht in großen kyrillischen Buchstaben an ihren Betonfestungen. Mirotwortscheskije Ssily, Frieden schaffende Kräfte. Wir erreichen Gali. Vor dem UN-Stützpunkt treffen wir Chris Rawle von HALO TRUST. Er bietet uns an, einen Minenräumtrupp bei der Arbeit auf einem Feld an der Waffenstillstandslinie zu filmen. Wir sind begeistert.

Dicht am Inguri! Das wird gute Bilder geben. In einer Stunde soll uns Chris abholen.

Erst wollen wir uns um das deutsche Team kümmern, das für die medizinische Versorgung des UN-Kontingents im Raum Gali zuständig ist. Wenn es möglich ist, dürfen die Deutschen auch Patienten aus der Bevölkerung betreuen. Zwei Kinder und eine ältere Frau warten schon vor dem Haus. Oberstabsarzt Andreas Knöringer hat sie bereits behandelt. Jetzt kommen sie zur Nachuntersuchung. Der eine Junge hat eine Beinverletzung, die genäht werden musste. Der andere Kleine muss an Säure geraten sein. Seine Hände sind total verätzt. Die Frau hat eine Wunde auf dem Rücken. Sieht aus wie ein Stich!

Andreas Knöringer begrüßt seine Patienten mit ein paar Brocken Russisch. Ansonsten übersetzt seine Dolmetscherin ins Mingrelische. Knöringer und seine beiden Rettungsassistenten machen ihren Job gerne. Die ärztliche Hilfe wird von der Bevölkerung sehr geschätzt, was wiederum dem Ruf der UN und auch dem Ruf der Deutschen bei dieser heiklen Mission zugute kommt. Immunität verschafft sie allerdings nicht, wie Knöringer trocken feststellt. Seinem Vorgänger sei mit vorgehaltener Pistole Geld abgeknöpft worden. Der Verlust von 2 Dollar war zu verschmerzen, aber auch als Militärarzt schaut man nicht gerne aus kürzester Entfernung in einen Pistolenlauf.

»Haben Sie auch ernstere Fälle zu verarzten?« »Das kann man wohl sagen! Zwei Monate lang wurden uns jede Woche zwei, manchmal drei Menschen mit schweren Schussverletzungen gebracht. Die Munition, die hier eingesetzt wird, ist nicht gerade menschenfreundlich. Die Eintrittslöcher sind klein, die Austrittslöcher dagegen handtellergroß. Wie Dumdum-Geschosse zerreißen die Kugeln durch ihre Drehungen das Innere des Menschen.« »Haben Sie die Verwundeten retten können?« »Ja, die Opfer, die man uns gebracht hat, waren gewissermaßen positive Fälle. Sie hatten einen stabilen Kreislauf, während andere schon beim Transport gestorben waren. Wir versorgen die Verwundeten so weit, dass sie dann ins nächste Krankenhaus gebracht werden können. Sind es Georgier, werden sie über den Inguri auf die andere Seite der Waffenstillstandslinie nach Sugdidi transportiert, die Abchasen werden nach Suchumi gefahren.«

»Was machen Sie in Ihrer Freizeit?« »Da gibt es wenig Möglichkeiten. Lesen und Fernsehen. Die Auswahl ist allerdings sehr beschränkt. Joggen ist nur zu bestimmten Zeiten in Begleitung eines mit zwei Mann besetzten Wagens möglich.« »Haben Sie denn viel Freizeit?« »Es geht. Wir machen 30 Tage Dienst am Stück. Dann haben wir 6 Tage frei. Diese Zeit können wir zu Ausflügen nach Tbilissi nutzen oder schnell mal nach Hause fliegen. Das müssen wir dann allerdings selbst bezahlen.« »Wo wohnen Sie hier?« »Wir drei Deutschen wohnen zusammen bei einer mingrelischen Familie. Dies ist uns erlaubt. Die Unterkunft muss allerdings einigermaßen gesichert sein, und der Eigentümer muss auch im Haus wohnen.«

Chris Rawle wartet bereits in seinem gepanzerten Landrover auf uns. Er ist ein sportlicher Typ, schlank und groß gewachsen. Die Hitze scheint ihm nichts auszumachen. Sein dichtes rotblondes Haar schützt seinen Kopf gegen die Sonne. Er ist Brite, in Südafrika geboren. Einige Jahre war er in der Armee, aber sie war ihm zu langweilig. Er wollte etwas von der Welt sehen. »So bin ich zu HALO TRUST gekommen. Ich erlebe viel und kann Gutes tun.« Über Feldwege gelangen wir nach 25 Minuten zum Minenfeld. Ein gut ausgestatteter Krankenwagen macht deutlich, dass hier nicht nach Erdäpfeln gegraben wird. Aus sicherer Entfernung schauen wir uns das Gelände an. Wir haben einen Coup gelandet. Das Bild ist dramatisch schön. Im Vordergrund die Minensucher, dahinter der Inguri-Fluss mit einer zerstörten Brücke. Wir suchen die Umgebung ab. Weit und breit kein russisches, kein abchasisches und auch kein georgisches Militär zu sehen, das uns so nahe an der Waffenstillstandslinie sicher einkassiert hätte. Wir können also loslegen.

Zuerst gibt es ein umfangreiches Briefing. Wegen unseres Teams findet es in Russisch statt. Field Officer Bacik Basaria erklärt uns, was wir im Feld zu erwarten haben. Er kennt sich hier gut aus, denn er stammt aus Gali. Er ist 27 Jahre alt und hat Volkswirtschaft studiert. Zu Ende ist er damit nicht gekommen, denn der Krieg geriet dazwischen. Mit seiner Familie musste er nach Tbilissi flüchten. Nach einigen Jahren traute er sich mit seinen Angehörigen zurück. Die Abchasen ließen sie wieder rein. Als HALO TRUST vor neun Monaten Leute suchte, meldete er sich. Er wurde wegen seiner Englischkenntnisse gleich genommen. 170 Dollar bekommt er als Field Officer. Davon kann er seine Familie ernähren. Ein Lehrer oder ein Arzt muss mit 10 Dollar auskommen.

Bacik nimmt es mit dem Briefing genau. Das Feld sei Kampfgebiet gewesen. Um die Stellungen herum seien Minen unterschiedlicher Art eingegraben worden. Gegen Personen und gegen Panzer. Die Zeichen werden erklärt. Rot-weiße Markierungen dürfen nicht überschritten werden, Gelb bedeutet gefundene Minen. Wenn etwas passiert, sollen wir ruhig bleiben, sagt uns Bacik gleich zweimal. »Fragen?« »Nein!« »Danke für die Aufmerksamkeit!«

Eine splitterfeste Weste der HALO TRUST wird angelegt, das Visier mit dickem Plastikglas aufgesetzt. Ein Schwein mit Holzgeschirr schaut uns verwundert an. Wie die Imker sehen wir aus. Wir marschieren ab ins Minenfeld, das Schwein hinterher. Konzentriert achten wir auf die Markierungen. Der Schweiß bricht aus. Es ist ganz schön warm an der Waffenstillstandslinie. Acht Mann arbeiten im Feld. Einige knien am Boden und kratzen vorsichtig die Erde auf. Andere tasten mit ihren deutschen Suchgeräten das Gelände ab. Es piepst andauernd. Meist blinder Alarm! Die Steine enthalten wohl auch Metall. Wir bleiben bei einem der Männer stehen. Er arbeitet sich mit Stechern, Kratzern und bloßen Fingern vor. Was er vor sich habe, wisse er nicht, sagt er mir. Es könne ein Metallstück, aber auch eine Mine sein. Wir kommunizieren in Russisch. Englisch beherrscht er auch. Er ist wie alle anderen des Trupps hier im Feld ein Mingrele. Nach drei Wochen Training sei er das erste Mal rausgegangen. Herzklopfen habe er noch immer. Man dürfe niemals sorglos werden. »Wie viele Minen haben Sie persönlich gefunden?« »180! Vorhin wieder eine. Die haben wir für Sie übrig gelassen.«

Wir sehen uns die Mine an. Etwas Grünes schaut aus der aufgekratzten Erde. Das bösartige Ding ist an einer Böschung eingegraben worden. 10 oder 15 cm unter der Erdoberfläche. »Dies ist eine PMN-2-Mine«, erklärt mir Chris Rawle. »Sie enthält 100 g Sprengstoff und geht los, wenn man drauftritt. Ein Kind würde getötet. Bei einem Erwachsenen würde sie eine Amputation mindestens bis zum Knie verursachen.« »Was liegt hier sonst noch herum?« »Alle möglichen Sorten von Minen, alle sind sowjetische Produktionen. Die PMN 1 ist etwas stärker als die Mine hier. Sie enthält 240 g

Sprengstoff. Wer drauftritt, verliert sicher das ganze Bein.« »Was markieren hier die gelben Steine?« »Da haben wir Antitankminen gefunden. Sie heißen TM 57, weil sie mit 5,7 kg Sprengstoff geladen sind. Diese Minen sind in Abchasien gerne eingesetzt worden.« »Wenn ich auf ein solches Ding trete, da werde ich doch in 1000 Stücke gerissen.« »Nein! Diese Mine braucht einen Druck von mindestens 200 kg. So viel bringen selbst Sie nicht auf die Waage. Eine Kuh kann eine solche Mine allerdings auslösen. Von ihr bliebe wenig übrig. Sogar ein großer Panzer wäre bewegungsunfähig, wenn er auf die TM 57 führe. Ein Auto würde völlig zerstört.«

Chris will für uns die Mine Marke PMN 2 zur Explosion bringen. Pferde und Kühe werden zurückgetrieben. Die Brücke wird besetzt. Sie ist zwar außer Splitter-Reichweite, aber alte Frauen könnten wegen des Knalls vor Schreck von der stark schwankenden Hängebrücke, die behelfsmäßig eingerichtet wurde, in den Fluss fallen.

Wir ziehen uns auf die Brücke zurück. Von hier haben wir den besten Überblick. Aus sicherer Entfernung lässt Chris die Mine mit einem Sprengsatz hochgehen. Wir haben die Szene im Kasten. Die Brücke wird freigegeben. Von beiden Seiten nähern sich behutsam Menschen. Wie wir erfahren, besuchen sie auf der anderen Seite Verwandte oder kaufen auf Märkten ein. Hier können sie die Waffenstillstandslinie unbehelligt passieren. Auf der intakten Straßenbrücke zwischen Gali und Sugdidi würden sie von den Posten abkassiert, wenn sie überhaupt durchkämen.

Ich steige zu Bacik Basaria in den Landrover. »Warum kommen nicht die anderen Mingrelen wie Sie zurück?« »Sie trauen sich nicht. Die Abchasen haben einen Überwachungsdienst aufgebaut. Sie wissen genau, wer gegen sie gekämpft und wer geplündert hat. Solche Leute lassen sie nicht rein. Von denjenigen, die nicht zurückkommen können, gehen viele dann zu den Partisanen. Sie machen Überfälle, um zu töten oder durch Menschenraub Geld zu machen.« »Wie reagieren die Abchasen darauf?« »Heftig! Wenn sie Leute verloren haben, dann lassen sie ihre Wut an uns aus. Den Partisanen ist das egal. Die wollen nur terrorisieren. So kommt es nie zum Frieden. Wir sitzen in einer bösen Falle. In Tbilissi wollen sie uns Flüchtlinge nicht mehr haben, aber hier können wir auch nicht in Ruhe leben.« »Was machen Sie, wenn HALO TRUST hier die Arbeit beendet?« »Was soll ich machen? Hier gibt es doch keine andere Arbeit. Ich würde dann mitgehen. Vielleicht nach Berg Karabach oder Tschetschenien oder Nachitschewan. Minen gibt es noch genug im Kaukasus.«

Das deutsche UN-Team geleitet uns über die Straßenbrücke nach Sugdidi. Vier Posten sind zu passieren. Erst der abchasische, dann der russische, danach folgt auf der anderen Seite des Flusses wieder ein russischer Posten, dahinter der georgische. Für die Flüchtlinge sind das vier sichere Gelegenheiten, Geld loszuwerden. Wir kommen dank der UN unbehelligt über die Brücke, entledigen uns der nicht kugelsicheren Splitterwesten und verabschieden uns von den freundlichen UN-Deutschen. Auf uns wartet bereits ein Minibus, den wir an die Grenze bestellt hatten, um nach Poti am Schwarzen Meer zu fahren.

Senaki, wo wir vor wenigen Tagen vom UN-Flugzeug auf den UN-Hubschrauber umgestiegen waren, um über die Waffenstillstandslinie zu hüpfen, lassen wir links liegen. In der Stadt brodelt es. Die Beisetzung des aufständischen Obristen Eladia, der im Feuergefecht mit der georgischen Polizei erschossen wurde, soll morgen stattfinden. Unruhen werden befürchtet. Jede Menge hochbewaffneter Sicherheitskräfte stehen parat. Auf unserem Weg ist davon nichts zu spüren.

»Sischwazulis Cheiwani«, zu Deutsch »Allee der Liebe« heißt die schnurgerade Straße, die uns nach Poti führt. Dicht ist sie mit Pappeln und Platanen bestanden. Die mingrelische Fürstin Tschawtschawadse hat sie vor 100 Jahren zu Ehren ihres ums Leben gekommenen Geliebten anlegen lassen. Einer historischen Figur, die es mit Mord an Millionen Menschen zu schaurigem Weltruhm gebracht hat, wird hier auch gehuldigt. In drei Ortschaften hintereinander entdecke ich blitzsaubere weiße Stalin-Büsten. Eine andere Sitte dieses Landstrichs gefällt mir besser. Entlang der Allee werden Nüsse, kunstvoll am Stock verknüpfte Kirschen und gesottene Maiskolben feilgeboten. Da wir weder gefrühstückt noch zu Mittag gegessen haben, können wir uns hier mit vitaminreicher Kost die Mägen füllen.

Die Berge sind nun völlig verschwunden. Flach ist das Land, so weit das Auge reicht. Wir überqueren den Rioni-Fluss. Breit schiebt er Richtung Schwarzes Meer ab. In der Antike hieß er

Phasis. Auf seinem Rücken ließen sich die Argonauten in die Kolchis tragen, um das Goldene Vlies zu holen.

Eine Säule macht uns darauf aufmerksam, dass wir die Stadtgrenze von Poti erreicht haben. Auf die Argo wird ebenfalls hingewiesen. Wir kreuzen den Weg von Alexandre Dumas, dessen Abenteuerreise hier ihr Ende fand. Unglaublich strapaziös und nervend war das letzte Stück gewesen. Sein Ziel erreichte er schließlich im Ruderboot.

Endlich legten wir mit der Kajuke an – so heißen die den Phasis befahrenden Boote – und wir betraten die heiß ersehnte Halbinsel Poti, auf der wir bis an die Knie im Schlamm versanken. Wir erkundigten uns zugleich nach dem Dampfer. Er war am 21. angekommen und am 22. wieder abgefahren. Ich ging mit gesenktem Kopf auf die 10-12 hölzernen Häuser zu, aus denen die Stadt besteht.

Poti ist mit seinen Sümpfen das Paradies der Schweine. Diese interessanten Tiere wälzten sich hier überall im Schlamm. Bei jedem Schritt mußte man eines mit Fußtritten oder Peitschenhieben verjagen. Ich legte mich schlafen. Aber das Geräusch unter meinen Füßen war sehr störend. Das Haus war auf Pfählen gebaut. Unter dem durchsichtigen Fußboden war ein leerer Raum, den alle Schweine der Umgebung zum Nachtquartier gewählt hatten. Sie schienen eine Hochzeit zu feiern. Es war ein unaufhörliches Grunzen und Quieken und Schreien, dann und wann von heftigen, gewalttätigen Bewegungen begleitet.

Ich war so aufgebracht, dass ich trotz meiner Ermüdung nicht schlafen konnte. Endlich kam mir ein genialer Gedanke. Ich hatte Wasser auf dem Ofen; es kochte nahezu, der Fußboden hatte fingerbreite Spalten. Ich stand auf, nahm mein Waschbecken, suchte die Stelle, wo die Schweine ihr Unwesen am tollsten trieben, und schüttete das heiße Wasser auf die unflätige Gesellschaft. Die Schweine liefen furchtbar schreiend in den Hof. Die Ruhe war wieder hergestellt, und ich schlief ein.

Eine Woche hatte Dumas an diesem heimeligen Ort verbringen dürfen. So erlebte er die erhebende Ankündigung, dass Poti auf Beschluss von Alexander II. in den Rang einer Stadt erhoben wurde. In Poti laufen immer noch Schweine herum, nun mit den dreieckigen Holzgeschirren um den Hals ausgestattet. Die Straßen sind nach heutigem Standard nicht gerade die besten. Die Schlaglöcher haben beachtliche Ausmaße. Ansonsten hat sich Poti als Industriehafen ganz ordentlich entwickelt. Meine Unterkunft ist passabel. Kein Schwein stört mich im Schlaf.

Von Poti nach Tbilissi

An manchen Tagen fällt das Aufstehen schwer, vor allem wenn es morgens um 5 Uhr verlangt wird. Ich brauche heute eine geraume Zeit, um mich zu orientieren. Richtig, wir sind in Poti. Allmählich dämmert mir, warum ich so früh das Bett verlassen soll. Im Morgengrauen sei eine Bootsfahrt über den Paleostomi-See – ein unvergessliches Erlebnis – mir empfohlen worden. Man sei mit sich und der Natur im Reinen. So müsse sich auch Jason gefühlt haben, als er mit seinen Argonauten den Phasis-Fluss hinauffuhr, um das Goldene Vlies heimzuholen.

Mit einem frischen Morgengruß versuche ich das Team in Stimmung zu bringen. Die Reaktion ist matt. In den Augen sehe ich nur unverhohlene Missbilligung dieses menschenfeindlichen frühen Einsatzes. In Krisensituationen solcher Art hilft nur entschlossenes Handeln. Ich schwinge mich auf den Beifahrersitz, das Zeichen zum Aufbruch gebend. Dummerweise weiß ich nicht wohin. Zum Glück glaubt der Fahrer, das Ziel zu kennen. Als wir dort tatsächlich eintreffen, ist es immer noch dunkel, aber das Boot bereits da. Kapitän und Eigner ist Badri Antadse. Er hat das Schiff selbst gebaut, eine eigenwillige Konstruktion, halb Yacht, halb Sturmboot. Egal, wir finden genügend Platz!

Sachte tuckert das Boot los. Der Paleostomi-See ist um diese Zeit wie flachgebügelt. Auf seinem Wasser spiegelt sich das letzte Mondlicht. Am Horizont beginnt es zu dämmern. Der Sonnenaufgang ist zu ahnen. Wir fahren an einer Herde Wasserbüffel vorbei, die es sich in dem See gemütlich macht. »Der Paleostomi ist sehr flach«, stellt Badri Antadse fest. »Selbst in der Mitte ist er selten 3 Meter tief.«

»Was ist das Besondere an diesem See?« frage ich meinen Kapitän. »Der Paleostomi ist kein reiner Süßwassersee, ihm fließt Salzwasser zu. Eigentlich gehört er zum Meer. Aber durch natürliche Anschwemmungen hat sich im Lauf der Jahrhunderte und Jahrtausende Land aufgebaut, sodass der See jetzt vom Schwarzen Meer abgeschnitten ist.«

»Gibt es hier Fische?« »Leider nicht mehr sehr viele. Früher gab es 30 Sorten. Heute sind es nur noch sieben. Darunter die Kefal-Forelle. Sie ist sehr schmackhaft.« Badri ist Fan von Borussia Dortmund. An seiner Hose trägt er einen BVB-Sticker. Das bringt uns noch näher zusammen. Wir fachsimpeln ein bisschen über das unwägbare Auf und Ab im Fußball. Doch dann bringe ich unser Gespräch wieder auf den Paleostomi-See. »Haben Umweltschäden für den Rückgang der Fischarten gesorgt?« »Das kann schon sein. Bis vor 4 Jahren wurde hier Torf abgebaut. Dadurch wurde das Wasser stark verschmutzt. Der Abbau ist nun gestoppt worden. Ich hoffe, der Fisch kommt jetzt wieder zurück.« Die Flora habe hier auch Raritäten zu bieten, fügt er hinzu und nennt als Beispiel endemische Pflanzenarten wie die kaukasische Flügelnuss. Ich notiere den Fall, kann aber wenig damit anfangen.

Einer Legende zufolge soll hier eine Stadt untergegangen sein. Bei der geringen Wassertiefe kann sie nicht tief gesunken sein. Dennoch behalte ich die Umgebung im Auge. Vielleicht entdecken wir heute ein kaukasisches Vineta. Die Sonne arbeitet sich langsam über den Horizont. Im leichten Dunst bildet sie einen knallroten Ball. Wir alle zeigen uns von der Stimmung sehr beeindruckt. Auch das Team schaut nun nicht mehr vorwurfsvoll. Ich finde 5 Uhr morgens keine mörderische Zeit mehr.

Badri lenkt sein Boot in einen Flussarm. Die Bäume wachsen bis ans Ufer heran. Das ist also die Kolchis. Ich verstehe nun, warum die Alten von dieser Landschaft geschwärmt haben. Wir dringen immer tiefer in den Wald ein. Der Flussarm wird eng und enger. Die Zweige streifen über das Boot hinweg. Schade, dass wir umkehren müssen. Es hätte noch eine spannende Entdeckungsreise werden können. Aber wir müssen den Vormittagszug Batumi-Tbilissi erreichen. Bis zur nächsten Station sind es vom Paleostomi aus noch gut 70 Kilometer.

Wir fahren durch Poti. Dumas hätte seine helle Freude gehabt. Jede Menge Schweine spazieren durch die Straßen. Den Zug schaffen wir mit knapper Not in Samtredia. Väterchen Stalin, wie ihn bis heute viele Georgier sehen, hält auf dem Bahnhofsvorplatz immer noch Wacht und sieht uns im Geschwindschritt auf den Zug losstürmen. Wie eine bunte Raupe sieht die georgische Eisenbahn aus. Der Zug absolviert seine Jungfernfahrt. Dem Zugführer ist die Premiere anzumerken. Er ist ziemlich angesäuselt.

Wir sind bequem untergebracht, doch dem Großraumwagon fehlt jede Atmosphäre. Monitore zeigen Unterhaltungsfilme. Wie Mondsüchtige schauen die Passagiere an die Decke, um den Faden der stupiden Handlung nicht zu verlieren. Offiziere hängen blasiert in den Sesseln. Sie machen mir nicht den Eindruck, als könnten sie die Abchasen vertreiben. Von dieser Zugfahrt hatte ich mir mehr erwartet. Ich bin enttäuscht. Intensive Gespräche wollte ich führen, wie ich das auf früheren Zugfahrten durch die Sowjetunion getan hatte. Aber hier gibt es keine engen Abteile, und das einfache Volk ist auch nicht vertreten. Der Preis ist für unsere Verhältnisse erschwinglich. Zehn Lari, also zehn Mark für 250 Kilometer. Aber für den georgischen Normalbürger ist das viel. Deshalb wird der billige Nachtzug offensichtlich weiter bevorzugt. So fehlt mir ein interessantes Publikum. Ich nehme deshalb von den geplanten Interviews Abstand und schreibe am Buch weiter.

Die Landschaft kann meine Aufmerksamkeit nicht fesseln. Sie ist flach und uninteressant. Wir nähern uns Kutaissi. Es ist die zweitgrößte Stadt Georgiens. Alt ist sie, schon im dritten Jahrhundert vor Christus wurde sie durch Apollonios von Rhodos in seinem Poem »Argonautika« erwähnt. Unser Held Jason soll bis hierhin gekommen sein. Auch Alexandre Dumas ist darauf gestoßen. Als er hier durchkam, sah er die Ruinen einer alten Burg. Ein Ortskundiger erzählte ihm, es gäbe eine Legende um diese Burg. Sie sei in uralten Zeiten von einem Mann erbaut worden, der aus einem anderen Teil der Welt hierher gekommen sei. Sein Name solle Jason gewesen sein. Dieser Jason habe hier ein aus gesponnenen Goldfäden hergestelltes Widderfell rauben wollen. Der Informant des Franzosen entschuldigte sich für den Schwachsinn dieses Märchens und war überrascht, als ihm Dumas klarmachte, dass ihm die Geschichte schon seit der Schulbank vertraut sei.

Die Kulisse verändert sich. Eine Hügellandschaft begleitet uns jetzt. Dahinter wäre bei guter Sicht der Große Kaukasus zu sehen. Ich habe dieses Glück nicht. Der Dunst, der uns nun schon seit über einer Woche begleitet, verlässt uns auch auf diesem Abschnitt nicht. Deshalb kann ich an dieser Stelle nur wiedergeben, was Fridtjof Nansen hier gesehen hat:

Ich ziehe am Morgen den Vorhang zurück. Welch ein Anblick! Eine gewaltige Mauer blauer Berge im Norden. Weiße Gipfel hoch darüber schwebend gleich besonnten Wolken. Es ist, als hätten hier an der Grenzscheide zwischen zwei Erdteilen die Titanen ein Stück der Erdrinde hochkant gestellt, um den Olymp zu stürmen. Die Bergriesen stehen noch da und wachen an der Pforte von Asien nach dem zersplitterten Europa. Gegen diese Mauern brandeten die Fluten der Völkerwanderung. Während der wechselnden Schicksalsläufe der Geschichte haben viele wandernde Volksstämme manches Überbleibsel hinterlassen.

Mir tut Leid, dass ich an dieser Stelle nicht mit eigenen Beobachtungen dienen kann. Wer sich wie Fridtjof Nansen von Kaukasiens Landschaft hinreißen lassen möchte, sollte nicht wie ich im Hochsommer reisen, sondern im Frühjahr oder Herbst. Auch der Winter wird ihm klare Sicht bieten.

Die Stadt Gori wird angekündigt. Hier muss ich nicht halten. Stalin ist in diesem Ort zur Welt gekommen. Der Menschenfeind hat in seiner Geburtsstadt natürlich immer noch Anhänger, meist bei den Älteren. Die Jüngeren wissen mit Iossif Wissarionowitsch Dschugaschwili, der sich später Stalin nannte, weniger anzufangen. Lieber ist mir die nächste Station: die ehrwürdige Stadt Mzcheta. Ihre Geschichte geht bis ins 2. Jahrtausend vor Christus zurück. An Kura und Aragwi, den beiden wichtigsten Flüssen Ostgeorgiens, ist Mzcheta gelegen, genau im Kreuz der Handelswege von Nord nach Süd und Ost nach West.

Sagenhaft reich muss die Stadt im Altertum gewesen sein. Dem römischen Feldherrn Pompejus soll sie einen Thron, eine Liege und einen Tisch aus Gold zum Geschenk gemacht haben. Es ist eine Sünde, dass ich an der Kreuzkirche auf der Anhöhe über dem Zusammenfluss von Aragwi und Kura jetzt so schnell vorbeifahre. Sie ist ein Wahrzeichen des christlichen Georgiens. Für jeden Reisenden ist ein Besuch dieses alten Gotteshauses, es wurde um 600 gebaut, ein unverzichtbarer Bestandteil seines Ausflugsprogramms.

Nach diesem Höhepunkt unserer Zugreise ist die Einfahrt nach Tbilissi trostlos. Wir passieren abgerissene Fabriken, das hohe Kura-Ufer wird durch eine Müllkippe verunstaltet. Die Hochhäuser erinnern an die Slums in der Bronx. Vom Flair der viel besungenen

Hauptstadt Georgiens ist hier nichts zu spüren. »Du entstandest, lebst fort als Chimäre, eine Stadt nicht von dieser Welt.« So ist Tbilissi von Boris Pasternak beschrieben worden. Ich nehme mir vor, den überirdischen Charme dieser Stadt morgen erneut zu entdecken.

Von Tbilissi nach David Garedschi

Georgi mustert mich von Kopf bis Fuß. »Haben Sie keine hohen Schuhe bei sich?« möchte er von mir wissen. Ich muss seine Frage verneinen. »Warum soll ich in dieser Hitze hohe Schuhe tragen?« »Wir fahren in die Halbwüste. Da gibt es Schlangen. Kennen Sie Gürsa?« Ich muss gestehen, diesen Namen nie gehört zu haben. In meinen Ohren klingt er wie türkischer Joghurt. Georgi klärt mich auf. »Gürsa ist eine hochgiftige Viper. Ein Biss, und Sie sind nach einer halben Stunde ein toter Mann.« Herrliche Aussichten, denke ich mir, aber ich vertraue auf die Festigkeit meiner Mephisto-Halbschuhe. Mit denen bin ich bestens durch den Großen Kaukasus gekommen. Im Übrigen werde ich heute Georgi überall den Vortritt lassen. Er ist Geograph und begleitet uns zum Höhlenkloster David Garedschi. Vermutlich hält er mich als Reisenden für unprofessionell, denn er behandelt mich von nun an mit großer Nachsicht.

David Garedschi liegt an der Grenze zu Aserbaidschan. Auf der Straße nach Baku fahren wir aus Tbilissi hinaus, vorbei am finsteren Stadtgefängnis und an der Flugzeugfabrik, die den modernen Düsenjäger Su 25 produziert und ziemlich abgerissen aussieht. Wir kommen in die Stadt Rustawi. In großen Buchstaben stellt sie sich auf Georgisch und Russisch vor. Leider hat sie nur Trostlosigkeit zu bieten. Das große Stahlwerk wurde weitgehend stillgelegt. 40.000 Menschen sind nun arbeitslos. Was ich sehe, ist keine Augenweide. Die sowjetischen Plattenbauten wirken verwahrlost, die Straßen und Plätze ungepflegt. Menschen sind zu dieser Uhrzeit kaum auf der Straße.

Wir fahren in die Berge. Bislang war die Straße schlecht, jetzt wird sie katastrophal. Maxim scheint das nicht zu kümmern. Zusammengerollt wie ein Igel liegt er auf der Sitzbank. Während er tief und fest schläft, tanzen meine Rückenwirbel Cha-Cha-Cha. Wie ich während der Fahrt aus dem Auto sehe, bläst hier oben ein strammer Wind. Die Bäume und Sträucher krümmen sich unter den wilden Böen. Georgi zeigt auf ein Haus, das auf einem Hügel steht. »Hier war früher Militär stationiert. In dem Haus da oben befand sich die Unterkunft der Offiziere. Als sie weggingen, sind dort Serpentologen eingezogen.« Instinktiv schaue ich auf meine Schuhe. Es scheint nun ernst zu werden. Georgi bestätigt auch gleich meine aufkommenden Befürchtungen. »Hier gibt es viele Schlangen, wie die Gürsa – Sie wissen ja schon! Die Schlangen werden gefangen und auch gezüchtet. Die Wissenschaftler lassen sie ins Glas beißen, um ihr Gift für Abwehrstoffe zu gewinnen.« Sehr interessant!

Die Landschaft schwingt weit aus. Der Boden wird karg. Das Gras muss sich zäh behaupten. Wir sind in der Halbwüste angekommen. Hier soll vor Millionen Jahren Meer gewesen sein, berichtet mir Georgi. Dann habe sich das Klima verändert, und so sei die Wüste hier entstanden. Bei dem, was der Umwelt gegenwärtig von der Menschheit angetan werde, könne es durchaus bald zu weiteren drastischen Veränderungen auf der Erde kommen, meint düster unser Begleiter.

Wir steigen aus und werden fast wieder in das Auto zurückgeblasen. Der Wind hat eine enorme Stärke entwickelt. Georgi, der oft hier ist, kann sich nicht erinnern, so etwas im Sommer schon einmal erlebt zu haben. Ich registriere das mit Schadenfreude. Bei Windstärke 11 werden sich die Schlangen verkrümeln, denke ich mir. Von nun an trete ich viel freier auf.

Es pfeift gewaltig. Maxim kann nur vom breitbeinigen Stativ drehen, sonst verwackeln die Aufnahmen. Mit längerer Brennweite zu filmen ist völlig unmöglich. Der Weg, auf dem wir stehen, bildet die Grenze zwischen Aserbaidschan und Georgien. Das Verhältnis zwischen den beiden Staaten scheint wirklich sehr vertrauensvoll zu sein, wie ich hier feststelle. Weit und breit sind keine Grenzer, keine Zöllner, nicht einmal ein Zaun zu sehen. Dafür entdecke ich tief in Georgien einen Punkt. Der Punkt nimmt schnell die Gestalt eines Menschen an. Mit dem Wind im Rücken saust er heran. Es ist ein Hirte. Ich halte ihn an. Wind und Sonne haben sein Gesicht tiefbraun gebrannt. Er heißt Jussuf und ist Aserbaidschaner. Von Kindheit an hat er auf das Vieh aufgepasst. Nun ist er 32 Jahre alt und hat selbst zwei Kinder. »Was sollen Ihre Kinder später werden?« »Am besten Hirten. Dann leben sie frei und gesund.« »Wie viel Kilometer legen Sie am Tag zurück?« »50!« Ich schaue mich um. Das Vieh ist tatsächlich weit verstreut. Da wird er eine Menge zu rennen haben, um Schafe, Kühe und Pferde einzusammeln.

Das Gras sei hier oben sehr vitaminreich, erzählt er mir. Das sorge für schmackhaftes Fleisch und gute Milch. Ich betrachte mir sein Laufwerk und kann mich nur noch wundern. Seine bloßen Füße stecken in ausgelatschten Schuhen, die an den Hacken niedergetreten sind. Mit diesen Pantinen könnte ich keine 10 Meter ordentlich laufen. Ob er keine Fußbeschwerden habe, frage ich Jussuf. Er lächelt mich verständnislos an. Mit Zivilisationsschäden dieser Art hat er offensichtlich nichts zu tun. Er setzt seinen Weg fort und ist bald nur noch ein Punkt weit weg, diesmal in Aserbaidschan.

Georgi macht mich auf ein Gebäude in der Ferne aufmerksam. Dort befände sich ein Kloster. Im 6. Jahrhundert sei der heilige David mit seinem Schüler Lukian und 11 weiteren Jüngern aus Syrien gekommen, um die Menschen hier im Land zu missionieren. Wie Jesus hätten sie in der Halbwüste gelebt und sich nur von Beeren, Pilzen, Honig und dem ernährt, was ihnen gebracht wurde. Viele Menschen hätten David und seine Jünger zu Fuß und zu Pferde aufgesucht, um sich von ihnen bekehren zu lassen. Im Laufe der Zeit sei ein Kloster nach dem anderen gegründet worden. Über eine Strecke von 25 Kilometern gäbe es nun 12 Kloster. In der Blütezeit, zwischen dem 10. und 12. Jahrhundert, hätten hier 6000 Mönche gelebt.

Wir verlassen unsere Jeeps und marschieren, die Filmausrüstung geschultert, durch das kräftige Gras den Berg hinauf. Die Schlangen nehme ich nicht mehr ernst. Dafür behalte ich drei kaukasische Hirtenhunde im Auge. Die Tiere sehen gutmütig aus, sind aber mit Vorsicht zu genießen. Wer ihrer Herde zu nahe kommt, kriegt Ärger. Wir wahren den gebührenden Abstand. In den Windböen schwanken wir zeitweise wie Betrunkene hin und her. Mit Mühe kämpfen wir uns zum Kamm hoch und werden dafür mit einem traumhaften Blick belohnt. Vor uns liegt eine breite Ebene. In der Ferne erblicken wir die Silhouette des Kleinen Kaukasus. Über den Boden ziehen die Schatten der Wolken, die wie bei einer Flottenparade in Reih und Glied am Himmel aufmarschieren. Zu unseren Füßen bricht der Berg jäh ab. Einige hundert Meter geht es steil nach unten. Wir müssen uns kräftig gegen den Wind stemmen, um nicht in den Abgrund geweht zu werden.

Hinter uns steht ein kleines Kirchlein. Es wurde in Erinnerung an 1200 Mönche gebaut, die hier ihren Tod fanden. Schah Abass, so schildert es Georgi, habe sie mit 500 muslimischen Kriegern überfallen, als sie in der Osternacht mit brennenden Kerzen in ihren Händen in das Höhlenkloster pilgerten. Die Höhlen ziehen sich über hunderte Meter an der Bergwand entlang. Die Gewölbe sind zum Teil sehr geräumig. Schöne Fresken zieren Decken und Wände. Die Malereien sind meist noch gut erhalten. Die frühesten stammen aus dem 9. Jahrhundert. Vorsichtig arbeiten wir uns auf dem Wind umtosten Saumpfad und in der Geschichte voran. Jede Höhle steht für ihre Zeit. Georgi erklärt mir die Kunstwerke der verschiedenen Epochen bis zum 13. Jahrhundert.

Die Mönche lebten schlicht, besaßen aber offensichtlich eine hohe Kultur, die allerdings fast für immer untergegangen wäre. Das sowjetische Militär hatte David Garedschi als Manövergelände ausgesucht, um für den Afghanistan-Krieg zu üben. Schützengräben wurden ausgehoben, Sturmangriffe erprobt, Panzer fuhren ballernd durch die Gegend. Auch aus der Luft wollte man sich einschießen. Eine Stadt wurde gebaut, um das Bombenwerfen zu trainieren. Auf den Dächern stand London, Washington und Paris geschrieben. Eigentlich war der Kalte Krieg längst vorbei. Offiziell herrschte zwischen Ost und West Entspannung, aber die lieb gewordenen Feindbilder wollte das sowjetische Militär nicht so schnell aufgeben.

Das jahrelange Kriegspielen bekam der Kirchenkunst überhaupt nicht gut. Die Fresken drohten durch die Detonationen zu zerbersten. Beherzte Menschen machten sich auf den Weg, um der Zerstörung der Kultur Einhalt zu gebieten. Unter ihnen war auch Georgi. Die beherzten Demonstranten schlugen ein Lager auf und ließen sich selbst durch drohende Einschläge nicht vertreiben. Der Protest zeigte Wirkung. Das Militär verzog sich. Später übte hier die georgische Armee. Wieder kamen Demonstranten. Diesmal ging die Sache vor Gericht. Das Militär verlor und musste abziehen.

Wir klettern über den Berg zurück. Auch auf dieser Seite ist die Aussicht atemberaubend. Es sieht aus, als habe ein Riese das breite Tal mit einem Rechen aufgeharkt. In großen Furchen tritt rote Tonerde zutage. Wir steigen mühsam den Berg hinunter. Das Ziel haben wir direkt vor Augen: ein Kloster steil unter uns. Seine Kirche stammt aus dem 17. Jahrhundert. Von ihr führt eine Treppe zu den Höhlen, in denen David und sein Schüler Lukian vor 1500 Jahren gelebt haben sollen.

Die Mönche, die ich jetzt antreffe, sind freundlich, wollen sich aber nicht filmen lassen. Mit einem komme ich ins Gespräch. Auch er heißt Georgi und ist 35 Jahre alt. In Tbilissi hat er Medizin studiert, dann wurde er anderen Sinnes. Er verließ die Universität und trat ins Kloster ein. »Sind Sie ein Einzelfall?« frage ich ihn. »Nein, es gibt mehr und mehr junge Menschen, die im Klosterleben ihre Erfüllung sehen.« Da Georgi in der Abgeschiedenheit lebt, ist der Kontakt zur Familie lose geworden. Sein Bruder besucht ihn gelegentlich. Wie er den Tag ausfülle, frage ich ihn. »Mit Lesen, Beten und Arbeiten«, sagt er mir. »Ora et labora«, bringe ich den Anfang meines Lateins an. »Richtig!« bestätigt er.

Gut durchgelüftet treten wir den Heimweg an. Maxim kann den Hals immer noch nicht voll kriegen. Ständig entdeckt er Motive, die er unbedingt filmen muss. Der Wind fegt weiter mit großer Heftigkeit über David Garedschi hinweg. »Gürsa, Gürsa!« rufe ich in meinem Übermut. Doch die feigen Schlangen zeigen sich nicht.

Von Tbilissi nach Scheki

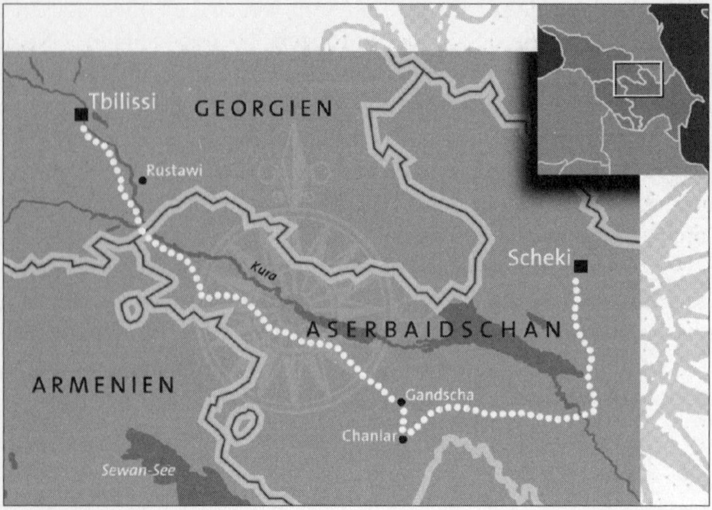

Mein Hotelbalkon bietet mir einen einzigartigen Blick in die Geschichte Tbilissis. Mir gegenüber liegt die Naraquila-Festung, darunter die armenische Kirche, zu ihrer Linken die Moschee, zu ihrer Rechten die Synagoge und die Sioni-Kathedrale, die Kirche des Patriarchen in Tbilissi. Unter uns eilt lehmgrau und mit vielen Strudeln die Kura Richtung Osten. Wir wollen ihr heute folgen.

Die letzte Etappe unserer Reise durch den Kaukasus beginnt. Nach Aserbaidschan geht es und ans Kaspische Meer. 45 km sind es nur bis zur Grenze, vorbei an der Stadt Rustawi mit ihrem traurigen Schicksal als abgestorbene Industriemetropole. Wie tote Bäume ragen die Schornsteine in die Höhe – ein weithin sichtbares Warnzeichen, wirtschaftlich nie nur auf eine Karte zu setzen. Die Landschaft passt zu dem misslungenen Menschenwerk. Sie sieht aus, als sei dem lieben Gott während der Schöpfung vorübergehend entweder die Phantasie oder die Lust abhanden gekommen. Dieser Gegend lässt sich schwerlich Erhabenes andichten. Und doch gibt es hier Herausragendes. Der kommerzielle Fernsehsender Rustawi II fesselt mit seinem Widerspruchsgeist Abend für

Abend die Nation. So steht der Name Rustawi einerseits für den Untergang des sowjetischen Georgiens und andererseits für den demokratischen Neuanfang. Beides verläuft schmerzlich.

Die Eintönigkeit verliert sich allmählich. Die Farben werden wieder satter. Auf beiden Seiten der Landstraße breiten sich Mais- und Weinfelder aus. Vor uns öffnet sich ein braunes Felsental, von der Sonne heiß gebacken. Ein Fluss windet sich durch die Enge. Es ist der Chrami, ein Seitenarm der Kura. Langsam rollen wir auf eine lange Schlange von Autobussen, Lastkraftwagen und Pkw zu. Wir sind an der Grenze Georgien – Aserbaidschan. Hitze und Spritgestank benebeln die Sinne. Menschen – einzeln und in Gruppen – warten ermattet im Schatten der Fahrzeuge. Eselskarren bahnen sich ihre Wege durch das Gewirr. Zügig ist die Abfertigung auf beiden Seiten nicht. Nona Kandiaschwili, unsere Lotsin auf der Georgien-Tour, nimmt die Sache in ihre Hand. Ein kurzes Gespräch. Wir werden durchgewunken. Was wir filmen wollen, können wir filmen.

Wir rücken ins Niemandsland vor. Hier wartet bereits Etibar Mammedow auf uns. Er ist Korrespondent des unabhängigen Fernsehkanals Aserbaidschan News Service (ANS) und wird uns durch sein Land begleiten. »Dürfen wir hier Filmaufnahmen machen?« frage ich ihn. »Selbstverständlich! Die Erlaubnis des Chefs unserer Grenztruppen liegt vor.« »Gut, dann soll das Team drehen, wie ich die Rote Brücke überquere.« Die Szene hatte ich mir ausgemalt, als mir in Tbilissi gesagt wurde, im Kaukasus verlaufe die eigentliche Grenze zwischen Europa und Asien an der Roten Brücke. Rot heißt sie, weil sie mit roten, inzwischen verblichenen Ziegeln gebaut wurde. Elegant schwingt sie sich in Bögen über den Chrami-Fluss, der sich nicht weit dahinter mit der Kura vereinigt. Die Rote Brücke soll bereits im 6. Jahrhundert errichtet worden sein, im 18. Jahrhundert wurde sie gründlich restauriert, um den Handel zwischen Orient und Okzident zu erleichtern.

Maxim und Mischa bringen sich in Stellung. Voller Elan marschiere ich los und sehe, wie sich ein aserbaidschanischer Grenzsoldat vor die Kamera wirft. Offiziere kommen aufgeregt angerannt. Drehen verboten! Ein heftiges Palaver setzt ein. Der Grenztruppengeneral hatte doch zugesagt, beschweren wir uns. Die Mienen der Offiziere werden eisig. Ein zäher Stellungskrieg um die historische Brücke zwischen Europa und Asien beginnt. Die Offiziere telefonieren, wir telefonieren. Das Problem sitzt in Baku. Der Sicherheitsminister hat im letzten Augenblick nein gesagt. Es ist High Noon am Chrami-River, der auf der aserbaidschanischen Seite Echram heißt. Das Quecksilber erreicht die 40 °C-Marke, im Schatten. Die Sonne bringt uns zum Glühen. Ich will weiterfahren. Auf die Brückenszene kann ich leicht verzichten. Igor Butz ist anderer Meinung. »Wir dürfen keine Schwäche zeigen. Etibars Leute in Baku kämpfen. Wir können sie nicht sitzen lassen.« Das verstehe ich. Solidarität unter Journalisten geht über die Gesundheit und auch die Vernunft. Wir drängen uns an einen Kiosk, der einen Minischatten wirft.

Nona Kandiaschwili kann hier nichts für uns machen. Sie verabschiedet sich mit den besten Wünschen für unseren Glaubenskrieg. Sie müsste schon längst Tbilissi erreicht haben, als Bewegung in das aserbaidschanische Grenztruppen-Kommando kommt. Heiter kehren die Offiziere zu uns zurück. Sie geben sich, als hätten sie eine Schlacht für uns gewonnen. Ihr General hat sich durchgesetzt. Der Sicherheitsminister ist eingeknickt. »Problem jock!« ruft uns auf Aserisch ein Major mit goldblitzenden Zähnen zu. »Keine Probleme!« Ich freue mich pflichtschuldigst mit, obwohl ich meinen Europa-Asien-Übergang längst aus dem Film gestrichen habe. »Sollen wir die Brücke für Sie sperren?« fragt mich der Major. Ich verzichte. Das bisherige Abfertigungstempo kommt ohnehin schon einer Sperrung sehr nahe. Herzlos lässt mich das Team in der sengenden Sonne die Brücke in ganzer Breite siebenmal überqueren, ehe die Szene richtig im Kasten ist. Die Offiziere finden die Drehweise aus den verschiedensten Perspektiven faszinierend. Wir scheiden als Freunde. Keiner ist bereit, die Bedeutung unseres gemeinsamen Sieges zu unterschätzen.

»Baku 500 km« steht auf dem Straßenschild. Eine große Tafel verspricht Freundschaft. Zwei Hände, die sich schütteln, sind darauf zu sehen. Sieht aus wie das Parteiwappen der verblichenen SED. Pieck und Grotewohl werden hier von den Präsidenten Aserbaidschans und Georgiens, Alijew und Schewardnadse, gespielt. Endlich zwei Nachbarn, die nicht in Feindschaft miteinander leben.

Landschaftlich ändert sich zunächst nichts. Auch hier Mais- und Weinfelder. Reihendörfer schließen sich an. Hof an Hof, ganz akkurat. Die Außenmauern bilden links und rechts der Straße gemeinsame Fronten. Davor sitzen die Bewohner und schauen sich an, wie die neue Zeit an ihnen lärmend und stinkend vorbeizischt. Die Bankette sind breit, sodass Kühe, Pferde und Eselskarren unbehelligt vom Autoverkehr ihrer Wege ziehen können. Eine Halbwüste – ähnlich wie in Georgien bei David Garedschi – arbeitet sich an die Straße heran, um schnell wieder zu verschwinden. Im Hitzedunst taucht nach Süden hin schemenhaft der Kleine Kaukasus auf. Wir haben die Straße fast für uns allein.

Nur wenige Autos kommen uns entgegen. Überholt werden wir von niemandem, denn unsere aserbaidschanischen Piloten Ramis und Gassan holen in guter kaukasischer Manier das Letzte aus den Motoren heraus, auch wenn die Fahrbahn nicht unbedingt zu Höchsttempo einlädt. So hopsen wir voran, mal mit dem Kopf unter der Decke, mal mit dem Hinterteil tief in den Sitz gepresst. Alles Staccato! Ich entdecke zu meiner Verwunderung Gurte im Auto. Sowohl der japanische Geländewagen wie auch der russische Minibus sind neue Fahrzeuge. Entsprechend ist ihre Ausstattung. Aber soll ich tatsächlich einen Sicherheitsgurt anlegen? frage ich mich. Ich tue es nicht. Gleich drei Gründe bewegen mich zu dieser Handlungsweise. Als Gast würde ich meinem freundlichen Fahrer Misstrauen in sein Können demonstrieren, als Teamleader wegen offensichtlicher Ängstlichkeit meine Leute desavouieren und als Christ gegenüber unseren moslemischen Begleitern mangelndes Gottvertrauen an den Tag legen. Also, Inschallah! Ich bleibe oben ohne und hänge meinen Gedanken nach. Für eine Seidenstraße der Zukunft macht die M 27 keinen starken Eindruck. Dabei sind die Voraussetzungen nicht schlecht. Schnurgerade wie die Interstates und Highways im Mittleren Westen Nordamerikas läuft die transkaukasische Trasse von Pappeln gesäumt durch die Kura-Ebene, auf einer langen Strecke quittegelbe Getreidefelder durchschneidend. Hier könnte man auf einer gut ausgebauten Straße Güter aller Art zügig vom Kaspischen an das Schwarze Meer und umgekehrt befördern.

Wir durchqueren Gandscha, die Heimatstadt unseres aserbaidschanischen Betreuers Etibar und des großen Dichters Abu Mohammed Nizami. Von 1141 bis 1209 hat er gelebt und ähnlich wie sein georgischer Nachbar Schota Rustaweli mehrere weltberühmte Epen geschaffen. Dass die beiden größten Geister Georgiens und Aserbaidschans zur gleichen Zeit lebten, ist schon merkwürdig, finden wir. In der Kultur gibt es eben auch Ebbe und Flut. Mit »Pandj Gandj« (»Fünf Schätze«) ist Nizami in die Weltliteratur eingegangen, andere Größen animierend. So fand Friedrich Schiller in dem Epos das Vorbild für sein »Turandot«.

Nizami war wie später Immanuel Kant. Trotz aller Berühmtheit hat er seine Stadt nie verlassen. Gandscha nannte er sein »Babylon«. Hier wurde er geboren, hier hat er zeit seines Lebens gearbeitet, hier ist er denn auch folgerichtig begraben worden. Das Honorar seines ersten Epos würde heute vermutlich Anstoß erregen. Der Fürst von Derbent hatte ihm eine kiptschakische Sklavin namens Apak, zu Deutsch »Schneewittchen«, geschickt. Nizami wies dieses sehr persönliche Geschenk nicht zurück, was ihm damals als politisch unkorrekt ausgelegt worden wäre, sondern er machte etwas daraus. Den Liebreiz seines Schneewittchens verewigte er nicht nur in dem Epos »Chosrou und Schirin«, sondern er schloss auch mit der schönen Apak den Bund der Ehe. Während die literarische Beziehung von »Chosrou und Schirin« einen tragischen Verlauf nahm (er Tod durch Mord, sie Tod durch Selbstmord), wurde Nizami mit seiner Honorar-Frau sehr glücklich.

Die Weltbedeutung Nizamis, dessen Werke in Persisch verfasst sind, ist Gandscha nicht anzusehen. Tut mir Leid! Die Stadt sieht sowjetisch und strapaziert aus, aber es gibt auch ansehnliche Straßenzüge. »Hier lebten lange Zeit Armenier«, belehrt mich Etibar Mammedow. »Sie haben Häuser gebaut und sich wohl gefühlt. Als der Krieg um Berg Karabach ausbrach, sind sie geflüchtet. Über 100.000 haben die Stadt verlassen.« »Welche Attraktionen gibt es hier sonst?« frage ich. »Etwas Unwahrscheinliches! Nebenan in Chanlar gibt es eine Stelle, an der ein Auto ohne Motorkraft bergauf fährt.«

Etibar ist ein ernsthafter Mann. Keiner von uns hält ihn für einen Aufschneider. Aber keiner von uns kann sich einen Reim auf die allen Gesetzen der Physik widersprechende Geschichte machen. Sind es elektromagnetische Wellen oder andere Kräfte, die Autos sogar bergan ziehen können? Wir haben keine Ahnung, wollen es aber wissen. Also fahren wir nach Chanlar. Wetten werden abgeschlossen, auch hohe darunter. Wer gegen wen, das will ich wegen des Persönlichkeitsschutzes hier nicht preisgeben.

Das Auto wird in Position gebracht. Mit Gebrüll wird es angefeuert, aber es bewegt sich nicht. Für unsere aserbaidschanischen Patrioten ist es eine schreckliche Schmach, für die Mitglieder unseres Teams, die auf das Wunder gesetzt haben, eine empfindliche materielle Einbuße. Alle Versuche helfen nicht. Unsere beiden Autos verhalten sich ganz gewöhnlich. Die Skeptiker sehen sich bestätigt, für die Verlierer ist ihre Niederlage zu Chanlar ein erneuter Beweis dafür, dass die Welt nicht mehr in Ordnung ist. »Wahrscheinlich toben Stürme durch die Sonne, die auch die erdmagnetischen Kräfte versiegen lassen«, versuchen sie ihr Desaster zu erklären.

Wir haben Zeit, uns Chanlar anzusehen. Die Häuser kommen uns vertraut vor. Es sind deutsche Bauwerke, sicher über 100 Jahre alt. Wir sind im früheren Helenendorf. Veranden und Ahornbäume vermitteln das Gefühl von deutscher Gemütlichkeit. Igor Butz macht sich auf den Weg, um Ortskundige zu finden. Ich schaue mir derweil die deutsche Kirche etwas näher an. Protestantisch aufrecht steht sie da, auch wenn ihr das Kreuz auf der Spitze geraubt wurde. Stattdessen trägt sie nun einen Sowjetstern. Doch dessen Tage dürften auch gezählt sein. Selbst in der muslimischen Umgebung sind dem christlichen Kreuz größere Chancen auf Wiederkehr einzuräumen als dem Verbleib des Sowjetsterns.

Die Kirche ist schon lange zweckentfremdet. Seit geraumer Zeit dient sie als Sporthalle für Kinder. Die Menschen in der Straße freuen sich über unser Interesse, aber von der Geschichte der Stadt und der Kirche haben sie keine Ahnung. Sie sind aserbaidschanische Flüchtlinge aus Berg Karabach. Nur ein Deutscher lebt noch in Chanlar, dem früheren Helenendorf. Er ist gegenwärtig unterwegs. Dafür bringt mich Igor Butz zu einer Russin, die alles über Helenendorf weiß. Ich stelle mich vor und frage sie meinerseits nach ihrem Namen. Sie heiße Walentina Oranskaja und sei 84 Jahre alt, sagt sie mir. »Stammen Sie etwa von den Oraniern ab?« versuche ich zu scherzen. »Gehen Sie sachte mit mir um!« antwortet Walentina Oranskaja. »Ich bin vermutlich eine Prinzessin, die tatsächlich von den Oraniern abstammt.«

Die bezaubernde Prinzessin packt gleich ihre Schätze aus. Es sind Bücher und Veröffentlichungen über Helenendorf. Sie selbst hat einen Vortrag über die Geschichte des Ortes gehalten, in Deutsch und Russisch vor der aserbaidschanischen Stadtverwaltung. Walentina Oranskaja spricht ein wunderbares altes Deutsch, gespickt mit schwäbischen Ausdrücken. Besuch aus Deutschland bekommt sie öfter. Nachfahren der alten Helenendörfler schauen vorbei oder Interessenten an der Geschichte der Deutschen im Kaukasus.

Das Gespräch mit Walentina Oranskaja ist eine helle Freude. Die Zeit vergeht wie im Flug. Die Russin erzählt einfach brillant. Sie mischt historische Fakten mit persönlichen Geschichten von ihren Nachbarn und von ihren Lehrern, die sie mit mädchenhafter Liebe verehrte und zugleich fürchtete, »weil ich doch in den naturwissenschaftlichen Fächern so schwach war«. Als sie Kind war, wohnten fast nur Deutsche in Helenendorf, daneben ein paar Russen und Armenier. So hat das russische Mädchen Walentina die deutsche Schule besucht, bei Lehrer Tietz. Es sei eine schöne Zeit gewesen. Gut sei es den Menschen in Helenendorf seinerzeit ergangen. Feste hätten sie gefeiert und vor allem hätten sie viel gesungen. Die Ernten seien reich gewesen. Die Cognacfabrik »Concordia« hätte mit Gewinn gearbeitet. Helenendorf sei nach seinen schweren Anfangsjahren eine Oase des Glücks gewesen.

»Wie sind die Deutschen denn überhaupt nach Helenendorf gekommen?« »Das ist eine lange Geschichte. Als um 1818 immer mehr Auswanderer aus Schwaben in Georgien eintrafen, wurden sie von der russischen Obrigkeit weiter nach Osten geschickt. Völlig abgekämpft von ihrem langen und beschwerlichen Weg aus der Heimat setzte sich der Treck wieder in Gang, eskortiert von Kosaken. 177 km entfernt von Tbilissi trafen sie schließlich in Elisabethpol, dem heutigen Gandscha, ein. Nach einer kleinen Rast landeten sie schließlich 8 km weiter in einer verlassenen Tatarensiedlung. Es war Osterdienstag 1819. Zwanzig Monate vorher hatten sie Schwaben verlassen. Das ersehnte Paradies fanden sie nicht vor, sondern Steppe, einen toten Kanal und verfallene Behausungen. 135 Familien hatten die gewaltige Odyssee überlebt. Der Tod hielt weiter reiche Ernte. Harte Arbeit, Hitze, schlechtes Wasser, mangelhafte Ernährung, Krankheiten brachten die Menschen um.«

»Wurden sie denn von den Nachbarvölkern gut aufgenommen?« »Es herrschte Krieg zwischen Russland und Persien. Helenendorf wurde von Tatarenbanden überfallen. Alles wurde dem Erdboden gleichgemacht. Wer nicht fliehen konnte, wurde niedergemetzelt. Die Russen eroberten Helenendorf zurück und trieben die Perser über die Grenze. Die überlebenden Deutschen kehrten heim in ihr zerstörtes Dorf. Zar Alexander I. schenkte jedem 172 Rubel für den Neuanfang. In Tbilissi wurden für sie Geld und Kleidung gesammelt. Unverzagt machten sich die Deutschen an den Wiederaufbau von Helenendorf. Doch ihr Martyrium war noch nicht vorbei. Pest und Cholera kamen und rafften viele dahin.«

»Gab es denn nie eine Zeit der Ruhe?« »Nie für lange! Der russisch-türkische Krieg sorgte 1854 für Tod und Not. Terrorbanden zogen durch die Gegend. Sie nahmen Menschen gefangen und verlangten Lösegelder. Familie Vohrer musste 20.000 Rubel bezahlen. Bei den armenisch-tatarischen Massakern 1905 und 1906 lag Helenendorf genau zwischen den feindlichen Lagern und wurde von beiden Seiten böse behandelt.« Tartaren wurden von den Russen die Türkvölker genannt, die jenseits des Kaukasus lebten.

»Bis jetzt höre ich wenig Gutes über das Leben in Helenendorf«, werfe ich ein. »Doch, danach wurde es schöner. Es gab gute Weinernten. Zwei Millionen Liter wurden im Jahr verkauft, und der Helenendorfer Cognac war ganz exquisit. Er möchte dem französischen nicht nachstehen. Aber dann kam die Stalinzeit. Die Verfolgungen begannen. Menschen wurden verschleppt und erschossen. 1941 wurden alle Deutschen nach Kasachstan deportiert. Es war schrecklich.« »Sind die Überlebenden nicht wieder zurückgekehrt, nachdem sie unter Chruschtschow Mitte der 50er Jahre amnestiert wurden?« »Die Deutschen wurden mit Chruschtschow nur zum Teil rehabilitiert. An ihre Heimatorte durften sie nicht zurückkehren. Das europäische Russland war für sie verschlossen. Nach langen Kämpfen mit sowjetischen Behörden kehrten die meisten in das Land ihrer Vorfahren nach Deutschland zurück. Sie hängen aber weiter an Helenendorf. Ein deutsches Museum soll hier eingerichtet werden. Es wäre schön, wenn daraus etwas würde.«

»Wie ist der Ort an den Namen Helenendorf gekommen?« »Der Name stammt von der Großfürstin Helene Pawlowna. Sie war die Tochter von Zar Paul I. Wir sind stolz darauf, dass Helenendorf den Namen einer Fürstin trägt, die aus dem russischen

Kaiserhaus kommt.« »Wie viel Deutsche lebten denn in Aserbaidschan?« – »1939 waren es 23.000. Die größte Siedlung war Helenendorf. Vor 10 Jahren gab es noch 700 Deutsche in Aserbaidschan. Vermutlich sind es jetzt viel weniger.«

Walentina Oranskaja, die in ihrem Berufsleben Englischlehrerin war, lebt in einer kleinen Kate an der Karabachstraße, die früher einmal die Kirchstraße war. Ich muss mich tief bücken, um durch ein kleines Törchen in den Hof zu gelangen. Zwei Zimmer besitzt sie. Sie hat sie bereits testamentarisch an ihre Nachbarn vermacht. Ein paar Jährchen möchte sie noch leben. Es ist ihr sehr zu gönnen, hoffentlich mit viel Besuch aus Deutschland. Als ich mich mit den Worten »Auf Wiedersehen, Frau Oranskaja!« verabschiede, korrigiert sie mich. »Für Sie bitte Fräulein Oranskaja! Ich bin noch zu haben.«

Wir haben uns verplaudert. Als wir Chanlar, das frühere Helenendorf, verlassen, schwimmt die Sonne nur knapp über dem Horizont. Wir haben noch gut 150 km vor uns. Unser nächstes Ziel ist Scheki in den Bergen. Wir überqueren wieder einmal die Kura. In Aserbaidschan heißt sie Kür. In der Ebene hat sie viel an Fahrt verloren. Ein besonders attraktives Bild gibt sie nicht her. Wir fahren weiter. Ich habe nichts dagegen, dass Ramis und Gassan tüchtig Gas geben. Hauptsache, sie halten die Augen offen, um den Kühen auszuweichen, die nun in großen Trupps den Ställen zustreben.

Die Luft wird frischer. Es geht bergauf. Wir steuern eine Tankstelle an. Sie ist modern und gepflegt. Dergleichen habe ich im ganzen Kaukasus bislang nicht gesehen. Ohrenbetäubende Popmusik schallt durch die Station. Mit einer Kalaschnikow im Arm passt ein Sicherheitsmann auf, dass sich nicht Unbefugte über die Kasse hermachen.

Scheki macht auf uns einen quirligen Eindruck. Die ganze Stadt scheint auch noch gegen Mitternacht auf den Beinen zu sein. Alexandre Dumas hat es hier sehr gefallen. Wir wollen nachschauen, was das von ihm so hochgelobte Scheki heute zu bieten hat.

Zum Auftakt gibt es gleich eine Überraschung, wenn auch keine nette. Das Hotel hat die für uns reservierten Zimmer weggegeben. Angeblich seien unerwartet Verwandte des Präsidenten eingetroffen und hätten die Räume requiriert. Im Übrigen seien wir erst morgen erwartet worden, werden wir angeflunkert. Wieder alarmieren wir unseren Partner in Baku. »Kosly, Ziegenböcke!« brüllt er durchs Telefon den Hotelchef an. »Rückt die Zimmer raus! Von dem Präsidentenvolk kriegt ihr sowieso nichts, von den Deutschen aber lebendiges Geld.« Sein berechtigter Appell verhallt. Der Hotelchef hat offensichtlich nichts auf Lager. »So wird aus Aserbaidschan nichts!« raunzt unser Mann in Baku und dirigiert uns in die Karawanserei. Hier ist man auf unser Kommen nicht vorbereitet. Nur Zimmer zweiter Klasse stehen zur Verfügung. Die einen haben kein Wasser, die anderen kein Licht. Wir nehmen, was wir kriegen. Je nach Persönlichkeit glücklich oder bekümmert über die vorgefundene Alternative. Es ist inzwischen 2.00 Uhr. Wir freuen uns schon jetzt auf das Aufstehen.

Von Scheki nach Barda

Auf Scheki bin ich gespannt. Über die Stadt hat Alexandre Dumas die tollsten Räuberpistolen erzählt. Als er hier war, hieß sie noch Nukha. Von Lesghiern hat er berichtet, die nachts Leute kaltmachten und ihnen aus Sport die rechte Hand abschnitten. Manchmal seien die Opfer sogar noch lebendig gewesen. In der Dunkelheit könnte es auch passieren, dass ein Lesghier versehentlich die linke Hand mitgehen ließ. Dann käme er zurück und holte sich auch die rechte. So sei es dem Armenier Sukijasow-Effren widerfahren. Trotz der Doppelamputation habe er es noch zum Polizeimeister von Telawi gebracht. Diese Karriere will ich gar nicht machen. Deshalb halte ich sicherheitshalber beide Hände unter der Bettdecke. In einem Zimmer ohne Licht ist die Gefahr einer Verwechslung zwischen rechts und links nicht zu unterschätzen. Ich bleibe unbehelligt, nicht nur von Lesghiern, sondern auch von einer Tänzerin, wie sie Dumas nächtens zugeführt wurde.

Manchmal genügen ein paar Stunden Schlaf, und schon sieht die Welt ganz anders aus. Heute Morgen finde ich die Karawanserei viel freundlicher als letzte Nacht. Der Innenhof mit den hohen

Bäumen wirkt gemütlich. Hof heißt auf Arabisch »Serail«, daher auch der Name Karawanserei. Hier trafen sich die Reisenden, die von weit her gekommen waren – aus Indien, Arabien und Europa. Sie tauschten nicht nur ihre Waren, sondern auch ihre Erfahrungen über ferne Länder aus. Eine bessere Nachrichtenbörse gab es nicht. Unsere Karawanserei bietet 300 Zimmern Platz, sie befinden sich hinter den Rundbögen zum Hof. Da heute viele Gäste abreisen, erhalten alle aus unserem Team Doppelzimmer. Elektrischer Strom und Wasser funktionieren sogar über mehrere Stunden. Wir sind versöhnt.

Alexandre Dumas kam mit fünf Gewehren im damaligen Nukha angerückt, zwei mit grobem Schrot, drei mit Kugeln geladen. Wir sind nur mit Souvenirs aus Köln bewaffnet, was auch keinen schlechten Eindruck macht. Anders als der Franzose brauchen wir keine Bewachung beim Gang durch die Stadt. Er fand die Stadt schön. Ich komme zum gleichen Urteil. Der alte Teil mit seinen Pflasterstraßen und Häusern aus dem 19. Jahrhundert gefällt mir besonders gut. Der von Dumas hochgelobte Basar hat sich leider an einem anderen Platz zu einem Ramschmarkt entwickelt, aber der von ihm vorgefundene Khan-Palast ist mit seinen Arabesken und farbigen Fenstern weiter eine Attraktion. Dumas stellte allerdings an dem bunten Haus Verfall fest und machte dafür das zaristische Russland verantwortlich. Es sei ein Naturelement, das sich wie ein Landräuber ausbreite, schimpfte er. Vom Standpunkt der Zivilisation verstand er nicht »das ständige Expansionsbedürfnis durch Eroberung und Raubbau, während auf der anderen Seite die Erhaltung und Verbesserung des Vorhandenen vernachlässigt wird«.

Der Ortshistoriker Nassib Muchtarow wartet mit einem Hit auf. Er will uns das Haus zeigen, in dem Dumas vor 142 Jahren übernachtete. Frohgemut machen wir uns auf den Weg in die Uliza Mechti Hussein Sadi, die nach einem Partisanen aus dem Zweiten Weltkrieg benannt ist. Die Familie Bejlar Latifow fühlt sich durch unseren Besuch geehrt, hat aber noch nie etwas von dem französischen Schriftsteller gehört. Die Geschichte des Hauses kennt sie auch nicht, da sie erst seit kurzem hier wohnt. Ich kann meinerseits keine Ähnlichkeiten mit Dumas' Beschreibung finden, was Nassib Muchtarow nicht beunruhigt. Das Haus sei im Laufe der Jahrzehnte durch Ausbauten stark verändert worden. Der alte Teil würde sich demnach auf ein Zimmer reduzieren. Etwas wenig für die Equipe Dumas, finde ich. In argen Zweifeln verlassen wir das Haus. Der Historiker will seine Forschungen noch einmal überprüfen.

Mehr Glück habe ich mit der Seidenfabrik. »Vor wenigen Tagen hat eines der alten Werke den Betrieb wieder aufgenommen«, wird mir gesagt. »Ist ein Besuch möglich?« »Sicher!« Warum interessiere ich mich dafür? Seit Hunderten Jahren ist Scheki eine Seidenstadt von internationalem Ruf. Als Dumas hier war, herrschte große Aufregung. Spione hatten berichtet, die Lesghier planten einen Angriff auf die Seidenfabrik. Das ungebärdige Volk wollte Fürst Tarchanow, dem Regenten des Gebietes, eins auswischen, weil er einigen Dutzend ihrer Kämpfer eigenhändig den Kopf abgeschlagen hatte. Bei der Schnapszahl 22 hatte ihm Zar Nikolaus einen kostbaren Ring als Anerkennung geschenkt, den er voller Stolz seinem Gast aus Frankreich zeigte.

Nun ging es den Lesghiern nicht nur um Revanche, sondern vor allem um Geld und Gut, das sie in der Seidenfabrik vermuteten. Diese finstere Absicht braucht Direktor Nasim Bakyrow bei uns nicht zu befürchten. Freundlich nimmt er uns in Empfang. Er ist ein alter Fahrensmann in der Seidenproduktion. Seit 1972 arbeitet er im Betrieb. Seiden-Technologie hat er am Institut in Taschkent (Usbekistan) studiert. Braun gebrannt und lebhaft, wirkt er mit seinen weißen und dichten Stoppelhaaren jünger, als er mit seinen 64 Jahren tatsächlich ist. Der Direktor nimmt mich mit in sein Büro. Auf dem Weg dorthin laufe ich auf der Balustrade über einen Parkettboden, dem viele Latten fehlen. Wahrscheinlich sind sie verfeuert worden.

Das Arbeitszimmer von Nasim Bakyrow sieht so aus, als sei es gerade entmottet worden. Die Farbe an den Wänden blättert ab. Der Kalender stammt aus dem Jahre 1991, letztes Blatt: 11/12 Mai. Wahrscheinlich ist damals die Fabrik geschlossen worden. »Nach dem Zusammenbruch der Sowjetunion und der kommunistischen Wirtschaft mussten die meisten Betriebe schließen«, sagt der Direktor. »Die Seidenfabriken gehörten auch dazu. Für Scheki war das ein schwerer Schlag. Fast die ganze Stadt hing daran. 8000 Menschen verloren ihre Arbeitsplätze.«

Nun will man wenigstens in einer Fabrik die Produktion wieder aufnehmen. Noch geht das auf staatliche Rechnung. Es sollen aber private Käufer gefunden werden. Bislang hat sich indes kein Interessent gemeldet. Wir gehen in die Fabrik. Ein Riesengetöse empfängt uns. Es ist schwül in der Halle. »90 % Luftfeuchtigkeit«, sagt der Direktor. »Die Maschinen sind veraltet, veraltet, veraltet.« Das sehe ich. Hier könnte ein Film über den Frühkapitalismus gedreht werden. »Die Maschinen gibt es sonst nirgends mehr«, ruft mir Nasim Bakyrow durch den Lärm zu. »Vor vielen Jahrzehnten sind sie in Italien produziert worden.«

90 Menschen arbeiten auf engstem Raum in der Halle. Die meisten sind Frauen. Zwei »Quotenmänner« entdecke ich. Ganz schlau werde ich nicht aus der Arbeit. Ich sehe an jeder Maschine Schalen mit heißem Wasser, in denen die drei bis vier Zentimeter großen Kokons aufgeweicht werden. Irgendwie wird eine Faser aus dem Inneren hervorgezaubert und von einer Maschine so aufgehaspelt, dass drei bis acht Fasern mit einem Dreh zu einem Faden zusammengefasst werden. Diese Fäden gehen anschließend durch ein Seifenbad, um vom Kokonschleim gesäubert zu werden. Der Fachmann nennt das »Entbasten«. Durch das Zusammendrehen von mehreren Fäden entstehen dann noch dickere Stränge. »Wie viel Meter bekommen Sie aus einem Kokon heraus?« frage ich den Direktor, als wir wieder draußen sind. »500 bis 600 Meter. Die Japaner sind besser. Sie holen aus ihren Kokons 1500 Meter heraus.« »Wie entstehen die Kokons?« »Man züchtet Raupen des Maulbeer-Seidenspinners, der sich dann in einen Kokon aus einem Seidenfaden bis zu vier Kilometer Länge einspinnt. Davon ist aber nur ein Teil zu gebrauchen. Der Anfang des Fadens wird übrigens zur Herstellung von Shampoo benutzt. Von daher kommt der Glanz in Ihr Haar.« »Da gibt es bei mir nicht mehr viel zu glänzen. Aber was passiert mit den Raupen?« »Die eingesponnenen Raupen werden durch Dampf oder heiße Luft getötet. Den nächsten Prozess haben Sie selbst gesehen, wenn die Kokons in heißem Wasser aufgeweicht werden.«

»Wo werden die Raupen gezüchtet?« »Überall, wo es Maulbeerbäume gibt. In unserer Gegend stehen sehr viele. Die Qualität von Scheki wurde weithin gerühmt. Hier sind viele Goldmedaillen gewonnen worden.«

Goldene Zeiten hat auch die Stadt Barda erlebt. Weithin reichte ihr Ruf. Im »Alexanderbuch« von Nizami heißt es:

Gesegnet sei das Land von Barda. Der Juli schmückt seine Berge mit Blüten, der Winter fächelt sie mit Frühlingslüften. Wälder von paradiesischer Schönheit breiten sich darin aus. An ihren Säumen sprudeln koussarähnliche Quellen. Wohlstand und Anmut gedeihen beständig.

Barda liegt auf der anderen Seite der Kura kurz vor Berg Karabach, etwa 100 Kilometer südlich von Scheki. Nachdem ich in Berg Karabach das armenische Kriegs-Schicksal kennen gelernt habe, möchte ich mir jetzt die andere Seite ansehen. In Barda befindet sich ein Lager mit Aserbaidschanern, die aus Berg Karabach vertrieben wurden.

Unsere Fahrt führt von oben nach unten, in jeder Hinsicht. Scheki kuschelt sich am Fuß des Großen Kaukasus, Barda breitet sich in einer Senke aus. In Scheki ist es angenehm warm, in Barda unangenehm heiß. In Scheki sehe ich keinen Wohlstand, in Barda aber erwartet mich bitterstes Elend. Wir überqueren die Kura, und ich halte Ausschau nach den blumengeschmückten Bergen. Nichts davon zu sehen! Auch nicht die Wälder von paradiesischer Schönheit. Um mich herum flimmert nur eine erstickende Hitze über ärmlichen Feldern. In einem großen Sumpfloch suhlt sich eine Herde Wasserbüffel, um Abkühlung von der Hitze zu finden.

Kurz vor Barda wehen die aserbaidschanische und die türkische Fahne über einer Lehmhüttensiedlung. Wir sind im Flüchtlingslager angekommen. Seit acht Jahren leben hier 6000 Menschen unter erbärmlichsten Umständen. Ich gehe die Hauptstraße des Lagers hinunter. Links und rechts haben sich kleine Läden eingerichtet. Hemden, Tücher, Getränke, Zigaretten, Zahnpasta, Werkzeug werden angeboten. Gekauft wird nicht. Die Menschen schauen mich forschend an. Sie halten mich für einen offiziellen Gast, der ihnen vielleicht Hilfe bringen kann. Ich entdecke eine kleine Hütte mit der Aufschrift »Friseur«. Warum soll ich mir hier nicht einen Haarschnitt verpassen lassen, denke ich mir und zwänge mich durch die niedrige Tür in den kleinen Laden. Mahmud Schirinow wundert sich über den Eindringling nicht. Er ist erst 20 Jahre alt, hat aber in seinem Leben schon viel mitgemacht. Da bringt ihn auch Besuch aus Köln nicht aus dem Häuschen. Ich lasse mich auf dem Stuhl nieder.

Mahmud legt los, und ich frage ihn aus. Er wurde in einem kleinen Dorf bei Agdam geboren. Es war eine rein aserbaidschanische Siedlung. Dann kam der Krieg über das Dorf, und er lernte die Armenier als Feinde kennen. Sie nahmen sein Dorf unter Beschuss. Er musste mit seiner Familie flüchten. Die Armenier eroberten das Dorf, mussten aber schnell weichen. Die Familie kehrte zurück, sah aber nur Zerstörung und wurde wieder zur Flucht gezwungen, als die Armenier das Dorf erneut im Feuersturm einnahmen.

Bei der panikartigen Flucht raste das Auto seiner Familie mit einem anderen Wagen zusammen. Mahmuds Vater war auf der Stelle tot. Mit seiner Mutter und seinem Großvater schlug sich der damals Vierzehnjährige ins aserbaidschanische Hinterland durch. Das war 1994. Seitdem lebt er mit dem Rest seiner Familie hier im Lager.

Inzwischen hat sich mein Friseurbesuch, der von unserem Kamerateam gefilmt wird, im Dorf herumgesprochen. Die Hütte wird von Jung und Alt umstanden. Sie schauen durch die Tür, sie schauen durch die beiden kleinen Fenster. Der Friseursalon ist sehr niedrig. Aufrecht kann ich nicht in ihm stehen. Klein ist er auch, er ist, wie ich jetzt bei genauerer Betrachtung feststelle, höchstens drei Meter mal drei Meter. Er ist aus mit Lehm verklebtem Schilf gebaut und weiß gekalkt, wie alle anderen Hütten. Draußen haben wir 45 Grad im Schatten, hier drinnen sind es sicher über 50 Grad. Mir rinnt der Schweiß in Strömen über das Gesicht und am Körper herunter. Alle zwei Minuten muss ich mich mit meinem Handtuch, das ich vorsorglich mitgebracht habe, trockenlegen.

Zu meiner Erleichterung sehe ich, dass auch Mahmud in Schweiß gebadet ist. Er hat eine eigenwillige Technik, arbeitet aber exzellent. Wollte er schon immer Friseur werden? »Ja, das war immer mein Wunsch gewesen. Es ist ein sauberer und kultivierter Beruf. Friseur in unserem Dorf zu werden, davon habe ich immer geträumt. Aber diesen Traum haben die Armenier zerstört. Sie haben den Tod meines Vaters auf dem Gewissen, sie haben unsere Nachbarn erschossen und sie haben unser Dorf zerstört. Sie sind die Todfeinde der Aserbaidschaner. Wir müssen sie aus unserer Heimat vertreiben. Ich will lieber im Krieg gegen sie sterben, als hier noch lange zu leben.«

Mahmuds Großvater ist im Lager gestorben. Seine Mutter liegt schwer erkrankt darnieder. Es fehlt an Medikamenten. Die hohen

Temperaturen setzen ihr sehr zu. Die primitive Hütte, die sie sich gebaut haben, schützt weder gegen die Hitze noch gegen die Kälte. Im Winter fegt hier ein eisiger Wind über die Ebene. Das Wasser ist ungenießbar. Malaria sucht das Lager heim und mit ihr der Tod.

Wovon lebt er? »Einnahmen als Friseur habe ich kaum. Der Preis für den Haarschnitt ist niedrig: 1000 Manat (50 Pf). Wenn fünf Kunden am Tag vorbeikommen, können drei nicht bezahlen. Aber ich bediene sie alle.«

»Gibt es Hilfe vom Staat?« »Nein, die Hilfsorganisation Türkischer Halbmond steht uns bei. Sie bringt uns Nahrung. Eine Ölfirma aus Baku hilft uns auch ein bisschen. Wir bekommen pro Person fünf Kilogramm Mehl, einen Liter Öl, dazu etwas Reis und Butter. Doch damit kann der Mensch nicht einen Monat lang auskommen.«

Das Leben der Menschen im Lager ist von demütigender Not. Alle sind verschuldet, auch Mahmud. Die Anschaffung für seine schlichte Ausrüstung ist noch nicht abgezahlt. Der Stuhl wackelt, die elektrische Schneidemaschine brummt laut, bringt aber nichts. Da ihm die Rückkehr verwehrt ist, wäre es sein Traum, in einem ordentlichen Friseursalon in einer Großstadt zu arbeiten. Aber er kommt nicht aus dem Lager raus. Die aserbaidschanische Regierung geht mit ihren Flüchtlingen genauso um wie die georgische Obrigkeit mit ihren Vertriebenen. Sie hält sie wie Geiseln in den lebensunwürdigen Lagern fest, um der Weltöffentlichkeit zu demonstrieren, dass die Landnahme durch den Feind noch zu revidieren ist. Mit dieser Politik soll auch der Revanche-Geist im eigenen Land wach gehalten werden.

Aserbaidschan hat allerdings weit mehr Flüchtlinge zu versorgen als Georgien, nämlich eine Million Menschen. Sie kommen nicht nur aus Berg Karabach und Armenien, sondern aus vielen anderen Krisengebieten der ehemaligen Sowjetunion. Die vertriebenen Armenier lassen sich hingegen lieber in Russland als in ihrem völlig verarmten Heimatland nieder. Als gute Handwerker finden sie auch leichter Arbeit als andere.

Ich verabschiede mich von Mahmud. »Das ist der heißeste, aber bislang beste Haarschnitt meines Lebens«, sage ich ihm. Mein Friseur zu Hause möge mir diese Auskunft verzeihen, aber der junge Mann hier im Flüchtlingslager beeindruckt mich sehr. Langsam wandere ich aus dem Lager hinaus. Die Menschen lächeln mich an, obwohl ich ihnen keine Hilfe gebracht habe, sondern nur ein bisschen Ablenkung. Die Kinder hüpfen um mich herum. Zum Glück habe ich reichlich Souvenirs dabei, so dass ich nicht allzu knickerig wirke.

An der Straße, die nach Barda führt, steht ein kleiner Imbissladen. Einige Männer aus dem Lager haben sich hier eingefunden. Sie spielen Karten und Domino. Was sollen sie sonst auch tun? Arbeit finden sie hier keine. Als wir auf sie zukommen, erkennen sie uns als Journalisten. Ihre Verzweiflung und ihr Zorn entladen sich in erregtem Geschrei. Verrat werfen sie ihrer Regierung vor. »Wir wollen nicht zu Vergessenen des Krieges werden. Wir wollen kein Gnadenbrot, wir wollen unsere Ehre und Würde zurückhaben. Wir wollen endlich Arbeit finden«, rufen sie durcheinander. »Lieber wollen wir im Krieg gegen die Armenier sterben, als hier im Lager an Malaria oder Hunger krepieren.«

Schweigend fahren wir zurück. Auch auf dem Rückweg sehen wir auf dieser Seite der Kura keine blumengeschmückten Berge und keine Wälder von paradiesischer Schönheit.

Von Scheki nach Baku

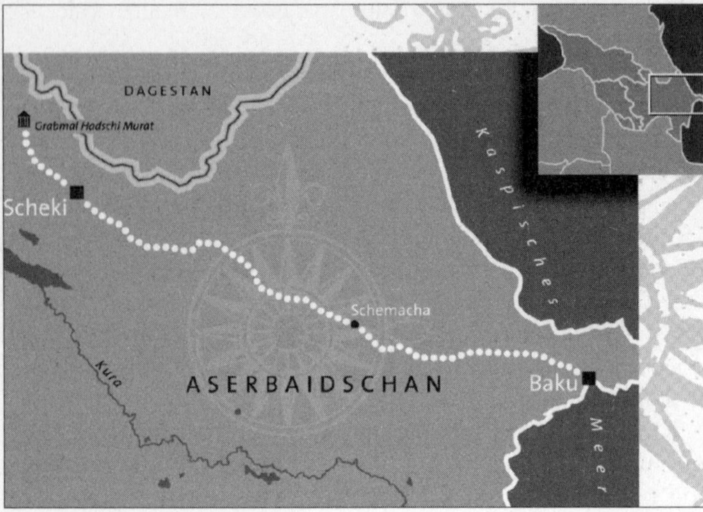

Die Nachricht elektrisiert mich. Nicht weit von Scheki soll sich das Grab von Hadschi Murat befinden. Der Verwalter der Karawanserei kennt den Ort. Er heißt Tangid und liegt etwa 60 km westlich von hier. Wir brechen sofort auf. Unterwegs lese ich das Schlusskapitel aus Lew Tolstois großer Erzählung »Hadschi Murat«. Es beschreibt das dramatische Ende des Awaren-Kriegers.

Hadschi Murat war ein unerschrockener, listenreicher Kämpfer. Im jahrzehntelangen Freiheitskrieg der Kaukasier brachte er der zaristischen Armee empfindliche Niederlagen bei. Doch 1851 verließ ihn das Kriegsglück. Er geriet darüber mit Schamil, dem Führer der Kaukasier, in einen lebensgefährlichen Streit. Es war einer dieser Machtkämpfe zwischen den Clans, die die Kaukasier bis auf den heutigen Tag immer wieder entzweit hat. In ihrem lodernden Hass sind sie sogar bereit, auf die Seite ihres eigentlichen Feindes zu gehen. So auch Hadschi Murat! Er näherte sich den Russen an, um sich mit ihrer Hilfe an Schamil zu rächen. Die Russen wollten ihn ihrerseits benutzen, um die Kaukasier zu spalten. Hadschi Murat witterte Verrat und flüchtete erneut, aber er hatte keine Chance mehr. Ein Trupp Kosaken setzte ihm nach und stellte ihn in einem Wäldchen.

Lew Tolstoi beschreibt Hadschi Murats letzten Kampf ausführlich. In Auszügen liest sich das so:

Als Hadschi Murat erkannt hatte, dass er umzingelt war, beschloss er, sich in einem ausgetrockneten Graben, den er in der Mitte des Gehölzes entdeckte, zu verschanzen und zu verteidigen, solange das Pulver und die Kräfte reichen würden. Er und seine Leute schossen nur dann, wenn irgendeiner der Kosaken sich etwas vorwagte. Ihre Kugeln verfehlten selten ihr Ziel. Die Sonne war bereits zu halber Baumhöhe emporgestiegen, und Hadschi Murat dachte schon daran, sich auf sein Pferd zu schwingen und zu versuchen, den Fluss zu erreichen, als das Geschrei einer neu ankommenden großen Truppenschar vernehmbar wurde. Es waren über 200 Mann.

Hadschi Murat wurde verwundet. Eine zweite Kugel verletzte ihn tödlich. Er fühlte, dass er sterben musste. Er raffte seine letzten Kräfte zusammen, richtete sich hoch hinter dem Wall auf, feuerte seine Pistole auf einen heranstürmenden Soldaten ab und traf ihn. Der Soldat fiel zu Boden. Darauf kroch Hadschi Murat ganz aus dem Graben hervor und ging, mit dem Dolch in der Hand, schwer hinkend gerade auf den Feind los. Ein paar Schüsse krachten, er schwankte und stürzte zu Boden. Einer seiner Verfolger setzte den Fuß auf den Rücken des Leichnams, hieb mit zwei wuchtigen Schlägen den Kopf vom Rumpf ab und rollte diesen mit dem Fuß vorsichtig beiseite, um seine Schuhe nicht mit Blut zu besudeln. Alle Kosaken versammelten sich wie Jäger um das erlegte Wild und feierten mitten im Pulverdampf unter heiteren Gesprächen ihren Sieg.

Die Nachtigallen, die während der Schießerei verstummt waren, begannen wieder zu schlagen. Zuerst eine in der Nähe, dann die anderen weiter entfernt.

An einer Nebenstraße finden wir auf einem Holzstück den Hinweis auf das Grab von Hadschi Murat. Über einen schmalen Feldweg gelangen wir zu einer Baumgruppe. Auf einer Lichtung steht ein großer Grabstein mit einem Medaillon. Es zeigt das Porträt von

Hadschi Murat. Darunter ist eine Sure aus dem Koran geschrieben. Hier soll also der legendäre Kämpfer sein letztes Gefecht geliefert haben. Die Nachtigallen sind verstummt, aber der Platz ist seiner würdig. Mächtige Eichen umstehen sein Grab. Dahinter schimmert der Große Kaukasus durch den Dunst. Auf der Lichtung sehe ich fünf weitere Gräber. Es sind wohl Dorfbewohner, die hier beigesetzt wurden.

Während das Team Aufnahmen von der Landschaft macht, fahre ich in das Dorf, um mehr über das Grab zu erfahren. Angeblich gibt es hier einen Mullah, der Auskunft geben kann. Leider ist er auf einer Beerdigung. Dafür bittet mich Schamil Babaschow zu sich in den Hof. Ich nehme sein Angebot gerne an und treffe auf eine Großfamilie, insgesamt 16 Personen. Entsprechend lang ist der Tisch, an dem wir Platz nehmen. Die Seiten sind mit Schilfrohr und gestapeltem Holz abgedeckt. Ein Dach schützt gegen Sonne und Regen. Offensichtlich mache ich einen ausgehungerten Eindruck, denn es wird gleich leichte Kost aufgetischt. Joghurt, Quark, Tomaten, Gurken, feine Kirschmarmelade und Brot – alles Eigenprodukte.

Während ich mich mit Appetit über das gesunde Essen hermache, möchte ich etwas über das Grab von Hadschi Murat erfahren. Islam, der Vater von Schamil Babaschow, setzt mich ins Bild. Schon die Alten im Dorf hätten davon geredet, dass sich hier in der Nähe das Grab von Hadschi Murat befinden müsse. Als ein Mann aus dem Dorf, Mohammed Chalil, 1967 auf der Lichtung beigesetzt wurde, sei man auf ein Skelett ohne Schädel gestoßen. Historiker hätten sich des Falles angenommen und nach einiger Zeit festgestellt, dass es sich um Hadschi Murats sterbliche Überreste handeln müsste. Da der Awarenkrieger nicht ganz nach dem Geschmack des Sowjetregimes war, wurde damals wenig Aufhebens davon gemacht. Erst ab 1985 habe man mehr offizielles Interesse gezeigt. Literaturwissenschaftler seien aus Moskau gekommen. Für den Grabstein hätten sie gesorgt. Sogar ein ordentliches Grab sei mit Hilfe einer Planierraupe angelegt worden.

Sehr bekannt ist der Platz immer noch nicht, aber es kommen hin und wieder Besucher. Sie sind entweder an Tolstoi oder am Widerstandskampf der Kaukasier interessiert. Schulklassen machen Exkursionen hierhin, und aus dem Dorf gehen immer wieder

Bewohner bei Hadschi Murat vorbei, obwohl sein Grab einige Werst entfernt liegt. »Wir verehren Hadschi Murat sehr, denn er war ein tollkühner Mann, der immer ein Herz für Arme und Schwache hatte«, sagt Schamil Babaschow. »Was halten Sie denn von Schamil? Er war doch zum Schluss der Feind von Hadschi Murat«, frage ich. »Sehr viel! Es war eine Tragödie für die Kaukasier, dass Schamil und Hadschi Murat zu Feinden wurden. Schamil war der Größte von allen. Im Kaukasus war er der gefährlichste Gegner, den die Russen je hatten.«

Dass Schamil hier verehrt wird, wundert mich nicht, zumal der Hausherr den Namen seines Idols trägt. Der Mythos Schamil ist mir im Kaukasus bei den Moslems immer wieder begegnet. Auf ihn berufen sich vor allem die aufständischen Tschetschenen. Der legendäre Führer der Bergvölker wurde 1797 in Dagestan geboren. Er erhielt eine Gelehrtenausbildung und begeisterte sich als junger Mann für die Lehre des Imam Gasi-Mohammed, der den heiligen Krieg gegen die ungläubigen Russen predigte. Die Anhänger dieser Religion nannten sich Muriden. Als sein Lehrer Gasi-Mohammed 1832 im Kampf den Tod fand, stieg Schamil nach kurzer Zeit zu seinem Nachfolger auf. Den Russen erwuchs ein starker Gegner. Schamil brachte mehr und mehr Bergvölker hinter sich, auch mit Gewalt. Die russische Armee wurde seiner nicht Herr. 1843 war Schamil alleiniger Herrscher über Dagestan und Tschetschenien.

Cholera, Zwist und Kriegsmüdigkeit schwächten im Laufe der Jahre seine Position. Der Zar schickte immer wieder neue Truppen in den Kaukasus. Dörfer, Felder und Wälder wurden niedergebrannt. Mit großem militärischen Geschick leistete Schamil Widerstand. Längst war sein Ruhm bis Westeuropa vorgedrungen. Alexandre Dumas schrieb voller Respekt über ihn. Als der Franzose durch den Kaukasus zog, brachen die letzten Tage der Herrschaft Schamils an. 1859 musste er sich der überlegenen Macht der Russen beugen. Er wurde gefangen genommen, aber als großer Gegner vom Zaren ritterlich behandelt. Schamil durfte nach Mekka reisen, wo er 1871 starb.

Schamil muss eine charismatische Persönlichkeit gewesen sein. Selbst in schier aussichtslosen Situationen bewahrte er stoische Ruhe. Dank seiner Rhetorik wusste er die Menschen zu begeistern. Er war nicht nur ein geschickter Heerführer und Politiker, sondern auch höchster Priester und Gesetzgeber. Damals schon war er eine Kultfigur, der auch deutsche Reisende erlagen, wie Friedrich Bodenstedt und Friedrich Wagner. Schamil sei es gelungen, so stellten sie fest, die Völkerschaften zu einem Volk zu verschmelzen und eine theokratische Monarchie zu gründen. Eben das hat aber Schamil nicht geschafft. Bei aller Verehrung darf auch nicht übersehen werden, dass er ein Tyrann war, der mit Gleichmut über Leichen ging.

Unser Gespräch wendet sich Alltagsfragen zu. »Wie ist das Leben?« frage ich Schamil Babaschow. »Sehr schwierig! Zur Zeit der Sowjetuntion war es besser. Heute können wir unsere Familien kaum noch durchbringen. Elektrizität gibt es nur noch stundenweise.« »Wovon leben Sie?« »Von Tabakanbau und von der Ernte unserer Nussbäume. Wir warten darauf, dass die Regierung staatlichen Boden privatisiert. Pro Person soll es 400 m^2 geben. Da wir eine große Familie haben, würde uns viel Land zustehen. Die Flüchtlinge aus Berg Karabach sollen auch beteiligt werden. Das darf nicht sein. Die können hier vorübergehend leben. Aber dies ist allein unser Boden.« So ist das unter Brüdern.

Einen neuen Krieg um Berg Karabach möchte Schamil Babaschow nicht führen. »Heute noch leiden die Menschen darunter«, sagt er. »Hier im Dorf gibt es einen sieben Jahre alten Jungen, der noch keinen Namen trägt. Sein Vater gilt als vermisst in Berg Karabach. Wenn er tatsächlich noch lebt, muss er nach unserer Tradition dabei sein, wenn das Kind seinen Namen erhält. Solange sein Schicksal ungeklärt bleibt, muss der Junge namenlos bleiben.« »Gibt es denn noch viele Vermisste?« »800 sollen es sein. Gelegentlich findet eine Freilassung von Gefangenen statt, meist durch Freikauf oder Austausch.«

Wenn wir Baku heute noch erreichen wollen, müssen wir jetzt losfahren. Ich kann mich nur wundern, welche Strecken Schamil, Hadschi Murat und ihre Krieger in kurzer Zeit zurückgelegt haben. Sie operierten diesseits und jenseits des Kaukasus. Damals führten durch das Gebirge noch keine Straßen. Dennoch durchquerten sie zu Pferde das gewaltige Massiv. Unsägliche Strapazen müssen damit verbunden gewesen sein. Nun fahren wir am Kaukasus vorbei. Er bietet eine prächtige Kulisse. Die Fahrt ist ein Genuss, nicht nur wegen der landschaftlichen Schönheit, sondern auch – man muss es sagen – wegen der guten Fahrbahn. Eine bessere Straße haben wir bislang im Kaukasus nicht unter den Rädern gehabt.

Eichen und Nussbäume säumen unseren Weg. Streckenweise fahren wir durch lange Baumgewölbe, durch die mildes Licht auf die Straße fällt. Kaum ein Auto begegnet uns. Ab und zu kommt uns ein Eselskarren oder eine Schafherde entgegen. Kinder halten uns Brombeeren entgegen. Wir kaufen ihnen das gesamte Angebot ab. Rauf und runter geht es. Der Minibus braucht immer wieder Verschnaufpausen, weil der Motor heißläuft. Kurz vor Schemacha stoßen wir auf die Hauptstraße Baku – Tbilissi, wo uns vor 142 Jahren Monsieur Dumas père entgegengekommen wäre. In seiner unnachahmlichen Art beschreibt er die Fahrt zwischen den Gebirgszügen.

Man kann sagen, dass die Fahrt wegen der tiefen Abgründe manchmal recht lebensgefährlich aussah. Aber der großartige Horizont mit der Aussicht, die er bot, lenkte einen davon ab. Man durfte jedoch nicht in die Tiefe sehen, wenn man nicht bei jeder Wegebiegung von einem Schauer oder Schwindel ergriffen werden wollte. Unser Kutscher schien wirklich den Teufel im Leibe zu haben. Vergeblich brüllten wir ihm zu, er solle seine Pferde zügeln, aber er antwortete gar nicht, sondern peitschte im Gegenteil noch auf sein Gespann weiter ein, um ja nicht langsamer zu werden. Wir glaubten schon so gut wie gerettet zu sein, als die Pferde auf einen Graben zusteuerten. Als erster verschwand der Kutscher vom Bock, ich selbst landete an dem Ast eines Baumes, an dem ich mich mit den Händen festklammern konnte und der sich unter meinem Gewicht bog, so dass ich nur einen Fuß über der Erde schwebte. Ich ließ los. Für mich war der Fall erledigt.

Die »tolle Bergfahrt« des Franzosen möchte ich nacherleben. Mit viel Tempo brausen wir nach unten. Doch die Serpentinen bieten heute nur noch den halben Spaß. Die Straße ist verhältnismäßig gut ausgebaut. Mit Servolenkung und guten Bremsen sind selbst die Haarnadelkurven ohne größere Probleme zu nehmen. Doch damals herrschten andere Bedingungen. Es war zudem Winter. Ich kann mir gut vorstellen, dass einem Hören und Sehen vergeht, wenn man mit einem entfesselten Pferdegespann diesen Berg hinunterrast.

Mit letzter Kraft hechelt unser Minibus den Berg wieder hoch. Er ist eben vom Flachland-Typ »Gazelle« und kein Gamsbock. Noch 150 km sind es bis Baku. Nichts bekommen wir mehr mit von der Berglandschaft. Auch für Schemacha bleibt keine Zeit. Dumas hat mir die Stadt auch nicht sonderlich empfohlen. Einst sei sie als Metropole der Provinz Schirwan sehr reich gewesen, aber Erdbeben, Kriege und Epidemien hätten ihr den alten Glanz genommen. Was uns danach die Dunkelheit vorenthält, soll auch nicht aufregend sein: Steppe mit Hochspannungsleitungen als Hauptattraktionen.

Nach einigen Zwangspausen kommen wir gegen Mitternacht in Baku an. Im Gästehaus der Regierung finden wir Unterkunft. Für mich fällt eine hochherrschaftliche Suite ab. Ich komme mir vor wie in Gorbatschows Datscha. Vom Balkon aus habe ich einen imposanten Blick auf das nächtliche Baku. Wie eine Sichel legt sich die Stadt um die weite Bucht. In der Ferne sehe ich den Feuerschein der Ölfackeln. »Stadt der Winde« heißt Baku. Doch jetzt regt sich kein Lüftchen. Es ist immer noch sehr warm. Dumas sah sich außer Stande, Baku in die Reihe der europäischen Städte einzuordnen. Sie sei asiatisch, vor allem persisch wegen ihrer Lage, ihrer Bauart und ihrer Produkte. Ich bin sehr neugierig, was mir Baku zu bieten hat.

Baku

Bei Baku denke ich nicht zuerst an Öl, sondern an Teppiche. Das hat seine persönliche Bewandtnis. Vor langer Zeit habe ich einen Teppich aus Aserbaidschan erworben. Ob er wertvoll ist, weiß ich nicht. Aber er macht seinen Job. Viele Umzüge hat er hinter sich. Überall muss er die erste Dreckarbeit leisten. Dennoch sieht er bis heute nicht betreten aus, sondern frisch und einladend wie am ersten Tag.

Aus Respekt vor dieser tadellosen Brückenleistung statte ich meinen ersten Besuch bei der obersten Teppich-Koryphäe der Republik Aserbaidschan ab, Hadschi Eldar Michajlow. Er ist kein Teppichhändler, kein Teppichknüpfer, sondern er ist ein Künstler, ein international renommierter Teppichmaler. Sein Haus befindet sich in der Altstadt. Als Entree schildere ich ihm meine gute Erfahrung mit aserbaidschanischer Teppich-Qualität, womit gleich die richtige Chemie zwischen uns hergestellt ist. Zu meinem Läufer will sich die Teppich-Koryphäe nicht äußern. Aber grundsätzlich stellt Hadschi Eldar fest: »Der aserbaidschanische Teppich ist der beste in der Welt. Er verbindet die hohe iranische Kunst mit der hohen türkischen Technik.«

Der älteste Teppich sei über 3500 Jahre alt und im Eis des Altai-Gebirges gefunden worden, erzählt der Teppichmaler. Das gute alte Stück befinde sich jetzt in der Eremitage in St. Petersburg. Der wertvollste Teppich sei in Teheran im Museum zu sehen. Eine Frau habe ihn im Gefängnis ohne Werkbank nur aus ihren Haaren gewebt. Ihr ganzes Leben sei darin enthalten, zu Anfang schwarz und am Ende weiß. Das teuerste Exemplar befände sich in London im Victoria Albert Museum. 52 Quadratmeter, selbstverständlich aus Aserbaidschan, wie auch der legendäre Schirwan-Teppich, der im Louvre seinen Platz gefunden habe.

Tee wird uns serviert. Hadschi Eldar erzählt mir seine Vita. Begonnen hat er als Maler und schon als Kind hohe Auszeichnungen gewonnen. Nachdem er die Hochschule in St. Petersburg mit Auszeichnung abgeschlossen hatte, nahm ihn Latif Karimow, in der Welt die Nummer eins der Teppichmaler, unter seine Fittiche. Inzwischen hat er es zu Wohlstand und hohem Ansehen gebracht. Auf der Internationalen Teppichausstellung in Frankfurt sei er 1989 mit dem ersten Preis ausgezeichnet worden, lässt er beiläufig einfließen.

Wir gehen hinüber in sein Atelier. Uns empfängt ein Geräusch, als würde monoton an den Saiten eines Streichinstrumentes gezupft. Vier größere Teppiche sind hier in dem hellen und gepflegten Studio in Arbeit. Sie hängen halbfertig über Gestellen. Junge Frauen sitzen davor, sie haben Muster vor sich. Aus Wollknäueln ziehen sie Fäden mit unterschiedlichen Farben herunter und knüpfen sie mit kleinen Haken entsprechend der Muster in die fest verspannten Kettfäden ein, was den Zupfton hervorruft. Mit Kämmen werden die Knoten festgepresst. Anschließend werden die fertigen Teile auf ein Niveau geschoren.

Der Maestro erklärt mir das Einmaleins der Knüpftechnik. Leider höre ich nicht genau zu. Mich interessiert mehr, wie sich auf einem Teppich vor mir ein Porträt entwickelt. Bislang ist nur die untere Gesichtshälfte zu erkennen. Daraus soll das Porträt des russischen Präsidenten Putin werden, wie ich an dem Muster erkennen kann. Aserbaidschans Präsident Alijew wird es seinem Kollegen demnächst überreichen. Auch Hillary Clinton erfreut sich bereits eines Teppich-Porträts. Es ist ihr in Washington anlässlich eines Staatsbesuches überreicht worden. Wer die Clintons einmal besuchen wird, sollte diskret nachschauen, welchen Platz das kostbare Stück gefunden hat.

Hadschi Eldar will mir die Altstadt zeigen. Gleich nebenan ist der sagenumwobene Jungfrauenturm, ein mächtiges Bauwerk, 30 Meter hoch. Um seine Entstehung rankt sich eine traurige Geschichte. Ein Sultan wollte unwissentlich seine Tochter, die er seit ihrer Geburt nicht mehr gesehen hatte, heiraten, weil sie wie seine verstorbene Frau aussah. Um ihren ungestümen Vater abzulenken, erbat sich das bedrängte Mädchen den Bau eines hohen Turms im Meer. Als der Turm endlich fertig war, stieg sie hinauf und stürzte sich ins Wasser. »Wo ist denn hier das Meer?« frage ich Hadschi Eldar. »Das Meer reichte tatsächlich bis hierhin, aber es ist im Laufe der Zeit durch Kaimauern zurückgedrängt worden.« »Wann ist der Turm gebaut worden?« »Was Sie hier sehen, ist im 11. Jahrhundert entstanden. Von oben wurden früher Feuersignale abgegeben, an denen sich die Schiffe orientieren konnten.«

Die Altstadt ist eine Stadt für sich. Mit ihren Winkeln und Gassen wirkt sie keineswegs rein asiatisch auf mich. Die jungen Menschen, die hier herumflanieren, bringen mit ihrem westlichen Auftreten europäisches Flair hinein. Hadschi Eldar weist auf archäologische Ausgrabungen. Hier sind alte Wohnungen gefunden worden. Jetzt werden sie restauriert, um zu zeigen, wie die Menschen in Baku vor vielen hundert Jahren gelebt haben.

Wir steigen ein paar Stufen zu einem Restaurant hinab. Man kann an Tischen, aber auch auf einem Teppich sitzen. Ächzend lasse ich mich auf dem Teppich nieder. Hadschi Eldar kauert sich wesentlich geübter hin. Er ist hinter Scheich Allahschükür der stellvertretende Vorsitzende der Muslime des Kaukasus. »Wie leben die Menschen verschiedener Religionen hier zusammen?« möchte ich von ihm wissen. »In Baku sehr friedlich! Wir laden uns gegenseitig ein. Es gibt keine staatliche oder kirchliche Feier, wo nicht die Oberhäupter der Religionen zusammen erscheinen – ob Moslem, Christ oder Jude.«

»Warum hat es dann den Krieg zwischen dem christlichen Armenien und dem muslimischen Aserbaidschan gegeben?« »Nur aus politischen Gründen, nicht aus religiösen! Wir werden auch wieder in Freundschaft zusammenleben. Keine anderen Völker im Kaukasus waren sich so nahe wie Armenier und Aserbaidschaner. Armenier waren bevorzugte Paten in aserbaidschanischen Familien. Aserbaidschaner umgekehrt in armenischen. Unsere Musik hat verwandte Züge. Wir haben die Freundschaft im Blut. Das kann nicht für immer vorbei sein.«

»Was ist Baku für eine Stadt?« »Es ist eine multinationale Stadt. Wir fragen nicht nach der Nationalität. Das ist erst in den letzten Jahren aufgekommen und wird wieder vergehen. Baku ist natürlich eine östliche Stadt. Hier ist die allerletzte Grenze zwischen Europa und Asien, zwischen West und Ost. Sie werden hier nicht nur östliche, sondern auch europäische Architektur entdecken. In der Mugam-Musik gibt es östliche und westliche Klänge. Da Aserbaidschan aber ein islamischer Staat ist, dominiert hier natürlich die östliche Mentalität und östliche Kultur.«

Hinter uns hängt ein Zupfinstrument. Es heißt Tar. Hadschi Eldar nimmt es in die Hand und erklärt mir die Mugam-Musik. Sie sei jahrhundertealt und habe wie der Jazz ein Thema, über das dann improvisiert werde – mit dem Tar, dem Streichinstrument Kamandscha und einem Sänger, der gleichzeitig auf einer Trommel den Rhythmus vorgebe. Mugam habe sich in diesem Jahrhundert mit seinem westlichen Bruder zum aserbaidschanischen Jazz verschmolzen.

Zum Schluss spreche ich Hadschi Eldar als offiziellen Vertreter der Moslems an. »Ist der Islam in Aserbaidschan fundamentalistisch?« »Die Aserbaidschaner kannten nie den Fundamentalismus. Dazu hat auch die Sowjetzeit beigetragen. Alle mussten zur Schule. Wo Bildung ist, hat der Fundamentalismus weniger Chancen.« »Beginnt sich das zu ändern?« »Als sich jetzt die Grenzen öffneten, wollte man uns den Fundamentalismus hereinbringen. Wir wollen das nicht. Wo Fundamentalismus herrscht, da blüht auch der Chauvinismus. Bei uns wird es nicht möglich sein, religiösen Fanatismus durchzusetzen. Wir werden das verhindern.«

Es ist sehr heiß, als wir das Restaurant verlassen. Sicher über 40 Grad. Voller Neid schaue ich auf die Menschen, die im Schatten der Bäume oder Häuser sitzen und entspannt ihren Tee genießen. Orientalische Gelassenheit hat mich noch nicht überkommen. Vermutlich werde ich sie auf dieser Reise auch nicht erleben. Ich habe mir wie immer zu viele Termine aufgeladen, stelle ich, wütend auf mich selbst fest, während ich schwitzend auf unser Auto zustrebe. Baku werde ich im Galopp absolvieren. Ich tue mir selbst Leid. Gleich steht das Gespräch mit Präsident Gejdar Alijew auf dem Programm. Das kann ich natürlich nicht streichen. Vorher möchte ich noch etwas von Baku gesehen haben.

Wir fahren den Berg hoch. Auf der Suche nach einem guten Ausblick auf die Stadt landen wir in der Allee der Märtyrer. Hier sind die Gefallenen des Berg-Karabach-Krieges beigesetzt. Der Friedhof ist auf breite Wirkung angelegt. Er macht aus allen Beigesetzten Helden. Der Präsident hat es sich so ausgedacht. Mit der Verbeugung vor den Opfern möchte er dem Volk einen zweiten Krieg ersparen. Hinter der Gedenkstätte finden wir die geeignete Plattform für unsere Aufnahmen. Knut Hamsun hat bei seinem Besuch vor 100 Jahren die Stadt ziemlich heruntergeputzt.

Baku liegt in einer einzigen großen Wolke weißen Staubes. Alles ist hier weiß und grau, der Kalkstaub lagert auf den Menschen, den

Häusern, den Bäumen und Büschen. Es sieht aus wie eine verrückte Welt. Und dann der Ölgestank in der Stadt!

Ich sehe und rieche nichts davon. Vor mir breitet sich ein hinreißendes Panorama aus. Eine Stadt in einer solchen Bucht ist per se gut dran. Die Natur verleiht ihr einen besonderen Charakter.

Unter mir liegt die Altstadt, dahinter die Uferpromenade. In der City machen Hochhäuser westlichen Stils auf sich aufmerksam. Sie sehen aus wie Bankgebäude. In der Ferne dehnen sich die Industrieanlagen aus. Die alten Öltürme sind auch noch zu erkennen. Mit dem Ölboom ist hier vor mehr als 100 Jahren klotziges Geld verdient worden. Die Nobels und Rothschilds haben eine gute Stange davon abbekommen. Vorübergehend schien es mit den Ölvorräten am Kaspischen Meer zu Ende zu gehen. Sibirien wurde das neue Eldorado, aber jetzt sind die Prognosen wieder rosig. Auf wenigstens sechs Milliarden Tonnen Öl werden die Reserven geschätzt. Damit sind die nächsten 100 Jahre gesichert. Insofern ist Aserbaidschan von allen kaukasischen Staaten am besten dran und wird auch künftig seinem ursprünglichen Namen »Land der Feuer« alle Ehre machen können.

Von unserem Aussichtspunkt rollen wir in wenigen Minuten zum Präsidentenpalast. Er liegt direkt neben dem Gästehaus, in dem wir untergebracht sind. Die Kontrolle ist bei weitem nicht so streng wie bei Alijews georgischem Kollegen Schewardnadse. Ansonsten fallen mir erstaunlich viele Parallelen in den Lebenswegen der beiden Präsidenten ein, als ich dem Sicherheitsmenschen durch das Riesenhaus nachlaufe. Alijew wie Schewardnadse waren beinharte Kommunisten. Sie machten Karrieren als KGB-Generale, Parteichefs in ihren Heimatrepubliken und später als Mitglieder des allmächtigen Politbüros in Moskau. Auch nach dem Zusammenbruch der Sowjetunion ging es im Gleichschritt weiter. Beide wurden Präsidenten in ihren Republiken, die inzwischen unabhängig geworden waren. Beide treten als engagierte Anhänger ihrer Religionen auf und beide reden über die Sowjetunion, als seien sie nie dabei gewesen.

Viel Betrieb herrscht im Präsidentenpalast nicht. Der Mann von der Sicherheit liefert mich bei einer eleganten Dame ab. Sie führt mich in ein großes Konferenzzimmer. Am Ende des Tisches kann ich mich für das Interview einrichten. Die Fahne Aserbaidschans steht schon passend. Der Präsident kommt pünktlich. Mit kurzer Unterbrechung hat er in den letzten Jahrzehnten die Politik seines Landes beherrscht. Nun sieht er angegriffen aus. Bei einem Alter von 79 Jahren und nach schweren Herzoperationen ist das kein Wunder. Sein Haus ist angeblich bestellt. Das Präsidentenamt soll in der Familie bleiben. So funktioniert beste Clanwirtschaft. Es sind die Sippen, die das Land beherrschen. Das gilt für den ganzen Kaukasus. Alijew kommt aus Nachitschewan, der aserbaidschanischen Exklave zwischen Armenien und der Türkei. Von hier stammen auch eine Reihe seiner Gefolgsleute, die er an die Schalthebel der Macht gebracht hat. Die Stimme des Präsidenten klingt brüchig.

Seine Gedanken sind aber fest und klar. Gleich mit seiner ersten Bemerkung macht er deutlich, was er als Hauptaufgabe betrachtet: »Wir müssen die Unabhängigkeit unseres Landes sichern.« Um dieses zu erreichen, wird die Nähe zum Westen gesucht, zu den USA und der Europäischen Union. Das Turkvolk Aserbaidschan soll nicht Anhängsel der Türkei werden und erst recht nicht wieder unter die Fuchtel Russlands geraten. »Unser Land gehörte 70 Jahre zur Sowjetunion und war davor 100 Jahre eine Kolonie des zaristisch-russischen Imperiums. Das reicht.« »Wie ist denn das Verhältnis zu Russland?« »Wir hätten gerne gute Beziehungen. Aber Russland paktiert mit Armenien. Beide sind ein Militärbündnis eingegangen. In Armenien gibt es russische Militärbasen. Das ist unzulässig, denn Russland tritt gleichzeitig als Vermittler im Konflikt um Berg Karabach auf.«

»Wie soll es mit Berg Karabach weitergehen?« »Schon 1988 hat Armenien beschlossen, sich unsere autonome Republik Berg Karabach einzuverleiben. Darüber kam es zum Krieg. Die Armenier waren sich einig, die Aserbaidschaner hingegen in Machtkämpfen zerstritten. Deshalb wurde der Krieg verloren. Seitdem sind 20 Prozent unseres Territoriums von Armenien besetzt und Hunderttausende unserer Menschen vertrieben. Das muss in Ordnung gebracht werden. Herstellung der territorialen Einheit, Rückkehr der Flüchtlinge: So soll es mit Berg Karabach weitergehen.« »Wie soll das passieren?« »Durch Verhandlungen!«

»Sind gute nachbarschaftliche Beziehungen zwischen Aserbaidschan und Armenien noch möglich?« »Ich halte das für sehr gut möglich. Die Zeit heilt alle Wunden. Sehen Sie sich doch Deutschland an! Es hat gegen fast alle Staaten Europas Krieg geführt und ist heute mit allen befreundet.«

Nach dem Gespräch gönne ich mir einen Spaziergang durch das Zentrum. Vorbei am Denkmal des Dichters Nizami betrete ich die Hauptgeschäftsstraße. Sie hat ein bisschen südfranzösischen Charakter, wie ich finde. Von den Balkonen schauen Bewohner auf den Trubel in der Fußgängerzone. Das Publikum wirkt nicht sehr orientalisch. Nur ganz selten sehe ich verschleierte Frauen. Allmählich wird das Viertel schlichter. Ich gerate in eine Straße, in der Männer ihre Arbeitskraft verdingen. Ihre Werkzeuge haben sie gleich mitgebracht. Ein Sklavenmarkt unserer Zeit! Morgens stehen sie hier dicht gedrängt. Interessenten an Tagelöhnern fahren die Straße wie eine sündige Meile ab. Sie picken den einen oder anderen heraus. Die meisten warten bis zum Abend vergebens, gebraucht zu werden.

Wir fahren Richtung Halbinsel Apscheron aus Baku heraus. Gleich hinter der Stadt gelangen wir an weit ausgestreckte Salzseen. Das schneeweiße Salz suggeriert den Eindruck einer Winterlandschaft, wenn nur nicht die sengende Sonne wäre. Wie große Spielzeuge bewegen sich Eselskarren hin und her. Wenn man näher herankommt, verliert das Bild seinen harmlosen Charakter. Männer mit Gesichtsmasken wie Scharfschützen schaufeln das Salz zusammen, füllen es in Säcken ab und wuchten es auf die Karren. Wir sprechen eine dieser Gestalten an. Ich hatte erwartet, ein junger Mensch verrichtet diese Schindearbeit. Als er die Maske vom Kopf zieht, schaue ich in das Gesicht eines alten Mannes. Er heißt Ibrahim Jafarow und ist 65 Jahre alt.

»Was hat Sie hierher gebracht?« »Die Not! Niemandem wünsche ich ein solches Schicksal. Vierzig Jahre habe ich als Mechaniker gearbeitet. Dann gab es nichts mehr zu tun. Ich habe mich auf die Straße gestellt, wo man sich als Tagelöhner anbietet. Eines Tages hat mich einer gefragt, ob ich das hier machen würde. Ich habe ja gesagt.«

»Haben Sie so etwas schon vorher gemacht?« »Nein! Als ich das erste Mal kam, traf ich einen Mann, der noch älter war als ich. Er sagte mir, dass in der Kriegszeit Häftlinge hierhin gebracht worden seien. Sie hätten sich aber geweigert, im Salz zu arbeiten. Lieber wollten sie sich erschießen lassen.«

»Bekommen Sie keine Pension?« »Eine kleine, und die wird oft nicht ausgezahlt. Damit kann ich keine Familie mit sechs Menschen durchbringen. Das ist das Schwerste, was ich je in meinem Leben gemacht habe. Zwölf Stunden von morgens 8.00 Uhr an. Lange schaffe ich das nicht mehr in meinem Alter.«

»Ging es Ihnen früher besser?« »Wenn es so wäre wie früher, dann hätte ich keinen Kummer. Es gab immer Arbeit.« »Kann man das Salz bei jedem Wetter abbauen?« »Nein, wenn es regnet, dann ist es vorbei, dann löst sich alles in Salzwasser auf. Im Winter ist Schluss. Dann sind wir alle arbeitslos. Ich weiß dann nicht mehr, wie es weitergeht. Das ist kein würdiges Leben.«

Bedrückt machen wir uns davon. Wer 6 Milliarden Tonnen Öl auf Lager hat, um die sich die Weltkonzerne reißen, sollte auch für Menschen wie Ibrahim Jafarow sorgen können. Doch der Lauf des Geldes ist ohne Phantasie. Es geht immer in dieselben Taschen. Der Fall scheint hoffnungslos zu sein. Mit düsteren Gedanken fahren wir in die Dämmerung hinein. Unser nächstes Ziel brauchen wir erst in der Dunkelheit zu erreichen.

Wer nach Baku reist, kommt am ewigen Feuer von Ataschgah nicht vorbei. Alle namhaften Reisenden waren hier gewesen. Der Franzose Villot traf schon 1609 auf zwei Derwische, die das Feuer bewachten. Der Deutsche Kempfer machte 1683 ähnliche Beobachtungen. Natürlich ließ es sich auch Dumas nicht nehmen, die 26 Werst von Baku nach Ataschgah zu fahren. Die Strecke ist die gleiche geblieben, die Stadt allerdings näher an den Feuertempel herangerückt.

Hohe Mauern umgeben den Wallfahrtsort. An ihre Innenseiten sind Zellen gebaut worden, die den Pilgern und Reisenden als Herbergen dienten. Heute sind hier Ausstellungen über die Geschichte von Ataschgah untergebracht. An den vier Ecken der Mauerzinnen und im Innenhof lodern Feuer. Den Mittelpunkt bildet ein Feueraltar, der wie ein kleiner Tempel überdacht ist. Der Brennstoff kommt aus der Tiefe. Früher war es Naphta, heute ist es Erdgas.

Die Kunde von den geheimnisvollen Feuern sprach sich schnell herum. Ataschgah wurde das Mekka der Feueranbeter. Von weit her kamen sie, Hindus und Anhänger Zarathustras. Während ich mich umschaue, nimmt ein junger, spindeldürrer Mann Platz vor dem Feuer auf dem Altar und betet. Die Umwelt scheint für ihn versunken zu sein. Mit seinem nackten Oberkörper sieht er aus wie ein Asket. Seine Freundin hält sich im Hintergrund auf. Fast eine Stunde dauert das Ritual. Bereitwillig lässt er sich danach ansprechen. Wadim Olejnikow heiße er, 31 Jahre sei er alt und von Beruf Elektromonteur.

»Wie sind Sie zu Ihrem Glauben gekommen?« »Ich weiß es nicht. Ich habe mich intensiv mit dem Christentum, dem Islam und dem Buddhismus beschäftigt, aber beim Hinduismus, genauer gesagt, beim Schiwaismus, fühle ich mich erst richtig geborgen.« »Sind das hier natürliche Feuer?« »Früher ja. Jetzt hat man Leitungen eingebaut. Es wird alles unnatürlich, aber für mich bleibt die Feuerstelle heilig. Einmal im Monat komme ich hierhin. Ansonsten bete ich zu Hause, zweimal täglich.« »Was bringt Ihnen das Gebet?« »Ich nehme die Welt ganz anders wahr. Das Streben nach Geld ist mir nicht wichtig. Als mir eine andere Arbeit mit mehr Lohn angeboten wurde, habe ich abgesagt.« »Sind Sie glücklich?« »Ja, ich habe gefunden, was ich gesucht habe.«

Seine Arbeitsstelle hat er allerdings kürzlich verloren.

»Respublica« heißt das Gästehaus der Regierung von Aserbaidschan. Früher war es Herberge der Parteibonzen der KPdSU. Nun dient es uns als Herberge, gegen einen anständigen Dollarpreis. Das Haus ist zentral gelegen, direkt neben dem Präsidentenpalast und knapp oberhalb der Altstadt. Die Aussicht bietet viel, wenn man auf der richtigen Seite logiert. Ich habe das Glück. Vor mir liegen Stadt und Hafen. Ich genieße den frühen Morgen auf dem Balkon. Die Brise, die vom Meer kommt, ist noch nicht aufgeheizt. Von hier aus betrachtet macht Baku einen harmonischen Eindruck. Die Bucht schwenkt weit aus. An ihren Ufern lagert entspannt die Stadt, langsam den Berg hochwachsend.

Beim Frühstück komme ich mit anderen Gästen ins Gespräch. Probleme gebe es im Land, auch große, aber Aserbaidschan stehe erst am Anfang. Die Folgen des verlorenen Krieges um Berg Karabach seien zu überwinden, die Wirtschaft müsse unbedingt in Gang gebracht werden. Die Öffnung nach Westen sei richtig, den Druck aus Russland müsse man abbauen, ohne allerdings Moskau zu verprellen. Das Verhältnis zu Teheran werde wohl schwierig bleiben. Beide Seiten verdächtigten sich gegenseitig, die Wiedervereinigung der Aseris in Aserbaidschan mit den Aseris im Iran zu betreiben. Bei diesem Misstrauen könne sich kaum eine offene, der Wirtschaft förderliche Nachbarschaft entwickeln.

Andererseits: Aserbaidschan verfüge über reiche Bodenschätze, Öl und Gas. Mit der verwandten Türkei habe das Land überdies einen potenten Partner in der Region. Kluge und abgewogene Argumente, aber ich halte mich nicht lange damit auf...

Wir wollen heute noch am Kaspischen Meer entlang bis kurz vor die Grenze zum Iran reisen. Vorher möchte ich meinen Kollegen von ANS besuchen. Der »Aserbaidschan News Service« ist uns auf dieser Reise sehr behilflich. Er stellt Verbindungen her und sorgt für den Transport.

Mein Besuch ist aber nicht nur ein Akt der Höflichkeit, sondern auch Respektbezeugung. Die Rundfunkstation ANS ist im Kaukasus einzigartig. Sie lässt sich von den Mächtigen im Staat nicht ducken, sondern liefert ungeschminkte Informationen und teilt auch kräftig nach allen Seiten aus. Die Fahrt vom Gästehaus der Regierung führt nur ein kurzes Stück den Berg hinauf, aber die Perspektive ändert sich deutlich. Der Blick wird noch weiter und die Sicht der Dinge wesentlich schärfer. ANS hat sich im zoologischen Institut eingemietet. Der Parkplatz steht voll mit kleinen Pkw, größeren Geländewagen und ausgemusterten Militärlastern, die nun bunt angestrichen als Übertragungswagen dienen.

Mittelgroß, schlank und energiegeladen kommt mir Wahid Mustafajew entgegen. 32 Jahre ist er alt und schon geraume Zeit Präsident von ANS. Als ordinärer Patriot stellt er sich vor. Was damit gemeint ist, hat er soeben wieder einmal im Kräftemessen mit der Regierung bewiesen. Das ganze Land spricht davon, das Diplomatische Corps inklusive. Was ist geschehen? ANS beabsichtigte, ausführliche Interviews mit dem tschetschenischen Präsidenten Aslan Maschadow und einem der militärischen Anführer, Schamil Bassajew, auszustrahlen. Die aserbaidschanische Regierung bekam deshalb Druck aus Moskau. Die Sendung sollte verhindert werden. Kaum hatte das erste Interview begonnen, wurden die Fernsehschirme dunkel. Der Strom war abgeschaltet worden.

Wahid Mustafajew war außer sich vor Zorn, behielt aber kühlen Kopf. Er wusste die Bevölkerung auf seiner Seite. Der Innenminister rief an, der Geheimdienstchef rief an. Beide drohten, ANS solle mit Rücksicht auf die nationale Sicherheit die Interviews absetzen. »Ich kenne diese Leute, ich kenne das Niveau ihres Intellekts und ihre Ambitionen«, erklärt mir Wahid. »Was haben Sie geantwortet?« »Ich habe ihnen gesagt: Die nationale Sicherheit ist nur gewährleistet, wenn das Volk souverän entscheiden kann. Dazu muss es immer beide Seiten kennen. Wir haben in Aserbaidschan drei russische Kanäle. Alle betreiben nur Propaganda und berichten über Tschetschenien entsprechend einseitig. Also müssen wir unbedingt die Gegenseite hören, sonst werden wir nie frei.«

»Mussten Sie mit Repressalien rechnen?« »Selbstverständlich, aber die haben gegen uns nichts in der Hand. Im Gegensatz zu denen haben wir das Vertrauen der Menschen. Im Gegensatz zu denen sind wir keine Agenten Russlands. Im Gegensatz zu denen sind wir nicht bestechlich.«

»Was haben Sie unternommen, um die Interviews durchzusetzen?« »Ich habe sie aufgefordert, mir Gesetzesverstöße nachzuweisen. Darauf hat mir der Generalstaatsanwalt einen Brief geschrieben. Dabei war er so dumm, sich auch auf russische Gesetze zu berufen. Damit war alles klar. Ich habe diesen Brief anderthalb Stunden stumm im Fernsehen gezeigt. Das Volk hat gelacht und auf die in der Regierung gespuckt. Danach waren die Feiglinge weich.«

»Wie ging es weiter?« »Ich habe mich als Präsident von ANS ins Studio gesetzt und das Interview mit Bassajew wie den Bericht unserer Leute kommentiert. Am Ende habe ich denen vom Geheimdienst, vom Innenministerium und von der Generalstaatsanwaltschaft gesagt: ›Es gibt einen berühmten Spruch unseres Volkshelden Babek aus dem 9. Jahrhundert. Er lautet: *Ein tapferer Mann stirbt nur einmal, ein Feigling jeden Tag.*‹ Das hat gesessen. Das Interview mit Maschadow lief dann unbehelligt.«

»Wie sind Ihre Leute überhaupt bis zu Bassajew und Maschadow gekommen? Tschetschenien ist doch von Russen innen und außen abgeriegelt.« »Ganz einfach: durch Bestechung! Bei jedem russischen Blockposten haben wir bezahlt. Die riefen dann beim nächsten Blockposten an: ›Hier kommen Journalisten aus Aserbaidschan, die haben was für euch. Lasst sie durch!‹ Die Russen verkaufen alles. Selbst ihre Waffen. Aber uns wirft Moskau vor, wir belieferten die Tschetschenen. Es wird gelogen, um uns in den Griff zu kriegen, um uns wieder zur Kolonie zu machen.«

Wahid Mustafajew ist von der Ausbildung her Bauingenieur. Doch als die aufregende Zeit des Zerfalls der Sowjetunion begann und die Chance für Aserbaidschans Unabhängigkeit heraufdämmerte, lockte ihn der Journalismus. Bei einer Zeitung hat er angefangen, als Chef der Jugendredaktion. Aber das war ihm bald zu langweilig. Fernsehen faszinierte ihn weit mehr. Er kaufte sich eine Fernsehkamera und klapperte die damaligen Kriegsgebiete ab: Afghanistan, Tadschikistan, Usbekistan, Ossetien und Tschetschenien. Als angeheuerte Ortskraft erhielt er für seine meist lebensgefährlichen Einsätze nur bescheidene Honorare. Für einen Bericht über die dramatische Besetzung des Flughafens von Grosny durch die Russen gab ihm der amerikanische Fernsehsender CNN nur 300 Dollar, während zur gleichen Zeit ein amerikanischer

Kameramann für ein paar Bilder aus Gorbatschows friedlicher Heimatstadt Stawropol mehr als das Doppelte erhielt. Das war gegen die Ehre des jungen Mannes. Als er gegen die ungleiche Honorierung protestierte, bekam er vom CNN-Producer zu hören, er sei ja nur ein »Local«, eine Ortskraft. Das reichte Wahid Mustafajew. Er machte eine eigene Agentur auf. Wer seine Bilder haben wollte, musste sie ihm nun zu Marktpreisen abkaufen. Dafür riskierte er allerdings auch Kopf und Kragen.

Mit der ARD verbindet Wahid ein bitteres Erlebnis. Als er 1991 in unserem Moskauer Studio sein gedrehtes Material sichtete, hörte er über die Fernsehnachrichten, dass sein Bruder bei den Kämpfen um Berg Karabach als Kameramann für die ABC getötet worden war. Nach diesem Schicksalsschlag stürzte sich Wahid Mustafajew noch mehr in die Arbeit für sein Unternehmen. Aus der Agentur machte er eine Rundfunkstation. Erst strahlte er seine Informationen per Radio und Fernsehen innerhalb der staatlichen Programme aus. Doch dann besetzte er in Piratenmanier andere Frequenzen. Nun sendet er 18 Stunden Fernsehen und 24 Stunden Radio. Die Regierung hilft ihm bei seiner Expansion nicht, stoppt ihn aber auch nicht. Das käme beim Volk schlecht an. ANS ist dank seiner Popularität inzwischen den Mächtigen im Staat fast über den Kopf gewachsen. Einzig der allgewaltige Staatspräsident Alijew könnte das Unternehmen ausschalten, aber er will es nicht. Im Gegenzug wird er vom Sender auch nur mäßig kritisiert. Die Vorzugsbehandlung geschähe zu Recht, wird mir versichert. Ohne Alijew wäre Aserbaidschan gegenwärtig verloren.

»Wer ANS gesehen und gehört hat, will ANS nicht verlieren«, meint Wahid selbstbewusst. »Das Innenministerium und den Geheimdienst beliefern wir gleich mit. Ohne Bezahlung! So interessante und seriöse Informationen, wie wir sie in unseren Programmen anbieten, schaffen deren Leute nicht herbei.« ANS finanziert sich über Werbung. Da die staatliche Konkurrenz schwach ist, hat Mustafajews Sender keine Mühe, sich auf breiter Front durchzusetzen.

Sollte der junge Rundfunkpräsident in die Politik gehen, wäre er kaum zu stoppen – es sei denn, auf gewaltsame Weise. So wie er sich im Volk Millionen Freunde schaffte, so schafft er sich im politischen Establishment entschiedene Feinde. Wahid Mustafajew hält mit seiner Meinung nicht hinter dem Berg. »Uns fehlt ein nationales Selbstbewusstsein. Die Nation hat sich noch nicht gebildet. Man kommt aus Baku, Gandscha, aus Scheki oder aus Lenkoran, aber als Aserbaidschaner fühlt man sich nicht. Unsere Führung besteht aus sowjetischen Kreaturen. Deshalb kann der russische Geheimdienst bei uns schalten und walten, wie er will. Unsere Führungsleute haben nie für unser Land gekämpft. Sie haben auch keinen Bruder oder Sohn verloren.«

»Auch nicht der Verteidigungsminister und seine Männer?« »Die waren in Berg Karabach, aber sie haben nicht gekämpft, sondern höchstens Bettlaken gestohlen. Nein, diese Leute wollen nicht kämpfen. Sie wollen nur verhandeln, egal wie lange. Denen sind die Flüchtlinge gleichgültig. Ihnen macht es auch nichts aus, dass wir 20 % unseres Landes verloren haben.«

»Aber der von Ihnen geschätzte Präsident Alijew setzt doch selbst auf Verhandlungen?« »Als Präsident hat Alijew auch keine andere Wahl, als so zu reden. Kürzlich war er im Fernsehen in einer Talkrunde mit Intellektuellen. Plötzlich hat er seine Gesprächspartner gefragt, ob sie oder ihre Kinder für Berg Karabach in den Krieg ziehen wollten. Da haben alle geschwiegen, und Alijew wusste Bescheid. Allein kann er den Krieg nicht führen.«

»Wie lange sollte man denn noch weiter verhandeln?« »Eigentlich nur bis gestern! Wir haben lange genug verhandelt. Die Armenier wollen nicht. Wir müssen sie jetzt zwingen, und zwar in Form eines Blitzkrieges. In einer Woche ist alles vorbei. Armenier, die wir in Berg-Karabach mit der Waffe antreffen, werden wir vernichten. Alle anderen können mit uns zu gleichen Bedingungen leben.«

»Den letzten Krieg hat die aserbaidschanische Armee verloren. Glauben Sie im Ernst, diesmal im Handstreich zu siegen?« Die Gesprächsatmosphäre wird nun etwas frostiger. Wahid scheint in mir einen Armenienfürsprecher zu wittern. Ich erinnere ihn an sein eigenes Credo, beide Seiten zu hören. Er stimmt dem zu. »Wir werden siegen«, kommt er auf meine Frage zurück. »Unsere Armee ist jetzt wieder in einem guten Zustand. Wir müssen die armenische Armee nicht nur in Berg Karabach, sondern überhaupt besiegen. Uns ist klar, dass wir dann auch gegen Russland kämpfen werden. Das viel kleinere Volk der Tschetschenen ist darüber nicht untergegangen. Wir würden es auch nicht tun. Es geht um unser Land, es geht um unsere Ehre.«

»Und dafür sollen Menschen sterben?« »Wenn es so weitergeht, bleibt uns keine andere Wahl.«

»Die Armenier in Berg Karabach sagen, wir haben hier immer gewohnt. Seit Jahrtausenden!« »Geschichte! 1915 war Eriwan, die jetzige Metropole Armeniens, eine aserbaidschanische Stadt. Für uns ist entscheidend, was die UN und der Europarat sagen. Beide fordern die Wiederherstellung der territorialen Integrität und die Rückführung der Flüchtlinge. Sehen Sie selbst, was hier auf der Karte des Europarates steht. Die Hauptstadt von Berg Karabach trägt nicht den armenischen Namen Stepanakert, sondern die aserbaidschanische Bezeichnung Chankandi. Ich beneide die Armenier nicht. Sie können noch nicht mal ihren Zaun streichen, denn sie wissen, der eigentliche Herr kommt zurück.«

»Die Armenier sehen das anders. Sie sagen, selbst die aserbaidschanischen Kommunisten hätten Berg Karabach eigentlich als Teil von Armenien gesehen. Dann hätte sie Stalin über Nacht umgedreht, und Berg Karabach sei der Sowjetrepublik Aserbaidschan zugeschlagen worden.«

»Stalin hätte am liebsten alle Muslime nach Sibirien deportiert, wie er das mit den Awaren und den Tschetschenen gemacht hat. Dieser Stalin soll den Aserbaidschanern geholfen haben? Das ist doch Unsinn!«

»Die Armenier erklären, sie seien auch juristisch im Recht. Als sich Aserbaidschan 1991 für unabhängig erklärte, habe es sich auf die Sowjetverfassung berufen, wonach jede Sowjetrepublik nach einem Referendum ihren eigenen Weg gehen könnte. In derselben Sowjetverfassung stehe aber weiter, dass sich die so genannten autonomen Republiken wie Berg Karabach für unabhängig erklären können, wenn dies die Sowjetrepubliken bereits getan hätten. Der Bürgerrechtler Andrej Sacharow habe sie in dieser Hinsicht beraten.« – »Haarspalterei! UN und Europarat teilen unsere Ansicht. Aserbaidschaner und Armenier haben gut miteinander gelebt, aber Moskau wiegelt uns immer gegeneinander auf. 1987 wurden Aserbaidschaner aus Armenien vertrieben. Wo wurden sie von unserer ›klugen‹ Sowjetregierung angesiedelt? In Sumgait, wo viele Armenier lebten. Natürlich kam es aus der Wut der Vertriebenen heraus zu

Konflikten. Es wurde fleißig geschürt. Die inneren Streitkräfte sahen zu, wie Armenier umgebracht wurden. Dafür waren fleißig Kameras des Geheimdienstes aus Moskau unterwegs, damit die Bilder in die Weltöffentlichkeit gelangten. Das Urteil war klar: Armenier-Pogrom in Aserbaidschan, obwohl auch Aserbaidschaner umkamen. Das gleiche Spiel betrieb der sowjetische Geheimdienst drei Jahre später in Baku, um uns als Staat nicht von der Kandare zu lassen. Wieder mit entsetzlichen Folgen. Danach hatten die Armenier in Berg Karabach genügend Vorwand, um sich von Aserbaidschan abzusetzen. Wenn wir uns bekriegen, dann kann sich Moskau immer als so genannte ordnende Hand einschalten. Jetzt spielen sie sich als Schutzmacht für die Armenier auf. Das gleiche miese Stück spielen sie mit den Abchasen und Georgiern. Nein, wir müssen unabhängig sein. Wir werden dafür kämpfen, bis zum letzten Blutstropfen.«

»Ist Berg Karabach für Sie das Problem Nr. 1?« »Nein, sondern das Problem Nr. 6.« »Was sind die ersten fünf Probleme?« »Säuberung von russischen Agenten, Beseitigung der Korruption, Entwicklung einer nationalen Identität, genügend Arbeit und Nahrung für das Volk und Ausbildung, damit es seine demokratischen Rechte gebührend wahrnehmen kann.«

»Vorhin haben Sie gesagt, für Berg Karabach müsse bereits seit gestern gekämpft werden. Wenn es erst Problem Nr. 6 ist, wann soll denn mit den ersten fünf begonnen werden?« »Vorgestern! Unsere politisch Verantwortlichen versagen total. Sie müssen zum Handeln gezwungen werden.«

»Polizisten kassieren in aller Offenheit die Menschen ab. Macht die Korruption nicht den ganzen Staat kaputt?« »Die Korruption ist eine gemeine Krankheit. Sie muss radikal bekämpft werden. Bei uns wird das zu leicht genommen. Hier wird gespottet, wenn es morgen in Aserbaidschan mit der Bestechung vorbei wäre, dann ginge die Wirtschaft zu Grunde. In Aserbaidschan gibt es aber keine ordentliche Wirtschaft. Deshalb können wir auch rücksichtslos gegen die Bestechung vorgehen. Das schadet nicht einmal vorübergehend. Bei uns sind alle Minister korrupt, bis auf einen. Der hat im Westen studiert. Wir sollten uns deshalb am Westen orientieren. Von Russland haben wir genug.«

Wir verlassen die Stadt. Aus einer Tankstelle schallt uns aserbaidschanischer Rap entgegen, gesendet von Radio ANS. Das Lied habe ich in Baku an jeder Straßenecke gehört. Er ist gegenwärtig der Hit Nr. 1 und besingt die schönen Mädchen von Scheki. Scheki habe ich auch in guter Erinnerung, aber auf die Mädchen habe ich wohl zu wenig geachtet.

Man merkt, dass man sich in einem Öl-Land befindet. Super-Benzin kostet keine 80 Pf pro Liter. An einem Wald von Bohrtürmen fahren wir vorbei. Einige nuckeln wohl schon seit über 100 Jahren das Öl aus dem Boden. Auch das Kaspische Meer ist gespickt mit Ölplattformen – nahe am Ufer und fern am Horizont. Neue Plattformen sind im Bau. Aserbaidschan braucht sich um seine Vorräte keine Sorgen zu machen … Milliarden Tonnen Öl sollen noch am und im Kaspischen Meer stecken. Langsam läuft das Gewimmel aus. Hier und da taucht noch eine Raffinerie oder eine Gasfabrik auf. Die Hauptstraße nach Tbilissi biegt nach Westen ab. Wir fahren nach Süden Richtung Astara an der iranischen Grenze.

Es ist die historische Strecke zwischen Moskau – Baku – Teheran. Sehr intensiv ist der Verkehr nicht, dafür schön gemischt. Pkw, Lkw, Autobusse, Kühe, Gänse, Esel, Hunde. Gefahren wird im Stil des Wilden Kaukasus: immer volles Risiko. Einem Bus aus dem Iran ist das schlecht bekommen. Die eine Hälfte ist linksseitig weggerissen. An einem Polizeiposten ist das Furcht erregende Wrack abgestellt worden. Die Verkehrsteilnehmer zeigen sich davon unbeeindruckt. Pardon wird nicht gegeben. Das kleinere Getier ist darauf offensichtlich trainiert. Gänse und Hunde kreuzen souverän und mit gutem Tempogefühl die Straße, ohne vor den heranbrausenden Fahrzeugen auch nur einen Schritt schneller zu werden. Kühe und Esel scheinen zu wissen, dass sie ernst zu nehmende Verkehrsteilnehmer sind, mit denen keiner gerne zusammenrauschen möchte. Also halten sie stur ihren Kurs.

Die Landschaft wird sparsamer mit ihren Angeboten. Teils Steppe, teils schon Halbwüste. Obst- und Gemüsestände laden zum Anhalten ein. Das Angebot an Wasser- und Honigmelonen ist unwiderstehlich. Jungen haben kleine wilde Kaninchen gefangen und halten die zappelnden Tierchen an den Ohren zum Verkauf hoch. Die wenigen Ortschaften, die wir durchfahren, wirken wie struppige Straßenbasare. Alles wird zum Verkauf angeboten, von Düngemitteln über Unterwäsche bis zu Zahnpasta. Von

Exotik keine Spur. Die staubvermischte Hitze vertreibt den letzten Charme.

Auf der Karte entdecke ich die merkwürdige Bezeichnung »Zyüdost Doltsching« für eine Bucht am Kaspischen Meer. Waren die Deutschen auch hier? An einer Tankstelle frage ich. Man weiß Bescheid. Die Deutschen seien tatsächlich in dieser Gegend gewesen. »Der Zar hat sie geholt, als er die Perser besiegt hatte. Er brauchte Siedler. Die Deutschen haben sich hier niedergelassen. Die Bezeichnung ›Zyüdost‹ stammt von ihnen. Weiter südlich gibt es einen Ort mit dem Namen ›Vorstadt‹. Er wurde von den Deutschen gegründet. Kurz dahinter ist die Grenze zum Iran. Die ist 1828 zwischen Petersburg und Teheran festgelegt worden, nachdem Persien den zweiten Krieg verloren hatte. Seitdem sind die Aseris ein geteiltes Volk. Wir sind acht Millionen, in Persien leben 20 Millionen unserer Landsleute.« »Wollen die nicht zusammenkommen?« »Insgeheim wohl schon! Deshalb herrscht auf beiden Seiten Misstrauen. Iran hilft ja auch den Armeniern. Wir kommen besser mit den Türken aus.«

»Waren die Deutschen hier anerkannt?« »Sehr! Sie waren gute Handwerker. Bei ihnen war alles in Ordnung. Sie verstanden viel von Holz, waren bekannt für die Herstellung von Parkett und Gewehrkolben. Jetzt wohnen keine Deutschen mehr hier. Die Namen haben wir behalten.«

Allmählich wird die Landschaft wieder grün. Wir begegnen ein letztes Mal dem Kura-Fluss, bevor er nach 1000 km langer Reise quer durch Transkaukasien sanft in das Kaspische Meer gleitet. Die Tallysch-Berge nehmen nun klare Gestalt an. Die iranische Grenze rückt näher. Wir biegen zum Kaspischen Meer ab und erreichen über eine deftige Holperstrecke das Fischerdorf Narimabad II. Das Ziel ist erreicht. Lauthals werden wir begrüßt von Wladimir Chadschichanow, einem vitalen braun gebrannten Mittfünfziger. Als es noch die Sowjetunion gab, war er Direktor eines Fischkombinates, dem neun Kolchosen zuarbeiteten. Eine davon befand sich in Narimabad II. Sie ist inzwischen privatisiert und in eine kleine Genossenschaft umgewandelt worden. Artel heißt diese Betriebsform auf Russisch. Zu Lenins Zeiten wurden die Artels bereits als Modell der Neuen Ökonomischen Politik ausprobiert, aber schnell von den Bolschewiken brutal weggemäht. Nun feiern die kleinen Privatbetriebe ein Comeback. Doch die Fischer sind nicht glücklich. In der Kolchose hatten sie weit mehr verdient. Das Doppelte und Dreifache. In der Tat gehörten sie damals mit den Bergleuten zu den bestbezahlten Werktätigen der ruhmreichen Union der Sozialistischen Sowjetrepubliken. Dies ist nun passé. Aber das Kaspische Meer ist noch dasselbe. Nicht ganz, denn der Kaspi, wie er liebevoll von den Fischern genannt wird, hat seine Marotten. Seine Wasseroberfläche steigt und sinkt nach einem geheimnisvollen Zyklus. Wladimir Chadschichanow weiß alles über sein Meer. »Von 1980 bis 1995 ist der Kaspi um 202 cm gestiegen. Nun sackt er jährlich um 3 cm ab. Der Zyklus verläuft immer nach dem gleichen Rhythmus. Im ersten Viertel steigt der Kaspi schnell an, in den anderen drei Vierteln baut er langsam ab.« »Ist das nun gut für die Fischerei, wenn das Kaspische Meer ansteigt?« »Nein, dann dringt das Salzwasser in die Süßwasserareale ein. Die Laichorte werden überschwemmt. Der Fisch verzieht sich. Aber er kommt nach vielen Jahren zurück. Unsere beste Zeit war vor 50 Jahren, als das Wasser schon weitgehend zurückgegangen war.« »Wird der Fisch nicht auch durch die massive Ölförderung im Kaspischen Meer vertrieben?« »Das Öl tut uns hier nichts. Die nächste Plattform ist 120 Meilen von uns entfernt.« »Wie weit ziehen die Störfische die Flüsse zum Laichen hinauf?« »Störe sind starke Fische. Sie legen bis zu 1000 km zurück. Bei uns gibt es Beluga, Ossjotr und Sewrjuga. Alle sind mit ihren Rogen beste Kaviarlieferanten. Der Beluga kann bis zu einer Tonne schwer werden, während es der Sewrjuga nur bis 26 kg bringt.« – »Wie läuft denn das Kaviargeschäft?« »Unser Kaviar ist sehr gefragt. Der aserbaidschanische ist auch der beste Kaviar in der Welt. Wir liefern viel nach Deutschland oder über Deutschland, z. B. nach Frankreich.« »Was ist denn nun der Kaspi, ein Meer oder ein See?« »Geographisch ist er ein See, von der Struktur her aber ein Meer, das vor Urzeiten mit den Weltozeanen verbunden war. Das lässt sich an der Fauna feststellen, z. B. an den Robben oder den Störarten. So ist der Beluga ein Vorfisch des Hais.« »Gibt es ähnliche Binnenmeere?« »Ja, der Aral-See. Er hat auch Salzwasser. Der Kaspi liegt übrigens sehr tief, 28 m tiefer als Ihre Ostsee. Er hat seine einzigartige Existenz gewaltigen tektonischen Veränderungen zu verdanken, die vor drei Millionen Jahren stattgefunden haben.« »Was bedeutet das Kaspische Meer für die Menschen hier?«

»Der Kaspi genießt unseren Respekt, unsere Hochachtung, unsere Liebe. Er ist unser Vater, er ist unser Ernährer. Fahren Sie mit unseren Fischern hinaus, dann werden Sie ihn erleben und nicht mehr vergessen.« »Wann muss ich an Deck sein?« »An Deck? Unsere Boote sind klein. Mit Ihnen sind sie fast schon überladen. Um fünf Uhr geht es los. Aber für Sie als unseren deutschen Gast werden unsere Fischer auch bis 5.30 Uhr warten.«

Da wir schon Mitternacht hinter uns haben, warten wir nicht lange mit dem Aufbruch. Wir haben noch eine Dreiviertelstunde bis zu unserem Quartier zu fahren. Dieselbe Strecke ist dann zu den Fischern zurückzulegen. Als Spazierstock für den Heimweg gibt es noch 50 g Wodka. »Na Passaschok« heißt das auf Russisch, was Engländer und Amerikaner »one for the road« nennen. Die Sinne sind mobilisiert, eigentlich könnten wir gleich in See stechen.

Auf dem Kaspischen Meer

Ein oder aus, das ist die Frage. Schalte ich die Klimaanlage ein, dann wird es im Nu kalt wie im Kühlhaus. Schalte ich sie aus, bin ich gleich in Schweiß gebadet. Wir sind schließlich im Süden. Ich entscheide mich gegen die Klimaanlage und wache drei Stunden später gut durchgeschwitzt auf. Zu grämen brauche ich mich über die kurze Nacht nicht, denn mehr Schlaf ist heute ohnehin nicht drin. Wir wollen ja mit den Fischern hinaus aufs weite Meer. Über unser Hotel kann ich nicht klagen. Das Wasser läuft, die Toilette funktioniert. Damit sind die entscheidenden Kriterien erfüllt. Alles andere ist Luxus.

Es ist noch stockfinster, als wir uns in Massali auf den Weg machen. Außer uns scheint keiner auf den Beinen zu sein. Die Straße gehört uns allein. Wir müssen nur in Port Iljitsch scharf aufpassen, dass wir nicht die Abfahrt nach Narimabad II auf der Nehrung übersehen. Die Aserbaidschaner sind treue Leute, wie ich feststelle. Sie haben zwar ein gespanntes Verhältnis zu den Russen, aber ihre Vergangenheit werfen sie nicht schnell über Bord. Lenin ist in den anderen neuen Staaten längst in Ungnade gefallen, aber hier nicht. Port Iljitsch geht auf den Vatersnamen von Lenin zurück. Dabei soll es wohl bleiben.

Es ist immer noch finster, als wir am Strand ankommen. An den Stimmen höre ich, dass die Fischer bereits die Boote klarmachen. Vier Barkassen sollen mit uns in See stechen. In der Dunkelheit kriege ich von den Vorbereitungen nichts mit. Gegen 5.30 Uhr fängt es an zu dämmern. Der Brigadier Farhad Chankischijew stellt mir seine Mannschaft vor. Ich möchte sie der Weltöffentlichkeit nicht vorenthalten: Ismail, Melik, Hamed, Nadir, Aschdar, Nasim, Panach, Sabir sind ihre Namen.

Die Barkassen sind kibbelige Dinger, 8 Meter lang, ziemlich schmal, und mit flachem Rumpf. Die Boote fahren in Teams, eins hat einen Motor, das andere wird geschleppt. So gehen wir durch die Brandung hinaus, dem Sonnenaufgang entgegen. Das andere Team bleibt nicht lange bei uns. Der Motor macht nach einem Kilometer schlapp. Wir müssen unsere Fischer-Kameraden zurücklassen.

Unsere Maschine tuckert gottlob fehlerfrei. So kommen wir gut voran. Im Gegenlicht wirken die Silhouetten der Männer in unseren beiden Barkassen wie Scherenschnitte. Mit jeder Woge klatschen die flachen Boote ins Wasser. Die Temperatur ist um diese Stunde sehr angenehm. Die dunkelrote Sonne schwebt langsam nach oben. Einen schöneren Tagesanfang kann ich mir nicht vorstellen.

Ich sitze mit Brigadier Farhad im Boot. Er ist ein kräftiger, korpulenter Mann von Mitte 40 und unwiderstehlicher Liebenswürdigkeit. Geredet wird nicht viel, dafür umso mehr geraucht. Hamed liefert den Nachschub. Um die Zigaretten trocken zu halten, legt er sie auf den Kopf und stülpt seinen Hut darüber. Normalerweise rauche ich nicht, aber heute Morgen qualme ich mit. Das festigt die Kameradschaft auf dem Meer.

»Viel drin ist heute nicht«, meint Farhad skeptisch. »Es ist zu warm. Der Fisch verzieht sich in größere Tiefen. Mit unseren Netzen kommen wir nicht an ihn ran.« Blamieren wollen sich meine Fischer nicht. Sie pirschen sich an eine Insel heran, um die herum immer Fisch zu fangen ist, wie sie mir sagen. Bis auf den Mann, der den Motor bedient und unentwegt Wasser aus dem Boot schöpft, stehen alle Fischer auf den Bänken und halten nach dem Fisch Ausschau. Ich beteilige mich auch an der Beobachtung und sehe tatsächlich, wie die Fische aus dem Wasser springen. Ich zeige hierhin, die Fischer dorthin. Bedauerlicherweise nimmt keiner meine Hinweise ernst.

Das Netz wird im Kreis ausgelegt. Mit einem Holzstück wird auf die Bootswand geklopft, um den Fisch ins Netz zu treiben. Ein Fischer streift seine Beinkleider ab und springt in Unterhose ins Meer. Das Wasser reicht ihm vor der Insel nur bis an die Schulter. Seinen Sombrero behält er auf dem Kopf. Mit den anderen im Boot zieht er das Netz enger. Es wird alles getan, um einen reichen Fischfang zu sichern. Farhad springt nun auch ins Meer. Wie einen Dreschflegel haut er das Ruder aufs Wasser, um seinerseits die Fische ins Netz zu jagen. Das Ergebnis der Bemühungen übertrifft alle Befürchtungen. Der Fang ist kümmerlich. Es sind vielleicht 40 Fische, die uns ins Netz gegangen sind.

Farhad macht mir Mut. »Am Nachmittag wird es besser. Die Fische tummeln sich jetzt in der Tiefe, in ein paar Stunden tauchen sie auf.« Ob seine Vorfahren auch schon Fischer gewesen seien, frage ich ihn. »In meiner Familie waren sie immer Fischer«, stellt Farhad fest. »Mein Vater hat sein Leben lang gefischt. Damals fing er noch große Mengen. Aber jetzt ist es schwerer. Die Wasserverschmutzung nimmt zu. Die Bohrtürme schaffen Probleme. Sie sind zwar weit weg, aber wenn der Wind dreht, dann wird das Öl hierhin getrieben. Es kommt auch durch die Unterwasserströmungen zu uns rüber. Dann zieht der Fisch weiter.«

»Wann ist die beste Fangzeit?« »Ab August wird es besser. Gegen Ende September, wenn es zu regnen beginnt und kühler wird, sind die Fische da. Dann verdienen wir auch gut.« »Fangen Sie genug, um Ihre Familien ernähren zu können?« »Es ist schwer. Wir sind alle hoch verschuldet. Wenn uns das Meer nichts mehr gibt, dann wird es uns sehr schlecht ergehen. Gott schütze unsere Führer und Wegweiser. Mögen sie immer richtig entscheiden.« Wie Kinder vertrauen die Fischer auf den Präsidenten und den Vorstand ihres Unternehmens.

Die neue Zeit ist ihnen nicht geheuer. Lenin liegt ihnen noch am Herzen. Einer der Fischer hat das Porträt des bolschewistischen Führers groß auf seine Brust eintätowieren lassen. »War es denn in der Sowjetzeit besser?« »Früher ging es uns gut. Unsere Kolchose war eine der besten. Sie hieß ›Fischerei-Kolchose namens Lenin‹. Wir waren fortschrittlich und haben viele Lenin-Orden erhalten. Mein Vater auch. An einem guten Tag haben wir 30 bis 40 Tonnen Fisch gefangen. Jetzt ziehen die Fische weg, auch wegen der Wasserverschmutzung.«

Die Sonne gibt sich alle Mühe, uns tüchtig einzuheizen. Die Fischer tragen Kopfbedeckungen aller Art. Baseballkappen, Soldatenmützen, Stroh- und Filzhüte. Die Arbeit ist nicht einfach. Weder für die Fischer noch für das Team. Die kleinen Boote bieten wenig Platz. Ein falscher Schritt, und man geht über Bord. Jeden Tag fahren sie hinaus, Pausen können sie sich kaum leisten. Sie müssen Fisch fangen, sonst stimmt die Kasse nicht. Die Bedingungen der Marktwirtschaft sind für sie härter als damals im Kommunismus, sagen sie.

Noch einmal werfen sie ihre Netze aus. Wieder an einer flachen Stelle. Wieder klopfen sie auf die Bootswand und peitschen mit dem Ruder das Wasser. Doch der Fang fällt erneut kläglich aus. Sie arbeiten hart. Farhad zieht das Netz ein. Ich stelle ihm eine Frage, und er redet wie ein Wasserfall. Von Russisch ist er ins Aserbaidschanische gewechselt. Ich verstehe nichts mehr. Hin und wieder höre ich das Wort Allah und einmal auch das Wort Präsident. Er scheint seine obersten Autoritäten anzurufen, im Himmel und auf Erden. Gebracht hat es wenig. Vielleicht zehn Fische mehr.

Die Fischer wollen weitermachen, aber wir müssen zurück. Für mich ist die Kaukasus-Reise zu Ende. Diese Nacht geht es von Baku nach Deutschland zurück. Mir tut es Leid. Das Zusammensein mit den Fischern macht Freude. Sie sind freundlich, aber nicht unterwürfig. Der Gast aus Deutschland ist ihnen willkommen. Sie wollen mich nach Hause einladen. Die Zeit steht dafür leider nicht mehr zur Verfügung. Wir reden über unsere Familien, über das Kaspische Meer, über die Jahreszeiten und die Sterne. Diese Themen sind ihnen nahe. Fern ist ihnen die Politik. Sie ist ihnen einfach unverständlich, womit sie auch Recht haben. Für Berg Karabach wünschen sie nichts als Frieden. Sie alle kennen Armenier, mit denen sie gut ausgekommen sind. Warum soll man gegen sie Krieg führen!

Farhad sucht ein paar Kefall-Forellen aus. Sie sind eine Delikatesse. Ein kleiner Kocher wird angeworfen. Die Fische werden ausgenommen, Gemüse und Kartoffeln in den Topf geschnitten. Das Wasser brodelt schon. Wir sind nun 7 Stunden unterwegs. Der Hunger ist beträchtlich. Es ist eng auf der Barkasse, aber das Mahl schmeckt köstlich.

Wir nähern uns dem Land. Die magere Ausbeute macht meinen Fischern zu schaffen. Der Vorstand soll sich auf sie verlassen können. Er besorge ihnen Netze und Motorersatzteile. »Morgen gibt es wieder Fische«, sagt Farhad zuversichtlich. »Und wenn es im Herbst und Winter kalt wird, sind unsere Netze wieder ganz voll.« Ich wünsche es ihm und seiner Brigade von Herzen. Der Kaspi wird hoffentlich mitmachen.

Nächstes Ziel: Terek

Ende der Dienstreise! Ramis, der uns durch Aserbaidschan begleitet hat, fährt mich zum Flughafen. Es ist 2.00 Uhr nachts. In zwei Stunden fliege ich mit der Lufthansa von Baku nach Frankfurt. Zur Feier des Abschieds haben wir die Aufnahmen der letzten Tage daraufhin überprüft, ob Bild und Ton in Ordnung sind. Alles bestens!

Fünf Wochen sind wir durch den Kaukasus gezogen. Jeden Tag waren wir auf Achse, häufig bis zu 18 Stunden. Bis in die entlegensten Winkel sind wir per Auto und Hubschrauber gedrungen. Die Sonne hat uns nichts geschenkt, die Strecken waren harte Prüfungen. Die Kondition des Teams hat mich sehr beeindruckt. Ich habe es die Kollegen wissen lassen. Sie haben mir nicht widersprochen. Ein Gläschen war uns diese Einmütigkeit wert. Im Sinne von Dumas habe ich allen Völkerschaften des Kaukasus beim Trinken »tüchtig Bescheid gegeben«. Nun freue ich mich auf die Fastenzeit. Gesund gelebt habe ich auf dieser Reise, trotz aller gesellschaftlichen Herausforderungen. Nirgends habe ich schmackhafteres Obst und Gemüse gegessen. Keine Spur von Genmanipulation und Überdüngung. Natur pur.

War die Tour strapaziös? Ich habe es nicht gespürt. Für mich waren die Anstrengungen leicht zu ertragen. Ich wurde täglich durch eine Fülle unvergesslicher Erlebnisse in Form gehalten. »Was ist Ihr Fazit?« will Ramis wissen, als wir durch die dunklen Straßen von Baku fahren. »Viel gesehen, noch mehr Fragen: Das ist mein Fazit.« »Der Kaukasus ist eben kompliziert«, meint Ramis. »Das kann man wohl sagen«, falle ich ihm ins Wort. »Nirgends habe ich so viel auf den Frieden trinken müssen wie hier, nirgends habe ich so viele Konflikte erlebt wie auf dieser Reise.«

Der Widerspruch hat mich während der ganzen Tour beschäftigt. Einerseits gibt es bei den Menschen im Kaukasus eine große Friedenssehnsucht, andererseits sind die Völker heillos in Feindschaften verstrickt. Wir sind von den einen zu den anderen gekommen: von den Russen zu den Tschetschenen, von den Osseten zu den Inguschen, von den Georgiern zu den Abchasen, von den Armeniern zu den Aserbaidschanern. Überall haben wir friedfertige Menschen angetroffen, deren Hass aber aufloderte, wenn sie die Missetaten der Gegenseite schilderten.

»Was hat Sie am meistens beeindruckt?« »Der Zusammenhalt der Familien und der Überlebensmut der Frauen. Sonst würden noch viel mehr Menschen zugrunde gehen.«

Wo ist der Ausweg? Ich weiß es nicht. Die Frauen scheinen mir am ehesten die Kraft zu besitzen, scheinbar unüberbrückbare Gegensätze zu überwinden. Sie haben am meisten zu ertragen. Auch sie sind voller Verzweiflung und Zorn, aber mit gesundem Menschenverstand wollen sie ein Ende des sinnlosen Wütens und nicht erst wieder Revanche üben für erlittenes Unrecht. So könnte der Teufelskreis durchbrochen werden. Vielleicht!

Ramis kennt unsere Reiseroute. »Sie sind durch Tschetschenien, Berg Karabach und Abchasien gefahren. War es eine gefährliche Reise?« fragt er mich. »In prekären Situationen waren wir nicht, aber wild war die Reise schon im Vergleich zu unseren gemäßigten Breiten.« Mit Respekt denke ich bei dieser Gelegenheit an unsere Kolleginnen und Kollegen, die sich immer wieder in die Kriegsgebiete begeben, manche sogar ohne militärische Begleitung. Sie gehen dabei hohe Risiken ein, um die Wahrheit herauszufinden.

Wir sind durch Landschaften von berauschender Schönheit gefahren. Wir haben auch viel bedrückende Armut und bitteres Leid gesehen. Hilfe tut Not. Sie sollte nicht nach den Spielregeln politischer Opportunität geleistet werden. Es geht um die Menschen. Deshalb sollte schnell unterstützt und nicht erst auf große Lösungen gewartet werden. Wie reagiert das NATO-Mitglied Türkei, wenn etwas für Armenien getan wird? Fragen dieser Art verhindern jedes vernünftige Handeln. Die Methode, durch Blockaden Völker gefügig zu machen, darf nicht zum billigen Prinzip werden. Damit wird nur der nächste Unfrieden gesät. Warum also nicht gleich Wirtschaftsbeziehungen zu Abchasien und Berg Karabach aufnehmen? Auch die Georgier und Aserbaidschaner werden davon profitieren, wenn es bei den Nachbarn bergauf geht, denn eines Tages werden auch sie dort wieder friedlich leben können.

Beim Prinzip territorialer Integrität stecken alle Großen unter einer Decke. Sie fürchten, dass sich in ihren eigenen Ländern Regionen selbstständig machen könnten. Aber die Angst der Großen darf nicht das Selbstbestimmungsrecht der anderen mit Füßen treten. Die Welt ist nicht mehr von gestern. Das wird auch Russland immer wieder erfahren. 200 Jahre hat es den Kaukasus autoritär und diktatorisch beherrscht. Das ist vorbei.

Moskaus Politik erliegt aber weiter der Vorstellung von »unserem Kaukasus«, wie sie mit den Werken der Schriftsteller Gribojedow, Puschkin und Lermontow bis heute unter das Volk gebracht wird. Zeitgemäß und besser wäre es hingegen, wenn sich die Skrupel von Lew Tolstoi auch im politischen Denken Russlands durchsetzten. Zarenherrschaft und Sowjetdiktatur gibt es nicht mehr. Die Eroberten von damals sind auf Dauer nicht mit Gewalt zu halten, sondern nur mit demokratischen Mitteln. Die Großen im Westen könnten dafür auch etwas tun. Sie sollten nicht der Verlockung erliegen, vermeintliche Schwächen Russlands in der Region zu ihren Gunsten auszunutzen. The Great Game, wie es anerkennend genannt wird, ist in Wirklichkeit ein dirty game, ein schmutziges Spiel. Es geht allein zu Lasten der einfachen Menschen in dieser einzigartigen Region. Bislang werden die Lehren der Vergangenheit von der Politik nicht beherzigt.

»Kaukasien, du fernes Land,
der Freiheit armes Domizil,
von soviel Unglück übermannt,
von blutigen Kriegen allzu viel.«

Nun weiß ich aus eigenem Erleben, dass die Verse Michail Lermontows aus dem Jahre 1830 noch heute zutreffen.

Die Lufthansa-Maschine fliegt pünktlich ab. Nichts ist von den Schwierigkeiten zu spüren, mit denen ausländische Fluggesellschaften in Baku zu kämpfen haben, wie mir berichtet wurde. Einige westliche Airlines haben daraus schnell die Konsequenz gezogen. Weil ihnen die Unzuverlässigkeit und Korruption zu viel wurden, haben sie Baku aufgegeben. So bringen sich die Einheimischen selbst um gute Chancen, international ins Geschäft zu kommen. In dieser frühen Stunde bin ich der Lufthansa dankbar, dass sie durchhält.

Ein Buch zu schreiben bereitet großen Spaß. Gerne hätte ich mich dazu wie Alexandre Dumas zurückgezogen. Doch dazu fehlte die Zeit. Anders als dem Franzosen stand mir auch nicht das

Palais Chiatamone in Neapel zur Verfügung. Dennoch möchte ich meine Erfahrungen nicht missen.
Inzwischen sind die letzten Zeilen geschrieben. Einige Kapitel hatte ich bereits während der Reise verfasst. Den großen Rest habe ich in sehr unterschiedlichen Lebenslagen absolviert. Die besten Einfälle kommen bekanntlich nachts. Leider halten sie nach dem Erwachen nicht immer einer kritischen Prüfung stand. Aber auch diese Scharten lassen sich auswetzen, trotz eines prall gefüllten Terminkalenders. So bieten Dienstreisen durch ein verregnetes Deutschland gute Gelegenheiten, sich textlich wieder in den sonnigen Kaukasus zu versetzen. Auch Sitzungen und Festversammlungen animieren dazu, seine Gedanken schweifen zu lassen, um den einen oder anderen Absatz zu Papier zu bringen. Die jeweiligen Vortragenden stört das emsige Schreiben nicht. Sie sind der Annahme, jedes ihrer goldenen Worte werde sorgfältig protokolliert.

Ich habe fleißigt Beobachtungen früherer Reisender zitiert, um zu vergleichen, was sich im Kaukasus verändert hat und was nicht. Die Methode hat auch den Vorteil, das eigene Werk mit Hilfe anerkannter Meister aufzumöbeln. So gut hätte ich die Landschaften, Menschen und Verhältnisse gar nicht beschreiben können wie die Herren Puschkin, Lermontow, Tolstoi, Dumas und Nansen. Bei dieser Gelegenheit möchte ich den Lesern und Leserinnen, falls sie bis hierhin durchgehalten haben, dringend empfehlen, die im Literaturhinweis genannten Bücher selbst zu lesen. Sie werden sich sehr bereichert fühlen.

Die wahren Heldinnen bei der Abfassung dieses Buches sind aber meine Kolleginnen Monika Nicolini, Ursula Fischer und Katrin Beier. Furchtlos haben sie den auf Tonbändern diktierten Text abgeschrieben. Kein noch so artistischer Name hat sie dabei stoppen konnen. Mein 50 Jahre alter Traum ist nun in Erfüllung gegangen. Damit ist aber der Kaukasus für mich nicht erledigt. Dem »wilden Herrn der Erde« werde ich, um mit Lermontow zu sprechen, auch künftig »schwärmende Gesänge« widmen. Mein nächstes Ziel steht bereits fest. Es ist der Terek. Von der Quelle bis zur Mündung möchte ich ihn abfahren. Wem ich auf der Spur sein werde, beschreibt Michail Lermontow in seinem Gedicht »Die Gaben des Terek«:

Durch Gefels in wildem Jagen
Brüllt der Terek grimmgemut;
Sturmesheulen – seine Klagen,
Schaumgeperl – die Tränenflut.

Doch an des Gebirges Fuße
Strömt er murmelnd sanft einher,
Und mit schmeichlerischem Gruße
Spricht er zu dem Kaspimeer:

»Teile gastlich deine Wogen,
Meeresgreis, und gib mir Raum:
Aus der Ferne hergezogen,
Bin ich müde, welle kaum.
Auf des Kasbeks Grat geboren,
Von der Wolkenbrust genährt,
Hab ich Menschen Haß geschworen,
Die uns Freien Krieg erklärt.
Sieh, nach meinem Wutgedröhne
Liegt zerstört mein Heim Darjal,
Und zum Spiel für deine Söhne
Flut ich manchen Felsenball.«

Doch an dem Gestade träumend,
Bleibt der Meergreis reglos stumm,
Und der Terek, silbern schäumend,
Spricht liebkosend wiederum:

»Dir nur, Meergreis, will ich dienen
Hab dir ein Geschenk gebracht:
Sieh den jungen Kabardinen,
Der gefallen in der Schlacht!
Seine Panzerketten flimmern
Silbern auf dem Flutenplan,
Goldig auf den Spangen schimmern
Segenssprüche des Koran.
Dräuend dem, der ihn getötet,
Furcht die Stirn sich unsöhnbar;

Von dem edlen Blut gerötet,
Um die Lippen klebt das Haar.

Durch die halbgeschloßnen Lider
Glänzt die alte Fehdelust,
Von dem Scheitel tief hernieder
Hängt der schwarzen Haare Wust.«

Doch an dem Gestade träumend,
Bleibt der Meergreis reglos stumm,
Und der Terek, gelblich schäumend,
Spricht voll Unmuts wiederum:

»Nun, so nimm denn eine Gabe,
Wie ich keine schönre weiß,
Auf dem Erdenrund; dir habe
Ich bewahrt den seltnen Preis.
Einer Bergkosakin Leiche
Flut ich dir im Wellentanz!
Sieh das Haar, das seidenweiche,
Sieh der Schultern matten Glanz;
Sieh, wie mit verstummtem Munde
Sie geschloßnen Auges ruht –
Auf der Brust aus kleiner Wunde
Rieselt purpurrotes Blut.
Um das junge holde Mädchen
Weint und trauert jedermann,
Ein Kosak nur in dem Städtchen
Klagen nicht, noch weinen kann.
Aus des Heimatlandes Grenzen
Ritt er fort in nächtigem Graus,
Unterm Dolche des Tschetschenzen
Haucht er seine Seele aus.«

Und der Terek schweigt, und siehe:
Aus den Fluten, schaumumglänzt,
Silbern in dem Wellgesprühe,
Taucht ein Haupt, von Schilf umkränzt.

Und des Greises Lippen flüstern
Worte stolzer Jünglingskraft,
Und die Augen, liebelüstern,
Flammen wilde Leidenschaft.
Schäumend, rauschend vor Verlangen,
Wallt er auf in Jugendglut
Und in seligem Umfangen
Eint sich ihm die Terekflut ...

(Übers. Friedrich Fiedler)

Literaturhinweis zum Thema Kaukasus

Bodenstedt, Friedrich M. von: Die Völker des Kaukasus und ihre Freiheitskämpfe gegen die Russen. Frankfurt am Main 1849.

Dumas, Alexandre: Gefährliche Reise durch den wilden Kaukasus: 1858-1859. Neu bearb. und hrsg. von Ernst Bartsch. Stuttgart 1995.

Florenskij, Pawel: Meinen Kindern: Erinnerungen an eine Jugend im Kaukasus. Dt. von Fritz und Sieglinde Mierau. Stuttgart 1993.

Iskander, Fasil: Tschik: Geschichten aus dem Kaukasus. Frankfurt a. M. 1993.

Klaproth, Julius: Reise in den Kaukasus und nach Georgien unternommen in den Jahren 1807 und 1808, auf Veranstaltung der Kaiserlichen Akademie der Wissenschaften zu St. Petersburg: enthaltend eine vollständige Beschreibung der kaukasischen Länder und ihrer Bewohner. Halle u.a. (Reprint 1970)

Lermontow, Michail: Ein Held unserer Zeit. Lyrik.

Mandelstam, Ossip: Die Reise nach Armenien. Das Rauschen der Zeit (Gesammelte autobiographische Prosa der 20er Jahre. Reisenotizen.)

Nansen, Fridtjof: Betrogenes Volk: eine Studienreise durch Georgien und Armenien als Oberkommissar des Völkerbundes. Leipzig 1928.

Nansen, Fridtjof: Durch den Kaukasus zur Wolga. Leipzig 1930.

Nizami Gangawi: Das Alexanderbuch. Chosrou und Schirin.

Puschkin, Alexander: Die Reise nach Erzerum. Der kaukasische Gefangene. Lyrik.

Rustaweli, Schota: Der Recke im Tigerfell: eine alte Geschichte aus Georgien. In Prosa erzählt von Viktoria Ruika-Franz. Stuttgart 1991.

Tolstoi, Lew: Novellen: Die Kosaken. Der kaukasische Gefangene. Hadschi Murat.

Wagner, Friedrich (Hrsg.): Schamyl als Feldherr, Sultan und Prophet und der Kaukasus: Schilderungen der Völker und Länder Kaukasiens. Leipzig 1854.

Werfel, Franz: Die vierzig Tage des Musa Dagh.

Zetkin, Clara: Im befreiten Kaukasus. Berlin u.a. 1926.

Reiserouten

Es folgen die Reiserouten in übersichtlichen Karten.

Beginn einer Reise

RUSSISCHE FÖDERATION
Sotschi
Psou
Mjussera
Abchasien
Gumista
Suchumi
Kabardino-Balkaria
Terskol
Elbrus
Naltschik
Wladikawkas
Nord-Ossetien
Inguri
Sugdidi
Senaki
Poti
Rioni
Kasb
Gudau
Süd-Ossetien
Schwarzes Meer
GEORGIEN
Kura
Adscharien
Tbilissi
Alaw
Spitak
Gümry
ARMENIE
Ani
Sew
Erzerum
Etschmiadsin
Eriwa
TÜRKEI
Nach

Kisljar
rosny
Chassawjurt
hetschenien
Machatschkala
ıschetien
Kaspisches Meer
Dagestan
wi
David Garedschi
Scheki
Gandscha
ASERBAIDSCHAN
Baku
Chanlar
Barda
Kura
Stepanakert
Berg Karabach
Sissian
hewan
ERB.)
Massali
Meghri
Narimabad
IRAN

Vom schwarzen Meer ans Kaspische Meer

RUSSISCHE FÖDERATIO
Sotschi
Psou
Mjussera
Abchasien
Gumista
Suchumi
Kabardino-Balkaria
Naltschik
Elbrus
Wladikawkas
Nord-Ossetien
Inguri
Kasbegi
Gudaur
Sugdidi
Senaki
Süd-Ossetien
Schwarzes Meer
Poti
Rioni
GEORGIEN
Kura
Adscharien
Tbilissi
Alawerdi
Gümry
Spitak
ARMENIE
Ani
Eriwan
Etschmiad
Erzerum
TÜRKEI
Nach

Kisljar
Terek
Grosny
Chassawjurt
hetschenien
Machatschkala
schetien
Dagestan
Kaspisches Meer
wi
avid Garedschi
Scheki
Gandscha
Chanlar
Barda
Baku
ASERBAIDSCHAN
Kura
Stepanakert
Berg Karabach
Sissian
ewan
B.)
Meghri
Massali
Narimabad
IRAN

Louis Sarno

Der Gesang des Waldes

Mein Leben bei den Pygmäen

Aus dem Amerikanischen von Michael Müller

Band 15260

An einem Winterabend in Amsterdam hört der amerikanische Reisende und Musikforscher Louis Sarno im Radio seltsame Gesänge, die ihn tief berühren. Fasziniert lauscht er der Musik, von der er bald erfährt, daß es sich um Gesänge der Ba-Benjelle Pygmäen handelt. Kurz entschlossen verkauft er seine Habseligkeiten und macht sich auf die Reise in den Dschungel Zentralafrikas. Ziel der wagemutigen Reise ist die Begegnung mit den Pygmäen, deren wunderbarer archaischer Gesang ihn nicht mehr los lässt. Doch der erste Kontakt verläuft alles andere als erwartet, und es dauert einige Zeit bis er die wahre Welt der Pygmäen kennenlernt. Allmählich gelingt es ihm das Vertrauen des Stamms zu gewinnen, und er verliebt sich leidenschaftlich in ein Pygmäenmädchen.

»Der Gesang des Waldes« ist ein faszinierender und nicht idealisierender Einblick in das Leben einer uralten, aussterbenden Jäger- und Sammlerkultur – die Chronik einer radikalen und beeindruckenden Lebenserfahrung.

Fischer Taschenbuch Verlag

fi 15260 / 1

Mark Hertsgaard

Expedition ans Ende der Welt

Auf der Suche nach unserer Zukunft

Aus dem Amerikanischen von Sebastian Vogel

Band 14954

1,3 Milliarden Chinesen warten darauf, ebenfalls – wie die westlichen Nationen – alle Segnungen der industrialisierten Welt für sich in Anspruch nehmen zu können: Autos, Kühlschränke, Klimaanlagen, Flugreisen und vieles mehr. Doch was bedeutet das für die globale Umwelt – von der chinesischen, die sich bereits in einem desaströsen Zustand befindet, ganz zu schweigen? Und was wird geschehen, wenn all die anderen sogenannten Schwellenländer, die kurz vor dem industriellen ›take-off‹ stehen, mit den westlichen Standards gleichziehen wollen?

Mark Hertsgaard, dessen Buch man mit Fug und Recht als den bisher einzig legitimen Nachfolger zu Al Gores »Wege zum Gleichgewicht« bezeichnen darf, ist sechs Jahre lang um die ganze Welt gereist. Er hat Kongresse besucht, mit dem Fahrrad die Wüste durchquert, hat Experten befragt, unautorisiert marodeste Industrieanlagen erkundet und mit Menschen in allen Kontinenten über ihre Wünsche, Träume und Ängste gesprochen. Das Ergebnis ist eine aufregende Mischung aus investigativem Journalismus, bester Reisereportage und außerordentlich fundierter Sachinformation über den Zustand und die Zukunft unseres Planeten.

Fischer Taschenbuch Verlag

fi 404 / 1

Barbara Tuchman

Die Torheit der Regierenden

Von Troja bis Vietnam

Aus dem Amerikanischen von Reinhard Kaiser

Band 4438

Barbara Tuchman untersucht die vielleicht faszinierendste Paradoxie der Geschichte: die Verwirklichung einer Politik, die dem Eigeninteresse der Regierenden entgegensteht. Sie führt den Leser an vier entscheidende Schauplätze. Der erste ist der Trojanische Krieg. Gegen göttliche Omen und Beschwörungen aus den eigenen Reihen handelnd, ziehen die Trojaner das Pferd in ihre Mauern und verurteilen sich selbst zum Untergang. Das hölzerne Pferd ist das Symbol eines Wahns, der heute existenzgefährdend geworden ist.

Die sechs Jahrzehnte päpstlicher Torheiten stellt sie im zweiten Abschnitt vor: Korruption, Amoral und Machthunger, die hochmütige Nichtachtung aller Proteste und Klagen, die zum Protestantismus und zu den Religionskriegen führten.

Im dritten Kapitel erzählt sie, wie Georg III. und seine Regierung die Beziehungen zu den Siedlern in den amerikanischen Kolonien zerstörten. Die Verblendung der englischen Krone und ihrer Berater machte aus Untertanen Rebellen und besiegelte den Verlust eines Kontinents. Und schließlich analysiert sie Amerikas Verwicklung in Vietnam – von Franklin D. Roosevelts zögernder Unterstützung des französischen Kolonialismus in Indochina über die unsinnige Domino-Theorie bis zu Lyndon B. Johnsons törichtem Bestehen auf einem militärischen Sieg und der kaum verhüllten Niederlage der USA.

Barbara Tuchman

Bibel und Schwert

Palästina und der Westen

Vom Frühen Mittelalter bis zur Balfour Declaration 1917

Aus dem Amerikanischen von Gerhard Windfuhr

Band 15265

Im Verlauf des Kampfes gegen die Türken hätte Großbritannien Palästina einnehmen können, ohne sich um dessen ursprünglichen Eigentümer zu kümmern. Statt dessen erklärte Großbritannien in der sogenannten Balfour-Declaration, das Land werde den Juden zur Wiederbesiedlung offenstehen. Obgleich später von seinen Urhebern für unverbindlich erklärt, führte sie zu einem einmaligen Ereignis in der Geschichte – der Wiederherstellung eines Staates nach einer mehr als zweitausendjährigen Unterbrechung der Souveränität: Israel.

Barbara Tuchman zählt zu den bedeutendsten Autorinnen auf dem Gebiet der erzählenden Geschichtsschreibung. Sie zeichnet mit diesem Buch die religiösen und politischen, die moralischen und materiellen Motive nach, die zu diesem einmaligen Akt einer imperialistischen Macht führten, und stellt die Geschichte der Verbindung Englands mit dem Heiligen Land dar. Diese beginnt mit der frommen Suche nach biblischen Vorfahren und setzt sich in den Pilgerbewegungen, den Kreuzzügen und den Handelszügen kommerzieller Abenteurer fort.

Fischer Taschenbuch Verlag

fi 15265 / 1

Bruce Chatwin und Paul Theroux

Wiedersehen mit Patagonien

Aus dem Englischen von Anna Kamp

Band 11721

Bruce Chatwin und Paul Theroux, zwei erfahrene Patagonien-Reisende, die beide bereits Bücher über dieses Land am äußersten Rand der bewohnbaren Welt geschrieben haben, treffen in *Wiedersehen mit Patagonien* zu einem reizvollen Zwiegespräch über ihre Erlebnisse zusammen. Und da sie »literarisch« Reisende sind, erregt ein literarischer Bezug genauso ihre Neugier wie ein merkwürdiges Tier oder eine seltene Pflanze. Melvilles *Moby Dick* oder Edgar Allan Poes *Denkwürdige Erlebnisse des Arthur Gordon Pym*, ein spätmittelalterlicher Ritterroman, in dem ein seltsames Tier mit Namen Patagon auftaucht, oder das Verschwinden des Odysseus im Meer – ihrer leidenschaftlichen Aufmerksamkeit entgeht kaum ein faszinierendes Detail. Sie folgen aber auch den Spuren ganz realer Reisenden – ob es sich hierbei nun um Darwin oder eine englische Lady handelt –, und Chatwin entdeckt höchstpersönlich die Hütte, in der sich Butch Cassidy und Sundance Kid für eine Weile zur Ruhe setzten. Die hier zusammengetragenen Fundstücke wekken die Sehnsucht nach diesem Land, das zur Metapher wurde für das Unheimliche, das verhängnisvoll Anziehende.

Fischer Taschenbuch Verlag

fi 567 / 5

Claudia Metz/Klaus Schubert
Abgefahren
In 16 Jahren um die Welt

KiWi 625

1981 sind sie losgefahren, 1997 kamen sie zurück – in ein völlig verändertes Deutschland. Dazwischen lag eine Reise um die ganze Welt. 257.000 Kilometer haben sie mit ihren Motorädern zurückgelegt, Asien, Australien, Neuseeland, Nord-, Mittel- und Südamerika und Afrika bereist – »Planet Earth Expedition«, so taufen Claudia Metz und Klaus Schubert selbst irgendwann ihre unglaubliche Tour. Ein Abenteuer, von dem viele ein Leben lang träumen.

»Lebendige, lebensvolle Erzählungen aus dem Alltag des letzten großen Abenteuers.« *Die Welt*

»Abenteuer und Lovestory in einem« *Prisma*

»Ein Abenteuer-Schmöker, aber auch ein Buch über ein selbstbestimmtes Leben.« *Kölner Stadt-Anzeiger*